KB094172

기출이 답이다

공·군무원

통신공학

한권으로 끝내기

6개년 기출

SD에듀

㈜시대고시기획

머리말

최근 세상은 급변하고 있다. 아마 현대인 대부분은 빠르게 변화하는 세상에 적응하기에 바쁘지 않을까 싶다. 물질적으로 풍요롭고 안정된 이 시대에 우리의 세상은 고요하지만 빠르고 정신없고 분주하며 피곤하다. 발전된 세상만큼이나 평범한 삶을 위해 기본적으로 요구되는 능력의 무게가 만만치 않기 때문이다. 변화는 의무가 되었고, 적응은 필수적이며 남들과 나의 비교는 객관적이 되었다. 빠르게 변화하는 세상은 많은 편의를 가져온 만큼 우리를 지치게 하는 많은 것들을 부차적으로 생산하였다.

이러한 세상의 변화를 이끌어내는 가장 주요한 산업이 있다면 그것은 아마 통신의 발달일 것이다. 1990년대에서 현재까지 통신의 발달은 시대를 구분 짓는 기술이었다. 2G에는 가능하지 못했던 일들이 3G에서는 가능해지고, 심지어 4G, 5G의 현재에는 과거에는 유망했던 업종들이 사라지고 새로운 기업들이 등장하는 등 매우 큰 지각 변동이 있었다. 이렇듯 통신을 공부한다는 것은 변화하는 시대의 한복판에서 지금까지 불가능했던 삶의 양식들을 가능하게 만드는 미래의 모습을 직접 설계하는 것과 비슷하다.

현재의 정보화 시대에서 가장 중요한 한 가지 기술을 꼽는다면 전송용량 증가를 고르고 싶다. 그렇다면 앞으로의 핵심기술은 무엇이 있을지도 한번 생각해 볼 필요가 있다. 통신은 더 빠르고 더 멀리 나아가려는 방향으로 발전을 하는데 이는 마치 인간의 달리고 싶은 욕망을 그대로 담아내는 것 같다. 그렇게 볼 때 아마도 미래의 기술은 인간의 욕망을 녹여내 크게는 세상을 이롭게 함은 물론이고 작게는 개인의 삶을 변화시키는 데 초점을 맞추지 않을까 예상해 본다.

최근 우리 삶은 비대면으로 인한 역설적인 관계들이 놀랍게도 일상이 되어 매우 흥미로워졌다. 현실 친구보다 가상 친구가 더 가깝고, 출근하지 않고 돈을 버는 것이 더 능력 있는 것처럼 여겨지며, 사람들이 열광하는 스타나 연예인은 심지어 그래픽이어서 사람이 아닌 경우도 있다. 구직과 이직, 사회생활 전반이 빠르게 변화하다 보니 어떤 일을 잘하는 것보다 꾸준히 하는 것이 더 중요한 가치로 변화하는 것도 어느새 눈치채지 못하는 사이에 당연해졌다. '스마트 시티, 스마트 팩토리'와 같은 기술이 어느새 우리 앞으로 다가오더니 이제는 개인의 삶을 더 스마트하게 바꾸는 데 집중하고 있다.

앞으로 통신의 역할이 중요해짐은 물론이고 기대가 되는 것은 이처럼 우리 삶과 직접적으로 맞닿아 있으면서 어떻게 변화할지 예상이 되지 않기 때문이다. 어려운 통신공학을 재미있게 접근할 수 있는 방법은 단순하게 공식과 계산으로만 생각하지 않고, 어떠한 배경에서 이런 공식과 개념이 생겨났는지를 생각해 보면서 공부하는 것이다. 푸리에 변환을 공식으로만 접근하면 재미가 없지만 조제프 푸리에 남작은 어떻게 이러한 생각을 하게 되었을까를 같이 공부하면 푸리에의 인생을 배우고, 또 자신의 삶에 적용해 볼 수 있는 기회도 얻게 될 수 있을 것이다.

물론 통신기술은 다른 기술과 융합을 기본으로 하여 진입장벽이 높고, 접근이 매우 난해하다. 일반인은 통신을 다룰 기회가 별로 없으며, 일반적인 환경에서는 통신 관련 전문가가 되기 어렵다. 결국 통신에 관련된 업종에 근무하면서 경험을 쌓아야만 통신 관련 전문가가 될 수 있다. 때문에 만약 통신전문가를 꿈꾼다면 통신직 공무원, 군무원이 되는 것이 확실하고 보장된 길이라고 할 수 있다. 다양한 통신장비를 다루고 설치하고 정비하는 것은 통신전문가로서 많은 경험을 쌓게끔 한다. AM, FM, CDMA, OFDM, 통신망, VPN 등의 이론으로 접했던 기술들을 다양하게 체험할 수 있기 때문이다.

이 책은 통신직 전문가가 되기를 원하는 공무원과 군무원 준비생을 위하여 제작되었다. 공무원과 군무원의 기출을 함께 수록하였고, 특히 비공개여서 접근이 어려웠던 통신직 군무원 기출문제를 복원·수록하여 다양한 문제를 접할 수 있게 하였다. 공무원 수험생들은 군무원 시험의 다른 출제경향을 통해 지엽적인 문제에 대비할 수 있고, 군무원 수험생들은 복원된 기출문제로 출제경향에 맞춰 시험에 만반을 기할 수 있다.

책을 집필할 때 수험생의 마음에서 생각해 보았다. 수험생들이 쉽게 배우기를 바라며 "상세한 해설"을 준비하여 수험생들이 편하게 공부할 수 있게 하였다. 또한 머릿속으로 빠르게 짚고 넘어갈 수 있도록 "간단한 해설"도 준비하였다. 개인적으로 바라는 것이 있다면 수험생들이 생각을 많이 하고, 그럼으로써 자신의 인생을 진지하게 바라볼 계기가 되었으면 한다. 취업을 위한 준비만이 아닌 세상을 밝혀낼 인재가 되고, 자신의 인생을 스스로 세울 수 있는 멋진 사람이 되었으면 한다.

마지막으로 이 책이 있기까지 크게 애써 주신 동료 저자 최태호님, 이세정님과 SD에듀 편집팀 그리고 세상에서 가장 사랑하는 최예경님과 곧 태어날 아기에게 깊은 감사를 드린다.

저자 **김태욱**

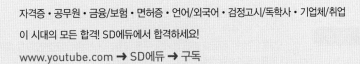

공무원 채용 필수체크

응시자격

응시연령	학력
18세 이상	제한 없음

공무원 채용과정

원서접수 ···· 3월 말

필기시험 ···· 4월 초
- 과목당 100점 만점
- 4지 택1형 20문항
- 과목별 20분 기준

필기시험 합격자 발표 ···· 5월 중

면접시험 ···· 6월 중
- 필기시험에 합격한 자에 한해 응시기회 부여
- 평가요소
  - 공무원으로서의 정신자세
  - 의사표현의 정확성과 논리성
  - 예의 · 품행 및 성실성
  - 전문지식과 그 응용능력
  - 창의력 · 의지력 및 발전가능성

최종 합격자 결정 ···· 7월 초
- 면접시험 평정결과와 필기시험 성적에 따라 최종 합격자 결정
- 우수: 필기시험 성적순위에 관계없이 "합격"
- 보통: "우수" 등급을 받은 응시자 수를 포함하여 선발예정인원에 달할 때까지 필기시험 성적순으로 "합격"
- 미흡: 필기시험 성적순위에 관계없이 "불합격"

❖ 위 채용일정은 2023년 국가공무원 공개경쟁채용시험 공고를 기준으로 작성하였으므로, 세부 사항은 반드시 확정된 채용공고를 확인하시기 바랍니다.

군무원 채용 필수체크

INFORMATION

응시자격

응시연령	학력 및 경력
7급 이상: 20세 이상, 8급 이하: 18세 이상	제한 없음

군무원 채용과정

원서접수 ···· 5월 초

필기시험 ···· 7월 중순

- 객관식 선택형 문제로 과목당 25문항, 25분으로 진행
- 합격자 선발: 선발예정인원의 130% 범위 내(단, 선발예정인원이 3명 이하인 경우, 선발예정인원에 2명을 합한 인원의 범위)
  ※ 합격기준에 해당하는 동점자 발생 시 모두 합격 처리함

필기시험 합격자 발표 ···· 8월 중순

면접시험 ···· 9월 말

- 필기시험 합격자에 한해 응시기회 부여
- 평가요소
  - 군무원으로서의 정신자세   - 전문지식과 그 응용능력
  - 의사표현의 정확성 · 논리성   - 창의력 · 의지력 · 발전가능성
  - 예의 · 품행 · 준법성 · 도덕성 및 성실성
  ※ 7급 응시자는 개인발표 후 개별 면접 순으로 진행

최종 합격자 발표 ···· 10월 초

필기시험 합격자 중 면접시험 성적과 필기시험 성적을 각각 50% 반영하여 최종 합격자 결정
※ 신원조사와 공무원 채용 신체검사에서 결격사유가 없는 자에 한함

❖ 위 채용일정은 2023년 군무원 국방부 주관 채용공고를 기준으로 작성하였으므로, 세부 사항은 반드시 확정된 채용공고를 확인하시기 바랍니다.

이 책의 구성과 특징

STRUCTURE

2023~2018 6개년 12회분 최신 기출문제

2023.07.15. 시행
공개경쟁채용
필기시험

2023 군무원 기출

01
대역 확산 통신 시스템에 관한 설명으로 가장 옳지 않은 것은?

① DSSS(Direct Sequence Spread Spectrum)방식은 정보 데이터 신호와 PN(Pseudo-random Noise sequence) 신호를 곱하여 반송파 변조를 함으로써 스펙트럼을 확산시키는 방식을 말한다.
② PN신호의 동기는 수신신호에 포함된 PN신호와 수신기에서 자체적으로 발생시키는 PN신호의 위상을 일치시키는 과정이다.
③ FHSS(Frequency Hopping Spread Spectrum)방식은 광대역 간섭신호에 더 강하므로 이동통신의 부호분할 다중화 환경에 널리 사용된다.
④ 대역확산 통신 시스템은 변조기와 복조기에 PN신호 생성기가 부가되어 PN신호에 의해 대역 확산 통신 신호의 스펙트럼이 확산되거나 역확산된다.

02
신호와 시스템에 관한 설명 중 가장 옳지 않은 것은?

① 푸리에 변환의 특징 중 쌍대성(duality)은 다음과 같이 정의된다. $x(t) \leftrightarrow X(f)$, $X(t) \leftrightarrow x(-f)$
② 선형 시스템은 중첩의 원리가 성립하는 시스템을 말한다.
③ 푸리에 급수는 주기 신호를 복소 지수함수들의 합 형태로 전개한 것을 말한다.
④ 신호가 유한값의 에너지를 가질 경우 에너지 신호(energy signal)라고 한다.

03
양자화기에 대한 설명 중 가장 옳지 않은 것은?

① 선형 양자화는 근사치에 대해 반올림을 하므로 약간의 오차가 포함된다.
② 양자화 오차에 의해 발생되는 잡음을 양자화 잡음이라고 한다.
③ 비선형 양자화기는 신호의 진폭에 따라 양자화레벨을 다르게 적용하는 방식이다.
④ 양자화 간격을 크게 하면 작은 신호에 대해 정교하게 구별할 수 있다.

04
데이터 통신에 대한 설명 중 가장 옳지 않은 것은?

① 데이터 전송율은 데이터의 전송 속도를 나타내는 척도이다. 1초당 전송되는 비트수인 bps(bit per second)로 나타낸다.
② 변조 속도는 신호의 레벨이 변하는 속도를 나타내는 척도이다. 초당 전송되는 심볼(symbol)의 수를 의미하며 보오(baud) 단위를 사용한다.
③ 오류율은 통신 경로상의 잡음의 평균 수준을 나타내는 척도로써, 일반적으로 원신호의 레벨과 노이즈의 레벨의 비율이다.
④ 대역폭은 전송 장비나 매체의 특성에 의해 제한되는 신호의 폭을 의미하며, 주파수 특성 곡선상의 최고 이득 점으로부터 3dB만큼 이득이 내려간 두 점 사이의 폭을 말한다.

05
샤논의 채널 용량 정리를 올바르게 표현한 식은 다음 중 어느 것인가? (단, C는 채널의 용량, S는 신호의 전력, N은 잡음의 전력이다.)

① $C = BW \cdot \log_2\left(1 + \dfrac{S}{N}\right)$
② $C = BW \cdot \log_2\left(1 + \dfrac{N}{S}\right)$
③ $C = \dfrac{1}{BW} \cdot \log_2\left(1 + \dfrac{S}{N}\right)$
④ $C = \dfrac{1}{BW} \cdot \log_2\left(1 + \dfrac{N}{S}\right)$

06
PCM(Pulse Code Modulation) 통신 시스템의 순서로 가장 옳은 것은?

① 표본화 → 부호화 → 복호화 → 통신채널 → 양자화 → 필터링
② 표본화 → 양자화 → 부호화 → 통신채널 → 복호화 → 필터링
③ 표본화 → 필터링 → 양자화 → 통신채널 → 부호화 → 복호화
④ 표본화 → 양자화 → 필터링 → 통신채널 → 부호화 → 복호화

07   1 2 3
PLL(Phase Locked Loop)의 주요 구성에 대한 설명 중 가장 옳지 않은 것은?

3회독 체크

① VCO(Voltage Controlled Oscillator): 입력 전압에 ...
② LPF(Low Pass Filter): 저역통과필터 구조로 Loop 동작 중에 발생하는 잡음을 제거한다.
③ C/P(Charge Pump): 전하의 변화와 무관하게 출력주파수가 높은 경우 적절한 비율로 나누어 낮은 주파수로 변환한다.
④ P/D(Phase Detector): 입력된 두 주파수 신호를 비교하여 그 차이에 해당하는 펄스를 출력한다.

08
신호의 전송 이득을 표시하는 데시벨(dB)에 대한 설명 중 가장 옳은 것은? (단, P_1은 입력 전력, V_1은 입력 전압, P_2은 출력 전력, V_2은 출력 전압, I_2는 출력 전류이다.)

① 전력에 대한 이득은 $dB = 20\log_{10}\dfrac{P_2[W]}{P_1[W]}$ 이다.
② 전력에 대한 이득은 $dB = 10\log_{10}\dfrac{P_2[W]}{P_1[W]}$ 이다.
③ 전압에 대한 이득은 $dB = 10\log_{10}\dfrac{V_2[V]}{V_1[V]}$ 이다.
④ 전류에 대한 이득은 $dB = 10\log_{10}\dfrac{I_2[A]}{I_1[A]}$ 이다.

OMR 입력 · 채점결과 · 성적분석

⏱ 00 : 24 : 27
시간측정 가능!!

풀이 시간 측정, 자동 채점 그리고 결과 분석까지!

모바일 OMR 답안분석 서비스

문제편에 수록된 기출문제에 대한 객관적인 결과(점수, 순위)를 종합적으로 분석

❶ 스마트폰을 활용하여 QR코드 접속
❷ 시험 시간에 맞춰 풀고, 모바일 OMR로 답안 입력 (3회까지 가능)
❸ 종합적 결과 분석으로 현재 나의 합격 가능성 예측

QR코드 찍기 ▸ 로그인 ▸ 시작하기 ▸ 응시하기 ▸ 모바일 OMR 카드에 답안 입력 ▸ 채점결과&성적분석 ▸ 내 실력 확인하기

스스로 학습이 가능한 빈틈없는 이론과 해설

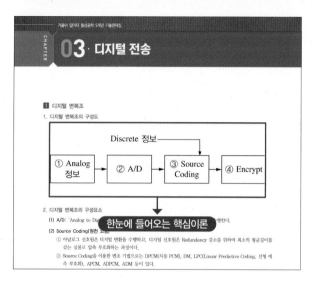

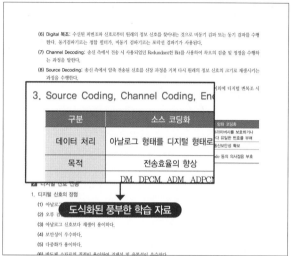

핵심이론만 쏙쏙!

최신 출제경향에 기반한 핵심이론만 선별 수록해 학습의 효율성을 극대화하였습니다.

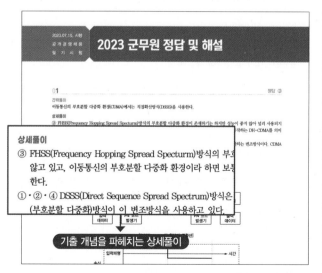

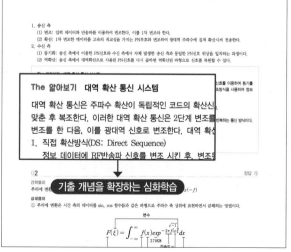

이론 그 이상의 해설!

기출문제를 통해 이론을 한 번 더 짚고 넘어갈 수 있도록 해설을 상세하게 수록하였습니다.

이 책의 차례

부록

2023 최신기출문제

목 차

01 ①②③

입력신호 $x(t)$에 대한 시스템의 출력이 $y(t) = 2x(t)$일 때, $x(t)$의 스펙트럼이 갖는 주파수 f의 범위[Hz]가 $-W \leq f \leq W$일 경우, $y(t)$의 스펙트럼이 갖는 주파수 범위[Hz]는? (단, $W \neq 0$이다.)

① $-W \leq f \leq W$

② $-2W \leq f \leq 2W$

③ $-3W \leq f \leq 3W$

④ $-4W \leq f \leq 4W$

02 ①②③

신호 $x(t) = u(t+1) - u(t-1)$를 임펄스 응답이 $h(t) = \delta(t+2) + \delta(t-2)$인 선형 시불변 시스템에 입력하였을 때, 출력신호 $y(t) = x(t) * h(t)$는? (단, $u(t)$는 단위 계단 함수, $\delta(t)$는 단위 임펄스 함수, $*$는 컨볼루션 연산이다.)

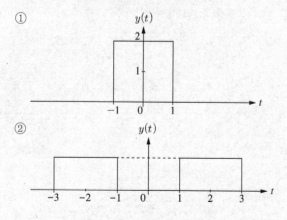

03 ①②③

이산(discrete) 신호 $\{14, 2\sqrt{10}, 14, 12\}$의 rms(root mean square) 값은?

① 10

② 11

③ 12

④ 13

③

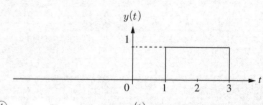

④

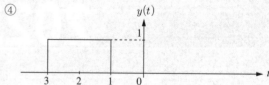

04 ①②③

디지털 데이터 {0, 1, 1, 0, 1}를 심볼당 1비트로 전송하기 위해 그림과 같이 변조하였을 때, 사용된 변조 방식은? (단, T는 심볼 길이이다.)

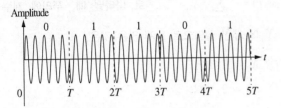

① ASK
② FSK
③ PSK
④ OOK

05 ①②③

정수 n에서만 값을 갖는 이산(discrete) 신호 $x[n] = e^{j\frac{7\pi}{3}n}$의 주기(period)는?

① 3
② 4
③ 5
④ 6

06 ①②③

주파수가 1[Hz]인 연속 코사인 신호를 4[Hz]의 주파수로 샘플링했을 때, 샘플링된 신호의 주파수 스펙트럼 성분에 포함되지 않는 주파수[Hz]는?

① −1
② 1
③ 2
④ 3

07 ①②③

필터에 대한 설명으로 옳지 않은 것은?

① 이상적인 저역 통과 필터는 인과(causal) 시스템이므로 실현 가능하다.
② 주파수 선택 필터는 저역 통과, 고역 통과, 대역 통과, 대역 차단 필터 등으로 분류된다.
③ 시간지연된 임펄스 응답을 갖는 이상적인 저역 통과 필터의 위상 응답은 통과대역 내의 주파수에 따라 선형적으로 변한다.
④ 이상적인 필터는 통과대역에서 진폭 응답은 0이 아닌 상수값을 갖고, 억제 대역에서는 이득이 0이다.

08 ①②③

서로 통계적 독립(statistically independence)인 두 랜덤변수 X와 Y가 각각 $0 \leq x \leq 2$와 $1 \leq y \leq 5$ 범위에서 균일하고 그 이외에는 0인 확률밀도함수 $f_X(x)$, $f_Y(y)$를 가질 때, X와 Y에 대한 설명으로 옳지 않은 것은?

① $f_X(x) = \begin{cases} \dfrac{1}{2}, & 0 \leq x \leq 2 \\ 0, & \text{otherwise} \end{cases}$,

$f_Y(y) = \begin{cases} \dfrac{1}{4}, & 1 \leq y \leq 5 \\ 0, & \text{otherwise} \end{cases}$ 이다.

② X의 평균은 1이고, 분산은 $\dfrac{1}{3}$이다.

③ $Y > 2$인 확률은 $\dfrac{3}{4}$이다.

④ $X + Y$의 평균은 3이다.

09 ☐1 ☐2 ☐3

롤오프(roll-off) 인수가 r인 상승 여현 펄스 정형(raised cosine pulse shaping) 필터에 대한 설명으로 옳지 않은 것은?

① r이 커질수록 필터의 대역폭이 증가한다.

② r이 작아질수록 필터의 스펙트럼 차단 특성이 완만해진다.

③ r이 커질수록 필터의 임펄스 응답(impulse response)의 부엽(sidelobe) 크기가 줄어든다.

④ r이 0일 때, 이상적인 싱크(sinc) 펄스 정형 필터와 같다.

10 ☐1 ☐2 ☐3

두 랜덤변수 X와 Y에 대한 설명으로 옳은 것은? (단, X와 Y 각각의 평균은 0이 아니다.)

① $X+Y$의 평균은 X와 Y 각각의 평균의 합보다 항상 크다.

② XY의 평균은 YX의 평균과 같지 않을 수 있다.

③ X와 Y가 모두 양의 값을 가질 경우 $\dfrac{X}{Y}$의 평균은 양수이다.

④ X와 Y의 공분산(covariance)은 XY의 평균과 동일하다.

11 ☐1 ☐2 ☐3

최대 주파수가 5[kHz]로 대역 제한된 아날로그 신호를 표본화할 때, 원래의 신호로 정상 복원이 가능한 최대 표본화 주기[μsec]는?

① 10

② 20

③ 100

④ 200

12 ☐1 ☐2 ☐3

기본 주파수가 f_0인 신호 $x(t) = 2\cos(2\pi f_0 t) - 4\sin(6\pi f_0 t)$를 복소지수함수 형식의 푸리에 급수 $x(t) = \sum_{n=-\infty}^{\infty} X_n e^{j2\pi n f_0 t}$로 나타낼 때, 푸리에 계수 X_n에 대한 설명으로 옳지 않은 것은?

① $X_1 = 1$이다.

② $X_3 = 2j$이다.

③ $\sum_{n=-\infty}^{\infty} X_n = 0$이다.

④ 모든 n에 대해 $X_n + X_{-n}$은 실수이다.

13 ☐1 ☐2 ☐3

WPAN(Wireless Personal Area Network)에 포함되는 기술 또는 표준이 아닌 것은?

① Bluetooth

② GSM

③ ZigBee

④ UWB

14 ☐1 ☐2 ☐3

네트워크의 물리적 접속 형태에 대한 설명으로 옳지 않은 것은?

① 링형 - 각 장치는 바로 이웃하는 장치에만 연결되어 있다.

② 성형 - 한 링크의 장애가 전체 네트워크를 사용할 수 없게 하는 형태이다.

③ 그물형 - 네트워크상의 모든 장치가 다른 장치에 대해 점대점 링크를 갖는다.

④ 버스형 - 하나의 긴 케이블이 네트워크상의 모든 장치를 연결하는 백본 네트워크 역할을 한다.

15 ⌞1⌟⌞2⌟⌞3⌟

균일 양자화기에서 양자화 비트수가 3비트 증가할 때, 양자화 구간 폭(quantization step size)과 신호 대 양자화 잡음비(SQNR, Signal to Quantization Noise Ratio)의 변화는? (단, 신호의 진폭 범위는 동일하다고 가정한다.)

	양자화 구간 폭	신호 대 양자화 잡음비
①	$\frac{1}{3}$ 배로 감소	약 12[dB] 감소
②	$\frac{1}{3}$ 배로 감소	약 12[dB] 증가
③	$\frac{1}{8}$ 배로 감소	약 18[dB] 감소
④	$\frac{1}{8}$ 배로 감소	약 18[dB] 증가

16 ⌞1⌟⌞2⌟⌞3⌟

임펄스 응답이 $h(t)$인 선형 시불변 시스템에 $x(t)$를 입력하여 출력 $y(t)$를 얻었을 때, 주파수 응답 $H(f)$를 구하는 방법으로 옳은 것만을 모두 고르면? (단, $X(f)$와 $Y(f)$는 각각 $x(t)$와 $y(t)$의 푸리에 변환이고, $X(f) \neq 0$ 이다.)

> ㄱ. $h(t)$의 푸리에 변환을 구한다.
> ㄴ. $\frac{Y(f)}{X(f)}$ 를 구한다.
> ㄷ. 입력을 $x(t) = e^{j2\pi ft}$로 하여 $\frac{y(t)}{x(t)}$ 를 구한다.

① ㄱ
② ㄱ, ㄴ
③ ㄴ, ㄷ
④ ㄱ, ㄴ, ㄷ

17 ⌞1⌟⌞2⌟⌞3⌟

디지털 데이터를 압축하여 전송량을 줄이는 기법이며, 디지털 통신에서 전송 매체의 한정된 대역폭 특성을 극복하거나 사용자 용량을 증가시킬 목적으로 사용하는 것은?

① 인터리빙(interleaving)
② 라인코딩(line coding)
③ 채널코딩(channel coding)
④ 소스코딩(source coding)

18 ⌞1⌟⌞2⌟⌞3⌟

다음에서 설명하는 네트워크 공격 기법은?

> 네트워크상에 비정상적인 대규모 접속을 발생시켜 과부하를 유발하여 시스템의 중요 자원을 점거하고 사용 불가능한 상태로 만드는 공격 기법으로 정보 보호의 목적 중 가용성에 대한 공격의 일종으로 볼 수 있다.

① 분산 서비스 거부(DDoS)
② 스니핑(sniffing)
③ 스푸핑(spoofing)
④ 세션 하이재킹(session hijacking)

19 ① ② ③

서로 일대일로 통신할 수 있는 10개의 기기가 있을 때, 모든 기기의 점대점 연결을 위해서 필요한 최소 링크 수는? (단, 각 링크는 전이중(full duplex) 모드를 지원한다고 가정한다.)

① 40
② 45
③ 50
④ 55

20 ① ② ③

디지털 데이터의 기저대역 전송 시 사용되는 라인 코드 펄스 파형을 선택할 때, 고려해야 할 요소가 아닌 것은?

① 비트 동기화
② 주파수 대역폭
③ 에러 검출 용이성
④ 대역통과 디지털변조 용이성

01 [1][2][3]

대역 확산 통신 시스템에 관한 설명으로 가장 옳지 않은 것은?

① DSSS(Direct Sequence Spread Spectrum)방식은 정보 데이터 신호와 PN(Pseudo-random Noise sequence) 신호를 곱하여 반송파 변조를 함으로써 스펙트럼을 확산시키는 방식을 말한다.

② PN신호의 동기란 수신신호에 포함된 PN신호와 수신기에서 자체적으로 발생시키는 PN신호의 위상을 일치시키는 과정이다.

③ FHSS(Frequency Hopping Spread Spectrum)방식은 광대역 간섭신호에 더 강하므로 이동통신의 부호분할 다중화 환경에 널리 사용된다.

④ 대역확산 통신 시스템은 변조기와 복조기에 PN신호 생성기가 부가되어 PN신호에 의해 대역 확산 통신 신호의 스펙트럼이 확산되거나 역확산된다.

02 [1][2][3]

신호와 시스템에 관한 설명 중 가장 옳지 않은 것은?

① 푸리에 변환의 특징 중 쌍대성(duality)은 다음과 같이 정의된다. $x(t) \leftrightarrow X(f)$, $X(t) \leftrightarrow x(f)$

② 선형 시스템은 중첩의 원리가 성립하는 시스템을 말한다.

③ 푸리에 급수는 주기 신호를 복소 지수함수들의 합 형태로 전개한 것을 말한다.

④ 신호가 유한값의 에너지를 가질 경우 에너지 신호(energy signal)라고 한다.

03 [1][2][3]

양자화기에 대한 설명 중 가장 옳지 않은 것은?

① 선형 양자화기는 근사치에 대해 반올림을 하므로 약간의 오류가 포함된다.

② 양자화 오차에 의해 발생되는 잡음을 양자화 잡음이라고 한다.

③ 비선형 양자화기는 신호의 진폭에 따라 양자화 레벨을 다르게 적용하는 방식이다.

④ 양자화 간격을 크게 하면 작은 신호에 대해 정확히 구별할 수 있다.

04 [1][2][3]

데이터 통신에 대한 설명 중 가장 옳지 않은 것은?

① 데이터 전송률은 데이터의 전송 속도를 나타내는 척도이다. 1초당 전송되는 비트수인 bps(bit per second)로 나타낸다.

② 변조 속도는 신호의 레벨이 변하는 속도를 나타내는 척도이다. 초당 전송되는 심벌(symbol)의 수를 의미하며 보오(baud) 단위를 사용한다.

③ 오류율은 통신 경로상의 잡음의 평균 수준을 나타내는 척도로써, 일반적으로 원신호의 레벨과 노이즈의 레벨의 비율이다.

④ 대역폭은 전송 장비나 매체의 특성에 의해 제한되는 신호의 폭을 의미하며, 주파수 특성 곡선상의 최고 이득점으로부터 3dB만큼 이득이 내려간 두 점 사이의 폭을 말한다.

05 123

샤논의 채널 용량 정리를 올바르게 표현한 식은 다음 중 어느 것인가? (단, C는 채널의 용량, S는 신호의 전력, N은 잡음의 전력이다.)

① $C = BW \cdot \log_2\left(1 + \dfrac{S}{N}\right)$

② $C = BW \cdot \log_2\left(1 + \dfrac{N}{S}\right)$

③ $C = \dfrac{1}{BW} \cdot \log_2\left(1 + \dfrac{S}{N}\right)$

④ $C = \dfrac{1}{BW} \cdot \log_2\left(1 + \dfrac{N}{S}\right)$

07 123

PLL(Phase Locked Loop)의 주요 구성에 대한 설명 중 가장 옳지 않은 것은?

① VCO(Voltage Controlled Oscillator): 입력 전압에 따라 특정 주파수를 출력한다.

② LPF(Low Pass Filter): 저역 통과 필터 구조로 Loop 동작 중에 발생하는 잡음을 제거한다.

③ C/P(Charge Pump): 전하의 변화와 무관하게 출력주파수가 높은 경우 적절한 비율로 나누어 낮은 주파수로 변환한다.

④ P/D(Phase Detector): 입력된 두 주파수 신호를 비교하여 그 차이에 해당하는 펄스를 출력한다.

06 123

PCM(Pulse Code Modulation) 통신 시스템의 순서로 가장 옳은 것은?

① 표본화 → 부호화 → 복호화 → 통신채널 → 양자화 → 필터링

② 표본화 → 양자화 → 부호화 → 통신채널 → 복호화 → 필터링

③ 표본화 → 필터링 → 양자화 → 통신채널 → 부호화 → 복호화

④ 표본화 → 양자화 → 필터링 → 통신채널 → 부호화 → 복호화

08 123

신호의 전송 이득을 표시하는 데시벨(dB)에 대한 설명 중 가장 옳은 것은? (단, P_1은 입력 전력, V_1은 입력 전압, I_1은 입력 전류이며, P_2은 출력 전력, V_2은 출력 전압, I_2 출력 전류이다.)

① 전력에 대한 이득은 $dB = 20\log_{10}\dfrac{P_2[W]}{P_1[W]}$ 이다.

② 전력에 대한 이득은 $dB = 10\log_{10}\dfrac{P_2[W]}{P_1[W]}$ 이다.

③ 전압에 대한 이득은 $dB = 10\log_{10}\dfrac{V_2[V]}{V_1[V]}$ 이다.

④ 전류에 대한 이득은 $dB = 10\log_{10}\dfrac{I_2[A]}{I_1[A]}$ 이다.

다음과 같이 설명된 네트워크 토폴리지 장단점에 가장 알맞은 방식은?

> • 장점: 고장의 발견과 수리가 쉽고 노드의 증설, 이전이 쉽다.
> • 단점: 병목현상이 발생할 가능성이 있으며 중앙 지역의 고장에 취약하다. 중앙 제어노드에 문제가 발생하면 네트워크 전체가 통신 불능상태에 빠지게 된다.

① 버스(Bus)방식
② 스타(Star)방식
③ 트리(Tree)방식
④ 메쉬(Mesh)방식

TCP(Transmission Control Protocol)/UDP(User Datagram Protocol) 특성 설명 중 가장 옳지 않은 것은?

① TCP는 오류제어 기법을 사용함으로써 신뢰성 있는 데이터 전송이 가능하다.
② UDP는 비연결형 IP(Internet Protocol)전달 서비스이다.
③ TCP는 많은 오버헤드가 필요하며 지점 간 통신만 지원한다.
④ UDP는 승인 및 순차적인 데이터 전송을 통해서 전송을 보장한다.

OSI(Open System Interconnection) 참조모델에 관한 설명 중 가장 옳지 않은 것은?

① 표현계층은 데이터의 구문, 즉 데이터의 표현과 관련된 정보를 제공하여 암호화 압축, 보안과 같은 기능을 수행한다.
② 데이터링크 계층은 노드들 간의 데이터 전송을 담당하며 접근제어, 흐름/에러제어 기능을 수행한다.
③ 네트워크 구조는 계층구조로 이루어지는데 각 계층들은 망을 통한 정보 교환을 위해서 필요한 다양한 기능 중의 한 부분을 수행한다.
④ 세션계층은 전체 메시지의 종단 간 전송을 담당하며 연결제어 기능과 분할 및 재조립 기능을 수행한다.

8개의 신호 준위를 갖는 신호를 전송하는 3,000[Hz]의 대역폭을 갖는 무잡음 채널이다. 최대 비트율은 얼마인가?

① 12,000[bps]
② 18,000[bps]
③ 24,000[bps]
④ 30,000[bps]

반파장 다이폴 안테나에 관한 설명 중 가장 옳지 않은 것은?

① 반송 주파수의 $\lambda/2$ 길이를 갖는 공진 안테나이다.
② 전류는 양쪽 끝에서 최대가 된다.
③ 수직 다이폴은 수평면 내 무지향성이다.
④ 수직 다이폴은 수직편파가 복사된다.

14 ⬜⬜⬜

다음은 AM 라디오 방송 신호의 수신을 위한 슈퍼헤테로다인 수신기의 구성이다. A와 B의 블록으로 가장 적당한 쌍은?

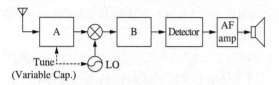

HPF: 고역 통과 필터, BPF: 대역 통과 필터, LPF: 저역 통과 필터, RF: Radio Frequency(라디오 주파수), IF: Intermediate Frequency(중간 주파수), AF: Audio Frequency(오디오 주파수), LO: Local Oscillator(발진기)

① A: RF BPF, B: IF BPF
② A: RF BPF, B: LPF
③ A: RF HPF, B: IF LPF
④ A: RF HPF, B: HPF

15 ⬜⬜⬜

다음과 같은 시스템의 명칭으로 가장 옳은 것은?

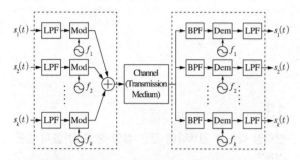

LPF: 저역 통과 필터(Low-Pass Filter)
BPF: 대역 통과 필터(Band-Pass Filter)
Mod: 변조기(Modulator)
Dem: 복조기(Demodulator)

① SDM(공간분할 다중화)
② TDM(시간분할 다중화)
③ FDM(주파수분할 다중화)
④ CDM(부호분할 다중화)

16 ⬜⬜⬜

다음과 같은 시스템의 명칭으로 가장 옳은 것은?

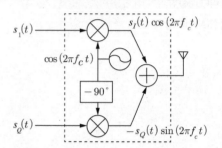

① QAM(Quadrature Amplitude Modulation) 변조기
② QAM(Quadrature Amplitude Modulation) 복조기
③ FM(Frequency Modulation) 변조기
④ FM(Frequency Modulation) 복조기

17 ⬜⬜⬜

아날로그 신호에 대한 설명으로 가장 옳지 않은 것은?

① 신호가 순간적으로 변화하면 주파수는 무한대이다.
② 주파수는 시간에 대한 짧은 기간 내의 변화는 높은 주파수를 의미한다.
③ 위상 180도의 정현파(사인파)는 시간 0에서 진폭 0으로 시작하며 진폭은 증가한다.
④ 정현파는 최대진폭, 주파수, 위상이라는 세 가지 특성으로 나타내게 된다.

18 ☐1 ☐2 ☐3

다음의 기저대역 디지털 2원 전송 부호 중 동일한 데이터 전송율을 가정할 때 대역폭이 가장 큰 것은 어느 것인가?

① 양극(Polar) NRZ 펄스
② 단극(Unipolar) NRZ 펄스
③ 바이폴라(Bipolar) 펄스
④ 맨체스터(Manchester) 펄스

19 ☐1 ☐2 ☐3

한 심벌에 여러 비트를 실어 전송할 때 대역폭 효율면에서 가장 불리한 방식은?

① 주파수 편이 변조(Frequency Shift Keying, FSK)
② 진폭 편이 변조(Amplitude Shift Keying, ASK)
③ 직교 진폭 변조(Quadrature Amplitude Modulation, QAM)
④ 위상 편이 변조(Phase Shift Keying, PSK)

20 ☐1 ☐2 ☐3

다음 중 OFDM(Orthogonal Frequency Division Multiplexing) 기술이 적용되지 않는 통신/방송표준은?

① WiFi(802.11g/n)
② DMB(Digital Multimedia Broadcast)
③ 4세대 이동통신 시스템(LTE)
④ 3세대 이동통신 시스템(IMT-2000)

21 ☐1 ☐2 ☐3

20[kHz] 대역폭의 기저대역 오디오 신호를 나이퀴스트 표본화 주파수로 표본화하고 1024 레벨로 양자화하여 아날로그-디지털 변환한 후 CD에 저장하고자 한다. 600MByte(4800Mbit) 용량의 CD에 몇 초 분량의 오디오 신호를 저장할 수 있는가? (1MByte=10^6Byte)

① 6,000초
② 8,000초
③ 12,000초
④ 16,000초

22 ☐1 ☐2 ☐3

LAN 연결장치와 VLAN 설명 중 가장 옳지 않은 것은?

① 라우터는 데이터 링크층의 목적지 주소에 따라 패킷을 구분한다.
② 중계기는 필터링 기능이 없다.
③ VLAN은 소프트웨어로 구성된 근거리 통신망이다.
④ 링크 계층 교환기는 프레임의 링크 계층 주소(MAC)를 변경하지 않는다.

23 ☐1 ☐2 ☐3

정지 궤도 위성 방식에 대한 설명 중 가장 옳지 않은 것은?

① 위성을 추적할 필요가 없다.
② 지구의 자전에 따라 통신 가능 시간대가 정해져 있다.
③ 품질이 균일하다.
④ point to point network로 구성한다.

24 [1][2][3]

송신기의 증폭기 중 전력효율이 가장 좋은 것은 다음 중 어느 것인가?

① A급 증폭기
② B급 증폭기
③ AB급 증폭기
④ C급 증폭기

25 [1][2][3]

다음의 A-B-C-D에 대한 명칭으로 가장 알맞은 것은?

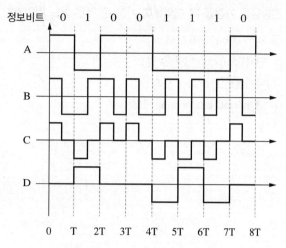

① A. 양극 RZ 펄스   B. 바이폴라 펄스,
　 C. 맨체스터 펄스   D. 양극 NRZ 펄스
② A. 양극 RZ 펄스   B. 맨체스터 펄스,
　 C. 바이폴라 펄스   D. 양극 NRZ 펄스
③ A. 양극 NRZ 펄스   B. 양극 RZ 펄스,
　 C. 맨체스터 펄스   D. 바이폴라 펄스
④ A. 양극 NRZ 펄스   B. 맨체스터 펄스,
　 C. 양극 RZ 펄스   D. 바이폴라 펄스

2023 지방직 정답 및 해설

01 정답 ①

간략풀이

입력신호 $x(t)$에 대한 시스템의 출력이 $y(t) = 2x(t)$이므로 시간 t에 대한 변화가 없는 선형 시스템이라 할 수 있다. 따라서 해당 시스템 출력은 진폭값의 변화만 있을 뿐 시간의 변화가 없고, 주파수 변화 또한 없다.

상세풀이

입력신호 $x(t)$에 대한 시스템의 출력이 $y(t) = 2x(t)$이므로 이를 시스템 $h(t)$에 관한 식으로 나타내면 다음과 같다.

$x(t) * h(t) = y(t)$

$x(t) * h(t) = 2x(t)$

$\therefore h(t) = 2$

예를 들어 $x(t) = A\sin(2\pi ft + \theta)$라고 할 때, $x(t)$를 해당 시스템에 입력하면 출력값 $y(t) = 2x(t)$이 되므로 $x(t) * h(t) = 2A\sin(2\pi ft + \theta)$이다.

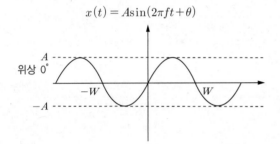

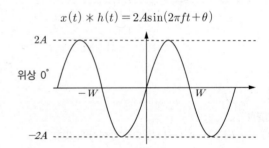

이때 A는 진폭, f는 주파수, θ는 위상이므로 해당 시스템은 그림처럼 진폭에만 영향을 주어 주파수와 위상에는 변화가 없는 시스템임을 알 수 있다. 만약, $y(t) = x(2t)$ 또는 $y(t) = x\left(\dfrac{1}{2}t\right)$와 같이 시간 값이 변경되는 시스템이었다면 주파수는 시간 값에 반비례하여 감소하거나 증가한다.

$$y(t) = x(t)$$
예 $x(t) = A\sin(2\pi ft + \theta)$

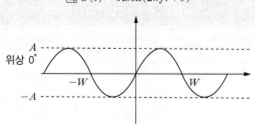

$$y(t) = x(2t)$$
예 $x(t) * h(t) = A\sin(2\pi f 2t + \theta)$

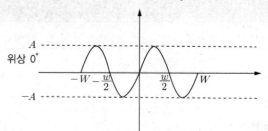

$$y(t) = x\left(\frac{1}{2}t\right)$$
예 $x(t) * h(t) = A\sin\left(2\pi f \frac{1}{2}t + \theta\right)$

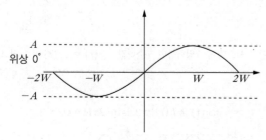

정답 ②

02

상세풀이

$x(t) = u(t+1) - u(t-1)$를 그리면 아래와 같다.

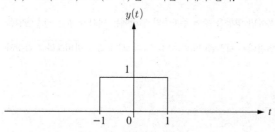

선형 시불변 시스템은 중첩의 원리가 적용되므로 전체 결과는 개별 입력 신호들의 결과들을 합한 것과 같다. 따라서 $x(t)$ 신호를 임펄스 응답이 $h(t) = \delta(t+2) + \delta(t-2)$인 선형 시불변 시스템에 독립적으로 계산한 후 합한 값은 전체 $y(t) = x(t) * h(t)$값과 같다.

$$\begin{aligned} & x(t) * \delta(t+2) = x(t+2) \\ + \ & x(t) * \delta(t-2) = x(t-2) \\ \hline & x(t) * h(t) \quad = y(t) \end{aligned}$$

1. $x(t) * \delta(t+2) = x(t+2)$는 $x(t) = u(t+1) - u(t-1)$의 그래프를 -2만큼 이동한 것과 같다.

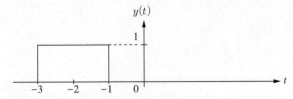

2. $x(t) * \delta(t-2) = x(t-2)$는 $x(t) = u(t+1) - u(t-1)$의 그래프를 $+2$만큼 이동한 것과 같다.

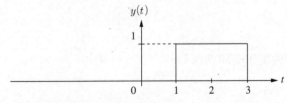

3. 이제 선형 시불변 시스템의 중첩의 원리에 따라 독립적으로 각각 계산한 값을 합치면 전체의 값과 같으므로 위에서 구한 두 개의 그래프를 합쳐서 그리면 $y(t) = x(t) * h(t)$의 그래프를 구할 수 있다. $y(t) = x(t) * h(t)$의 그래프는 아래와 같다.

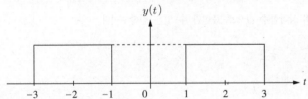

03
정답 ③

간략풀이

이산(discrete) 신호 $\{14, 2\sqrt{10}, 14, 12\}$의 rms는 $\sqrt{\dfrac{1}{N}\sum_{i}^{N} V_i^2}$ 에 대입하여 구할 수 있다.

$$\text{rms(desc)} = \sqrt{\frac{14^2 + (2\sqrt{10})^2 + 14^2 + 12^2}{4}} = 12$$

상세풀이

연속 신호와 이산 신호의 실횻값은 다음과 같이 구할 수 있다.

[연속 신호의 실횻값 rms]

$$\text{rms(cont)} = \sqrt{\frac{1}{T}\int_0^T v^2(t)\,dt}$$

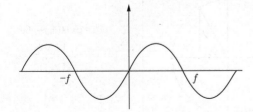

[이산 신호의 실횻값 rms]

$$\text{rms(desc)} = \sqrt{\frac{1}{N}\sum_{i}^{N} V_i^2}$$

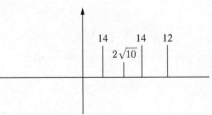

따라서 이산 신호의 rms 값은 위 그림의 오른쪽 식을 통해 구하면 된다.

$$\text{rms(desc)} = \sqrt{\frac{14^2 + (2\sqrt{10})^2 + 14^2 + 12^2}{4}} = \sqrt{144} = 12$$

04

간략풀이

데이터 1, 0을 위상이 다른 사인파 파형으로 변조하는 방식이다.

1일 때는 위상 $\theta = 0°$

0일 때는 위상 $\theta = 180°$

이처럼 진폭과 주파수가 같은데 위상의 차이로 데이터를 변조하는 방식을 PSK라고 한다.

05
정답 ④

상세풀이

연속적인 신호 e^{θ}는 오일러 정리에 의해 $e^{\theta} = \cos\theta + j\sin\theta$의 삼각함수 값으로 표현할 수 있는 원함수이다.

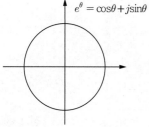

$$e^{\theta} = \cos\theta + j\sin\theta$$

이산 신호 $x[n] = e^{j\frac{7\pi}{3}n}$는 원을 따라 움직이는 신호 값이며 정수 n의 값이 증가함에 따라 반복해서 나타날 것이다.

n: 1, 2, 3, 4, 5, 6, 7···

1	$n = 0 \rightarrow \theta = 0°$	$\theta = 0°$ $(1,0)$	$e^0 = \cos0 + j\sin0$ $e^0 = (1,0)$
2	$n = 1 \rightarrow$ $\theta = \dfrac{7}{3}\pi = 2\pi + \dfrac{\pi}{3} = 360° + 60°$	$\left(\dfrac{1}{2}, \dfrac{\sqrt{3}}{2}\right)$ $\theta = 60°$	$e^{60} = \cos60 + j\sin60$ $e^{60} = \left(\dfrac{1}{2}, \dfrac{\sqrt{3}}{2}\right)$

3	$n=2 \rightarrow$ $\theta = \dfrac{14}{3}\pi = 4\pi + \dfrac{2}{3}\pi = 2\times 360\,^\circ + 120\,^\circ$	$\left(-\dfrac{1}{2}, \dfrac{\sqrt{3}}{2}\right)$ $\theta = 120\,^\circ$	$e^{120} = \cos 120 + j\sin 120$ $e^{120} = (-\dfrac{1}{2}, \dfrac{\sqrt{3}}{2})$
4	$n=3 \rightarrow$ $\theta = \dfrac{21}{3}\pi = 6\pi + \dfrac{3}{3}\pi = 3\times 360\,^\circ + \pi$	$(-1,0)$ $\theta = 180\,^\circ$	$e^{\pi} = \cos \pi + j\sin \pi$ $e^{\pi} = (-1,0)$
5	$n=4 \rightarrow$ $\theta = \dfrac{28}{3}\pi = 8\pi + \dfrac{4}{3}\pi = 4\times 360\,^\circ + 240\,^\circ$	$\theta = 240\,^\circ$ $\left(-\dfrac{1}{2}, -\dfrac{\sqrt{3}}{2}\right)$	$e^{240} = \cos 240 + j\sin 240$ $e^{240} = (-\dfrac{1}{2}, -\dfrac{\sqrt{3}}{2})$
6	$n=5 \rightarrow$ $\theta = \dfrac{35}{3}\pi = 10\pi + \dfrac{5}{3}\pi = 5\times 360\,^\circ + 300\,^\circ$	$\theta = 300\,^\circ$ $\left(\dfrac{1}{2}, -\dfrac{\sqrt{3}}{2}\right)$	$e^{300} = \cos 300 + j\sin 300$ $e^{300} = (\dfrac{1}{2}, -\dfrac{\sqrt{3}}{2})$
7	$n=6 \rightarrow$ $\theta = \dfrac{42}{3}\pi = 12\pi + \dfrac{6}{3}\pi = 6\times 360\,^\circ + 360\,^\circ$	$\theta = 360\,^\circ$ $(1,0)$	$e^{2\pi} = \cos 2\pi + j\sin 2\pi$ $e^{2\pi} = (1,0)$

위 표를 보면 $n=6$일 때, 다시 $e^0 = e^{2\pi}$가 되어 같은 값이 됨을 알 수 있다. 따라서 이산(discrete) 신호 $x[n] = e^{j\frac{7\pi}{3}n}$의 주기(period) n은 6이다.

상세풀이

샘플링된 신호의 주파수 스펙트럼 성분을 구해야 하므로 푸리에 급수를 통해 각 신호의 주파수 성분을 볼 필요가 있다.

1. 주파수가 $1[Hz]$인 연속 코사인 신호를 $x(t)$라고 할 때, $x(t)$의 푸리에 급수와 파형은 아래와 같다.

   (1) $x(t) = A\cos(2\pi f_0 t + \theta)$의 푸리에 급수

   $x(t) = A_0 + B_1\cos(\omega_0 t) + B_2\cos(2\omega_0 t) + B_3\cos(3\omega_0 t) + \cdots$ (∵ cos 함수는 여현대칭이다.)

   (2) $x(t) = A\cos(2\pi f_0 t + \theta)$의 파형과 스펙트럼

[x(t)**의 파형**]

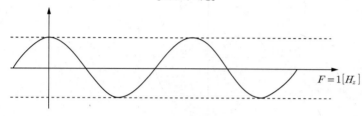

[x(t)**의 스펙트럼**]

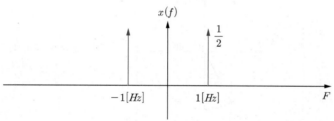

2. $x(t)$ 신호를 샘플링하는 $4[Hz]$의 주파수 펄스열을 $\delta_T(t)$라고 할 때, $\delta_T(t)$의 푸리에 급수와 파형은 아래와 같다.

   (1) $\delta_T(t)$의 푸리에 급수

   $$\delta_T(t) = \frac{1}{T_s}\left(1 + 2\cos(\omega_s t) + 2\cos(2\omega_s t) + 2\cos(3\omega_s t) + \cdots\right)$$ (∵ cos 함수를 샘플링하므로 여현대칭이 된다.)

   (2) $\delta_T(t)$의 파형

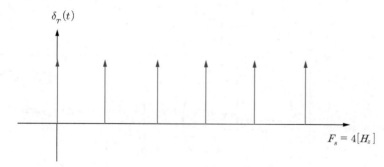

3. $q(t) = x(t) \times \delta_T(t)$ 라고 할 때 펄스열 $\delta_T(t)$로 샘플링한 $x(t)$ 신호의 파형은 아래와 같다.

(1) $q(t)$의 푸리에 급수

$$q(t) = \frac{1}{T_s}\left(x(t) + 2x(t)\cos(\omega_s t) + 2x(t)\cos(2\omega_s t) + 2x(t)\cos(3\omega_s t) + \cdots\right)$$

(2) $q(t)$의 파형

$q(t) = x(t) \times \delta_T(t)$

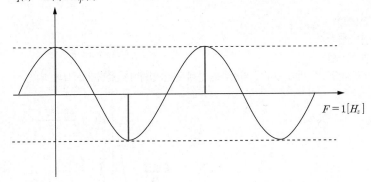

$F = 1[Hz]$

이때, $x(t)$와 $\delta_T(t)$ 푸리에 급수를 보면 모두 코사인 함수로 이루어져 있음을 알 수 있다. $q(t)$는 코사인 함수의 곱이므로 $\cos(\omega_0 t) \times \cos(\omega_s t) = f_0 \pm f_s$이고, 이를 이용해 주파수 성분을 구할 수 있다.

$$q(t) = \frac{1}{T_s}\left(x(t) + 2x(t)\cos(\omega_s t) + 2x(t)\cos(2\omega_s t) + 2x(t)\cos(3\omega_s t) + \cdots\right)$$

• $x(t)$: f_0
• $2x(t)\cos(\omega_s t)$: $f_0 \pm f_s$
• $2x(t)\cos(2\omega_s t)$: $f_0 \pm 2f_s$
• $2x(t)\cos(3\omega_s t)$: $f_0 \pm 3f_s$

주파수 스펙트럼을 보면 f_0, $f_0 \pm nf_s$가 나오는 것을 알 수 있다.

앞서, $x(t)$의 $f_0 = 1[Hz]$, $\delta_T(t)$의 $f_s = 4[Hz]$임을 문제에서 알려줬으므로 이를 대입한다.

• $n = 0$일 때 $f_0 = 1[Hz]$
• $n = 1$일 때 $f_0 \pm f_s = 3[Hz]$, $5[Hz]$
• $n = 2$일 때 $f_0 \pm 2f_s = 7[Hz]$, $9[Hz]$
• $n = 3$일 때 $f_0 \pm 3f_s = 11[Hz]$, $13[Hz]$

이와 같이 짝수 주파수는 나오지 않음을 알 수 있다.

또한, 여현대칭 함수이므로 0을 기준으로 음의 영역에도 똑같이 주파수 성분이 나타난다.

[$q(t)$의 스펙트럼]

$q(f)$

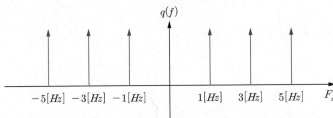

$-5[Hz]$　$-3[Hz]$　$-1[Hz]$　　$1[Hz]$　$3[Hz]$　$5[Hz]$　F_s

∴ 주파수 스펙트럼 성분에 $2[Hz]$는 나오지 않는다.

간략풀이

이상적인 저역 통과 필터는 비인과(noncasual) 시스템이므로 실현 불가능하다.

상세풀이

① 시스템 출력이 현재와 과거의 입력, 과거의 출력에 의해서만 결정되는 시스템을 인과 시스템이라 하고, 그렇지 않은 시스템을 비인과 시스템이라 한다.

- $t > 0$(과거 시간)에서 출력값 정의: 인과 시스템
- $t = 0$(현재 시간)에서 출력값 정의: 인과 시스템
- $t < 0$(미래 시간)에서 출력값 정의: 비인과 시스템

이상적인 저역 통과 필터가 인과 시스템인지 확인하기 위해 푸리에 역변환을 통해 시간 영역에서 출력값을 살펴 본다.

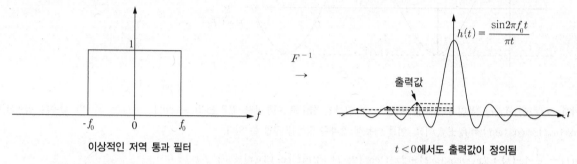

이상적인 저역 통과 필터 $t < 0$에서도 출력값이 정의됨

그림을 보면 이상적인 저역 통과 필터는 시스템 출력이 $t < 0$에서 출력값이 나타나므로 비인과 시스템임을 알 수 있다.

② 주파수 선택 필터는 저역 통과, 고역 통과, 대역 통과, 대역 차단 필터 등으로 분류된다.

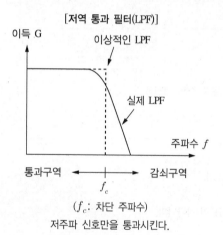

(f_c: 차단 주파수)
저주파 신호만을 통과시킨다.

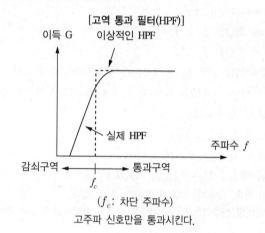

(f_c: 차단 주파수)
고주파 신호만을 통과시킨다.

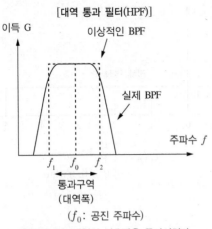

[대역 통과 필터(HPF)]

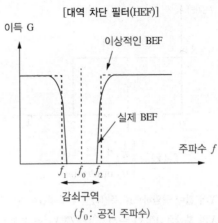

[대역 차단 필터(HEF)]

③ 정현파 $x(t) = A\cos(\omega_0 t + \theta)$가 이상적인 저역 통과 필터에 들어갔을 때, 출력을 $y(t)$라고 하면 시간지연된 $y(t)$의 출력은 $y(t) = A\cos(\omega_0 t + \theta - \omega_0 t_d)$로 표현할 수 있다.

$$y(t) = A\cos(\omega_0 t + \theta - \omega_0 t_d)$$
$$= A\cos(\omega_0(t - t_d) + \theta) = x(t - t_d)$$

결국 t_d만큼 시간 지연된 출력 $y(t)$는 $x(t)$에서 t_d만큼 시간지연된 함수와 같으므로 선형적이라 할 수 있다.

④ 아래 그림과 같이 통과 대역은 k로 어떠한 상수값을 갖고, 억제 대역은 이득이 0임을 알 수 있다.

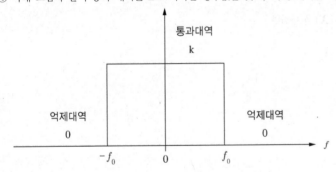

정답 ④

08

간략풀이

X의 평균은 1이고, Y의 평균은 3이다. 따라서 $X + Y$의 평균은 4이다.

상세풀이

④ 랜덤변수 X와 Y값이 균일하므로 중간값인 1과 3이 평균이 된다. 따라서 $X + Y$의 평균의 값은 4이다.

① 랜덤변수 X가 $0 \leq x \leq 2$ 범위 안에서 전체 면적이 1인 값을 갖기 위해서는 $f_X(x) = \dfrac{1}{2}$의 값을 가져야 한다. 마찬가지로 랜덤변수 y가 $1 \leq y \leq 5$ 범위 안에서 전체 면적이 1의 값을 갖기 위해서는 $f_Y(y) = \dfrac{1}{4}$의 값을 가져야 한다. 문제의 조건을 통해 $f_X(x)$와 $f_Y(y)$의 그래프를 그리면 아래와 같다.

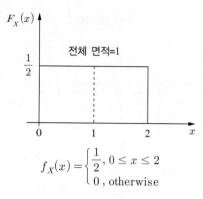

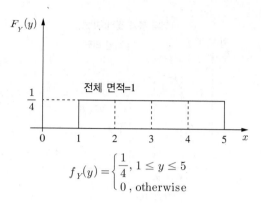

$$f_X(x) = \begin{cases} \dfrac{1}{2}, 0 \leq x \leq 2 \\ 0 \text{ , otherwise} \end{cases}$$

$$f_Y(y) = \begin{cases} \dfrac{1}{4}, 1 \leq y \leq 5 \\ 0 \text{ , otherwise} \end{cases}$$

② 랜덤변수 X의 값이 균일하므로 중간값인 1이 평균이 된다.

랜덤변수 X의 분산은 $V(X) = E(X^2) - E(X)^2$을 통하여 구한다.

기댓값 $E(X)$과 $E(X^2)$은 확률변수에 따라 구하는 방법이 다르다.

구분	$E(X)$	$E(X^2)$
이산확률변수	$E(X) = \sum\limits_{x_i} x_i f(x_i)$	$E(X^2) = \sum\limits_{i=1}^{\infty} x_i^n \cdot f(x_i)$
연속확률변수	$E(X) = \int_{-\infty}^{\infty} x f(x) dx$	$E(X^2) = \int_{-\infty}^{\infty} x^n \cdot f(x) dx$

여기서는 랜덤변수 X가 $0 \leq x \leq 2$의 범위 안에서 연속한 값을 갖는 연속확률변수이다.

1. $E(X) = \int_{-\infty}^{\infty} x f_X(x) dx$를 계산하여 기댓값 $E(X)$을 구한다.

$0 \leq x \leq 2$에서 $f_X(x) = \dfrac{1}{2}$이므로 이를 대입한다.

$$E(X) = \int_0^2 x \cdot \dfrac{1}{2} dx = \dfrac{1}{2} \left[\dfrac{1}{2} x^2 \right]_0^2$$

$$= \dfrac{1}{2} \times \dfrac{1}{2} \times 4 - \left(\dfrac{1}{2} \times \dfrac{1}{2} \times 0 \right) = 1$$

$$\therefore E(X) = 1$$

2. $E(X) = \int_{-\infty}^{\infty} x^2 f_X(x) dx$를 계산하여 기댓값 $E(X^2)$을 구한다.

마찬가지로 $0 \leq x \leq 2$에서 $f_X(x) = \dfrac{1}{2}$이므로 이를 대입한다.

$$E(X) = \int_{-\infty}^{\infty} x^2 \cdot \dfrac{1}{2} dx = \dfrac{1}{2} \left[\dfrac{1}{3} x^3 \right]_0^2$$

$$= \dfrac{1}{2} \times \dfrac{1}{3} \times 8 - \left(\dfrac{1}{2} \times \dfrac{1}{2} \times 0 \right) = \dfrac{4}{3}$$

$$\therefore E(X^2) = \dfrac{4}{3}$$

3. 랜덤변수 X의 분산 $V(X) = E(X^2) - E(X)^2$을 구한다.

$V(X) = E(X^2) - E(X)^2$에 $E(X^2) = \dfrac{4}{3}$, $E(X) = 1$을 대입한다.

$$V(X) = \dfrac{4}{3} - (1)^2 = \dfrac{1}{3}$$

간략풀이

롤오프(roll-off) 인수 r이 커질수록 필터의 스펙트럼 차단 특성이 완만해진다.

상세풀이

롤오프(roll-off) 인수에 따른 상승 여현 펄스 정형(raised cosine pulse shaping) 필터

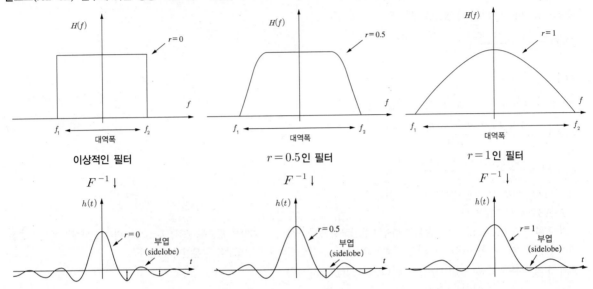

이상적인 필터 | $r=0.5$인 필터 | $r=1$인 필터

② 위 그림을 보면 r이 커질수록 필터의 스펙트럼 차단 특성이 완만해짐을 알 수 있다.

① 위 그림을 보면 r의 값이 커질수록 필터의 대역폭이 증가함을 알 수 있다.

③ 필터를 푸리에 역변환한 sinc 함수를 보면 r이 커질수록 필터의 임펄스 응답(impulse response)의 부엽(sidelobe) 크기가 줄어듦을 알 수 있다.

④ r이 0일 때, 푸리에 역변환한 그래프를 보면 이상적인 싱크(sinc) 펄스임을 알 수 있다.

간략풀이

두 양수를 나누어서 매우 작은 수가 되어도 그 값의 크기는 항상 양(+)이 되고, 이 값을 평균낸 값도 양(+)의 크기를 갖는다.

상세풀이

① X와 Y의 평균은 X와 Y 각각의 평균의 합과 항상 같다. 두 랜덤변수 X와 Y가 독립이 아니어도 $E(X+Y) = E(X) + E(Y)$가 항상 성립한다. 이를 기댓값의 선형성이라 한다.

랜덤변수 X의 평균값을 m_x라고 할 때, 아래와 같이 다양하게 표현할 수 있다.

$$m_x = \overline{X} = E(X) = \sum_i x_i P(X = x_i) = \sum_s X(s)P(\{s\})$$

이를 이용하여 $E(X+Y) = E(X) + E(Y)$임을 증명할 수 있다.

$E(X+Y) = E(X) + E(Y)$

$$E(X+Y) = \sum_s (X+Y)(s)P(\{s\})$$

$$= \sum_s (X)(s)P(\{s\}) + \sum_s (Y)(s)P(\{s\}) \text{ (분배법칙)}$$

$$= \sum_i x_i P(X=x_i) + \sum_i y_i P(Y=y_i) = E(X) + E(Y)$$

$$\therefore E(X+Y) = E(X) + E(Y)$$

② XY의 평균은 YX의 평균과 같다. X와 Y를 각각 원소가 n, m개인 변수라고 하면 아래와 같다.

$$X = [x_1, x_2, \cdots, x_n]$$

$$Y = [y_1, y_2, \cdots, y_m]$$

나열한 랜덤변수 X와 Y의 평균을 구한다.

$$E(X) = \frac{x_1, x_2, \cdots, x_n}{n}$$

$$E(Y) = \frac{y_1, y_2, \cdots, y_m}{m}$$

XY의 평균을 구하고, YX의 평균과 비교해 본다.

$$E(XY) = \frac{(x_1, x_2, \cdots, x_n)(y_1, y_2, \cdots, y_m)}{nm}$$

$$E(YX) = \frac{(y_1, y_2, \cdots, y_m)(x_1, x_2, \cdots, x_n)}{mn}$$

서로 위치만 다를 뿐 같은 값임을 알 수 있다.

$$\therefore E(XY) = E(YX) \text{이다.}$$

④ X와 Y의 공분산(covariance)은 XY의 평균과 동일하지 않다. 공분산은 각각의 평균을 중심으로 2개의 변수가 함께 변하는 정도를 의미하는 것이다. 기호는 $Cov(x, y)$로 표현하고 $(x - m_x)(y - m_y)$의 기댓값을 공분산이라 한다.

X와 Y의 공분산 $Cov(x, y) = \sigma_{xy} = E[(x - m_x)(y - m_y)]$

$E[(x - m_x)(y - m_y)]$를 전개해 보자.

$$\begin{aligned}
E[(x - m_x)(y - m_y)] &= E(XY - m_y X - m_x Y + m_x m_y) \\
&= E(XY) - m_y E(X) - m_x E(Y) + m_x m_y \\
&= E(XY) - m_y m_x - m_x m_y + m_x m_y \\
&= E(XY) - m_y m_x = E(XY) - m_x m_y
\end{aligned}$$

$$\therefore Cov(x, y) = \sigma_{xy} = E(XY) - E(X)E(Y)$$

두 랜덤변수의 어떤 확률변수인지에 따라 공분산을 구하는 방법이 달라진다.

구분	$Cov(x, y)$, σ_{xy}
이산확률변수	$Cov(x, y) = \sum_x \sum_y (x - m_x)(y - m_y) f(x, y)$
연속확률변수	$Cov(x, y) = \int_{-\infty}^{\infty} \int_{-\infty}^{\infty} (x - m_x)(y - m_y) f(x, y) dx dy$
독립확률변수	$Cov(x, y) = E(XY) - E(X)E(Y) = 0$

결국, X와 Y의 공분산(covariance)은 각각의 평균을 중심으로 2개의 변수가 함께 변하는 정도를 의미하는 것으로 XY의 평균과 동일하지 않다. 더욱이, 만약 X와 Y가 독립적이라면 공분산 $Cov(x, y) = 0$이지만 문제 조건의 각각의 평균은 0이 아니라는 조건에 의하여 평균과 일치하지 않다.

11

간략풀이

나이키스트 표본율에 따라 아날로그 신호 f_m를 표본화한 신호를 f_s라 하면 $f_s = 2f_m$이다.

$f_s = 2 \times 5[kHz] = 10[kHz]$

이때, 복원이 가능한 최대 표본화 주기를 구하여야 하므로 주파수와 주기의 관계 $f = \dfrac{1}{T}$를 이용하여 표본화 주기 T_s를 구한다.

표본화 주기 $T_s = \dfrac{1}{f_s} = \dfrac{1}{10[kHz]} = \dfrac{1}{10 \times 10^3} = 10^{-4}[sec]$

이를 $[\mu sec]$의 단위로 환산하면,

표본화 주기 $T_s = 10^{-4} = 10^2 \times 10^{-2} \times 10^{-4} = 100[\mu sec]$

12

간략풀이

$\displaystyle\sum_{n=-\infty}^{\infty} X_n = 2$이다.

$\displaystyle\sum_{n=-\infty}^{\infty} X_n = X_1 + X_{-1} + X_3 + X_{-3} = 1 + 1 + 2j - 2j = 2$

상세풀이

오일러 공식을 이용하여 삼각함수를 복소지수함수로 바꾸면 다음과 같다.

$\cos\theta = \dfrac{1}{2}\left(e^{j\theta} + e^{-j\theta}\right)$

$\sin\theta = \dfrac{1}{2j}\left(e^{j\theta} - e^{-j\theta}\right)$

위의 복소지수함수를 이용하여 $x(t) = 2\cos(2\pi f_0 t) - 4\sin(6\pi f_0 t)$를 복소지수함수 형식으로 바꾼다.

$x(t) = 2 \times \dfrac{1}{2}\left(e^{j2\pi f_0 t} + e^{-j2\pi f_0 t}\right) - 4 \times \dfrac{1}{2j}\left(e^{j6\pi f_0 t} - e^{-j6\pi f_0 t}\right)$

$x(t) = 2 \times \dfrac{1}{2}\left(e^{j2\pi f_0 t} + e^{-j2\pi f_0 t}\right) - 4 \times \dfrac{1}{2j}\left(e^{j6\pi f_0 t} - e^{-j6\pi f_0 t}\right)$

$x(t) = e^{j2\pi f_0 t} + e^{-j2\pi f_0 t} + 2je^{j6\pi f_0 t} - 2je^{-j6\pi f_0 t}$

이때, $x(t) = \displaystyle\sum_{n=-\infty}^{\infty} X_n e^{j2\pi n f_0 t}$을 통해 푸리에 계수 X_n를 알 수 있다.

$x(t) = \displaystyle\sum_{n=-\infty}^{\infty} X_n e^{j2\pi n f_0 t} = e^{j2\pi f_0 t} + e^{-j2\pi f_0 t} + 2je^{j6\pi f_0 t} - 2je^{-j6\pi f_0 t}$

- $e^{j2\pi n f_0 t} = e^{j2\pi f_0 t}$에서 $n = 1$임을 알 수 있다.
- $e^{j2\pi n f_0 t} = e^{-j2\pi f_0 t}$에서 $n = -1$임을 알 수 있다.
- $e^{j2\pi n f_0 t} = e^{j6\pi f_0 t}$에서 $n = 3$임을 알 수 있다.
- $e^{j2\pi n f_0 t} = e^{-j6\pi f_0 t}$에서 $n = -3$임을 알 수 있다.

푸리에 계수 X_n은 아래와 같다.

- $n = 1$일 때, $X_1 e^{j2\pi f_0 t} = e^{j2\pi f_0 t}$ $\therefore X_1 = 1$
- $n = -1$일 때, $X_{-1} e^{-j2\pi f_0 t} = e^{-j2\pi f_0 t}$ $\therefore X_1 = 1$

- $n=3$일 때, $X_3 e^{j6\pi f_0 t} = 2je^{j6\pi f_0 t}$ ∴ $X_3 = 2j$
- $n=-3$일 때, $X_{-3}e^{-j6\pi f_0 t} = -2je^{-j6\pi f_0 t}$ ∴ $X_{-3} = -2j$

③ $\sum\limits_{n=-\infty}^{\infty} X_n = X_1 + X_{-1} + X_3 + X_{-3} = 1 + 1 + 2j - 2j = 2$

① X_n에서 $n=1$일 때, $X_1 = 1$이다.

② X_n에서 $n=3$일 때, $X_3 = 2j$이다.

④ $X_n + X_{-n}$에 1을 대입하면 $X_1 + X_{-1} = 2$

    $X_n + X_{-n}$에 3을 대입하면 $X_3 + X_{-3} = 0$

    따라서 모든 n에 대해 $X_n + X_{-n}$은 실수이다.

13
정답 ②

간략풀이

GSM(Global System for Mobile Communications)은 유럽의 2세대 디지털 셀룰러 이동통신 시스템으로 셀 네트워크를 기반으로 하는 이동통신이다.

상세풀이

WPAN(Wireless Personal Area Network)에 포함되는 기술은 아래와 같다.

구분	Bluetooth	UWB	ZigBee
표준	802.15.1	802.15.3	802.15.4
적용거리	10m	10m	10m
전송속도	$1[Mbps]$	$11\sim55[Mbps]$	$20\sim250[kbps]$
디바이스 크기	소형	소형	초소형
비용	저비용	저비용	초저비용
소모 전력	저전력	저전력	초저전력
동작 주파수	$2.4[GHz]$	$2.4[GHz]$	$2.4[GHz]$

14
정답 ②

간략풀이

성형: 중앙의 한 링크의 장애가 전체 네트워크를 사용할 수 없게 하는 형태이다.

상세풀이

② 스타(Star)방식

[스타(Star)형]

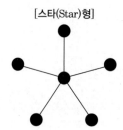

중앙에 위치한 중앙 컴퓨터가 각각의 컴퓨터와 통신하는 방식으로 중앙의 허브를 중심으로 모든 기기는 Point to Point로 연결된다.
• 장점: 중앙 집중식 형태로 고속의 대규모 네트워크에 이용하고, 일부 장애가 발생해도 전체 네트워크에 영향을 주지 않는다.
• 단점: 병목 현상이 발생할 수 있고, 중앙 컴퓨터 문제 발생에 취약하다.

① 링(ring)방식

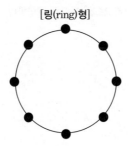

[링(ring)형]

버스형 토포롤지와 같이 하나의 케이블에 네트워크의 모든 컴퓨터가 연결되어 있다. 즉, 서로 이웃하는 것끼리 연결해 고리구조를
형성하는 연결방식이다.
• 장점: 설치비용이 저렴하고, 토큰(Token)패싱을 통해 패킷의 충돌을 방지 가능하다.
• 단점: 통신의 효율성이 낮고, 한 노드에 문제가 생기면 해결하기가 어렵다.

③ 메쉬(Mesh)방식

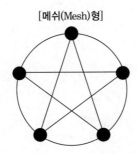

[메쉬(Mesh)형]

각 네트워크 장비가 여러 개의 인터페이스를 갖추고 상호 간에 그물 형태로 연결하는 방식이다. 설치비용이 많이 들어 LAN과 LAN을
연결하거나 백본(backbone)망을 구성할 때 주로 사용한다.
• 장점: 다른 시스템에 영향이 적고 우회할 수 있는 방법이 존재하여 신뢰성이 높다.
• 단점: 운영이 어렵고 장애 발생 시 고장 지점을 찾기 쉽지 않다.

④ 버스(Bus)방식

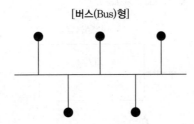

[버스(Bus)형]

하나의 통신 회선(Bus)에 여러 컴퓨터를 연결해서 전송하는 방식으로 한번에 한 컴퓨터만 데이터를 전송할 수 있어 연결된 컴퓨터의
수에 따라 네트워크 성능이 좌우된다.
• 장점: 구조가 간단하여 단말기의 추가 및 제거가 용이하다.
• 단점: 장애 발생 시 위치 추적이 어렵고 버스의 연결 부위나 종단 장치에 문제가 발생하면 전체 네트워크가 중단된다.

간략풀이

1. 양자화 구간 폭을 알기 위해 양자화 간격을 구한다.

양자화 간격 $d = \dfrac{V_{pp}}{M} = \dfrac{V_{pp}}{2^n}$ 에서 n이 3bit 증가하였으므로 이를 대입한다.

$$d = \frac{V_{pp}}{2^3} = \frac{1}{8} V_{pp}$$

$\therefore \dfrac{1}{8}$ 배로 감소하였음을 알 수 있다.

2. 신호대 양자화 잡음비 SQNR을 구한다.

$$\text{SQNR} = 10\log\left(\frac{S}{N_q}\right) = 10\log\frac{12S}{d^2} = 6 \times n + 1.8\,[dB]$$

(n: 비트, M: 2^n, d: 양자화 간격, N_q: 평균잡음전력, S: 신호의 평균전력)

위 SQNR 공식에서 n에 3bit를 대입하여 신호대 양자화 잡음비를 구한다.

$\therefore \text{SQNR} = 6 \times 3 + 1.8 \cong 18\,[dB]$

상세풀이

ㄱ. $h(t)$의 푸리에 변환을 통해 $H(f)$를 구할 수 있다.

$$h(t) \xrightarrow{F} H(f), \quad \int_{-\infty}^{\infty} h(t)e^{-j2\pi ft}dt = H(f)$$

ㄴ. 임펄스 응답이 $h(t)$인 선형 시불변 시스템을 식으로 표현하면 아래와 같다.

$$y(t) = h(t) * x(t)$$

푸리에 변환하면 다음과 같다.

$$y(t) = h(t) * x(t) \xrightarrow{F} Y(f) = H(f) \times X(f) \text{ 이를 } H(f)\text{를 구하기 위해 정리한다.}$$

$$H(f) = \frac{Y(f)}{X(f)}$$

ㄷ. 아래 그림과 같은 시스템에 $x(t) = e^{j2\pi ft}$를 입력하는 경우이다.

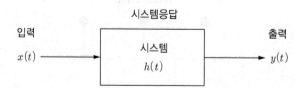

$$y(t) = h(t) * x(t) = \int_{-\infty}^{\infty} x(\tau)h(t-\tau)d\tau = \int_{-\infty}^{\infty} h(\tau)x(t-\tau)d\tau$$

$x(t) = e^{j2\pi ft}$를 입력하는 것이므로 이를 위 콘볼루션 식에 대입한다.

$$y(t) = \int_{-\infty}^{\infty} h(\tau)x(t-\tau)d\tau = \int_{-\infty}^{\infty} h(\tau)e^{j2\pi f(t-\tau)}d\tau = \int_{-\infty}^{\infty} h(\tau)e^{j2\pi ft} \cdot e^{j2\pi f\tau}d\tau$$

이때 $e^{j2\pi ft}$는 상수이므로 $y(t) = e^{j2\pi ft}\int_{-\infty}^{\infty} h(\tau)e^{j2\pi f\tau}d\tau$로 정리할 수 있다.

여기서 $x(t) = e^{j2\pi ft}$이고, $\int_{-\infty}^{\infty} h(\tau)e^{j2\pi f\tau}d\tau$는 $H(f)$이므로 대입하여 정리한다.

$y(t) = x(t)H(f)$ 식을 $H(f)$에 대하여 정리하면

$H(f) = \dfrac{y(t)}{x(t)}$ 가 된다.

따라서 $x(t) = e^{j2\pi ft}$로 하여 $\dfrac{y(t)}{x(t)}$를 구하면 $H(f)$를 구할 수 있다.

17

간략풀이

소스코딩(source coding)은 정보의 효율적 전송을 위해 데이터를 압축하여 전송량을 줄이는 기법이다.

상세풀이

전송부호화는 다음의 과정을 거쳐 송신과 수신을 한다.

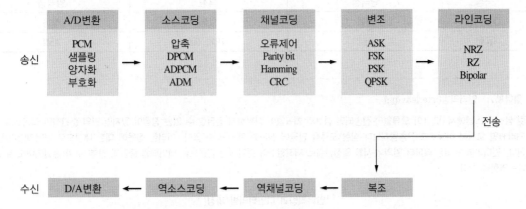

1. 소스코딩
   (1) 소스코딩 목적

   정보의 효율적 전송을 위해 전송 정보에서 불필요한 정보를 제거하고, 압축하여 전송량을 줄이는 기법이다.

   (2) 소스코딩 부호화 기법

구분	기법	내용
정보형태	JPEG, MPEG	영상 부호화, 압축수행
	WAV, MP3	음성 파형 부호화 4,000$[kHz]$
코드길이	FLC	고정길이 부호화
	VLC	가변길이 부호화
데이터 손실	허프만 코딩	무손실 압축 코딩
	MPEG	손실 압축 부호화

2. 채널코딩
   (1) 채널코딩 목적

   디지털 형태로 변환된 신호를 오류검출 등 전송선로에 적합하게 만드는 변환기법이다.

(2) 채널코딩 부호화 기법

구분	기법	내용
오류검출 정정 여부	Parity Check	Blocksum, CRC 오류 검출
	Hamming Code	BCH, R-S 자체 정정
오류영향 최소화	Orthogonal Signal	파형코딩, 대척신호 등
	Block Code	Block/Non-Block 코드
신호기억 여부	Reed-Solomon	미기억, BCH 코드 등
	Convolutional	기억, Turbo 코드 등

3. 라인코딩
  (1) 라인코딩 목적
     디지털 데이터를 디지털 신호로 변환하여 데이터 전송률을 높이기 위한 기법이다.
  (2) 라인코딩 부호화 기법

구분	Unipolar	Polar	Bipolar
극성	단극성	극성	양극성
DC성분	많음	보통	적음
유형	NRZ	NRZ, RZ	AMI

The 알아보기 인터리빙(interleaving)

디지털 통신 시스템에서 0과 1이 오류없이 전송되면 정보의 왜곡없이 정확하게 전달할 수 있는 장점이 있지만 만약 순간적인 잡음으로 0과 1이 뒤바뀌면 오히려 아날로그 전송방식보다 심한 오류를 만들어 정보를 왜곡할 수 있다. 이러한 잡음에 대한 내성으로 인터리빙 방법을 사용한다. 인터리빙 방식은 데이터 열의 순서를 일정단위로 재배열하여 순간적인 잡음으로 데이터열 중간의 일부 bit가 손실되어도 복구할 수 있는 역할을 한다.

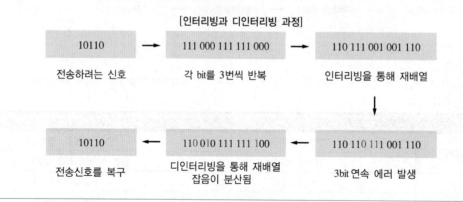

[인터리빙과 디인터리빙 과정]

10110	→	111 000 111 111 000	→	110 111 001 001 110
전송하려는 신호		각 bit를 3번씩 반복		인터리빙을 통해 재배열

10110	←	110 010 111 111 100	←	110 110 111 001 110
전송신호를 복구		디인터리빙을 통해 재배열 잡음이 분산됨		3bit 연속 에러 발생

18

간략풀이

분산 서비스 거부(DDoS)는 무의미한 서비스 요청을 반복하여 특정 시스템의 가용자원을 소모하여 서비스 가용성을 저하시키는 공격 기법을 말한다.

상세풀이

② 스니핑(sniffing)은 네트워크 중간에서 전송자와 수신자 사이에 주고받는 패킷교환을 엿보는 것을 말한다. 데이터를 패킷 수준으로 분석하여, 계정, 비밀번호, 프로토콜, 시스템 정보 등 유의미한 내용을 알아내기 위한 해킹 기법이다.

③ 스푸핑(spoofing)은 외부의 악의적 네트워크 침입자가 사용자의 시스템 권한을 획득한 후, 정보를 가로채는 해킹 기법을 말한다.

④ 세션 하이재킹(session hijacking)은 시스템에 접근할 수 있는 사용자 아이디와 패스워드를 모를 경우 공격 대상이 이미 시스템에 접속되어 세션이 연결되어 있는 상태를 가로채는 공격이다. 즉, 다른 사용자의 세션 상태를 도용하여 서버에 접속하는 해킹 기법으로 아이디와 패스워드를 몰라도 시스템에 접근하여 정보를 사용할 수 있다.

19

간략풀이

n개의 기기에 전이중 모드로 점대점 연결된 그물형 네트워크의 링크 수는 $\dfrac{n(n-1)}{2}$이다.

이때 $n = 10$이므로 링크 수$= \dfrac{10(10-1)}{2} = 45$개이다.

20

간략풀이

대역 통과 디지털변조 용이성은 아날로그 파형을 반송파를 사용하여 디지털 데이터로 변조하는 것을 의미하는데 기저대역 전송 시 사용되는 변조는 디지털 데이터를 디지털 신호로 변조하는 것으로 1과 0으로 이루어진 데이터를 +V, 0, −V의 신호로 변조하는 것이다.

상세풀이

① 아래 그림과 같이 데이터 1, 0과 신호 +V, 0을 일치화하는 것을 비트 동기화라고 한다. 비트 동기화를 명확히 해야 정확한 데이터가 전송될 수 있다.

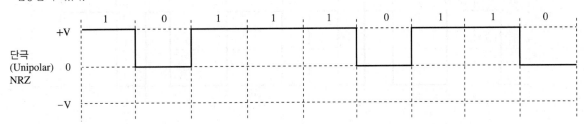

② 주파수 대역폭은 펄스시간과 관련 있고, 펄스시간이 짧을수록 대역폭이 늘어나 더 많은 정보를 입력할 수 있다.

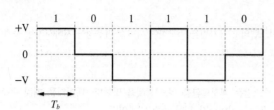

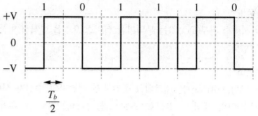

펄스시간: T_b, 주파수 대역폭: $\dfrac{1}{T_b}$

펄스시간: $\dfrac{T_b}{2}$, 주파수 대역폭: $\dfrac{2}{T_b}$

③ 연이어 같은 데이터가 전송되면 정확하게 데이터를 분석하기가 어렵다. 따라서 에러를 방지하고 검출하기 용이하게 다양한 기저대역 변조 방법들이 있다.

[단극(Unipolar) NRZ]

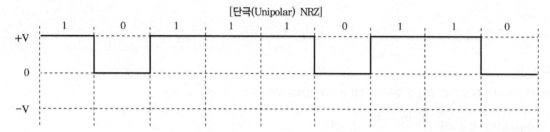

[바이폴라(Bipolar)]

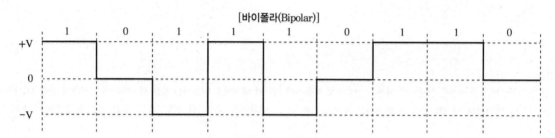

[맨체스터(Manchester)]

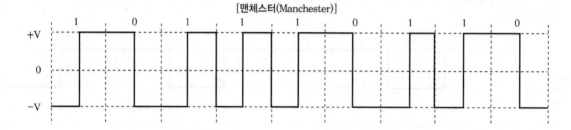

01

간략풀이

이동통신의 부호분할 다중화 환경(CDMA)에서는 직접확산방식(DSSS)을 사용한다.

상세풀이

③ FHSS(Frequency Hopping Spread Specturm)방식의 부호분할 다중화 환경이 존재하기는 하지만 성능이 좋지 않아 널리 사용되지 않고 있고, 이동통신의 부호분할 다중화 환경이라 하면 보통의 경우, 직접 확산방식(DSSS)에 기반해서 동작하는 DH-CDMA를 의미한다.

①·②·④ DSSS(Direct Sequence Spread Spectrum)방식은 원래 신호에 확산 코드를 곱하여 대역폭을 확산하는 변조방식이다. CDMA(부호분할 다중화)방식이 이 변조방식을 사용하고 있다.

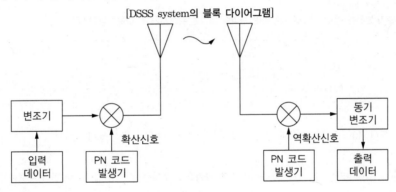

[DSSS system의 블록 다이어그램]

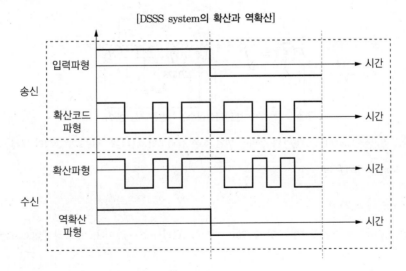

[DSSS system의 확산과 역확산]

1. 송신 측
   (1) 변조: 입력 데이터와 반송파를 이용하여 변조한다. 이를 1차 변조라 한다.
   (2) 확산: 1차 변조한 데이터를 고속의 직교성을 가지는 PN부호와 변조하여 광대역 주파수에 걸쳐 확산시켜 전송한다.
2. 수신 측
   (1) 동기화: 송신 측에서 이용한 PN신호와 수신 측에서 자체 발생한 송신 측과 동일한 PN신호 위상을 일치하는 과정이다.
   (2) 역확산: 송신 측에서 대역확산으로 사용된 PN신호를 다시 곱하면 역확산된 파형으로 신호를 복원할 수 있다.

The 알아보기   대역 확산 통신 시스템

대역 확산 통신은 주파수 확산이 독립적인 코드의 확산신호에 의해 이루어지며 데이터 복원은 확산신호와 동일한 신호를 이용하여 동기를 맞춘 후 복조한다. 이러한 대역 확산 통신은 2단계 변조를 사용한다. 우선 입력 데이터를 PSK나 FSK로 디지털 변조방식을 사용하여 정보 변조를 한 다음, 이를 광대역 신호로 변조한다. 대역 확산 통신방법은 4가지로 분류된다.

1. 직접 확산방식(DS: Direct Sequence)
   정보 데이터에 RF반송파 신호를 변조 시킨 후, 변조된 반송파를 확산신호로 다시 변조하여 송신하는 방식이다.
2. 주파수 도약(FH: Frequency Hopping)
   주파수 도약 코드에 따라 순간적으로 한 주파수를 점유하여 송신하고 다시 다른 주파수를 점유하여 송신하는 과정을 반복하는 통신 방식이다.
3. 시간 도약(TH: Time Hopping)
   정보 데이터가 전송되는 시간이 확산신호로 결정되어 불연속적으로 전송하는 방식이다.
4. 첩 변조(CM: Chirp Modulation)
   시간에 따라 주파수가 변하는 Chirp신호를 사용하여 주파수 대역을 확산시켜 전송하는 방식이다.

---

02 정답 ①

간략풀이

푸리에 변환의 특징 중 쌍대성(duality)은 다음과 같이 정의된다. $x(t) \leftrightarrow X(f),\ X(t) \leftrightarrow x(-f)$

상세풀이

① 푸리에 변환은 시간 축의 데이터를 sin, cos 함수들과 같은 파형으로 주파수 축 상위에 표현하면서 분해하는 방법이다.

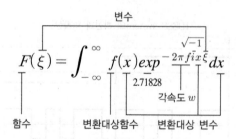

변수
함수
변환대상함수   변환대상 변수

위 푸리에 변환 식을 참고하여 $x(t)$와 $X(f)$의 푸리에 변환 식을 살펴보면 $x(t)$와 $X(f)$의 공식이 거의 유사하다.

$$X(f) = \int_{-\infty}^{\infty} x(t)\exp(-j2\pi ft)dt$$

$$x(t) = \int_{-\infty}^{\infty} X(f)\exp(j2\pi ft)df$$

차이가 있는 부분은 지수함수의 지수 부호임을 알 수 있고, 따라서 $X(t) \leftrightarrow x(-f)$이다. 이를 쌍대성(duality)이라 한다.

② 선형 시스템의 가장 큰 특징은 중첩의 원리가 잘 적용된다는 것이다. 중첩의 원리는 두 개의 서로 다른 입력을 동시에 가했을 때 얻어지는 출력이 두 개의 입력을 각각 따로 했을 때 얻어지는 출력들의 합과 같다는 것을 말한다.

예 선형 시스템과 비선형 시스템의 입력과 출력 그래프

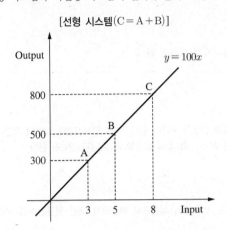

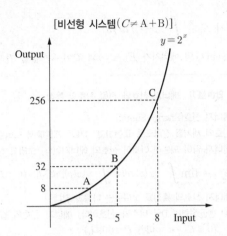

$800 = 300 + 500$으로 (동시출력=각각의 출력)을 만족한다. $256 \neq 8 + 32$으로 (동시출력=각각의 출력)을 만족하지 않는다.

③ 푸리에 급수는 아무리 복잡한 신호라 할지라도 직류와 기본적인 주기함수인 sin, cos 함수의 조합으로 전개하는 것을 말한다.

1. 푸리에 급수의 일반형: $f(t+nT) = f(t), n = \pm 1, \pm 2, \cdots$

어떤 함수가 위와 같이 표현 가능하다는 것은 주기함수라는 것을 의미하고, 이는 정형파인 sin, cos의 조합으로 표현할 수 있으므로 아래와 같이 식을 표현하는 것이 가능하다.

$f(t) = \sum_{n=0}^{\infty}(a_n \cos n\omega_0 t + b_n \sin n\omega_0 t)$ 이고, $n = 0$일 때 a_0를 앞으로 빼고 정리하면 다음과 같이 표현할 수 있다.

$f(t) = a_0 + \sum_{n=1}^{\infty} a_n \cos n\omega_0 t + \sum_{n=1}^{\infty} b_n \sin n\omega_0 t$

푸리에 급수 식은 삼각함수로 표현한 것이므로 삼각 푸리에 급수라 하며, 삼각함수에 관한 오일러 공식을 적용하여 다시 정리할 수 있다.

2. 오일러 공식: $e^{j\theta} = \cos\theta + j\sin\theta$ (이때, $\theta = nx$ 즉, $e^{jnx} = \cos nx + j\sin nx$) cos, sin으로 정리한다.

$\cos = \dfrac{1}{2}(e^{j\theta} + e^{-j\theta}) = \dfrac{1}{2}(e^{jnx} + e^{-jnx})$

$\sin = \dfrac{1}{j2}(e^{j\theta} - e^{-j\theta}) = \dfrac{1}{j2}(e^{jnx} - e^{-jnx})$

이를 삼각 푸리에 급수 식에 대입하여 정리한다.

$f(x) = a_0 + \sum_{n=1}^{\infty}\left[a_n\left(\dfrac{e^{jnx} + e^{-jnx}}{2}\right) + b_n\left(\dfrac{e^{jnx} - e^{-jnx}}{j2}\right)\right]$

$= a_0 + \sum_{n=1}^{\infty}\left[\left(\dfrac{a_n}{2} + \dfrac{b_n}{j2}\right)e^{jnx} + \left(\dfrac{a_n}{2} - \dfrac{b_n}{j2}\right)e^{-jnx}\right]$

$C_0 = a_0$, $C_n = \dfrac{a_n}{2} + \dfrac{b_n}{j2}$ 으로 치환한다.

$C_0 + \sum_{n=1}^{\infty}\left[C_n e^{jnx} + C_n^* e^{-jnx}\right]$

여기서 푸리에 급수가 복소 지수함수의 합으로 되어있는 것을 알 수 있다.

$\therefore C_0 + \sum_{n=1}^{\infty}\left[C_n e^{jnx} + C_{-n} e^{-jnx}\right]$

④ 에너지 신호는 신호의 세기를 전력으로 표현할 때, 관측시간($-\infty$, ∞)동안 $1[\Omega]$ 저항에서 소비한 총 전력을 의미한다.

전력 $P_x(t) = \dfrac{|x(t)|^2}{R}\,[W]$ 일 때, 에너지는 다음과 같다.

에너지 $E_x = \displaystyle\int_{-\infty}^{\infty}|x(t)|^2 dt\,[J]$

이때, $x(t)$의 에너지가 $E_x < \infty$와 같이 유한값을 가지는 경우를 에너지 신호라고 한다.

The 알아보기 에너지 신호와 전력 신호의 특징

1. 에너지 신호(Energy Signal)

   신호의 세기를 전력으로 표현하고, $1[\Omega]$ 저항에서 소비한 총 전력은 결국 신호의 제곱이 된다. 이를 전체시간에 대하여 적분하면 총 에너지 양이 되는데 이것이 신호의 에너지이다. 그리고 신호의 에너지가 $E < \infty$와 같이 유한할 때 에너지 신호라 한다.

   $E_{(x)} = \displaystyle\lim_{T\to\infty}\int_{-T}^{T}|x(t)|^2 dt = \int_{-\infty}^{\infty}|x(t)|^2 dt\,[J]$, $(0 < E_{(x)} < \infty)$

   에너지 신호의 특징을 살펴보면 다음과 같다.

   (1) 평균전력이 0인 비주기 신호이다. 에너지 신호의 값을 전체시간 즉, 무한대의 시간으로 평균으로 내면 평균전력이 0이 된다. $(0 < E_{(x)} < \infty$이면 $P = 0$이다.)

   (2) 유한한 에너지 값이다. 시간에 대하여 유한하므로 결국 유한한 에너지 값이다.

   (3) 결정 신호이다. 수식과 그래픽 형태로 완전히 표현할 수 있다.

2. 전력 신호(Power Signal)

   전력은 단위시간 당 에너지를 말하는데 신호를 $\left[-\dfrac{T}{2}, \dfrac{T}{2}\right]$초 구간에서 관찰한 후, 이 구간 동안 신호의 평균 에너지를 구하는 것이다.

   평균 에너지 $P_{(x)} = \dfrac{1}{T}\displaystyle\int_{-\frac{T}{2}}^{\frac{T}{2}}|x(t)^2|dt$이고, 만약 관측시간을 무한히 길게 하면 다음과 같다.

   $P_{(x)} = \displaystyle\lim_{T\to\infty}\dfrac{1}{T}\int_{-\frac{T}{2}}^{\frac{T}{2}}|x(t)^2|dt\,[W]$

   이를 평균전력 또는 전력이라 하며 이 신호의 평균전력 $P_{(x)}$가 $0 < P_{(x)} < \infty$를 만족하는 경우를 전력 신호라고 한다. 전력 신호의 특징을 살펴보면 다음과 같다.

   (1) 평균전력은 유한이고, 에너지는 무한인 신호이다. 전력 신호는 특정 구간에서 평균값을 내므로 유한값을 갖지만, 신호 주기가 무수히 반복되므로 에너지는 무한하다. $(0 < P_{(x)} < \infty$이면 $E = 0$이다.)

   (2) 주로 주기적이거나 통계적인 규칙성을 보이는 신호이다. 일정 패턴이 반복되는 주기 신호는 전력 신호이다.

   (3) 아날로그 통신 해석 신호로 유용하게 쓰인다. 에너지는 전력의 총합으로 통신 신호의 통달 거리를 판단하려면 전력이 더 중요하다.

03

간략풀이

양자화 간격을 크게 하면 작은 신호에 대한 양자화 오차가 더 크게 발생하여 정확히 구별하기 어렵다.

상세풀이

① 선형 양자화기는 양자화기에 입력되는 신호의 범위를 균일한 구간으로 나누어 양자화하는 방식을 말한다. 때문에 신호의 진폭값에 정확하게 대응할 수 없는 경우 근사치에 반올림하여 대응하므로 양자화 오차가 발생할 수 있다.

② 양자화 시 신호의 진폭값과 근삿값 사이에 오차가 발생하고 이를 양자화 오차라 한다. 이 양자화 오차는 복호화 시 원신호 진폭값과 다른 만큼 잡음이나 왜곡과 같은 효과를 주기 때문에 양자화 잡음이라 하며 품질 저하의 요인이 된다.

③ 비선형 양자화기는 선형 양자화기의 방식과는 다른 비균일 양자화 방식으로, 신호의 진폭에 따라 양자화 레벨을 다르게 적용하는 방식이다. 입력신호 진폭값이 작을 때는 양자화 계단 간격을 좁게 하고, 입력신호 진폭값이 클 때는 양자화 계단 간격을 넓게 하는 방식이다.

간략풀이

신호 대 잡음비(S/N, SNR)는 통신 경로상의 잡음의 평균 수준을 나타내는 척도로써, 일반적으로 원신호의 레벨과 노이즈의 레벨의 비율이다.

상세풀이

샤논의 채널 용량은 잡음이 없다면 임의 대역폭에서도 채널 용량을 무한에 가깝게 할 수 있으나, 잡음이 있다면 대역폭을 아무리 증가시켜도 채널 용량을 더 이상 크게 할 수 없다는 것을 정리한 것이다.

$$C = BW \cdot \log_2\left(1 + \frac{S}{N}\right)$$

(C: 채널의 용량, BW: 선로 대역폭[Hz], S: 신호의 전력, N: 잡음의 전력)

The 알아보기 샤논의 한계 증명

샤논의 채널 용량 정리는 잡음이 있으면 채널 용량을 무한대로 하여도 채널 용량을 더 크게 할 수 없음을 의미하므로, 만약 채널 용량을 무한대로 가정하여 계산했을 때 채널량을 더 크게 증가시킬 수 없다면 증명이 성립하는 것이다.

먼저, 선로대역폭 BW를 무한대로 가정한다.

$$\lim_{BW \to \infty} C = \lim_{BW \to \infty} BW \cdot \log_2\left(1 + \frac{S}{N}\right)$$

이때, $\dfrac{S}{N} = \dfrac{E_b}{N_0} \cdot \dfrac{C}{BW}$ 이므로 이를 대입한다.

(E_b: 비트당 에너지, N_0: 단측 잡음 전력 스펙트럼 밀도)

$$\lim_{BW \to \infty} C = \lim_{BW \to \infty} BW \cdot \log_2\left(1 + \frac{E_b}{N_0} \cdot \frac{C}{BW}\right)$$

식을 간단히 정리하면,

$$\frac{C}{BW} = \log_2\left(1 + \frac{E_b}{N_0} \cdot \frac{C}{BW}\right)$$

$$1 = \frac{BW}{C}\log_2\left(1 + \frac{E_b}{N_0} \cdot \frac{C}{BW}\right) = \frac{BW}{C}\frac{N_0}{N_0}\frac{E_b}{E_b}\log_2\left(1 + \frac{E_b}{N_0} \cdot \frac{C}{BW}\right)$$

이 식에서 $\dfrac{E_b}{N_0} \cdot \dfrac{C}{BW}$ 를 x로 치환한다.

$$1 = \frac{BW}{C}\frac{N_0}{E_b}\frac{E_b}{N_0}\log_2\left(1 + \frac{E_b}{N_0} \cdot \frac{C}{BW}\right) = \frac{1}{x}\frac{E_b}{N_0}\log_2(1+x)$$

$\dfrac{E_b}{N_0}$ 으로 식을 정리하면, $\dfrac{E_b}{N_0} = \dfrac{1}{\log_2(1+x)^{\frac{1}{x}}}$ 이다.

앞서 $\lim\limits_{BW \to \infty}$ 으로 가정하였으므로

$\lim\limits_{BW \to \infty} \dfrac{E_b}{N_0} \cdot \dfrac{C}{BW} = x$에 대입하면 $x = 0$이 된다.

$$\therefore \frac{E_b}{N_0} \cong \frac{1}{\log_2 e} \cong -1.6[dB]$$

결국 선로대역폭을 무한대로 늘려도 잡음이 같이 증가하므로 $\dfrac{E_b}{N_0}$ 는 $-1.6[dB]$ 가 한계이다.

위의 샤논의 한계 증명을 통해 채널 코딩을 통해 얻을 수 있는 신호대 잡음비의 최소양은 $-1.6[dB]$ 임을 알 수 있다. 참고로, 이에 근접하는 라인코드는 터보 코드와 LDPC(Low Density Code)이다.

06

정답 ②

간략풀이

필터링(LPF) → 표본화 → 압축 → 양자화 → 부호화 → 통신채널 → 중계기 → 복호화 → 신장 → 필터링(LPF)의 과정을 거친다.

상세풀이

PCM(Pulse Code Modulation) 통신 시스템의 순서

PCM은 아날로그 신호를 디지털 신호로 변경해서 전송하고 다시 아날로그 신호로 변경되는 과정을 거친다.

1. 필터링(LPF)

    주요 음성 신호는 보통 300~3,400$[Hz]$ 사이의 주파수 범위 내에 있고, 국제전기통신연합(ITU-T)에서 이 주파수 대역을 음성 주파수 대역으로 권고하고 있다. 따라서 300~3,400$[Hz]$ 이외의 주파수는 필터링 과정을 통해 제거한다.

2. 표본화(Sampling)

    입력 주파수 대역의 대푯값을 만드는 과정으로, 표본화 주기는 입력신호 주파수보다 2배 이상 크게 해야 한다. 표본화의 결과로 나오는 신호를 PAM신호라 하고, 순시 진폭값이라 한다.

3. 압축(Compressor)

    양자화를 하기 전에 작은 신호는 크게 만들고, 큰 신호는 작게 압축하여 양자화를 하는 과정이다. 이 과정을 통해 입력신호의 크기와 상관없이 일정한 SNR을 얻고자 하는 것이 목적이다.

4. 양자화(Quantization)

    표본화의 결과로 나온 값을 bit로 표현하는 과정을 말한다. 양자화에는 양자화 스텝을 균일 또는 비균일하게 정하는 것에 따라 선형 양자화, 비선형 양자화 방식으로 나눌 수 있다. 이러한 양자화 과정을 거치면서 표본화의 결괏값과 양자화 bit가 정확히 대응되지 않는 경우들이 발생하는데 이를 양자화 잡음이라 한다.

5. 부호화(Coding)

    양자화된 결과를 실제 bit와 매칭하는 과정이다. 이렇게 부호화된 데이터는 통신채널의 상태에 맞게 채널 변조되어 전송된다.

6. 중계기

    중계기는 전송 과정에서 발생하는 감쇠, 위상 천이, 누화, 잡음 등의 영향으로 왜곡된 신호를 왜곡 없게 만드는 과정을 말한다. 재생 기능을 하며 Reshapingg, Retiming, Regeneration의 역할을 하여 3R 기능이라 한다.

7. 복호화

    전송받은 데이터를 다시 원래 신호로 변경하는 과정을 말한다.

8. 신장(Expander)

    앞서 압축했던 신호를 원래대로 복구하는 과정을 말한다.

9. 필터링(LPF)

    신호를 디지털화하고 다시 아날로그로 복원하는 과정에서 발생한 잡음들을 없애기 위한 작업으로, 다시 필터링하여 불필요한 신호들을 걸러준다.

07

간략풀이

C/P(Charge Pump)는 P/D(Phase Detector)의 출력 펄스 신호에 따라 비례하는 전하를 밀고(Charge), 당기는(Pump) 전자회로이다.

상세풀이

PLL(Phase Locked Loop)의 주요 구성

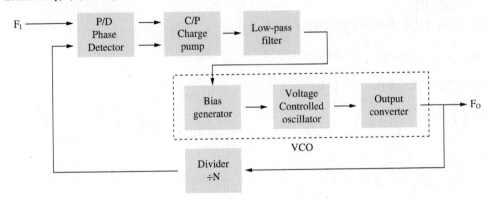

1. P/D(Phase Detector): 입력된 두 주파수 신호를 비교하여 그 차이에 해당하는 펄스를 출력한다.
2. C/P(Charge Pump): P/D(Phase Detector)의 출력 펄스 신호에 따라 비례하는 전하를 밀고(Charge), 당기는(Pump) 전자회로이다.
3. LPF(Low Pass Filter): 저역 통과 필터 구조로 Loop 동작 중에 발생하는 잡음을 제거한다.
4. VCO(Voltage Controlled Oscillator): 입력 전압에 따라 특정 주파수를 출력한다.
5. Divider: 전하의 변화와 무관하게 출력주파수가 높은 경우 적절한 비율로 나누어 낮은 주파수로 변환한다.

08

간략풀이

전력에 대한 이득을 데시벨로 계산하는 방법은 $dB = 10\log_{10}\dfrac{P_2[W]}{P_1[W]}$ 이다.

상세풀이

1. 전력이득을 데시벨(dB)로 바꾸면 다음과 같다.

$$P_g = 10\log_{10}\frac{P_2[W]}{P_1[W]}\,[dB]$$

2. 전압이득을 데시벨(dB)로 바꾸기 위해서는 전력이득 식을 사용하여, $P = \dfrac{V^2}{R}$ 을 대입하여 구한다.

$$P_g = 10\log_{10}\frac{\dfrac{V_2^2}{R_2}[W]}{\dfrac{V_1^2}{R_1}[W]}\,[dB]$$

대개의 경우 입력과 출력의 임피던스가 같기 때문에 아래와 같이 간단히 정리할 수 있다.

$$P_g = 10\log_{10}\frac{V_2^2[W]}{V_1^2[W]} = 10\log_{10}\left(\frac{V_2}{V_1}\right)^2[dB]$$

이를 정리하여 전압이득을 구하면 다음과 같다.

$$V_g = 20\log_{10}\left(\frac{V_2}{V_1}\right)[dB]$$

3. 전류이득을 데시벨(dB)로 바꾸기 위해서는 전력이득 식을 사용하여, $P = I^2 \cdot R$을 대입하여 구한다.

$$P_g = 10\log_{10}\frac{I_2^2 R_2\,[W]}{I_1^2 R_1\,[W]}[dB]$$

대개의 경우 입력과 출력의 임피던스가 같기 때문에 아래와 같이 간단히 정리할 수 있다.

$$P_g = 10\log_{10}\frac{I_2^2\,[W]}{I_1^2\,[W]} = 10\log_{10}\left(\frac{I_2}{I_1}\right)^2[dB]$$

이를 정리하여 전류이득을 구하면 다음과 같다.

$$I_g = 20\log_{10}\left(\frac{I_2}{I_1}\right)[dB]$$

09

간략풀이

스타(Star)방식은 장애 발견이 쉽고, 관리가 용이한 반면, 중앙의 제어노드에 장애 발생 시 전체 네트워크 사용이 불가능해지는 단점이 있다.

상세풀이

② 스타(Star)방식

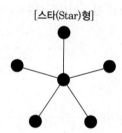

[스타(Star)형]

중앙에 위치한 중앙 컴퓨터가 각각의 컴퓨터와 통신하는 방식으로 중앙의 허브를 중심으로 모든 기기는 Point to Point로 연결된다.
- 장점: 중앙 집중식 형태로 고속의 대규모 네트워크에 이용하고, 일부 장애가 발생해도 전체 네트워크에 영향을 주지 않는다.
- 단점: 병목 현상이 발생할 수 있고, 중앙 컴퓨터 문제 발생에 취약하다.

① 버스(Bus)방식

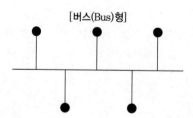

[버스(Bus)형]

하나의 통신 회선(Bus)에 여러 컴퓨터를 연결해서 전송하는 방식으로 한 번에 한 컴퓨터만 데이터를 전송할 수 있어 연결된 컴퓨터의 수에 따라 네트워크 성능이 좌우된다.
- 장점: 구조가 간단하여 단말기의 추가 및 제거가 용이하다.
- 단점: 장애 발생 시 위치 추적이 어렵고 버스의 연결 부위나 종단 장치에 문제가 발생하면 전체 네트워크가 중단된다.

③ 트리(Tree)방식

[트리(Tree)형]

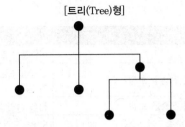

버스형과 스타형 토폴로지의 확장 형태로 백본(backbone)과 같은 공통 배선에 적절한 분기 장치(허브, 스위치)를 사용하여 링크를 덧붙여 나갈 수 있는 구조이다.
- 장점: 스타형에 비해 더 많은 노드를 연결할 수 있다.
- 단점: 전송 거리가 다소 증가할 수 있다.

④ 메쉬(Mesh)방식

[메쉬(Mesh)형]

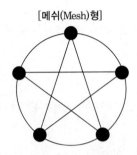

각 네트워크 장비가 여러 개의 인터페이스를 갖추고 상호 간에 그물 형태로 연결하는 방식이다. 설치비용이 많이 들어 LAN과 LAN을 연결하거나 백본(backbone)망을 구성할 때 주로 사용한다.
- 장점: 다른 시스템에 영향이 적고 우회할 수 있는 방법이 존재하여 신뢰성이 높다.
- 단점: 운영이 어렵고 장애 발생 시 고장 지점을 찾기 쉽지 않다.

10 정답 ④

간략풀이

승인 및 순차적인 데이터 전송을 통해서 전송을 보장하는 것은 TCP이다.

상세풀이

④ TCP는 승인 및 순차적인 데이터 전송을 통해서 전송을 보장한다. TCP는 3방향 교신기법(3-way handshake)을 통해 연결을 요청·승인하고 데이터를 순차적으로 전송한다. 만약 오류가 있다면 재전송하여 전송을 보장한다.

① TCP는 신뢰성 있는 데이터 전송을 위해 오류제어 기법을 사용한다. 오류제어 기법은 전송된 세그먼트가 손실되었거나 순서가 어긋나는 경우, 중복되어 전송하는 경우 등에 대한 해결방안을 제시한다.

② UDP는 비연결성 프로토콜로 네트워크 계층에서 동작하는 IP와 응용계층에서 동작하는 애플리케이션(HTTP, FTP 등등)을 중개하는 역할을 한다.

③ TCP는 흐름제어, 오류제어, 혼잡제어 등 제어기법을 갖고 있어 오버헤드가 많으며 신뢰성 있는 연결을 위해 지점 간(Point to Point) 통신을 지원한다.

The 알아보기　TCP와 UDP의 특징

구분	TCP	UDP
서비스 타입	연결 지향형 프로토콜	비연결성 프로토콜
신뢰성	신뢰할 수 있는 데이터의 전송을 보장	신뢰성 보장이 안되므로 전송에 필요한 신뢰성을 제공해야 함
순서보장	승인 및 순차적인 데이터 전송을 보장	전송 승인 및 순서를 보장하지 않음
속도	많은 오버헤드가 필요하여 속도가 느림	오버헤드가 적으며 빠르고 효율적임

11

정답 ④

간략풀이

전송계층은 전체 메시지의 종단 간 전송을 담당하며 연결제어 기능과 분할 및 재조립 기능을 수행한다.

상세풀이

OSI 7계층 모델

1. 물리계층(Physical Layer)

    물리계층은 OSI 7계층 모델의 최하위 계층이며, 물리적인 전송매체를 통하여 데이터 링크 계층에서 전달된 비트 스트림을 상대 측 물리계층으로 전달하는 기능을 수행한다.

    (1) 전송단위: 비트(Bit)

    (2) 프로토콜: Modem, Cable, Fiber, RS-232C

    (3) 하드웨어 장비: 네트워크 어댑터, 리피터, 허브, 모뎀, 통신 케이블

2. 데이터링크 계층(Data-link Layer)

    데이터링크 계층은 물리적인 네트워크 사이에서 데이터 전송을 담당하는 계층으로, MAC주소를 이용하여 통신하며 데이터를 네트워크 전송방식에 맞게 단위화(Framing)하여 전송한다. 또한 물리계층으로 데이터 전송 시 오류를 감지할 수 있고, 오류 감지 시 재전송하여 오류를 해결한다.

    (1) 전송단위: 프레임(Frame)

    (2) 프로토콜: Ethernet, MAC, PPP, ATM, LAN, Wifi

    (3) 하드웨어 장비: 브릿지, 스위치 등

    (4) 제공 서비스: 단위화(Framing), 흐름제어, 에러제어

3. 네트워크 계층(Network Layer)

    기기에서 중계 라우터를 통하여 패킷이 가는 경로를 설정하는 역할을 한다. 라우팅 알고리즘을 사용하여 최적의 경로를 선택하고 송신지 호스트에서 여러 중간 노드를 거쳐 목적지 호스트까지 각 패킷의 전달에 대한 책임을 지고 전송한다.

    (1) 전송단위: 패킷(Packet)

    (2) 프로토콜: IP, IPsec, ICMP, IGMP

    (3) 하드웨어 장비: 라우터, L3 스위치

4. 전송계층(Transport Layer)

    네트워크 양 끝단에서 통신을 수행하는 당사자 간의 End to End 연결을 제공한다. 데이터링크 계층과 유사하게 오류제어, 흐름제어 등을 제공하는데, 데이터링크 계층은 물리적으로 1:1 연결된 호스트 사이의 전송을 의미하고 전송계층은 네트워크상에서 1:1 연결된 호스트 사이의 전송을 의미한다.

    (1) 전송단위: TCP일 때, 세그먼트(Segment) / UDP일 때, 데이터그램(Datagram)

    (2) 프로토콜: TCP, UDP, ARP, RTP

    (3) 하드웨어 장비: 게이트웨이(GateWay), L4스위치

(4) 처리율: Throughput(스루풋)이라 하며 네트워크 통신에서 노드 사이에서 전달되는 단위 시간당 전송되는 디지털 데이터 처리량을 말한다. 주로 초당 비트수(bps)가 사용된다.

5. 세션계층(Session Layer)

세션계층은 통신 세션을 구성하는 계층으로 포트(Port) 번호를 기반으로 연결한다. 통신 장치 간의 상호작용을 설정하고 유지하며 동기화하고, 동시 송수신(Duplex), 반이중(Half-Duplex), 전이중(Full-Duplex) 방식의 통신과 함께 수행한다. 즉, 세션 생성, 유지, 종료, 전송 중단 시 복구 기능의 역할을 한다.

(1) 전송단위: 메시지(Message)

(2) 프로토콜: NetBios, SSH

6. 표현계층(Presentation Layer)

세션계층에서 받은 데이터를 응용계층에 맞게 변환하는 역할을 수행하며, 응용계층에서 받은 데이터는 하위 계층인 세션계층에 보내기 전 통신에 적당한 형태로 변환하는 역할을 한다.

(1) 전송단위: 메시지(Message)

(2) 프로토콜: JPG, MPEG, AFP, PAP

7. 응용계층(Application Layer)

응용계층은 사용자와 연결되어 있으며 응용SW를 도와주는 계층이다. 사용자에게 정보를 입력받아 하위 계층으로 전달하고 하위 계층에서 전송한 데이터를 사용자에게 전달한다. 파일 전송, DB, 메일 전송 등 여러 가지 응용 서비스를 네트워크에 연결해주는 역할을 한다.

(1) 전송단위: 메시지(Message)

(2) 프로토콜: HTTP, FTP, DNS, SMTP

The 알아보기   계층별 전송단위 · 프로토콜 · 장비

Layer	Layer Name	Data Unit	Protocol	Device
7	응용계층		HTTP, FTP, SMTP, DNS	
6	표현계층		JPG, MPEG, AFP, PAP	
5	세션계층		NetBIOS, SSH	
4	전송계층	TCP(Segment) UDP(Datagram)	TCP, UDP	게이트웨이
3	네트워크 계층	Packet	IP, RIP, ARP, ICMP	라우터
2	데이터링크 계층	Frame	Ethernet, PPP, HDLC	브릿지, 스위치
1	물리계층	Bit	RS-232, RS-449	허브, 리피터

12

정답 ②

간략풀이

무잡음 채널에서의 채널용량은 나이키스트(Nyquist) 공식을 이용하여 구한다.

$C = 2BW log_2 M [bps]$

$M = 8$개의 신호준위를 대입하여 계산한다.

$\therefore C = 2 \times 3000 \times \log_2 2^3 = 2 \times 3000 \times 3 = 18,000 [bps]$

13

간략풀이
전류는 양쪽 끝에서 최소가 된다.

상세풀이
② 반파장 안테나의 전류와 전압분포는 다음과 같다.
  1. 반파장 안테나의 전류분포

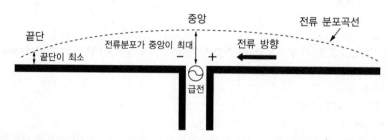

  (1) 중앙: 전류분포가 최대가 된다.
  (2) 끝단: 전류분포가 최소가 된다.
  2. 반파장 안테나의 전압분포

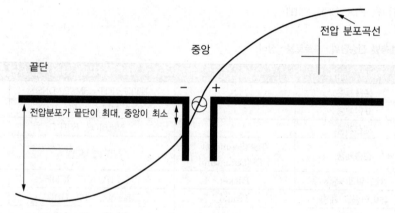

  (1) 중앙: 전압분포가 최소가 된다.
  (2) 끝단: 전압분포가 최대가 된다.

① 반파장 다이폴 안테나는 모든 안테나의 기본이 되는 안테나로 안테나의 길이가 반송 주파수 사용파장(λ)의 $\frac{1}{2}$인 다이폴 안테나를 말한다.

③·④ 수직 다이폴은 수직편파가 복사되어 수평면 내 무지향성이다. 편파란 전자기파의 진행 방향에 대한 전자기장의 극성 방향을 의미한다. 안테나마다 전류가 흐르는 방향에 따라 고유의 편파 형태를 갖고 있으며, 편파 방향에 따라 송수신 안테나 방향을 맞춰야 한다. 편파에는 크게 직선편파와 원형편파가 있다.
  1. 직선편파
     직선편파에는 수직편파와 수평편파가 있고, 서로 편파방향이 맞지 않으면 송수신 성능이 떨어진다. 즉, 수직편파는 수평편파와 직교하는 편파이고 이 경우, 신호 교류가 되지 않는다.

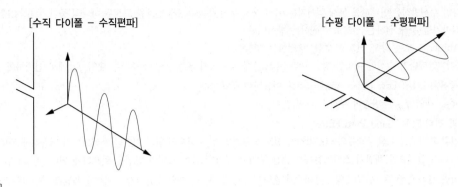

[수직 다이폴 – 수직편파]　　　　　　[수평 다이폴 – 수평편파]

2. 원형편파

14

간략풀이

안테나를 통해 들어온 방송 주파수(RF)들은 미약하므로 선택하여 증폭한다. 동조(Tune)라는 과정에서 주파수가 선택되는데 이때 대역 통과 필터(BPF)가 사용된다. 선택된 주파수는 국부발진 주파수와 합쳐지고 중간 주파수(IF)로 옮겨지게 되며 다시 대역 통과 필터(BPF)를 통해 원하는 주파수를 선택하여 증폭된 후 스피커로 들리게 된다.

상세풀이

AM 수신기

AM 수신기의 종류에는 TRF 수신기와 수퍼헤테로다인 수신기가 있다. TRF 수신기는 초기의 수신기로 여러 단점이 많았고, 이러한 단점을 극복하고자 수퍼헤테로다인 수신기가 등장했다.

1. TRF(Tuned Radio Frequency) 수신기

　초기의 AM 수신기로 RF대역에서 직접 동조와 증폭 동작을 수행한다. 대역통과 필터를 통해 원하는 채널을 선택하므로 높은 주파수 채널 선택 시 여러 단의 필터 과정을 사용한다.

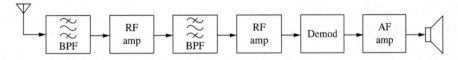

2. 슈퍼헤테로다인 AM 수신기

　TRF 수신기는 여러 단의 증폭기가 같은 비율로 변화하지 않아 동조가 곤란한 문제점이 있었다. 이를 해결하기 위하여, 중심 주파수를 특정 주파수에 고정하여 증폭하는 슈퍼헤테로다인 AM 수신기가 등장하였다.

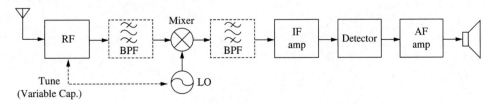

수퍼헤테로다인 수신방식은 안테나를 통해 얻어지는 여러 가지 무선 주파수(RF) 신호를 고정된 하나의 중간 주파수(IF) 신호로 변환시켜 포락선 검파기를 통해 원하는 신호로 복원하는 방식이다.

(1) 안테나(Antena): 모든 방사 신호를 수신, 송신하는 역할을 한다.

(2) RF 증폭기: 안테나가 수신한 미약한 방송 주파수(f_{RF})를 증폭하기 위해 반송파 주파수 대역(f_c)에서 선택하여 증폭한다. 주로 저잡음 증폭기(LNA: Low Noise Amplifier)를 이용하여 증폭한다.

방송 주파수 대역(f_{RF})=반송파 주파수 대역(f_c)

(3) 대역 통과 필터(BPF: Band Pass Filter)

주파수 변환 과정에서 수신 주파수와 국부발진기 신호를 곱하면 두 주파수의 합과 차만큼 스펙트럼이 이동하게 된다. 이때, 원하는 채널뿐 아니라 불필요한 채널의 스펙트럼까지 중간 주파수 대역(f_{IF})에 들어와 간섭을 일으키게 된다. 불필요한 채널의 주파수 중 대표적인 것이 영상 주파수인데 영상 주파수가 혼합되어 중간 주파수 대역에 들어가면 원하는 채널과 분리하는 것이 불가능하다. 따라서 주파수를 변환하기 전 단계(RF 단계)에서 대역 통과 필터를 통하여 영상 주파수 대역을 제거해야 한다.

[영상 주파수 제거를 위한 대역 통과 필터]

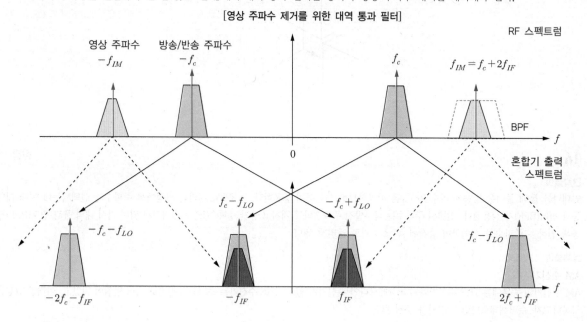

(4) 국부발진기(LO: Local Oscillator)

높은 주파수의 방송 주파수를 중간주파수 혹은 기저대역 주파수로 낮추기 위해 사용하는 발진기이다. 상측튜닝과 하측튜닝 방식이 있으며 상측튜닝 방식이 더 선호된다.

- 상측튜닝: $f_{LO} = f_{RF} + f_{IF}$
- 하측튜닝: $f_{LO} = f_{RF} - f_{IF}$

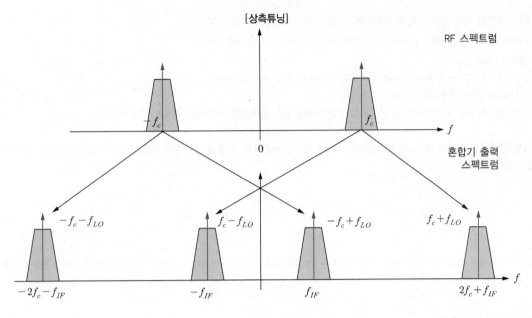

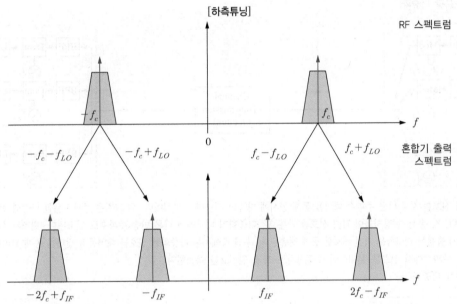

(5) 혼합기(Mixer)

헤테로다이닝(Heterodyning)혹은 믹싱(Mixing)이라고 불리는 과정이며 반송파 주파수 대역(f_c)의 신호를 중간 주파수 대역(f_{IF}) 신호로 이동시킨다.

(6) 대역 통과 필터(BPF: Band Pass Filter)

혼합된 후 출력된 주파수 대역에서 원하는 주파수 대역을 정확히 선택하기 위해 대역 통과 필터를 사용한다. BPF 수신 대역폭은 정보의 손실을 막고 외부 잡음의 영향을 피하기 위해 신호의 대역폭보다 약간 크게 만든다.

(7) 중간 주파수 증폭기(BPF: Band Pass Filter)

원하는 정확한 채널을 선택하여 신호를 증폭하는 단계이다. AM방송과 FM방송의 중간 주파수가 정해져 있으며 수신 신호 증폭의 대부분이 이 단계에서 이루어진다.

- AM방송의 중간 주파수(f_{IF}): $455[kHz]$ 대를 기준으로 신호증폭을 한다.
- FM방송의 중간 주파수(f_{IF}): $10.7[MHz]$ 대를 기준으로 신호증폭을 한다.

(8) 검파기(Detector)

중간 주파수로부터 증폭된 신호를 검파하여 원신호로 복구하는 과정이다.

(9) 오디오 및 전력 증폭기(AF amp)

검파되어 복구된 오디오 신호를 증폭하고 상대방에게 신호를 전달하기 위해 스피커를 구동한다.

따라서 A블록에는 RF 단에서 영상주파수를 제거하기 위한 BPF가 사용되며, 믹싱 후 IF단에서 원하는 주파수 선택하기 위한 BPF를 사용하는 ①을 선택하면 된다.

15

간략풀이

서로 다른 주파수대를 겹치지 않도록 배열하고 변조한 후 하나의 채널을 통하여 동시에 전송하는 시스템을 FDM(주파수분할 다중화 방식)이라 한다.

상세풀이

③ FDM(주파수분할 다중화)

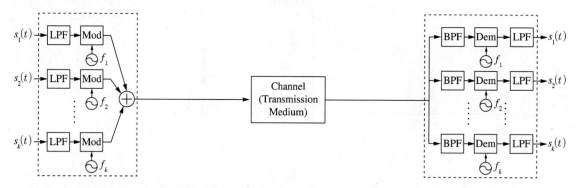

FDM은 여러 신호를 서로 다른 주파수 대역을 통해 동시에 다중화 전송하는 방식이다. 위 그림은 주파수분할 다중화 방식을 간략하게 표현한 것이다. 각 송신 측 장치들이 각기 신호를 만든 후, 다중화기 내부에서 다른 반송 주파수로 변조된다. 변조된 신호들은 하나의 신호로 합쳐져 충분한 대역폭을 가진 매체를 통해 전송된다. 수신 측에서는 다중화된 신호를 대역통과 필터를 통해 분리한 후 복조기를 통하여 반송 주파수에서 신호를 분리하여 수신장치로 보내 원신호를 복조한다.

① SDM(공간분할 다중화)

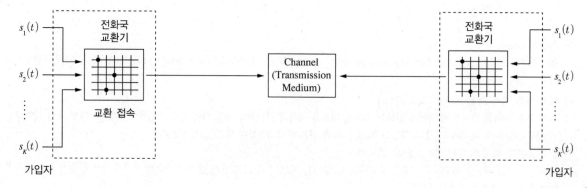

SDM은 공간 차원에서 다중화하는 기술로 공간 분리된 다수의 물리적인 채널을 통해, 여러 독립된 데이터들을 각각 동시에 전송함으로써 마치 단일 논리 채널에 의한 다중화처럼 전송용량 증대 효과를 얻는 방식을 말한다. 예를 들어 전화국 교환기에서 사용하는 회선 교환기법이 있다. 위 그림은 교환기의 입출 회선을 서로 엇갈리게 놓고 단말에서 보내온 신호를 판단하여 교환기에서 교점 스위치를 닫아 회선을 접속하는 방법을 표현한 것으로 물리적으로 서로 분리된 전용경로를 형성하여 다중화하는 방식이다.

② TDM(시간분할 다중화)

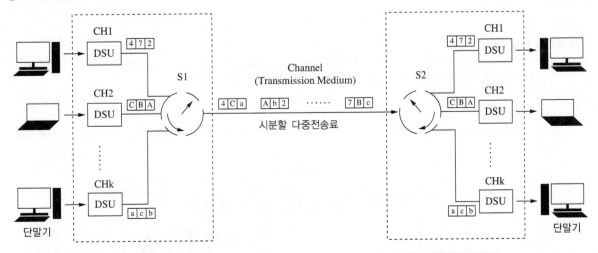

TDM은 하나의 전송로 대역폭을 시간슬롯(Time Slot)으로 나누어 채널에 할당함으로써 몇 개의 채널들이 한 전송로의 시간을 분할하여 사용하는 방식이다. 위 그림은 TDM방식을 송신 측과 수신 측에서 회전하고 있는 스위치로 표현한 것이다. 스위치들은 서로 동기화되어 같은 속도로 서로의 반대 방향으로 회전하며 여러 채널에서 디지털 신호들을 받은 다음, 전송로 위에 조금씩 간격을 두고 싣는 원리를 나타낸 것이다. 이때, 회전하는 스위치에 해당하는 장치가 시간분할 다중화 장비이다.

④ CDM(부호분할 다중화)

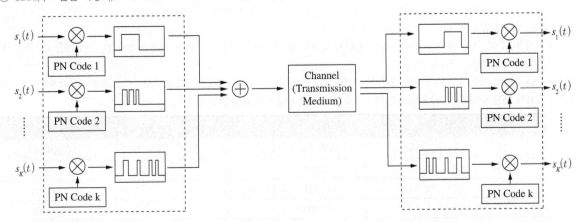

CDM은 대역확산 기술을 이용하여 다중화하는 방식으로, 코드를 이용하여 여러 명이 다중통신하는 시스템이다. 위 그림은 각각의 신호가 고유 코드를 가지고 사용하여 서로 간섭없이 다중통신을 가능하게 하는 것으로 송신 측의 코드와 수신 측의 코드는 같은 코드를 사용하여야 원래의 신호를 알 수 있다.

간략풀이

QAM은 2개의 직교성 DSB-SC 신호를 선형적으로 합성한 것으로 변조기에서 합성하여 송신하고, 수신 측에서는 합성한 신호를 분리한다. 문제에서 제시한 그림에서는 $s_I(t)\cos(2\pi f_c t)$와 $-s_Q(t)\cos(2\pi f_c t)$의 두 개의 신호를 합성하여 송신하므로 QAM 변조기에 해당한다.

상세풀이

QAM 변조와 복조

QAM은 반송파의 진폭과 위상을 동시에 변화시키는 일종의 APK(Amplitude Phase Keying)로 직교 진폭 변조방식이다. 즉, 진폭과 위상에 정보가 포함되어 있어, 좁은 전송대역으로 많은 정보 전송이 요구되는 시스템에 유리하다.

1. QAM 변조기

(1) QAM 변조기 회로

문제의 QAM 변조기 회로 구성은 변조기 회로의 일부분을 나타낸 회로이다. 변조기 회로의 전체 과정을 나타낸 회로는 아래 그림과 같다.

[QAM 변조기]

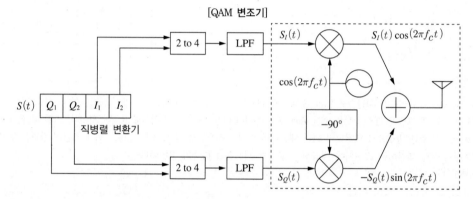

(2) QAM 변조기 동작 원리

- 직병렬변환기: 신호 $S(t)$는 $I(t)\cos\omega t - Q(t)\sin\omega t$의 두 개 신호로 구성되어 있다. 직병렬 변환기는 신호 $S(t)$를 각각 I와 Q채널에 분배하는 역할을 한다.
- 2 to 4 레벨 변환기: 2 to 4 레벨 변환기는 2개의 채널에서 들어온 신호를 4레벨 신호로 발생시키는 회로이다. 4레벨의 신호는 각각의 채널에 따라 $S_I(t)$와 $S_Q(t)$의 신호로 구분되며 반송파와 곱해진다.

$S_I(t)$			$S_Q(t)$		
I_1	I_2	출력[V]	Q_1	Q_2	출력[V]
0	0	−0.220	0	0	−0.220
0	1	−0.821	0	1	−0.821
1	0	+0.220	1	0	+0.220
1	1	+0.821	1	1	+0.821

- 혼합기(Mixer)

4레벨로 발생한 신호 $S_I(t)$, $S_Q(t)$는 각각의 반송파와 곱해져 $S_I(t)\cos(2\pi f_c t)$, $S_Q(t)\sin(2\pi f_c t)$이 된다.

$$S_I(t)\cos(2\pi f_c t) = \pm 0.821\cos\omega ct, \pm 0.220\cos\omega ct$$

$$S_Q(t)\sin(2\pi f_c t) = \pm 0.821\sin\omega ct, \pm 0.220\sin\omega ct$$

이 두 신호는 합성기에서 합쳐져 16가지 경우가 나타나게 되며 안테나를 통해 송신하게 된다.

2. QAM 복조기 회로

QAM 복조기 회로는 QPSK의 복조기 회로와 거의 유사하다.

[QAM 복조기]

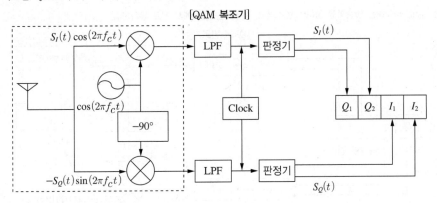

수신받은 신호 $S_I(t)\cos(2\pi f_c t)$, $S_Q(t)\sin(2\pi f_c t)$에 다시 반송파를 곱하여 $S_I(t)$, $S_Q(t)$로 만들고, 이를 합쳐 원래의 신호 $S(t)$로 복조하는 기능을 한다.

3. QAM의 위상도와 격자도

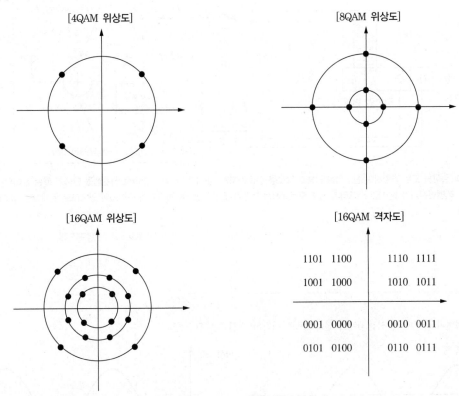

QAM은 위상도에서 보듯 신호점 상호 간 거리가 비교적 멀리 떨어져 있어 오류가 작은 통신이 가능해 전송효율이 우수하고, 잡음 및 위상 변화에 강한 특징을 갖는 장점이 있어 고속전송에 많이 사용한다.

The 알아보기 QAM과 QPSK의 비교

QAM과 QPSK는 서로 직교하는 반송파를 곱하여 변조하고, 복조하는 방식에서 서로 유사하다.

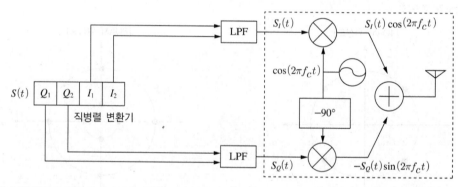

QAM은 진폭과 위상을 모두 변환하여 신호점을 만들고 정보를 전송하지만 QPSK는 위상의 변화로 신호점을 만들기 때문에 이론적으로 여러 진폭을 만드는 레벨변환기가 필요없다. 그러나 일부 자료에서는 레벨변환기가 QPSK 변조기에 포함되어 있으므로 문제에는 QPSK가 보기로 나오기 어렵다.

17

정답 ③

간략풀이

위상 180도의 정현파(사인파)는 시간 0에서 진폭 0으로 시작하며 진폭은 감소한다.

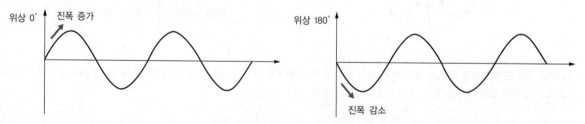

① 주기 $T = \dfrac{1}{f}$ 은 하나의 사이클을 완성하는 데 필요한 시간이고, 주파수 $f = \dfrac{1}{T}$ 은 1초 동안 생성되는 신호 주기의 수이며 주기의

역수이다. 신호가 순간적으로 변화하면 주기 $T \simeq 0$ 으로 볼 수 있고, 어떤 수를 0으로 나누면 값이 무한대가 되므로 주파수

$f = \dfrac{1}{0} = \infty$ 의 값이 된다.

② ①에서 주파수와 시간은 반비례 관계임을 알 수 있으므로, 짧은 시간의 T는 높은 주파수 f가 된다.

주파수 $f \uparrow = \dfrac{1}{T \downarrow}$

④ 정현파 $S(t) = A\sin(2\pi f t + \theta)$ 로 나타낼 수 있다.

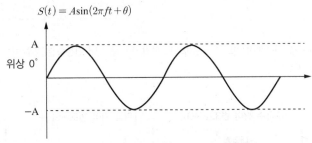

$$S(t) = A\sin(2\pi f t + \theta)$$

(A: 진폭, f: 주파수, θ: 위상)

18

간략풀이

펄스폭과 대역폭은 반비례 관계이므로 펄스폭이 가장 좁은 맨체스터 부호 펄스가 대역폭이 가장 크다.

상세풀이

구분	양극(Polar) NRZ	단극(Unipolar) NRZ	바이폴라(Bipolar)	맨체스터(Manchester)
전송 부호				
펄스폭	T_b	T_b	T_b	$\dfrac{T_b}{2}$
기저 신호 대역폭	$\dfrac{1}{T_b}$	$\dfrac{1}{T_b}$	$\dfrac{1}{T_b}$	$\dfrac{2}{T_b}$
스펙트럼 밀도	$Tb\,\mathrm{sinc}^2(fT_b)$	$\dfrac{Tb}{4}\mathrm{sinc}^2(fTb) + \dfrac{1}{4}\delta(f)$	$\dfrac{Tb}{4}\mathrm{sinc}^2(\dfrac{fTb}{2})\sin^2(\pi fTb)$	$Tb\,\mathrm{sinc}^2(\dfrac{fTb}{2})\sin^2(\dfrac{\pi fTb}{2})$
변조 신호 대역폭	$\dfrac{2}{T_b}$	$\dfrac{2}{T_b}$	$\dfrac{2}{T_b}$	$\dfrac{4}{T_b}$

다른 신호들은 펄스폭 T_b로 동일한데 맨체스터 부호는 펄스폭이 $\dfrac{T_b}{2}$ 로 좁다. 주파수와 주기의 관계에서 주기와 주파수는 반비례하므로 펄스 시간이 좁을수록 주파수(대역폭)은 넓어진다.

$$주파수\ f\uparrow = \frac{1}{T\downarrow}$$

표에서 스펙트럼 밀도를 보듯 기저신호를 변조하고 나면 대역폭이 늘어남을 알 수 있다.

변조신호 대역폭$=(1+d)\times$기저신호($\because$ 변조 시에 대역폭이 넓어진다. d: 0과 1 사이의 값)

따라서 대역폭이 가장 큰 신호는 맨체스터(Manchester) 펄스이다.

19

정답 ①

간략풀이

주파수 편이 변조는 서로 다른 주파수를 사용하여 비트를 표현하므로 여러 비트를 실어 전송하는 경우 여러 주파수를 사용하게 되어 대역폭이 넓어져 효율면에서 가장 불리하다.

상세풀이

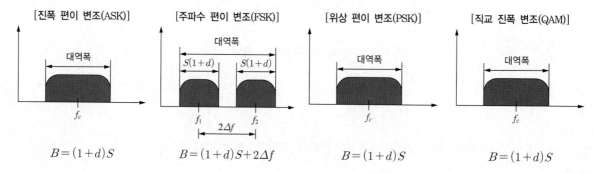

[진폭 편이 변조(ASK)] $B=(1+d)S$

[주파수 편이 변조(FSK)] $B=(1+d)S+2\Delta f$

[위상 편이 변조(PSK)] $B=(1+d)S$

[직교 진폭 변조(QAM)] $B=(1+d)S$

(B: Bandwidth(대역폭), S: 신호율$[baud]$ $S=N\times\dfrac{1}{r}[baud]$, N: 데이터율$[bps]$, r: 하나의 신호요소에 전달되는 데이터 요소의 수, d: 0과 1 사이의 값)

진폭 편이 변조(ASK)와 위상 편이 변조(PSK)는 대역폭의 크기가 같고, 직교 진폭 변조(QAM)까지 대역폭의 ASK와 PSK를 이용한 것이므로 같은 진수라면 마찬가지로 대역폭의 크기가 같다. 반면 FSK 변조는 한 심벌에 여러 비트를 전송할 때 사용하는 주파수가 늘어나므로 대역폭 효율이 떨어진다.

20

간략풀이

3세대 이동통신 시스템(IMT-2000)은 CDMA 변조 방식을 사용하여 전송하는 통신/방송표준이다.

상세풀이

① 802.11 네트워크 표준

802.11 프로토콜	주파수(GHz)	MIMO	변조방식
802.11a	5	1	OFDM
802.11b	2.4	1	DSSS
802.11g	2.4	1	OFDM, DSSS
802.11n	2.4	4	OFDM
	5		
802.11ac	5	8	OFDM

② DMB(Digital Multimedia Broadcast)

구분	지상파 DMB	위성 DMB
사용주파수	VHF(174~216[MHz])	S band(2~4[GHz])
전송방식	COFDM	CDM

③ · ④ 3, 4세대 이동통신 시스템 기술 비교

구분		3세대	3.9세대	4세대
표준기술		WCDMA, CDMA2000	LTE	LTE-Advanced
전송방식		CDMA/FDD	• 하향링크: OFDM/FDD • 상향링크: DFTS-OFDM	• 하향링크: OFDM/FDD • 상향링크: DFTS-OFDM
최대 전송률	Up	1.8[$Mbps$]	50[$Mbps$]	300[$Mbps$]
	Down	3.1[$Mbps$]	100[$Mbps$]	600[$Mbps$]
상용화		2000년	2009년 말	2014년

21

상세풀이

1. 오디오 신호 전송률을 구한다.

   • f_m: 20[kHz]를 나이퀴스트 표본화 주파수로 표본화한 샘플링 주파수를 f_s라고 한다.

   • f_s: $2 \times f_m = 40[kHz]$

   이때, 1024레벨로 양자화하였으므로

   양자화 bit $n = \log_2 M = \log_2 1024 = \log_2 2^{10} = 10$

   이를 통해 전송률 R_b를 구한다.

   $R_b = f_s \times n = 40 \times 10^3 \times 10 = 400[kbps]$

2. 전송률 400[$kbps$]의 오디오 신호가 용량 600[$MByte$]의 CD에 몇 초 분량이 들어가는지 계산한다.

   CD용량[bit] $= 600[MByte] = 4800 \times 106[bit]$

   CD저장시간 $= 4800 \times 106 = 400 \times 103 \times t$

   CD저장시간 $t = \dfrac{4800 \times 10^6}{400 \times 10^3} = 12 \times 10^3[sec]$

   따라서 12,000초 분량의 오디오 신호를 저장할 수 있다.

22

간략풀이

라우터는 네트워크층의 목적지 주소에 따라 패킷을 구분한다.

상세풀이

② 중계기(repeater)는 물리계층에서 동작하는 연결장치이며 두 개의 네트워크 사이에서 신호 전송을 담당하는데 전기신호 증폭을 주 기능으로 하는 가장 기초적인 장비이다. 즉, 중계기가 신호를 받게 되면 해당 신호를 다시 재송출하고, 증폭하는 역할을 한다. 이에 따라 중계기를 증폭기로 부르기도 한다. 대부분의 경우 중계기는 필터링 기능이 없지만 소수 디지털 필터를 적용한 중계기의 경우 신호 필터 역할도 한다.

③ 데이터링크 계층에서 논리적이고 유연한 망을 구성 가능케 하는 가상LAN이다. 물리적인 배선 구성에 제한을 받지 않아 단말의 추가, 삭제, 변경이 용이하여 물리적으로 떨어져 있는 노드들도 자유롭게 그룹 단위로 묶을 수 있다.

④ LAN을 연결하여 네트워크를 구성하는 장치 중 링크 계층 교환기는 데이터링크 계층과 물리계층에서 동작한다. 물리계층에서는 수신한 신호를 재생성하고, 데이터 링크계층에서는 프레임 내의 MAC주소(발신지, 수신지)를 검사한다. 이때, 프레임의 링크 계층 주소(MAC) 은 변경하지 않는다. 링크 계층 교환기의 주 기능은 목적지 주소를 확인하여 전달될 포트를 결정하는 것이다.

23

간략풀이

저궤도 위성은 지구의 자전에 따라 통신 가능 시간대가 정해져 있다.

상세풀이

② 정지위성은 24시간 관측이 가능하여 항상 통신이 가능하다.

① 정지위성은 지구상에서 항상 고정된 위치에 있으므로 위성을 추적할 필요가 없다.

③ 지구상의 넓은 지역에 걸쳐 장애물의 영향없이 전파를 받고 보낼 수 있어 품질이 균일하다.

④ 정지위성은 위성과 접속하는 지구국으로 구성되어 지구국-위성-지구국의 구성으로 이루어진다. 송신 지국과 위성의 회선을 업링크(up link), 위성과 수신 지구국의 회선을 다운링크(down link)라 부르며 업링크에 높은 주파수, 다운링크에는 낮은 주파수가 사용된다. 따라서 지구국과 네트워크 관계는 point to point network라고 할 수 있다.

The 알아보기 통신위성의 궤도와 특징

구분	저궤도 (LEO: Low Earth Orbit)	중궤도 (MEO: Medium Earth Orbit)	고궤도 (HEO: Highly Elliptical Orbit)	정지궤도 (GEO: Geostationary Orbit)
고도	200~2,000km	2,000~25,000km	근지점 1,000km 원지점 40,000km	35,800km
공전주기	90~100분	2~14시간	2~14시간	24시간
주요 목적	지구관측, 통신	GPS, 방송, 통신	통신	방송, 통신, 기상
평균통신 지연율	25[ms]	140[ms]	–	500[ms]

1. 저궤도 위성(LEO: Low Earth Orbit)

   지구궤도 약 200~2,000km상에 위치하며 주로 측위, 이동통신, 원격탐사에 이용되는 위성이다. 위성은 1~2시간에 한 번씩 지구 주위를 돌기 때문에 항상 통신이 가능하기 위해서는 적어도 수십 기의 위성을 올려야 한다.

2. 중궤도 위성(MEO: Medium Earth Orbit)

   지구궤도 약 2,000~25,000km상에 위치하며 수기 내지 수십 기의 위성으로 전 세계를 커버할 수 있다. 저궤도와 정지궤도 위성의 중간 위치에 해당하며 도플러 편이에 의한 주파수 보상이 필요하다.

56 · 기출이 답이다 최신기출문제

3. 타원형 고궤도 위성(HEO: Highly Elliptical Orbit)
   근지점 고도가 1,000km이고, 원지점의 고도가 40,000km 정도의 가늘고 긴 타원형 궤도에 위치한 위성이다. 원지점 부근에서는 위성이 천천히 움직이므로 지상에서 보이는 시간이 길어 2~3기의 위성을 교차해서 사용한다.
4. 정지궤도 위성(GEO: Geostationary Orbit)
   적도 상공에서 지구의 자전주기와 같은 속도로 움직이는 인공위성으로 지구상에서 볼 때 정지하고 있는 것처럼 보이므로 정지위성이라 부른다. 정지위성은 지구상의 넓은 지역에 걸쳐 장애물의 영향없이 전파를 받고 보낼 수 있다. 통신, 기상관측, 방송 등에 주로 이용되며 정지위성을 이용하여 TV중계를 하면 동시에 여러 나라에 같은 내용을 볼 수 있게 할 수 있다. 주기는 24시간이고, 24시간 관측이 가능하다.

24
정답 ④

간략풀이

C급 증폭기는 동작점이 차단점 밖에 존재하여 전력소모가 적으며 동조회로를 사용하여 입력신호를 일부 왜곡하면서도 효율을 높여 증폭하는 증폭기이다. 증폭 효율은 78.5~99%이며 고주파대 신호 증폭에 쓰인다.

상세풀이

④ C급 증폭기: Q(차단점 밖), $\frac{1}{2}$ 이상 왜곡(LC동조회로 사용), 효율 78.5~99%, 고주파 대신호 증폭

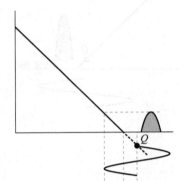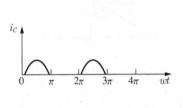

① A급 증폭기: Q(활성 영역), 왜곡이 없는 선형성, DC전력 소비가 큼(효율 50%), 소신호 증폭

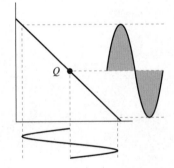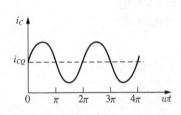

② B급 증폭기: Q(차단점), $\frac{1}{2}$ 왜곡(TR 두 개 사용), 효율 75%, 대신호 증폭

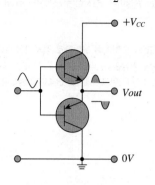
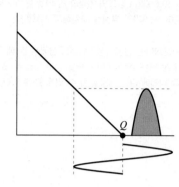
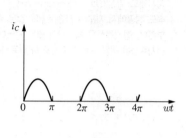

③ AB급 증폭기: Q(활성영역과 차단점 사이), $\frac{1}{2}$ 왜곡(TR 두 개 사용), 효율 50~75%, 대신호 증폭

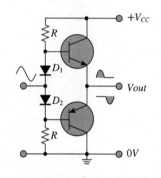
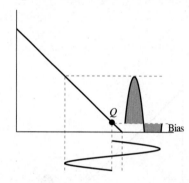
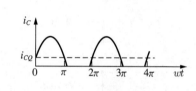

25

정답 ④

간략풀이

A: 양극 NRZ 펄스

B: 양극 RZ 펄스

C: 양극 RZ 펄스

D: 바이폴라 펄스

이론편

목 차

CHAPTER

01 · 신호와 시스템

1 신호의 분류

신호는 크게 확정적 신호와 랜덤 신호(불규칙 신호)로 구분된다.

1. 확정적 신호(Deterministic Signal)

신호의 파형을 명확한 시간 함수로 표시할 수 있는 신호로 미래값도 예측 가능한 신호를 말한다.

(1) 주기적 신호: 일정한 주기 T마다 동일한 파형을 무수히 반복하는 시간 함수로 푸리에 급수(Fourier Series)로 해석한다.

(2) 비주기적 신호: 주기 T가 존재하지 않는 신호로 푸리에 변환(Fourier Transform)으로 해석한다.

2. 랜덤 신호(Random Signal)

신호의 진폭이나 영교차(Zero Crossing) 폭이 완전히 불규칙하여 미래값을 예측할 수 없는 신호로, 확률에 의해 설명될 수 있으며 랜덤 과정(Random Process) 또는 확률 과정(Stochastic Process)이라고도 부르는 신호이다.

(1) 정상적 랜덤 신호(Stationary Random Signal): 통계적 성질이 시간의 천이(Shift)에 대해서도 변화가 없는 랜덤 신호를 말한다.

(2) 비정상적 랜덤 신호(Non-Stationary Random Signal): 통계적 성질이 시간의 천이(Shift)에 대해 변화가 있는 랜덤 신호를 말한다.

2 기본 신호 파형

1. 계단 함수(Step Function)

크기가 A이고 $t > 0$에서 정의되는 1차 함수를 계단 함수라 한다.

$$f(t) \begin{cases} A & (t \geq 0) \\ 0 & (t < 0) \end{cases}$$

[계단 함수]

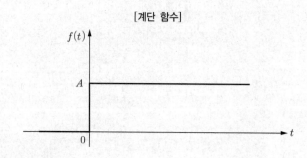

2. 단위 계단 함수(Unit Step Function)

계단 함수 중에서 크기가 1인 경우를 단위 계단 함수라 하며 $u(t)$로 표시한다.

$$f(t) = u(t) \begin{cases} 1 & (t \geq 0) \\ 0 & (t < 0) \end{cases}$$

[단위 계단 함수]

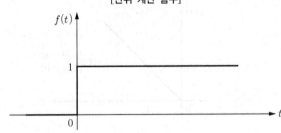

3. 델타 함수(Delta Function)

델타 함수는 $\delta(t)$로 표시하며, 단위 계단 함수 $u(t)$를 미분하여 얻는다.

$$\delta(t) = \frac{du(t)}{dt}$$

(1) 크기와 면적

[델타 함수]

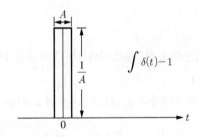

$$\int \delta(t) - 1$$

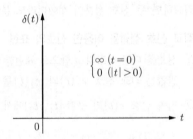

$$\begin{cases} \infty & (t = 0) \\ 0 & (|t| > 0) \end{cases}$$

(2) 델타 함수의 천이 성질

$$\int_{-\infty}^{\infty} \delta(t - t_0)f(t)dt = f(t_0)$$

(3) 델타 함수는 우함수이다.

$$\delta(t) = \delta(-t)$$

(4) 푸리에 변환쌍

시간 영역의 델타 함수는 전체 주파수 영역에서 스펙트럼 특성이 균일하다.

$$\delta(t) \leftrightarrow 1$$

4. 램프 함수(Ramp Function)

램프 함수는 $r(t)$로 표시하며, 단위 계단 함수 $u(t)$를 적분하여 얻는다.

$$r(t) = \int u(t)dt$$

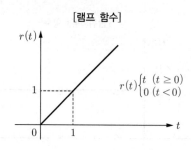

[램프 함수]

$$r(t) \begin{cases} t & (t \geq 0) \\ 0 & (t < 0) \end{cases}$$

3 직교함수와 신호의 표현

통신에서는 신호가 어떤 주파수의 정현파로 구성되어 있는지를 파악하는 것이 매우 중요하다. 신호는 서로 다른 주기를 가진 정현파로 표현할 수 있기 때문이다.

1. 직교함수

(1) **신호 직교성의 의미**: 신호가 직교한다는 것은 해당 구간에서 두 신호의 닮은 정도가 0이라는 의미이다. 두 신호가 직교하면 두 신호 성분이 섞이더라도 분리할 수 있다.

(2) **직교 신호 집합을 이용한 신호의 표현**

① 신호를 다른 신호의 조합으로 표현할 때 전혀 유사성이 없는 대표 신호들로 나타내는 것이 효율적이다. 서로 상관없는 직교 신호 $x_1(t)$와 $x_2(t)$를 기저함수라고 한다.

② 연속 신호 $x(t)$가 구간 $[t_1, t_2]$에서 N개의 서로 직교하는 기저함수 $x_n(t)$로 표현하면 $x(t)$는 다음과 같다.

$$x(t) = c_1 x_1(t) + c_2 x_2(t) + \cdots + c_n x_n(t) = \sum_{n=1}^{N} c_n x_n(t), \quad t_1 \leq t \leq t_2 \text{ (이때, } c\text{는 임의의 상수)}$$

2. 신호의 표현

어떤 신호 $x(t)$를 다른 신호를 이용하여 표현하는 방법을 통해 신호의 특징을 다양한 관점에서 파악하거나 쉽게 이해할 수 있다.

(1) **직교좌표 표시법**

$$\vec{A} = a + jb$$

(2) **삼각함수 표시법**

$$\vec{A} = A(\cos\theta + j\sin\theta)$$

(3) 극좌표 표시법

$$\vec{A} = A \angle \theta$$

(4) 지수함수 표시법

$$\vec{A} = Ae^{j\theta}$$

※ 이때 $A = \sqrt{a^2 + b^2}$ 을 절대값, $\theta = \tan^{-1} \dfrac{b(허수부)}{a(실수부)}$ 를 편각이라 한다.

4 푸리에 급수(Fourier Series)

주기함수에 대해 적용하는 것으로, 한 주기 내에서 정의되는 신호 $f(t)$를 삼각함수의 합(cos 함수와 sin 함수의 합)이나 복소 지수함수의 합으로 나타낼 수 있음을 말한다.

1. 삼각함수의 푸리에 급수 표현

주기적인 신호 파형은 파형의 모양에 관계없이 sin성분 및 cos성분의 기본파와 고조파로 표시된다.

$$f(t) = a_0 + a_1 \cos 2\pi f_0 t + a_2 \cos 4\pi f_0 t + a_3 \cos 6\pi f_0 t + \cdots$$
$$+ b_1 \sin 2\pi f_0 t + b_2 \sin 4\pi f_0 t + b_3 \sin 6\pi f_0 t + \cdots$$

$$= a_0 + \sum_{n=1}^{\infty} (a_n \cos 2\pi n f_0 t + b_n \sin 2\pi n f_0 t)$$

$$f(t) = A_0 + \sum_{n=1}^{\infty} A_n \cos \frac{2\pi n t}{T_0} + \sum_{n=1}^{\infty} B_n \sin \frac{2\pi n t}{T_0}$$

2. 삼각함수의 푸리에 계수

(1) 푸리에 계수: 푸리에 급수에서 a_0, a_n, b_n을 푸리에 계수라 하며 다음과 같이 구한다.

① $a_0 = \dfrac{1}{T} \displaystyle\int_{-\frac{T}{2}}^{\frac{T}{2}} f(t) dt$: 한 주기의 평균값으로 직류 성분임

② $a_n = \dfrac{2}{T} \displaystyle\int_{-\frac{T}{2}}^{\frac{T}{2}} f(t) \cos 2\pi n f_0 t \, dt$: cos 성분

③ $b_n = \dfrac{2}{T} \displaystyle\int_{-\frac{T}{2}}^{\frac{T}{2}} f(t) \sin 2\pi n f_0 t \, dt$: sin 성분

※ $f(t) = a_0 + \displaystyle\sum_{n=1}^{\infty} (a_n \cos 2\pi n f_0 t + b_n \sin 2\pi n f_0 t)$ 의 양변을 0에서 T까지 적분하면 a_0가, 양변에 $\cos 2\pi m f_0 t$를 곱하고 0에서 T까지 적분하면 a_n이, 양변에 $\sin 2\pi m f_0 t$를 곱하고 0에서 T까지 적분하면 b_n이 얻어진다.

(2) 푸리에 급수의 대칭성

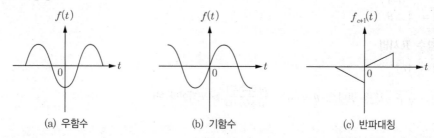

| | (a) 우함수 | (b) 기함수 | (c) 반파대칭 |

$f(t)$ 함수	수식	특징
$f(t)$가 우함수	$f(t) = A_0 + \sum\limits_{n=1}^{\infty} A_n \cos 2\pi n f_0 t$	DC 및 cos항만 존재한다.
$f(t)$가 기함수	$f(t) = \sum\limits_{n=1}^{\infty} B_n \sin 2\pi n f_0 t$	sin항만 존재한다.
$f(t)$가 반파대칭	$f(t) = \sum\limits_{n=1}^{\infty} A_n \cos 2\pi n f_0 t + \sum\limits_{n=1}^{\infty} B_n \sin 2\pi n f_0 t$	cos항이나 sin항만 존재한다.

(3) 복소 지수 함수의 푸리에 급수 표현: 주기 신호 $f(t)$를 복소 지수함수의 합으로 해석하는 방법으로 어떤 주기 신호라 하더라도 다음과 같은 복소 지수함수의 합으로 나타낼 수 있음을 말한다.

$$f(t) = \sum_{n=-\infty}^{\infty} C_n e^{j2\pi n f_0 t}$$

(4) 복수 푸리에 계수: 복수 푸리에 급수에서 C_n을 복수 푸리에 계수라 하며, 다음과 같이 구한다.

$$C_n = \frac{1}{T} \int_{-\frac{T}{2}}^{\frac{T}{2}} f(t) e^{-j2\pi n f_0 t} dt$$

여기서 모든 스펙트럼은 일정한 간격 f_0을 가지며 $n = 0$이면 신호의 평균값으로 직류 성분(DC 성분)이다.

(5) 구형파의 펄스폭 τ와 주기 T_0의 변화에 따른 스펙트럼의 모양

[연속 구형파]

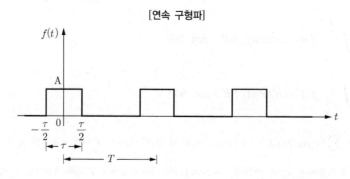

① 연속구형파를 푸리에 급수로 전개해보면 다음과 같다.

$$C_n = \frac{1}{T}\int_{-\frac{T}{2}}^{\frac{T}{2}} f(t)e^{-j2\pi nf_0 t}dt = \frac{1}{T}\int_{-\frac{\tau}{2}}^{\frac{\tau}{2}} Ae^{-j2\pi nf_0 t}dt$$

$$= \frac{A}{T}\frac{1}{(-j2\pi nf_0)}\left[e^{-j2\pi nf_0 t}\right]_{-\frac{\tau}{2}}^{\frac{\tau}{2}} = \frac{A}{T}\frac{1}{(-j2\pi nf_0)}\left[e^{-j\pi nf_0 \tau} - e^{j\pi nf_0 \tau}\right]$$

$$= \frac{A}{j2\pi nf_0 T}\left[e^{j\pi nf_0 \tau} - e^{-j\pi nf_0 \tau}\right] = \frac{A}{j2\pi nf_0 T}\cdot 2j\sin(\pi nf_0 \tau)$$

$$= \frac{A}{\pi nf_0 T}\sin(\pi nf_0 \tau) = \frac{A}{\pi nf_0 T}\cdot \pi nf_0 \tau\frac{\sin(\pi nf_0 \tau)}{\pi nf_0 \tau}$$

$$= \frac{A\tau}{T}\text{sinc}(nf_0 \tau) \quad \left(\text{한편 } f_0 = \frac{1}{T}\text{의 관계를 가지므로}\right)$$

$$= \frac{A\tau}{T}\text{sinc}\left(\frac{n\tau}{T}\right)$$

② C_n은 실수이므로 진폭 스펙트럼을 나타내고, 이 스펙트럼은 $\frac{\tau}{T}$에 의해 결정된다(τ는 펄스폭, T는 주기). 이를 파형으로 나타내면 다음과 같다.

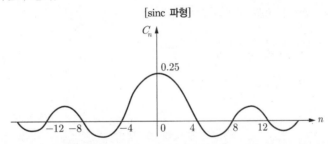

[sinc 파형]

펄스폭 τ	주기 T	스펙트럼의 진폭	주파수 성분	주 로브 대역폭
고정	증가	감소	감소	일정
증가	고정	증가	일정	감소
T의 관계		반비례	반비례	무관(일정)
τ의 관계		비례	무관(일정)	반비례

[일정한 τ에 대한 주기 T의 증가에 따른 선스펙트럼]

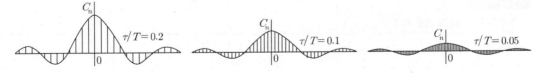

[일정한 T에 대한 펄스폭 τ의 증가에 따른 선스펙트럼]

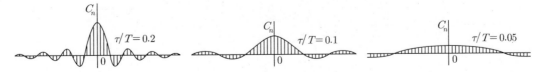

5 푸리에 변환(Fourier Transform)

1. Fourier 변환

Fourier 변환이란 비주기함수에 대해 적용하는 것으로 주기 T_0가 ∞로 증가하여 신호가 한 번 발생한 후, 무한한 시간 후에 해당 신호가 반복된다고 이해하면 쉽다. 때문에 푸리에 급수에서 주기 $T_0 \to \infty$로 적용하여 적분하면 푸리에 변환 식을 얻을 수 있다.

(1) 푸리에 급수

$$f(t) = \sum_{n=-\infty}^{\infty} F_n e^{j2\pi n f_0 t}$$

$$= \sum_{n=-\infty}^{\infty} \left[\frac{1}{T_0} \int_{-\frac{T_0}{2}}^{\frac{T_0}{2}} f(t) e^{-j2\pi n f_0 t} dt \right] \cdot e^{j2\pi n f_0 t}$$

여기에서 적분정리에 의하여

$$T_0 \to \infty \text{ 이면, } \lim_{T_0 \to \infty} \frac{1}{T_0} \to df, \ \sum_{-\infty}^{\infty} \to \int_{-\infty}^{\infty}, \ nf_0 \to f$$

(2) 푸리에 변환: 푸리에 변환이란 시간 영역의 함수를 주파수 영역의 함수로 변환시키는 것을 말하며, 어떤 시간 함수 $f(t)$를 푸리에 변환하는 것은 다음과 같이 정의된다.

$$F(f) = \mathscr{F}[f(t)] = \int_{-\infty}^{\infty} f(t) e^{-j2\pi f t} dt$$

$$\text{또는 } F(\omega) = \mathscr{F}[f(t)] = \int_{-\infty}^{\infty} f(t) e^{-j\omega t} dt$$

2. Fourier 역변환

Fourier 역변환이란 주파수 영역의 함수를 시간 영역의 함수로 변환시키는 것을 말하며, 어떤 주파수 함수 $F(f)$를 Fourier 역변환하는 것은 다음과 같이 정의된다.

$$f(t) = \mathscr{F}^{-1}[F(f)] = \int_{-\infty}^{\infty} F(f) e^{j2\pi f t} df$$

$$\text{또는 } f(t) = \mathscr{F}^{-1}[F(\omega)] = \frac{1}{2\pi} \int_{-\infty}^{\infty} F(\omega) e^{j\omega t} d\omega$$

개념더하기

주요 함수의 푸리에 변환 요약

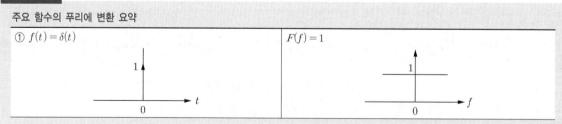

① $f(t) = \delta(t)$

$F(f) = 1$

② $f(t) = a$ 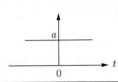	$F(f) = a\delta(f)$ 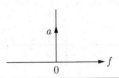
③ $f(t) = A\cos 2\pi f_0 t$ 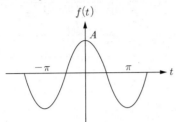	$F(f) = \dfrac{A}{2}\left[\delta(f-f_0) + \delta(f+f_0)\right]$ 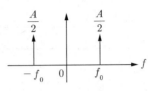
④ $f(t) = A\sin 2\pi f_0 t$ 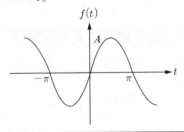	$F(f) = \dfrac{A}{2j}\left[\delta(f-f_0) - \delta(f+f_0)\right]$ 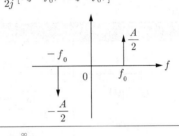
⑤ $f(t) = \displaystyle\sum_{n=-\infty}^{\infty} \delta(t - nT_0)$ 	$F(f) = f_0 \displaystyle\sum_{n=-\infty}^{\infty} \delta(f - nf_0)$ 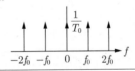
⑥ $f(t) = A\,\mathrm{rect}\left(\dfrac{t}{\tau}\right)$	$F(f) = A\tau\,\mathrm{Sa}(\pi f\tau)$ 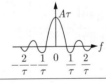
⑦ $f(t) = \begin{cases} 1 - \left|\dfrac{t}{\tau}\right| & (|t| < 1) \\ 0 & (|t| > 1) \end{cases}$ 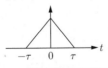	$F(f) = \tau\,\mathrm{Sa}^2(\pi f\tau)$ 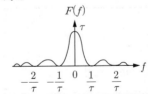
⑧ $f(t) = \mathrm{Sa}(at)$ 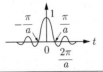	$F(f) = \dfrac{\pi}{a}\,\mathrm{rect}\left(\dfrac{\pi f}{a}\right)$

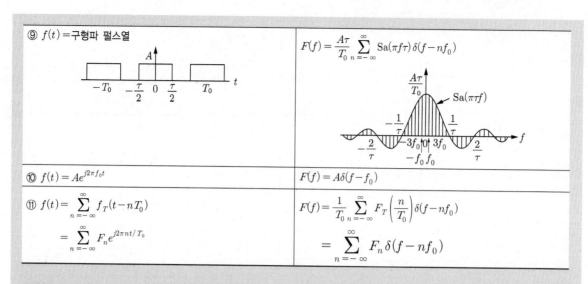

구분	$f(t)$	$F(f)=\mathcal{F}\{f(t)\}$	구분	$f(t)$	$F(f)=\mathcal{F}\{f(t)\}$
1	$e^{-at}u(t)$	$\dfrac{1}{(a+j2\pi f)}$	11	$\cos 2\pi f_0 t$	$\dfrac{1}{2}\left[\delta(f+f_0)+\delta(f-f_0)\right]$
2	$te^{-at}u(t)$	$\dfrac{1}{(a+j2\pi f)^2}$	12	$\sin 2\pi f_0 t$	$\dfrac{1}{2j}\left[\delta(f+f_0)-\delta(f-f_0)\right]$
3	$e^{-a|t|}$	$\dfrac{2a}{(a^2+4\pi^2 f^2)}$	13	$\text{rect}(t)$	$\text{Sa}(\pi f)$
4	$e^{\frac{-t^2}{2\sigma^2}}$	$\sigma\sqrt{2\pi}\,e^{-2\sigma^2\pi^2 f^2}$	14	$\text{rect}\left(\dfrac{t}{\tau}\right)$	$\tau\text{Sa}(\pi f\tau)$
5	$\text{sgn}(t)$	$\dfrac{1}{j\pi f}$	15	$\dfrac{1}{2\pi}\text{Sa}\left(\dfrac{t}{2}\right)$	$\text{rect}(2\pi f)$
6	$\dfrac{j}{\pi t}$	$\text{sgn}(2\pi f)$	16	$\dfrac{\omega}{2\pi}\text{Sa}\left(\dfrac{\omega t}{2}\right)$	$\text{rect}\left(\dfrac{2\pi f}{\omega}\right)$
7	$u(t)$	$\dfrac{1}{2}\delta(f)+\dfrac{1}{j2\pi f}$	17	$\dfrac{\omega}{\pi}\text{Sa}(\omega t)$	$\text{rect}\left[\dfrac{\pi f}{\omega}\right]$
8	$\delta(t)$	1	18	$\Delta(t)$	$[\text{Sa}(\pi f)]^2$
9	1	$\delta(f)$	19	$a\left(\dfrac{t}{\tau}\right)$	$\tau[\text{Sa}(\pi f\tau)]^2$
10	$e^{\mp 2\pi f_0 t}$	$\delta(f\pm f_0)$	20	$\delta_T(t)$	$F(f)=f_0\delta_0(f)$

3. 디리클레(Dirichlet) 조건

(1) **디리클레의 조건**: 푸리에 변환이 존재하기 위한 충분조건을 말한다(필요조건은 아님).

$$E=\int_{-\infty}^{\infty}|f(t)|^2\,dt<\infty$$

(2) **Dirichlet 조건**: 최대점, 최소점, 불연속점 유한개 $\Rightarrow$ 절대수렴

4. Fourier 변환의 중요한 성질

(1) 시간 천이

$$f(t - t_0) \rightarrow F(f)e^{-j2\pi f t_0}$$

시간 영역에서 t_0만큼 천이된 시간 함수 $f(t)$의 Fourier 변환은 시간 함수 $f(t)$의 Fourier 변환 $F(f)$에 복소 지수함수 e^{-t_0}를 곱한 것과 같다(위상이 e^{-t_0}만큼 늦어짐을 의미).

(2) 주파수 천이

$$f(t) \cdot e^{j2\pi f_0 t} \leftarrow F(f - f_0)$$

주파수 영역에서 f_0만큼 천이된 주파수 함수 $F(f)$의 Fourier 역변환은 주파수 함수 $F(f)$의 Fourier 역변환 $f(t)$에 복소 지수함수 $e^{j2\pi f_0}$를 곱한 것과 같다(위상이 $e^{j2\pi f_0}$만큼 빨라짐을 의미).

> **개념더하기** 주파수 천이의 증명
>
> $F(f - f_0)$를 직접 Fourier 역변환하면 $f(t) = \displaystyle\int_{-\infty}^{\infty} F(f - f_0)e^{j2\pi f t}df$이고 $f - f_0 = \tau$라 하면
>
> $f = f_0 + \tau$이고 $df = d\tau$
>
> $\therefore f(t) = \displaystyle\int_{-\infty}^{\infty} F(\tau)e^{j(2\pi f_0 + \tau)t}d\tau = \int_{-\infty}^{\infty} F(\tau)e^{j2\pi f_0 t}e^{j\tau t}d\tau$
>
> $\quad = e^{j2\pi f_0 t} \cdot \displaystyle\int_{-\infty}^{\infty} F(\tau)e^{j\tau t}d\tau = e^{j2\pi f_0 t} \cdot f(t) = f(t) \cdot e^{j2\pi f_0 t}$

(3) 척도 변환
시간 함수의 시간이나 주파수 영역의 주파수를 늘리거나 압축하는 것을 시간 및 주파수의 척도 변환(Scaling)이라 한다.

① 시간 척도 변환

$$f(at) \rightarrow \frac{1}{|a|}F\left(\frac{1}{a} \cdot f\right)$$

② 주파수 척도 변환

$$\frac{1}{a}f\left(\frac{1}{a} \cdot t\right) \leftarrow F(af)$$

(4) 시간 미분

$$\frac{d^n f(t)}{dt^n} \rightarrow (j2\pi f)^n F(f)$$

시간 함수 $f(t)$를 n차 미분하여 Fourier 변환하면, 원래의 $f(t)$만 Fourier 변환한 $F(f)$에 $(j2\pi f)^n$을 곱한 것과 같다.

(5) 주파수 미분

$$(-j2\pi t)^n f(t) \leftarrow \frac{d^n F(f)}{df^n}$$

주파수 함수 $F(f)$를 n차 미분하여 Fourier 역변환하면, 원래의 $F(f)$만 Fourier 역변환한 $f(t)$에 $(-j2\pi t)^n$을 곱한 것과 같다.

(6) 시간 적분

$$\int_0^{t_1} f(t)dt \rightarrow \frac{1}{j2\pi f}F(f)$$

시간 영역에서 $f(t)$를 적분하여 Fourier 변환시키면, 원래의 $f(t)$만 Fourier 변환한 $F(f)$에 $\frac{1}{j2\pi f}$을 곱한 것과 같다.

(7) 시간 중첩

$$f_1(t) * f_2(t) \rightarrow F_1(f) \cdot F_2(f)$$

$f_1(t)$와 $f_2(t)$를 시간 영역에서 convolution시킨 다음 Fourier 변환하면 그것은 $f_1(t)$와 $f_2(t)$를 각각 Fourier 변환시킨 $F_1(f)$와 $F_2(f)$를 주파수 영역에서 곱한 것과 같다. 즉, 시간 영역에서의 convolution은 주파수 영역에서 곱으로 나타난다.

(8) 주파수 중첩

$$f_1(t) \cdot f_2(t) \leftarrow \left[F_1(f) * F_2(f)\right] \,,\, f_1(t) \cdot f_2(t) \leftarrow \frac{1}{2\pi}\left[F_1(\omega) * F_2(\omega)\right]$$

$F_1(f)$와 $F_2(f)$를 주파수 영역에서 convolution시킨 다음 Fourier 역변환하면 그것은 $F_1(f)$와 $F_2(f)$를 각각 Fourier 역변환시킨 $F_1(f)$와 $F_2(f)$를 시간 영역에서 곱한 것과 같다. 즉, 주파수 영역에서의 convolution은 시간 영역에서 곱으로 나타난다.

(9) $f(t)$의 면적

$$\int_{-\infty}^{\infty} f(t)dt = F(0)$$

함수 $f(t)$의 면적은 $f = 0$에서의 Fourier 변환의 값과 같다.

(10) $F(f)$의 면적

$$\int_{-\infty}^{\infty} F(f)df = f(0)$$

$F(f)$의 면적은 $t = 0$에서의 Fourier 역변환의 값과 같다.

(11) 쌍대성(Duality)

$$F(t) \leftrightarrow f(-f)$$

(12) 공액 함수

$$f^*(t) \leftrightarrow F^*(-f)$$

(13) 우함수와 기함수의 Fourier 변환: 우함수의 Fourier 변환은 우함수이고, 기함수의 Fourier 변환은 기함수이다.

> **개념더하기** 우함수, 기함수 Fourier 변환
>
> ① 기함수×우함수=기함수, 우함수×기함수=기함수
> ② 기함수×기함수=우함수, 우함수×우함수=우함수
> ③ 우함수의 합=우함수. 기함수의 합=기함수
> ④ 기함수+우함수=우함수도 기함수도 아님

6 Convolution

1. 정의

2개의 함수의 중첩 적분을 의미하는 것으로 시간 영역에서는 $f_1(t) * f_2(t)$, 주파수 영역에서는 $F_1(f) * F_2(f)$로 표시된다.

$$f_1(t) * f_2(t) = f_2(t) * f_1(t) = \int_{-\infty}^{\infty} f_1(\tau)f_2(t-\tau)d\tau = \int_{-\infty}^{\infty} f_1(t-\tau)f_2(\tau)d\tau$$

2. 특징

$f_1(t) \leftrightarrow F_1(f)$, $f_2(t) \leftrightarrow F_2(f)$라 하면

(1) 시간 컨벌루션의 정리

$$f_1(t) * f_2(t) \leftrightarrow F_1(f) \cdot F_2(f)$$

(2) 주파수 컨벌루션의 정리

$$F_1(f) * F_2(f) \leftrightarrow f_1(t) \cdot f_2(t)$$

(3) 컨벌루션의 정리

① 교환법칙

$$f_1(t) * f_2(t) = f_2(t) * f_1(t)$$

② 분배법칙

$$f_1(t) * [f_2(t) + f_3(t)] = f_1(t) * f_2(t) + f_1(t) * f_3(t)$$

③ 결합법칙

$$f_1(t) * [f_2(t) * f_3(t)] = [f_1(t) * f_2(t)] * f_3(t)$$

7 이산 푸리에 변환(DFT; Discrete Fourier Transform)

디지털 시스템의 설계와 신호처리 및 해석에 광범위하게 사용되는 수치계산용 변환도구로써, 이를 이용하면 임펄스 응답으로부터 주파수 응답을, 주파수 응답으로 임펄스 응답을 알아낼 수 있다. 이를 효율적으로 수행하는 알고리즘이 FFT(Fast Fourier Transform)이다.

1. 이산 푸리에 변환(DFT)의 정의

(1) 연속 신호 $x(t)$를 표본화하여 이산 신호 $x(nT)$로 바꾸어 주파수 스펙트럼을 구한다.

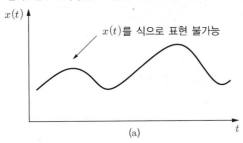
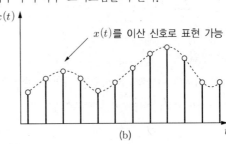

(a)   (b)

(2) 이산 푸리에 변환의 일반식은 다음과 같다.

$$X(j\omega) = \sum_{n=-\infty}^{\infty} x(nT)e^{-j\omega nT} \quad \text{(이때, } n\text{은 정수)}$$

2. 이산 푸리에 변환(DFT)의 특징

(1) **주기성**: 시간 영역, 주파수 영역 모두 주기성을 갖는다.
$$x[n] = x[n+N] \leftrightarrow X[k] = X[k+N]$$

(2) **선형적**: 변환 영역 간에 선형 결합 형태가 그대로 유지된다.
$$y[n] = \alpha x_1[n] + \beta x_2[n] \leftrightarrow Y[k] = \alpha X_1[n] + \beta X_2[n]$$

(3) **대응적**: 주기적인 N개 유한 시간 샘플 수열은 주기적인 N개의 대역 제한된 주파수 샘플 계수에 대응적이다.

(4) **컨벌루션**
$$x[n] * y[n] \leftrightarrow X[k] \cdot Y[k]$$
$$x[n] \cdot y[n] \leftrightarrow \frac{1}{N} X[k] * Y[k]$$

3. 이산 푸리에 변환(DFT)와 Z 변환의 관계

푸리에 변환할 수 없는 이산함수 $f(k)$를 Z평면의 함수로 변환하는 것을 말한다.

(1) **공통점**: 이산적인 신호와 시스템을 해석하기 위한 방법이다.

(2) **차이점**: DFT는 신호를 시간적으로 대역 제한할 필요가 있다(Z 변환은 제한할 필요가 없음).

8 Z 변환(Z-transform)

Z 변환은 디지털 신호처리 시스템을 해석하기 위한 중요한 도구로써 주파수 영역 해석에 사용된다. DFT로 변환되지 못하는 디지털 신호들까지 주파수 영역으로 변환시킴으로써 디지털 신호처리 분야에서 많이 응용되고 있다.

1. Z 변환의 정의

Z 변환에는 양방향, 단방향이 있고, 만약 신호 $x[n]$이 $n \geq 0$에 대해서만 정의되어 있다면 단방향 Z 변환은 다음과 같이 정의된다.

$$X(z) = \sum_{n=-\infty}^{\infty} x[n]z^{-n}$$

2. Z 변환의 성질

(1) **선형성**: 임의의 이산함수들의 합과 차의 Z 변환은 각각의 이산함수를 Z 변환한 것의 합, 차와 같다.
$$Z[f_1(k) \pm f_2(k)] = F_1(z) \pm F_2(z)$$

(2) **시간이동**: $f[n]$의 Z 변환이 $F[z]$일 때, $f[n]$을 k만큼 지연시킨 Z 변환은 다음과 같다.

$$f[n-k] \leftrightarrow z^{-k}F(z)$$

(3) **초기값 정리**

$$f(0) = \lim_{z \to \infty} F(z)$$

(4) **최종값 정리**

$$\lim_{k \to \infty} f(k) = \lim_{z \to 1}(1-z^{-1})F(z)$$

(5) **Convolution**: 두 개의 이산함수를 Convolution한 후 이것을 Z 변환한 것은 두 개의 이산함수를 각각 Z 변환한 후 곱한 것과 같다.

$$x(k) * h(k) \to X(z)H(z)$$

3. Z 변환의 용도

(1) 필터의 안정도를 판별하는 데 사용한다.

(2) 다양한 디지털 필터 구조를 만드는 데 사용한다.

(3) 필터 구조에서 전달함수를 찾을 때 사용한다.

(4) 전달함수에서 차분방정식을 찾을 때 사용한다.

(5) 필터의 출력을 계산하는 데 사용한다.

9 Correlation

1. 정의

한 신호와 그 신호를 τ만큼 시간 지연시킨 신호를 매칭(Matching)시키는 과정으로 시간 영역에서 두 신호 사이의 상호 연관성을 나타내는 함수이다.

$$R(\tau) = \int_{-\infty}^{\infty} x(t)x(t+\tau)dt$$

2. 특징

(1) 상관함수의 종류는 자기상관함수와 상호상관함수로 표현된다.

(2) 한 신호와 그 신호를 τ만큼 시간 지연시킨 신호를 매칭시키는 과정으로 잡음에 가려진 신호를 검출하는 데 아주 유용하게 사용된다.

(3) 상관함수의 Fourier 변환과 중첩적분(Convolution)의 Fourier 변환은 같다.

(4) 상관함수의 Fourier 변환은 전력에 관한 주파수 스펙트럼이다(Winner-Kinchine 정리).

(5) $\tau = 0$일 때 자기상관함수 값은 시스템의 평균전력이 된다.

항목	Convolution	Correlation
정의	$y(t) = x(t) * h(t) = \displaystyle\int_{-\infty}^{\infty} x(\tau) \cdot h(t-\tau)d\tau$	$R(\tau) = \displaystyle\int_{-\infty}^{\infty} x(t) \cdot x(t+\tau)dt$
개념	두 개의 함수를 스펙트럼 영역(또는 시간 영역)에서 엇갈리게 적분하여 하나의 함수로 융합되는 것	시간 영역에서 두 신호 사이의 상관성
용도	① System Analysis ② Impulse 응답	① Power Spectral Density ② 평균전력

10 파스발(Parseval) 정리

Parseval의 정리는 $f(t)$의 평균전력이 각각의 주파수 성분의 합과 같다는 것을 의미한다. 또는 "시간 영역의 전력 또는 에너지는 주파수 영역에서의 전력 또는 에너지와 같다"라고도 정의된다.

$$\frac{1}{T}\int_{-\frac{T}{2}}^{\frac{T}{2}}|f(t)|^2dt = a_0^2 + \frac{1}{2}\sum_{n=1}^{\infty}(a_n^2 + b_n^2)$$

$$= \sum_{-\infty}^{\infty}|C_n|^2 = C_0^2 + 2\sum_{n=1}^{\infty}|C_n|^2 = \sum_{n=-\infty}^{\infty}C_n C_n^*$$

또는 $\displaystyle\int_{-\infty}^{\infty}|f(t)|^2dt = \int_{-\infty}^{\infty}|F(f)|^2df$

11 시스템의 특성

시스템이란 입력신호가 들어가고 입력신호를 처리해서 출력신호를 생성하는 추상적인 개념이다. 즉, 필요한 기능을 실현하기 위하여 관련 있는 일련의 요소를 어떤 법칙에 따라 조합한 집합체이다.

1. 선형 시스템(Linear System)

(1) 정의: 임의의 시스템에서 여러 입력 신호의 합성에 대한 출력이 개별 입력에 대한 출력의 합성과 같다고 하면 그 시스템은 중첩의 원리(Superposition Principle)가 성립한다고 하며, 이 같은 시스템을 선형 시스템이라 한다. 즉, 선형 시스템은 1차 함수이며 y절편을 갖지 않는다. 입력 성분 $x_1(t)$, $x_2(t)$에 대응하는 출력 성분을 $y_1(t)$, $y_2(t)$라 하면 일반식은 다음과 같이 표현된다.

$$ax_1(t) + bx_2(t) \rightarrow ay_1(t) + by_2(t)$$

(2) 특징
① 동질성
$$s\{\alpha x\} = \alpha s\{x\}$$

② 부가성

$$s\{x_1 + x_2\} = s\{x_1\} + s\{x_2\}$$

③ 두 특성을 동시에 만족하면 선형 시스템이다.

$$s\{\alpha x_1 + \beta x_2\} = \alpha s\{x_1\} + \beta s\{x_2\}$$

※ 일반적으로 세상에서 접하는 대부분의 시스템은 비선형 시스템이지만 작은 범위에서는 비선형 시스템도 선형시스템으로 근사화해 해석할 수 있다. 즉, 매우 복잡한 비선형 시스템도 선형시스템을 통하여 분석할 수 있다.

2. 시스템의 시불변성(Time-invariance)

시스템의 입력에 대한 출력이 입력의 인가 시간에 따라 변하지 않고, 출력도 입력 신호와 동일한 시간만큼 천이되는 시스템을 시불변 시스템(Time-invariant System)이라 한다. 즉, 시불변성은 출력 함수가 t에 관계되지 않는다. 입력 성분 $x(t)$에 대응하는 출력 성분을 $y(t)$라 할 때 다음 관계가 성립하는 시스템은 시불변 시스템이다.

$$x(t) \longrightarrow y(t)$$
$$x(t - t_0) \longrightarrow y(t - t_0)$$
지연   동일지연

모든 시스템은 선형 시불변 시스템이라고 가정하며 출력 $y(t)$는 항상 입력 $x(t)$와 시스템 응답 $h(t)$의 convolution으로 나타난다.

$$y(t) = x(t) * h(t)$$

3. 인과 시스템(Causal System)

시스템에서 입력을 인가하기 전에 응답이 나타나지 않으면 이를 인과 시스템(Causal System)이라 한다. 인과성을 만족하기 위한 시스템의 임펄스 응답 $h(t)$는 다음과 같다.

$$h(t) = 0, \ t < 0$$

12 임펄스 응답과 전달 함수

1. 임펄스 응답(Impulse Response)

입력에 단위 임펄스를 가했을 때의 출력 응답을 임펄스 응답이라 하며 출력 $y(t)$는 시스템 응답 $h(t)$와 같게 되므로 시간 영역에서 단위 임펄스를 인가하여 시스템을 시험할 수 있음을 의미한다.

$$y(t) = x(t) * h(t) = \delta(t) * h(t) = h(t)$$

2. 전달 함수(시스템 함수)

시스템에 입력되는 신호를 $x(t)$, 출력되는 신호를 $y(t)$, 시스템의 응답을 $h(t)$라 하면 $y(t) = x(t) * h(t)$가 되며 이로부터 전달 함수를 구하면 다음과 같다.

$$y(t) = x(t) * h(t) \xrightarrow{\text{Fourier 변환}} Y(f) = X(f) * H(f)$$

$$\therefore H(f) = \frac{Y(f)}{X(f)}$$

$H(f)$는 시스템의 주파수 특성을 나타내는 것으로 $h(t)$의 시스템 함수(System Function) 또는 전달 함수(Transfer Function)라 한다. 일반적으로 전달함수 $H(f)$는 복소수이므로

$$H(f) = |H(f)|e^{j\theta(f)} \quad \therefore \theta(f) = \tan^{-1}\frac{Im\ H(f)}{Re\ H(f)}$$

13 이상 필터(Ideal Filter)

1. 정의

이상 필터는 주파수 $|f_m|$ 이하의 주파수 성분은 찌그러짐 없이 전송하지만, 그 이상의 주파수 성분은 완전히 감쇠시키는 필터로 다음과 같은 진폭 특성과 위상 특성을 갖는다.

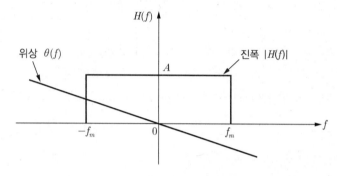

전달 함수는 일반적으로 진폭과 위상을 가지고 표현할 수 있으며, 모든 주파수 성분에 대해 진폭 $|H(f)|$가 일정하고, 위상 $\theta(f)$가 주파수에 비례(무왜곡 전송 조건을 만족하는 필요충분조건)하면 다음과 같이 나타낼 수 있다.

$$H(f) = |H(f)|e^{j\theta(f)}$$

여기서, $|H(f)| = A$

$$\theta(f) = -2\pi ft_0$$

진폭 $|H(f)|$가 f에 따라 변하면 진폭 왜곡, 위상 $\theta(f)$가 f에 따라 선형적으로 변화하지 않으면 위상 왜곡을 일으킨다. 위상 왜곡은 위상 지연(Phase Delay)과 군지연(Group Delay)에 의해 발생되며 이 둘이 같으면 위상 왜곡이 없게 된다.

여기서, $|H(f)| = A$

$$\theta(f) = -2\pi ft_0 \quad (-t_0 는 위상이 t_0 만큼 지연됨을 의미)$$

2. 이상 필터의 종류

이상적인 필터(Ideal Filter)란 신호를 왜곡 없이 전송할 수 있는 시스템으로 어떤 주파수 W보다 낮은 모든 주파수 성분을 완전하게 통과시키는 저역통과 필터(LPF)와 W보다 높은 모든 주파수를 완전하게 통과시키는 고역통과 필터(HPF)가 있다.

3. 이상 필터의 임펄스 응답

이상적인 저역통과 필터의 임펄스 응답 $h(t)$는 Fourier 역변환에 의해 다음과 같이 정리된다.

$$h(t) = \int_{-\infty}^{\infty} H(f)e^{j2\pi ft}df = \int_{-f_m}^{f_m} |H(f)|e^{j\theta(f)} \cdot e^{j2\pi ft}df$$

$$= \int_{-f_m}^{f_m} Ae^{-j2\pi ft_0} \cdot e^{j2\pi ft}df = A\int_{-f_m}^{f_m} e^{j2\pi f(t-t_0)}df$$

$$= 2Af_m \cdot \text{sinc}\, 2f_m(t-t_0)$$

이상 필터는 다음 그림으로부터 알 수 있듯이 인과성(Causality)에 위배되어 물리적으로 실현 불가능함을 의미하며, 이상 필터에 근사한 필터를 실현하기 위해서는 $t_0 = -\dfrac{1}{2\pi}\dfrac{d\theta(f)}{dt}$ 만큼 지연되어야 한다.

[이상 필터의 임펄스 응답]

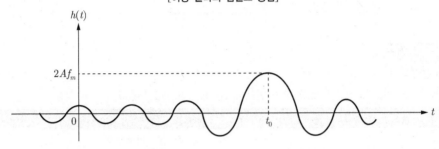

※ 그림에서 보듯 시간 t축에서 $t \leq 0$에서도 신호가 있음을 알 수 있다. 이는 발생하지 않은 시간에도 임펄스 응답 $h(t)$가 이미 존재함을 의미하고, 입력이 없어도 출력이 발생하는 것이므로 인과성에 위배된다.

02 · 아날로그 변복조

1 아날로그 정보의 변조와 복조

1. 아날로그 변복조의 구성도

2. Analog 변조와 복조

(1) **Analog 변조**: 전송하고자 하는 아날로그 정보 신호(변조 신호)에 따라 반송파의 진폭을 변화시키는 방식인 AM, 주파수를 변화시키는 방식인 FM, 위상을 변화시키는 방식인 PM이 있다.

종류	아날로그 변조
진폭 변조	DSB(양측파대 변조)
	SSB(단측파대 변조)
	VSB(잔류측파대 변조)
각도 변조	FM(주파수 변조)
	PM(위상 변조)

(2) **Analog 복조**: 변조된 피변조파 신호로부터 원래의 아날로그 정보 신호를 찾아내는 것으로 비동기 검파 또는 동기 검파를 수행한다.

2 AM(Amplitude Modulation)

진폭 변조(AM; Amplitude Modulation)는 전자 통신, 그중에서도 일반적으로 라디오 반송파를 통한 정보 송신에 쓰이는 기술이다. 진폭 변조는 송신될 신호의 세기를 보내려는 정보에 관하여 변화시킴으로써 작동한다.

송신될 신호에 따라 반송파의 진폭을 변화시키는 방식인 진폭 변조는 구조가 간단하여 회로를 간단하게 할 수 있는 장점이 있기 때문에 라디오 방송에 많이 사용된다. 전력 효율이 나쁘고 전파의 진폭이 주변의 영향을 받기 쉽기 때문에 전파의 전달 과정에서 잡음이 섞이고, 전체적으로 음질이 떨어지는 단점이 있다. 낮은 음질의 특성상 높은 주파수가 요구되지 않기 때문에 단파(HF) 및 중파(MF) 이하의 전파를 이용한다.

1. DSB-SC

DSB-SC란 Double Side Band-Suppressed Carrier로 반송파 억압 진폭변조라 하며 스펙트럼이 2개의 측파대를 가지고 피변조파에 반송파가 포함되지 않는 진폭 변조를 말한다.

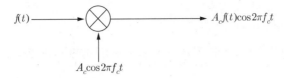

(1) 시간 영역에서의 일반식

$$v_{DSB-SC}(t) = f(t) \cdot A_c \cos 2\pi f_c t$$

여기서, A_c: 반송파의 진폭(크기)

f_c: 반송파 주파수

만약 $f(t) = A_m \cos 2\pi f_m t$라 하면

$$v_{DSB-SC}(t) = A_c f(t) \cos 2\pi f_c t = A_c \cdot A_m \cos 2\pi f_c t \cdot \cos 2\pi f_m t$$

$$= \frac{1}{2} A_c A_m \{\cos 2\pi (f_c + f_m)t + \cos 2\pi (f_c - f_m)t\}$$

이 식에 반송파 $A_c \cos 2\pi f_c t$가 포함되어 있지 않으므로 반송파 억압 진폭 변조라 한다.

[시간 영역에서의 파형]

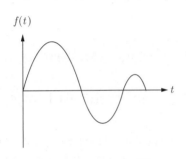 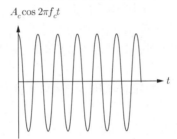 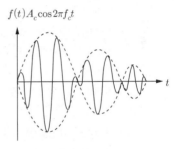

(2) 주파수 영역에서의 일반식

$$V_{DSB-SC}(f) = \mathscr{F}\left[A_c \cdot f(t) \cdot \cos 2\pi f_c t\right]$$

$$= A_c \cdot \mathscr{F}\left[f(t) \cdot \cos 2\pi f_c t\right]$$

$$= A_c\left[F(f) \cdot \mathscr{F}\{\cos 2\pi f_c t\}\right]$$

$$= A_c\left[F(f) \cdot \frac{1}{2}\{\delta(f+f_c) + \delta(f-f_c)\}\right]$$

$$= \frac{1}{2} A_c\left[F(f+f_c) + F(f-f_c)\right]$$

[주파수 영역에서의 파형]

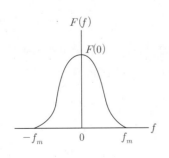 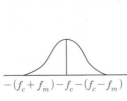 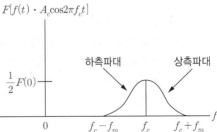

(3) DSB-SC 변조기

① Chopper 변조기

㉠ 다이오드가 스위치 작용을 하는 것을 초퍼(Chopper)라 하며 이는 변조 신호에 구형파를 곱한 것과 동일한 결과를 얻는다.

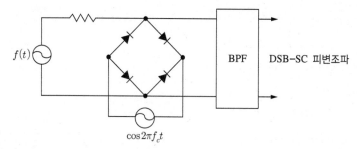

㉡ Chopper 변조기의 특징 : Chopper 변조기는 Gate 변조기, Switching 변조기 또는 Ring 변조기라 하며, 그 특징은 다음과 같다.
- 능동 소자를 사용하지 않으므로 입력보다 출력이 적게 되며, 따라서 뒷단에서 증폭을 행해야 한다.
- 능동 소자를 포함하지 않는 수동 회로망이므로 역방향으로 동작시키는 것이 가능하여 DSB-SC 복조기(동기검파기)나 SSB 복조기(동기검파기)로 사용할 수 있다.
- 정류 회로로도 사용할 수 있다.
- 변조기 출력에는 변조 신호 성분이 나타나지 않으므로 반송파 주파수와 변조 신호가 근접해 있을 때 사용하면 좋다.
- 변조 신호와 반송파 성분 중 어느 하나라도 입력되지 않으면 출력에는 아무것도 나타나지 않는다.

② 링 변조기

㉠ 링 변조기(Ring Modulator) 또는 격자형 평형 변조기(Lattice-type Balanced Modulator)라고 한다. 평형 변조기에 입력되는 신호는 메시지 신호와 반송파이며, 출력단에서 변조된 신호를 포함한 신호를 얻는다. 그리고 원하는 변조된 신호를 출력하기 위해 BPF가 추가로 필요하다. 링 변조기는 다음 그림의 형태로 구현할 수 있다.

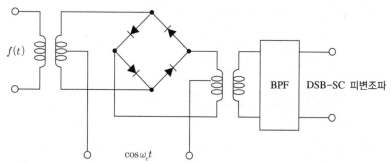

㉡ 링 변조기의 특징
- 증폭 소자를 사용하지 않으므로 입력보다 출력이 적게 되어 후단에서 증폭을 행해야 한다.
- 증폭 소자를 포함하지 않는 수동망이므로 역방향으로 동작이 가능하여 DSB-SC 복조기로 사용할 수 있다.
- 정류 회로로도 사용할 수 있다.
- 동작 전원이 불필요하고 구조가 간단하여 SSB통신에 널리 사용된다.

(4) DSB-SC 신호의 동기검파: DSB-SC 방식은 전송되는 과정에서 S/N비가 많이 나빠지므로 수신 측에서 S/N비를 향상시키기 위해 동기 검파를 사용해야만 한다. 동기 검파란 승적 검파 또는 Coherent 검파라 하며, 수신된 신호에 송신 시 사용한 동일한 주파수와 위상을 갖는 반송파를 곱하여 원래의 신호를 찾아내는 것을 말한다(이 경우 수신기에서는 송신기의 반송파와 동일한 주파수와 위상을 갖는 기준 반송파를 발생시켜야 한다).

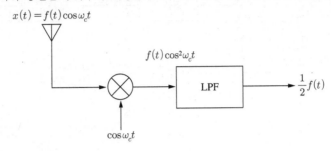

① DSB-SC의 일반식

$$r(t) = v_{DSB-SC}(t) \times \cos 2\pi f_c t$$

$$= A_c \cdot f(t) \cos 2\pi f_c t \times \cos 2\pi f_c t$$

$$= \frac{A_c}{2} f(t) \left[\cos (2\pi f_c - 2\pi f_c)t + \cos (2\pi f_c + 2\pi f_c)t \right]$$

$$= \frac{A_c}{2} f(t) \left[1 + \cos 4\pi f_c t \right]$$

LPF에 통과시키면 $\cos 4\pi f_c t$는 제거되고 $\frac{A_c}{2} f(t)$만 남게 된다. 따라서 $r(t) = \frac{1}{2} A_c f(t)$가 되어 원래 신호 $f(t)$를 찾을 수 있다.

② **동기 검파 수행 시 특이사항**: 동기 검파를 수행하는 데 있어 변조 시 사용한 반송파와 복조 시 사용한 반송파가 Δf, $\Delta \theta$만큼 다른 경우에는 다음 현상을 일으킨다.

　㉠ Δf에 의한 영향: $f(t)$의 진폭이 시간에 따라 서서히 변화되는 결과가 되어 진폭 왜곡을 일으키며 이를 Beating 현상이라 한다.

　㉡ $\Delta \theta$에 의한 영향: $f(t)$의 진폭이 어느 정도로만 감쇠되기 때문에 큰 문제가 되지는 않는다.

③ **동기검파의 종류**

　㉠ 제곱검파: 제곱소자 출력에 나타나는 $2\omega_c$ 성분만을 여파기로 출력 후 2 : 1 주파수 변환기로 ω_c의 주파수를 갖는 $\cos \omega_c t$를 출력함으로써 동기검파를 가능하게 하는 방식이다.

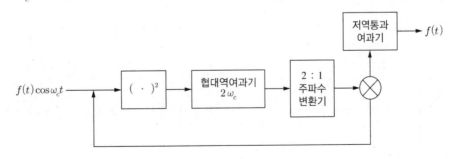

ⓛ Costas 검파: Costas 검파기는 PLL(Phase-Locked Loop)을 포함시켜 신호의 측대파로부터 일정한 반송파 신호를 발생시키도록 구성하여 동기검파를 가능하게 하는 방식이다.

[Costas 방식의 동기 검파기]

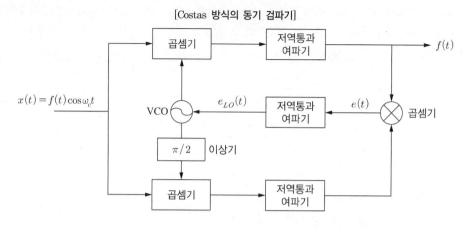

2. DSB-LC

DSB-LC란 Double Side Band-Large Carrier로 반송파를 갖는 진폭 변조라 하며 스펙트럼이 2개의 측파대를 가지고 피변조파에 반송파가 포함되는 진폭변조를 말한다(DSB-LC는 DSB-TC라고도 한다).

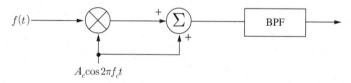

(1) 시간 영역에서의 일반식

$v_{DSB-LC}(t) = [A_c + f(t)]\cos 2\pi f_c t$ (이때, A_c: 반송파의 진폭(크기), f_c: 반송파 주파수)

만약 $f(t)$가 $f(t) = A_m \cos 2\pi f_m t$라 하면

$v_{DSB-LC}(t) = [A_c + f(t)]\cos 2\pi f_c t$

$\quad = [A_c + A_m \cos 2\pi f_m t]\cos 2\pi f_c t = A_c \left[1 + \dfrac{A_m}{A_c}\cos 2\pi f_m t \right]\cos 2\pi f_c t$

$\quad = A_c [1 + m\cos 2\pi f_m t]\cos 2\pi f_c t$ (이때, m: 변조도)

이 식에서 $A_c \cos 2\pi f_c t$가 포함되어 있으므로 반송파를 갖는 진폭 변조라 한다.

[시간 영역에서의 파형]

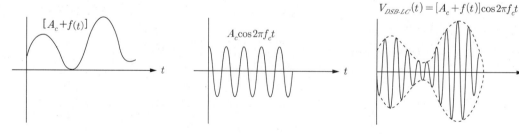

(2) 주파수 영역에서의 일반식

$$V_{DSB-LC}(f) = F\left[\{A_c + f(t)\}\cos 2\pi f_c t\right] = F\left[A_c \cos 2\pi f_c t + f(t)\cos 2\pi f_c t\right]$$

$$= F\left[A_c \cos 2\pi f_c t\right] + F\left[f(t)\cos 2\pi f_c t\right]$$

$$= A_c \cdot \frac{1}{2}\left[\delta(f+f_c) + \delta(f-f_c)\right] + \left[F\{f(t)\} * F\{\cos 2\pi f_c t\}\right]$$

$$= \frac{1}{2}A_c\left[\delta(f+f_c) + \delta(f-f_c)\right] + \left[F(f) * \frac{1}{2}\{\delta(f+f_c) + \delta(f-f_c)\}\right]$$

$$= \frac{1}{2}A_c\left[\delta(f+f_c) + \delta(f-f_c)\right] + \frac{1}{2}\left[F(f+f_c) + F(f-f_c)\right]$$

[주파수 영역에서의 파형]

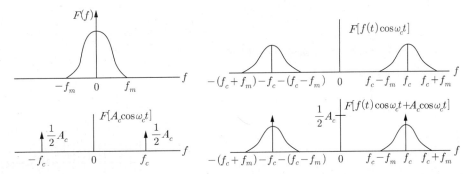

(3) 변조도와 효율

① 변조도: DSB-LC, 즉 AM에서의 변조도(변조지수 또는 변조율)는 다음과 같이 정의된다.

$$m = \frac{A_m (\text{변조 신호의 진폭})}{A_c (\text{반송파의 진폭})}$$

> **개념더하기** 변조도를 구하는 다른 방법
>
> • $m = \dfrac{V_{\max} - V_{\min}}{V_{\max} + V_{\min}}$
>
> • $m = \sqrt{2\left(\dfrac{I_m^{\,2}}{I_c^{\,2}} - 1\right)}$ (이때, I_m: 피변조파 전류, I_c: 반송파 전류)

② 변조도 값에 따른 피변조파

[일반적인 변조 신호와 반송파]

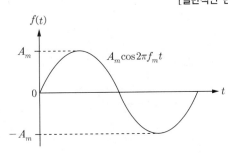
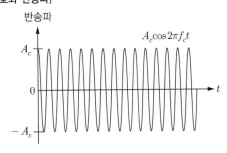

⊙ $m > 1$인 경우: 과변조(Over Modulation)라 하며 $f(t)$와 $-f(t)$가 겹쳐진다. 따라서 저주파 출력이 커지며 피변조파 대역도 넓어지게 된다.

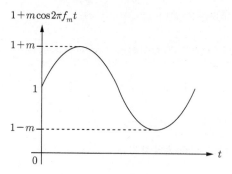

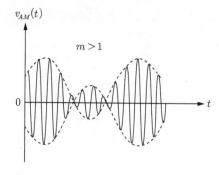

ⓛ $m \leq 1$인 경우: 이 경우 포락선은 정보 신호 $f(t)$와 거의 동일하게 되어 수신 측에서 $f(t)$를 재생하는 경우 포락선만 검파하면 되므로 검파가 용이하다.

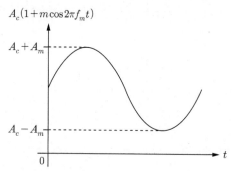

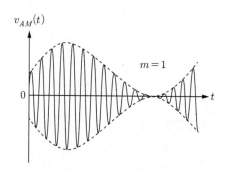

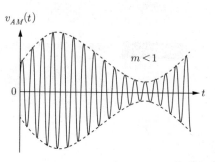

(4) DSB-LC 변조기: Chopper 변조기 외에 자승법 변조기(Square Law Modulator), 컬렉터 변조회로, 베이스 변조회로가 있다.

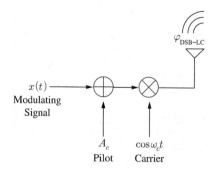

(5) DSB-LC 복조기: 동기 검파와 비동기 검파를 모두 사용할 수 있다. DSB-LC는 전송되는 과정에서 S/N 비가 크게 나빠지지 않으므로 수신 측에서 S/N 비를 향상시키기 위한 동기검파를 굳이 할 필요는 없다(DSB-LC와 VSB는 송신 측에서 반송파 성분을 포함시켜 전송하므로 전송되는 과정에서 S/N 비가 크게 나빠지지 않는 것이다). 비동기 검파기로는 포락선 검파기를 사용하며 그 구조는 다음과 같다.

① 동기식 복조기

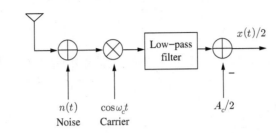

② 비동기식 복조기

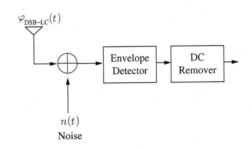

> **개념더하기** 포락선 검파
>
> 포락선 검파방식은 검파 시 송신 측의 반송파가 필요 없어 비동기 검파방식이라 하며, 구성이 간단하고 가격이 저렴하여 DSB-LC 신호의 검파에 널리 사용한다.
>
> **[포락선 검파기]**
>
>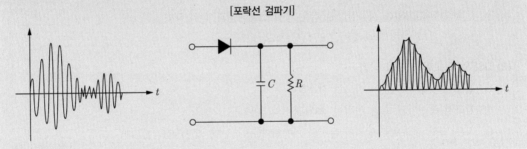

(6) DSB-SC 신호와 DSB-LC 신호의 특징 비교

① **변조방식**: DSB-SC 변조기는 초퍼형 변조기 또는 평형변조기(비선형 변조)를 사용하나 DSB-LC 변조기는 컬렉터 변조기(선형 변조)를 주로 사용한다.

② **복조방식**

　㉠ DSB-SC방식은 반송파가 없으므로 수신기에서 반송파를 재생하여 복조하는 동기검파방식을 사용해야 하나, DSB-LC방식은 반송파가 필요 없는 비동기 검파방식인 포락선 검파방식을 사용해 복조할 수 있다.

　㉡ 포락선 검파방식은 동기검파방식에 비해 구성이 간단하고 가격이 저렴하여 DSB-LC 신호의 검파에 널리 사용되고 있다.

③ 변조효율: DSB-LC 방식에서 얻을 수 있는 최대 변조효율은 33.3[%]가 되나 DSB-SC 방식의 경우에는 반송파가 없으므로 변조효율이 100[%]가 된다.

④ 신호 대 잡음비: DSB-SC 방식의 출력 신호 대 잡음비는 $\frac{S_0}{N_0} \propto \frac{S_i}{N_i}$ 가 되나 DSB-LC 방식은 $\frac{S_0}{N_0} \propto m^2 \frac{S_i}{N_i}$ 가 되어 출력 측의 신호 대 잡음비 개선은 변조도 m^2에 비례한다.

3. SSB

SSB란 Single Side Band로 단측파대 진폭 변조라 하며 스펙트럼이 1개의 측파대를 가지고 피변조파에 반송파가 포함되지 않는 진폭 변조로, 소요 대역폭은 변조 신호가 가지는 대역폭의 1배가 된다.

(1) SSB 피변조파의 일반식

$f(t) = \cos 2\pi f_m t$ 라 하면

$$v_{DSB-SC}(t) = f(t)\cos 2\pi f_c t$$
$$= \cos 2\pi f_m t \cdot \cos 2\pi f_c t$$
$$= \frac{1}{2}[\cos 2\pi(f_c + f_m)t + \cos 2\pi(f_c - f_m)t]$$
$$= \underbrace{\frac{1}{2}\cos 2\pi(f_c + f_m)t}_{\downarrow \text{상측파대}} + \underbrace{\frac{1}{2}\cos 2\pi(f_c - f_m)t}_{\downarrow \text{하측파대}}$$

SSB는 이 중 한쪽 측파대만 사용한다. 여기서는 상측파대(USB)를 사용한다면 다음과 같이 된다.

$$v_{SSB-U}(t) = f(t) \cdot \cos 2\pi f_c t - f(t) \cdot \sin 2\pi f_c t$$

($\frac{1}{2}$이라는 상수는 제거해도 아무런 문제 없음)

만약 하측파대(LBS)를 사용한다면 같은 방법으로 다음과 같이 된다.

$$v_{SSB-L}(t) = f(t)\cos 2\pi f_c t + f(t)\sin 2\pi f_c t$$

(2) DSB와 비교한 SSB의 장점

① 점유 주파수 대역폭이 반으로 감소한다.
② 따라서 송신기의 소비 전력이 적다(DSB의 30[%]).
③ 적은 송신 전력으로 양질의 통신이 가능하다($m = 1$일 때 DSB의 1/6배).
④ 점유 주파수 대역폭이 좁으므로 선택성 페이딩(Fading)의 영향이 적다(3[dB] 개선).
⑤ 수신 신호의 찌그러짐이 적다.
⑥ S/N비가 개선된다(평균 송신 전력이 같은 경우는 10.8[dB], 첨두(공칭) 송신 전력이 같은 경우에는 12[dB]).
⑦ 비화성을 유지할 수 있다.
⑧ 수신기의 통과 대역폭을 좁게 하여 선택도를 좋게 하면 근접 주파수의 방해가 적다.

(3) DSB와 비교한 SSB의 단점

① 반송파가 없으므로 AGC(또는 AVC) 회로를 부가하는 것이 곤란하다.
② 따라서 주파수 안정도가 높아야 한다.

③ 수신기에 동기회로 및 국부 발진기가 필요하다(국부 발진기에 동기 조정 장치인 Speech Clarifier 필요).

④ 송·수신 회로가 복잡하고 가격이 비싸다.

4. VSB(Vestigial Side Band)

(1) 정의: VSB란 Vestigial Side Band로 잔류측파대 진폭 변조라 하며 SSB(Single Side Band)방식의 장점인 대역폭과 전력에 대한 장점을 살리고 DSB(Double Side Band)의 장점인 포락선 검파(비동기검파)를 할 수 있는 변조 방식이다.

(2) VSB 변조기: VSB는 먼저 DSB-SC 피변조파를 만든 다음 BPF(일반적인 BPF)에 통과시켜(여기까지가 SSB 방식) 한쪽 측파대를 완전히 제거하지 않고 일부 남기도록 한 다음 큰 반송파 성분을 추가시킨다.

[VSB 변조기]

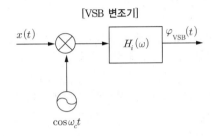

(3) VSB 복조기: 동기 검파와 비동기 검파기 모두 가능하다.

(4) VSB의 장점

① 검파가 용이하다.

② 소요 주파수 대역이 감소한다.

③ 송신 전력이 감소한다.

④ 잡음 및 선택성 페이딩의 영향도 덜 받는다.

5. 슈퍼헤테로다인 수신기

(1) 정의: 슈퍼헤테로다인(Super-heterodyne) 수신기는 희망 주파수만 선택해서 고주파(RF) 증폭 후 주파수 변환기(Mixer)에서 미리 정해진 중간 주파수(IF; Intermediate Frequency) 신호로 변환 후 포락선 검파기를 이용해 검파를 행하는 수신기이다.

(2) Super-heterodyne 수신기의 구성

① Super-heterodyne 수신기의 구성도

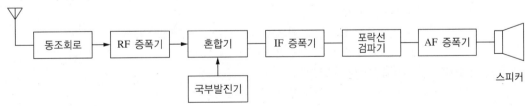

② Super-heterodyne 수신기의 구성요소

㉠ 동조 회로: 원하는 주파수에 Tunning 시킨다(Varicon으로 조정).

㉡ RF 증폭기: Tunning된 신호를 증폭시킨다.

ⓒ 국부 발진기: 선택된 신호의 주파수보다 455[kHz]만큼 높은 신호를 발생시키며 모든 수신 신호에 대해 IF가 일정하도록 하기 위해 동조회로와 연동시킨다.

$$f_{LO} = f_i \pm f_{IF} \ (\text{이때, } f_{LO}: \text{국부 발진기의 주파수})$$

ⓓ 혼합기: Mixer라 하며 f_i와 f_{LO}를 혼합하여 f_{IF}를 만드는 역할을 수행한다. 혼합기는 비선형 소자이며 일종의 덧셈기 역할을 수행한다.

ⓜ IF 증폭기: 중간 주파수 신호를 증폭시킨다.

ⓗ 포락선 검파기: 슈퍼헤테로다인 수신기는 검파 방식으로 포락선 검파기를 사용하여 간단히 신호의 포락선을 검출한다.

ⓢ AF 증폭기: 오디오 증폭기로 음성 신호의 크기를 증폭시킨다.

③ Super-heterodyne 수신기의 장단점

　㉠ 장점
- 고감도(High Sensitivity)이다: 고주파 증폭한 다음 다른 주파수로 변환시켜 증폭함으로써 발진(Oscillation)의 위험이 제거되므로 고주파 증폭을 크게 할 수 있다.
- SNR이 좋다.
- 선택도(Selectivity)가 향상된다: RF 신호를 IF 신호로 바꾸어 줌으로써 선택도가 향상된다. 즉, 이조도(Separatibity; 분리하기 어려운 정도)가 개선된다.
- 충실도(Fidelity)가 향상된다: 고주파 증폭을 크게 하면 고주파 신호의 진폭이 크게 됨에 따라 검파 다이오드 특성 곡선의 직선 부분을 이용하게 되므로 검파 파형의 왜곡이 적어져 충실도가 향상된다.

　㉡ 단점
- 영상 신호가 존재한다: 영상 신호는 수신하고자 하는 신호에 혼신 및 방해를 미치는 원하지 않는 신호로, 다음과 같이 구한다.

$$f_{im} = f_i \pm 2f_{IF}$$

- 특유의 잡음(주파수 변환잡음)을 가진다.
- 전원 전압 변동에 민감하다.
- 시스템(회로)이 복잡하고 조정이 어렵다.
- 국부 발진기의 주파수 안정도가 낮으면 전파복사가 생길 수 있다.

　㉢ 영상 신호에 의한 방해 및 혼신 현상을 방지하기 위한 대책
- 중간 주파수를 적절하게 선택한다(수신기의 선택도는 IF가 낮을수록 향상되지만, 영상 신호 방해는 IF가 높을수록 효율적으로 방지할 수 있다).
- 중간 주파수 증폭 회로에 Crystal(X-tal) Filter를 사용한다.
- 국부 발진기의 출력 Level을 필요 이상으로 높지 않게 한다.
- 수신기 케이스를 완전하게 차폐시킨다.
- 검파기에 Trap 회로를 넣어 영상 신호에 동조시킴으로써 제거한다.
- 지향성이 예민한 수신 안테나를 사용한다.
- 안테나에 전파 흡수체를 부착한다.
- 선택도를 높이기 위해 고주파 증폭단을 증설한다.

3 FM(Frequency Modulation)

각변조에는 주파수 변조(FM; Frequency Modulation)와 위상 변조(PM; Phase Modulation) 방식이 있는데, 이는 반송파 신호의 진폭에 신호를 실어 보낸 진폭 변조와 달리, 반송파 신호의 주파수 또는 위상에 정보를 실어 보내는 변조 방식이다. 주파수 변조(FM)는 반송파의 주파수 변화를 이용하여 정보를 전송하는 변조 방식이다. 특징으로는 품질이 높은 음성을 전송할 수 있고, 잡음에 비교적 강한 점 등을 들 수 있다. 반면에 주파수 점유폭이 넓다는 단점이 있으며, FM 변조를 가한 전파에 혼신이 일어나면 강도가 약한 전파가 변형되어 버리는 현상이 발생한다. FM은 라디오 방송과 아마추어 무선, 업무용 무선 등에 사용되고 있다.

1. FM 피변조파의 일반식

$$v_{FM}(t) = A_c \cos 2\pi \left[f_c t + K_f \int_0^t f(\tau) d\tau \right]$$

만약 $f(t) = A_m \cos 2\pi f_m t$ 라면 다음 식으로도 표현된다.

$$v_{FM}(t) = A_c \cos 2\pi \left[f_c t + A_m \cdot K_f \int_0^t \cos 2\pi f_m \tau d\tau \right]$$

$$= A_c \cos \left[2\pi f_c t + 2\pi A_m K_f \cdot \frac{1}{2\pi f_m} \sin 2\pi f_m t \right]$$

$$= A_c \cos \left[2\pi f_c t + \beta_f \sin 2\pi f_m t \right]$$

여기서, A_c: 반송파의 진폭(크기)

A_m: 변조 신호의 진폭(크기)

f_m: 변조 신호의 주파수

K_f: 주파수의 감도 계수[Hz/V]

β_f: FM 변조 지수 $\left(\dfrac{A_m \cdot K_f}{f_m} \right)$

2. FM의 순시 위상과 순시 주파수

(1) **순시 위상**: 순시 위상은 일반적으로 $\phi(t)$로 표시되며 FM 피변조파의 일반식으로부터 다음과 같이 표시된다(단위는 [rad/s]).

$$\phi(t) = 2\pi \left[f_c t + K_f \int_0^t f(\tau) d\tau \right]$$

따라서 FM파의 순시 위상은 변조 신호 $f(t)$의 적분값에 비례한다.

(2) **순시 주파수**: 순시 주파수는 일반적으로 $f_i(t)$로 표시되며 순시 위상으로부터 다음과 같이 구할 수 있다(단위는 [Hz]).

$$f_i = \frac{1}{2\pi} \frac{d\phi(t)}{dt} = \frac{1}{2\pi} \frac{d}{dt} \cdot 2\pi \left[f_c t + K_f \int_0^t f(\tau) d\tau \right]$$

$$= f_c + K_f \cdot f(t)$$

따라서 FM파의 순시 주파수는 변조 신호 $f(t)$에 비례한다.

※ 순시 각주파수 $\omega_i(t)$는 $\omega_i(t) = \dfrac{d\phi(t)}{dt}$로 구할 수 있다.

(3) FM의 주파수 편이와 최대 주파수 편이

① 주파수 편이(Frequency Deviation): FM의 순시 주파수는 $f_i(t) = f_c + K_f f(t)$이므로 주파수 편이는 다음과 같다.

주파수 편이 $= K_f f(t)$

주파수 편이가 변조 신호 $f(t)$에 비례하기 때문에 주파수 변조라 한다.

② 최대 주파수 편이: Δf로 나타내며 다음과 같이 표시된다.

$$\Delta f = K_f \cdot |f(t)|_{\max} = K_f A_m$$

(4) FM의 변조 지수: m_f로 나타내며 다음과 같이 표시된다.

$$m_f = \frac{\Delta f}{f_m} = \frac{K_f A_m}{f_m}$$

① 협대역 FM: m_f가 약 1인 경우를 말한다.

② 광대역 FM: $m_f \gg 1$인 경우를 말하며, 이는 $f_m \ll \Delta f$ 또는 $\frac{\Delta f}{f_m} \gg 1$인 것을 말한다.

> **개념더하기** FM의 변조도(율)
>
> - $\dfrac{f_m \cdot m_f}{\Delta f} \times 100[\%]$
>
> - $\dfrac{\Delta f_2}{\Delta f_1} \times 100[\%]$
>
> 여기서, Δf_1: 100[%] 변조 시 최대 주파수 편이
>
> Δf_2: 어떤 최대 주파수 편이

구분	순시위상 $\phi(t)$	순시각주파수 ω_i	순시주파수 f_i
FM	$2\pi\left[f_c t + k_f \displaystyle\int_0^t f(\tau)d\tau\right]$	$\omega_c + 2\pi k_f f(t)$	$f_c + k_f f(t)$

(5) Bessel 함수: FM의 일반식 $v_{FM}(t) = A_c \cos\left[2\pi f_c t + \beta_f \sin 2\pi f_m t\right]$를 복소 지수함수로 나타내면 다음과 같다.

$$v_{FM}(t) = R_c\left[A_c e^{j2\pi f_c t} e^{j\beta_f \sin 2\pi f_m t}\right]$$

① 푸리에 급수로 표현: 이 식은 기본 주파수가 f_m인 주기함수이므로 이 중 $e^{j\beta_f \sin 2\pi f_m t}$를 Complex Fourier Series로 표시하면 다음과 같다.

$$e^{j\beta_f \sin 2\pi f_m t} = \sum_{n=-\infty}^{\infty} C_n e^{j2\pi n f_m t}$$

$$C_n = \frac{1}{T}\int_{-\frac{T}{2}}^{\frac{T}{2}} e^{j\beta_f \sin 2\pi f_m t} e^{-j2\pi n f_m t} dt \fallingdotseq J_n(\beta_f)$$

② **FM 일반식으로 표현:** 이 식을 제1종 n차 Bessel 함수라 한다. 이제 Bessel 함수를 사용하여 FM의 일반식을 표시하면 다음과 같다.

$$\begin{aligned}
v_{FM}(t) &= R_c\left[A_c e^{j2\pi f_c t} e^{j\beta_f \sin 2\pi f_m t}\right] \\
&= R_c\left[A_c e^{j2\pi f_c t} \sum_{n=-\infty}^{\infty} C_n e^{j2\pi n f_m t}\right] \\
&= A_c \sum_{n=-\infty}^{\infty}\left[J_n(\beta_f) e^{j2\pi(f_c + nf_m)t}\right] \\
&= A_c \sum_{n=-\infty}^{\infty}\left[J_n(\beta_f)\cos 2\pi(f_c + nf_m)t\right] \\
&= A_c[J_0(\beta_f)\cos 2\pi f_c t + J_1(\beta_f)\{\cos 2\pi(f_c + f_m)t - \cos 2\pi(f_c - f_m)t\} \\
&\quad + J_2(\beta_f)\{\cos 2\pi(f_c + 2f_m)t + \cos 2\pi(f_c - 2f_m)t\} \\
&\quad + J_3(\beta_f)\{\cos 2\pi(f_c + 3f_m)t - \cos 2\pi(f_c - 3f_m)t\} + \cdots]
\end{aligned}$$

이와 같이 FM에서는 여러 가지 주파수 성분들이 나타날 수 있는데, 이 성분들의 크기와 위상이 어떻게 나타나는가를 표시하는 함수가 Bessel 함수이며, 이를 이용하여 NBFM(협대역 FM)이나 WBFM(광대역 FM)의 스펙트럼의 크기와 위상을 알 수 있다.

※ PM(Phase Modulation)의 경우에도 FM의 경우처럼 무한한 주파수 성분 $(f_c \pm nf_m)$을 갖는다.

(6) 협대역(Narrow Band FM-NBFM): FM 변조와 PM 변조를 통틀어 각변조라 한다. 각변조 신호의 상수 k_F 또는 k_P의 크기를 조절하여 $|\theta(t)| \ll 1$이 되도록 할 수 있다. 이 경우에 일반식은 다음과 같이 근사화할 수 있다.

$$\varphi_{EM}(t) = A_c \cos\{\omega_c t + \theta(t)\}$$

메시지 신호 $x(t)$를 FM 변조에서는 $\theta(t) = k_F \int_{-\infty}^{t} x(\tau)d\tau$, PM 변조에서는 $\theta(t) = k_P x(t)$로 표현하여 전송한다. k_F와 k_P는 각각 주파수와 위상의 변화량을 조절하는 상수이다.

① NBFM 변조기

$$v_{FM}(t) = A_c \cos 2\pi\left[f_c t + K_f \int_0^t f(\tau)d\tau\right]$$

만약 $m(t) = \int_0^t f(\tau)d\tau$라 하면 $v_{FM}(t)$는 다음과 같이 표시된다.

$$\begin{aligned}
v_{FM}(t) &= A_c \cos 2\pi[f_c t + K_f m(t)] \\
&= A_c \cos 2\pi f_c t \cdot \cos 2\pi K_f m(t) - A_c \sin 2\pi f_c t \cdot \sin 2\pi K_f m(t)
\end{aligned}$$

$2\pi K_f m(t) \ll 1$(협대역 조건)을 만족할 만한 작은 K_f를 취하면 다음과 같이 된다.

$$\cos[2\pi K_f m(t)] \fallingdotseq 1, \ \sin[2\pi K_f m(t)] \fallingdotseq 2\pi K_f m(t)$$

$$\therefore v_{FM}(t) = A_c \cos 2\pi f_c t - 2\pi K_f m(t) \cdot A_c \cdot \sin 2\pi f_c t$$

② 주파수 스펙트럼: NBFM은 $\beta_f \ll 1$인 경우로 Bessel 함수의 계수 중 $J_0(\beta_f)$와 $J_1(\beta_f)$만 존재하게 된다.

$$v_{FM}(t) = A_c[J_0(\beta_f)\cos 2\pi f_c t + J_1(\beta_f)\{\cos 2\pi(f_c + f_m)t - \cos 2\pi(f_c - f_m)t\}]$$

위 식으로부터 $K_f = 1$이라면 $v_{FM}(t)$의 진폭 스펙트럼은

$$v_{FM}(t) = A_c \cdot \cos 2\pi f_c t - \frac{A_c}{f_m}\sin 2\pi f_m t \cdot \sin 2\pi f_c t$$

$$= A_c \cdot \cos 2\pi f_c t - \frac{A_c}{2f_m}[\cos 2\pi(f_c - f_m)t - \cos 2\pi(f_c + f_m)t]$$

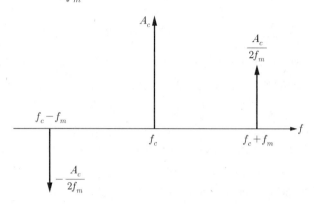

③ 특징

　㉠ 소요 대역폭은 AM(DSB-LC)의 경우와 동일하게 $B = 2f_m$ 정도이다.

　㉡ AM과 비교하여 하측파대 스펙트럼에 180° 위상반전이 있다.

　㉢ NBFM은 상·하측파대 모두 왜곡 요인 $\dfrac{1}{f_m}$이 존재한다.

　㉣ NBFM은 AM보다 만들기는 쉬우나 특별한 장점이 없으므로 일반적으로 사용되지 않는다.

(7) 광대역 FM-WBFM: 일반적으로 FM 변조라고 할 때는 특별한 언급이 없으면 WBFM을 의미한다. WBFM은 FM 변조의 장점인 잡음 대비 좋은 신호 품질을 제공하기 때문이다.

① WBFM 변조기: NBFM 변조기에 주파수 체배기를 붙여 사용하는 방법을 이용한다.

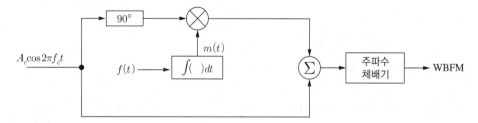

② 주파수 스펙트럼

　㉠ WBFM은 $\beta_f \gg 1$인 경우로 Bessel 함수의 계수들이 다수 개 존재하게 된다.

　　$([J_0(\beta_f),\ J_1(\beta_f),\ J_2(\beta_f),\ \cdots])$

ⓛ 주파수 스펙트럼은 다음과 같다.

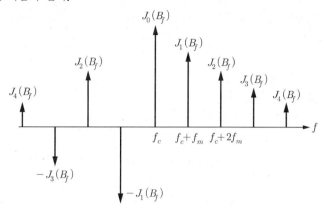

③ 특징

   ⊙ 소요 대역폭은 AM(DSB-LC)의 경우보다 넓으며, Carson의 법칙에 의해 다음과 같이 주어진다.

$$B = 2f_m + 2\Delta f = 2f_m + 2f_m\beta_f = 2f_m + 2K_f A_m$$

   ⓛ 홀수 하측파대 스펙트럼은 180° 위상반전이 있다.

   ⓒ WBFM도 NBFM처럼 상하측파대 모두 왜곡 요인 $\dfrac{1}{f_m}$ 이 존재한다.

   ⓔ 일반적으로 FM이라 함은 광대역 FM을 의미한다.

   ⓜ 측파대 쌍의 수는 $(1+\beta_f)$ 이다.

   ⓗ 광대역 FM은 AM에 비해 $(1+\beta_f)$ 배만큼의 대역폭을 요구한다.

   ⓢ 광대역 FM은 AM에 비해 $3\beta_f^2$ 배만큼 SNR이 개선된다. AM에서의 SNR 개선은 신호 전력의 증가에 의해서만 가능하나 FM의 경우에는 신호 전력의 증가뿐 아니라 β_f 를 증가(즉, Δf 를 증가)시킴으로써도 SNR을 개선시킬 수 있다.

   ⓞ FM파의 평균 전력은 $\dfrac{A_e^2}{2}$ 으로 반송파의 평균 전력과 같다.

   ※ NBFM과 WBFM의 경계가 되는 β_f값은 소요대역폭 관점에서는 $\beta_f = 0.316$ 이고 S/N비 관점에서는 $\beta_f = 0.577$ 이다.

(8) FM 변조기: FM 변조기에는 변조 신호로 직접 반송파의 주파수를 변화시켜 FM 피변조파를 만드는 방식인 직접 FM 방식을 사용한 변조기와 먼저 변조 신호를 적분한 다음 위상변조(PM)를 수행하여 FM 피변조파를 만드는 방식인 간접 FM 방식을 사용한 변조기가 있다.

① 직접 FM

   ⊙ 직접 FM의 종류: 직접 FM 변조기에는 하틀레이 발진기, 리액턴스 변조기(Diode 또는 FET 이용), Varactor Diode를 이용한 변조기, Condenser 마이크를 이용한 변조기, 반사형 클라이스트론 변조기, 가변 인덕턴스 소자를 이용한 변조기 등이 있다.

   ⓛ 직접 FM의 특징
     • 중심 주파수(반송파)의 안정도가 나쁘다.
     • AFC 회로가 필요하다.
     • 발진주파수를 어느 정도 높게 해서 체배단 수를 적게 할 수 있다.
     • FM 변조가 비교적 간단하다.

② 간접 FM
- ㉠ 간접 FM의 종류: 간접 FM 변조기에는 Serrasoid 변조기, Vector 합성에 의한 변조기, 이상법에 의한 변조기 등이 있다.
- ㉡ 간접 FM의 특징
  - X-tal을 사용하므로 주파수 안정도가 좋다.
  - AFC 회로가 필요 없다.
  - 큰 주파수 편이를 얻기 어려우므로 큰 주파수 편이를 요하는 송신기는 많은 주파수 체배단 수를 필요로 한다.
  - 장치가 복잡해진다.
  - PM에서 FM을 얻는 방법으로 전치 보상기(Pre-distortor) 회로가 필요하다.
  - Spurious 발사에 충분한 주의를 필요로 한다.

③ FM 복조기: FM 복조기에는 동조형 주파수 변별 방법과 비동조형 주파수 변별 방법이 있다. 비동조형 주파수 변별기에는 대표적으로 PLL 복조기가 있으며, 동조형 주파수 변별기에는 경사형 검파기, 평형형 경사 검파기, Foster-Seeley 검파기, 비(Ratio)검파기가 있다.
- ㉠ 동조형 주파수 변별기: 주파수 변별 시 Frequency Discriminator라 하는 것으로 주파수 변화를 진폭 변화로 변환하여 복조시키며 미분기와 포락선 검파기로 구성된다(미분기가 주파수 변화를 진폭 변화로 변환시킨다).
  - 동조형 주파수 변별기의 대표 검파기 - Foster-Seeley 검파기
    - 1936년, Dudley E. Foster와 Stuart William Seeley가 발명한 검파방법으로, 두 개의 트랜스포머 중간에 탭을 만들고 양쪽을 다이오드에 연결하는 회로를 구성한다. 이것은 일반 AC 정류회로와 유사한데 10.7[MHz] 주파수(무음상태)가 입력되는 순간에는 다이오드 정류 후 전압이 서로 상쇄되므로 0[V]가 출력되고 10.7[MHz]에서 편이, 예를 들어 중간주파수에 음성/음향 성분이 있을 때서 10.7[MHz]+10[kHz] 혹은 10.7[MHz]-5[kHz]와 같이 주파수 변동이 있을 때는 두 다이오드의 출력 Canceling 밸런스가 깨지면서 그 편이만큼 전압으로 출력된다.

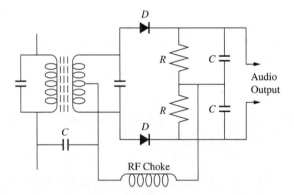

    - Foster-Seeley 검파기는 1차 회로와 2차 회로가 직결합되어 있기 때문에 2차 회로의 실효 선택도가 저하되며, 특히 부하저항이 적을수록 직선성은 증가하나 2차 회로의 실효선택도는 저하된다. 또한 잡음의 영향을 받으므로 앞단에 Limiter(진폭제한기)를 필요로 하게 된다. Foster-Seeley에서 복조 시 발생하는 왜곡현상은 주파수 편이가 클수록 크다.

• 동조형 주파수 변별기의 대표 검파기 - 비검파기(Ratio Detector)

[비검파기]

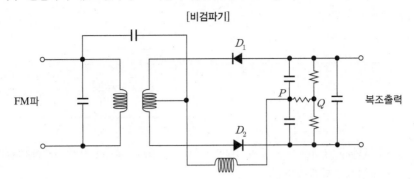

- 비검파기의 구조는 Foster-Seeley와 비슷하나 중요한 차이점은 D_1의 방향이 반대이고, 오른쪽 끝에 대용량 Condenser가 접속되어 있을 뿐 아니라 출력 신호를 P, Q로부터 추출한다는 점이며, 그 구조는 위와 같다.
- 비검파기의 검파 출력은 Foster-Seeley에 비해 1/2배 적으나(즉, 검파감도가 나쁨) 진폭 제한기가 필요하지 않다는 장점을 가진다.

ⓛ 비동조형 주파수 변별기의 대표 검파기 - PLL 복조기

• PLL은 Phase Locked Loop라 하는데 위상 비교기(Phase Comparator), VCO(전압 제어 발전기), Loop Filter로 구성되는 부궤환 회로이며, 다음과 같은 구조를 갖는다.

[PLL의 구조]

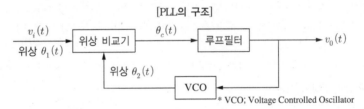

* VCO; Voltage Controlled Oscillator

• 위상 비교기는 입력 FM피변조파와 VCO 출력과의 위상오차에 비례하는 전압을 발생시키고 이것이 루프필터를 지나면서 고주파 성분이 제거된 전압(이것이 검파출력임)이 얻어진다. VCO는 전압의 변화를 주파수로 바꾸어 위상비교기에 제공한다.
• PLL(Phase Locked Loop)은 수신기 내의 전압제어 발진기(VCO)의 주파수 및 위상을 입력 FM신호의 주파수 및 위상에 정합시켜 나가는 회로로, VCO의 주파수 및 위상이 입력 FM신호의 주파수 및 위상과 다른 경우에는 차이 신호를 만들어 이를 VCO의 제어신호를 사용하게 되고, VCO의 주파수 및 위상이 입력 FM신호의 주파수 및 위상과 똑같게 되는 경우에는 차이 신호 $\theta_c(t)$가 0이 되며 이때를 Phase-Lock 되었다고 한다.

(9) FM 수신기

① FM 수신기의 계통도

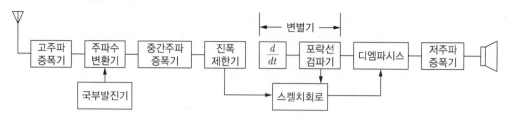

ⓐ 진폭제한기(Limiter): 잡음, 페이딩에 의한 진폭성분을 제거한 일정 진폭의 FM파를 얻기 위한 회로로 주파수 변별기 앞단에 둔다.

ⓑ 주파수 변별기: 미분기와 포락선 검파기로 구성되며 주파수 변화를 진폭 변화로 변환시켜 검파하는 역할을 수행한다. 주파수 변화에 대한 출력 진폭의 비율[V/kHz]을 변별 감도라 한다.

ⓒ 스켈치 회로: 반송파 입력이 미약하거나 없을 때 진폭제한기가 동작하지 않아 큰 잡음이 발생하므로, 도래 전파가 없을 때는 잡음전압을 이용하여 저주파 증폭단을 차단하는 회로이다.

ⓓ 디엠파시스: 송신 측에서 프리엠파시스에 의해 고역이 강조된 음을 고역을 약화시켜 원음으로 재생시켜 주는 적분회로이다.

② AM 수신기와 비교 시 특성상 차이점

ⓐ 증폭기의 대역폭: FM파는 많은 측파대를 함유하므로 고주파 및 중간주파 증폭기의 통과 대역이 넓어야 한다.

ⓑ 이득: 리미터가 충분히 동작할 수 있도록 안테나 입력에서 리미터회로까지 충분히 이득이 커야 한다.

ⓒ 선택도: 채널 간격이 작으므로 반송주파수에 대한 비대역이 대단히 작기 때문에 인접 채널에 대한 선택도가 높아야 한다.

ⓓ 잡음 페이딩 영향: FM수신기 리미터에서 제거하므로 출력에 나타나지 않는다.

③ AM에 대한 FM의 장단점

ⓐ 장점
- 소비 전력이 적다.
- 과변조 시 찌그러짐이 발생되지 않으므로 충실도가 높다.
- 잡음 및 페이딩의 영향이 나타나지 않는다.
- 선택도가 더 우수하다.
- AM에 비해 $3m_f{}^2$ 배만큼 S/N 비가 개선된다.
- 스켈치 회로를 사용하여 무반송파 시 기기 잡음을 억제시킬 수 있다.
- 수신 전계 전동이 심한 이동 무선에 적합하다.

ⓑ 단점
- AFC 장치 등의 부가에 의해 회로가 복잡하다.
- 이득이 높아야 한다.
- 점유 주파수 대역폭이 넓다.
- 고주파 및 중간 주파 증폭기의 통과 대역폭이 커야 한다.
- 체배단 수가 많아진다.
- VHF 이상의 대역을 사용하여 HF, MF를 사용하는 AM에 비해 회절성이 약하다.

FM Stereo 방송

스테레오 방송은 두 개의 마이크로폰으로 들어온 음원을, 각기 수신기에서 재생하여 청취자로 하여금 현장감을 느끼도록 하는 방송으로, FM 방송국의 경우 한 채널의 주파수 대역폭으로 200[kHz]가 할당되어 있다.

[AM, FM의 기술적 특성]

구분	반송파 주파수	변조 신호의 기저 대역폭	중간 주파수	채널 간격	변조 방식
AM	555~1,606.5[kHz]	5[kHz]	455[kHz]	10[kHz]	AM(DSB–LC)
FM	88~108[MHz]	15[kHz]	10.7[MHz]	200[kHz]	NBFM

4 PM(Phase Modulation)

위상 변조(PM)는 반송파의 위상 변화를 이용하여 정보를 전송하는 변조 방식이다. FM 변조와 비교하면 송·수신 회로가 비교적 복잡하게 된다는 단점이 있다. 그 외에도 FM 변조와 동일한 잡음 조건에서 비교하면 전송 효율은 위상 변조 방식이 뛰어나지만, 주파수 대역당 전송 효율이 떨어진다. 따라서 아날로그 위상 변조는 거의 사용되지 않으나, 디지털 변조 분야에서는 PSK(Phase Shift Keying)로 많이 이용되고 있다.

1. PM 피변조파의 일반식

$$v_{PM}(t) = A_c \cos 2\pi [f_c t + K_p f(t)]$$

만약 $f(t) = A_m \cos 2\pi f_m t$ 라면 다음 식으로도 표현된다.

$$v_{PM}(t) = A_c \cos 2\pi [f_c t + K_p A_m \cos 2\pi f_m t] = A_c \cos 2\pi [f_c t + \beta_p \cos 2\pi f_m t]$$

여기서, A_c: 반송파의 진폭(크기)

$\quad\quad A_m$: 변조 신호의 진폭(크기)

$\quad\quad f_m$: 변조 신호 주파수

$\quad\quad K_p$: 위상 감도 계수[rad/V]

$\quad\quad m_p$: PM 변조 지수

2. PM의 순시 위상과 순시 주파수

(1) **순시 위상**: PM파의 순시 위상은 변조 신호 $f(t)$에 비례한다.

$$\phi(t) = 2\pi [f_c t + K_p f(t)]$$

(2) **순시 주파수**: PM파의 순시 주파수는 변조 신호 $f(t)$의 미분값에 비례한다.

$$f_i(t) = f_c + K_p \frac{df(t)}{dt}$$

3. PM의 위상 편이와 최대 위상 편이

(1) 위상 편이(Phase Deviation)

PM의 순시 위상은 $\phi(t) = 2\pi[f_c t + K_p \cdot f(t)] = 2\pi[f_c t + K_p \cdot A_m \cos 2\pi f_m t]$이므로 위상 편이는 다음과 같다.

위상 편이 $= K_p f(t)$

(2) 최대 위상 편이: $\Delta\theta$로 나타내며 다음과 같이 표시된다.

$$\Delta\theta = K_p \cdot |f(t)|_{max} = K_p \cdot A_m$$

4. PM의 최대 주파수 편이

PM의 최대 주파수 편이는 다음과 같다.

$$\Delta f = K_p \cdot A_m \cdot f_m = f_m \cdot \Delta\theta$$

PM파를 전송하는 데 필요한 주파수 대역은 일정하지 않기 때문에 Δf가 일정한 경우 PM은 바람직스럽지 않다.

5. PM의 변조 지수

m_p로 나타내며 다음과 같이 표시된다.

$$m_p = K_p \cdot A_m$$

※ PM의 변조 지수 m_p는 최대 위상 편이 $\Delta\theta$와 물리적으로 같은 의미이다.

5 아날로그 시스템 성능 분석

1. 아날로그 변조방식의 신호 대 잡음비

아날로그 통신에서 신호 대 잡음비는 신호 대 잡음의 상대적인 크기를 측정할 때 사용되며 들어오는 신호전력의 세기를 S라 하고, 잡음 전력을 N이라 하면 신호 대 잡음비는 아래와 같은 공식으로 정의된다.

$$S/N = 10\log_{10}\frac{S}{N}[dB]$$

※ 일반적으로 S/N비라 함은 출력 S/N비를 의미한다.

(1) S/N비의 평가

① 0[dB]: 통화 불능 상태

② 10[dB]: 잡음은 매우 크나 통화는 가능한 상태

③ 20[dB]: 잡음이 귀에 거슬리나 통화는 가능한 상태

④ 30[dB]: 잡음이 약간 있으나 통화는 가능한 상태

⑤ 40[dB]: 잡음이 약간 들리는 상태

⑥ 50[dB]: 잡음이 거의 들리지 않는 상태

⑦ 60[dB]: 무잡음 상태

(2) DSB-LC방식의 경우

① $\dfrac{S_0}{N_0} \propto m^2 \dfrac{S_i}{N_i}$

② S/N비를 개선시키기 위한 방법

　ⓐ 변조도(변조 지수)를 크게 한다.

　ⓑ 변조 신호의 진폭을 크게 한다.

(3) DSB-SC방식의 경우

$\dfrac{S_0}{N_0} \propto \dfrac{S_i}{N_i}$

(4) SSB-SC방식의 경우

$\dfrac{S_0}{N_0} = \dfrac{S_i}{N_i}$

※ SSB-SC방식의 대역폭은 DSB-SC방식 대역폭의 절반이므로 입력 잡음 전력도 반이 되어, SSB-SC방식과 DSB-SC방식의

$\dfrac{S_0}{N_0}$ 는 같게 된다.

(5) FM방식의 경우

① $\dfrac{S_0}{N_0} \propto m_f{}^2 \cdot \dfrac{S_i}{N_i}$

② S/N비를 개선시키기 위한 방법

　ⓐ 변조 지수 m_f를 크게 한다.

　ⓑ 최대 주파수 편이를 크게 한다(주파수 대역폭을 크게 한다).

　ⓒ 변조 신호의 주파수를 작게 한다.

　ⓓ 변조 신호의 진폭을 크게 한다.

　ⓔ 주파수 감도 계수를 크게 한다.

　ⓕ 반송파의 진폭을 크게 한다.

　ⓖ Pre-emphasis 회로를 사용한다.

(6) PM방식의 경우

① $\dfrac{S_0}{N_0} \propto (\Delta \theta)^2 \dfrac{S_i}{N_i}$

　여기서, $\Delta \theta$: 최대 위상 편이($\Delta \theta = k_P \cdot A_m$)

② S/N비를 개선시키기 위한 방법

　ⓐ 위상 감도 계수를 크게 한다.

　ⓑ 변조 신호의 평균 전력을 크게 한다.

　ⓒ 변조 신호의 진폭을 크게 한다.

　ⓓ 최대 위상 편이를 크게 한다.

2. 통신시스템의 잡음지수

(1) 잡음지수: 시스템의 잡음지수는 입력의 SNR을 출력의 SNR로 나눈 값으로 정의된다.

$$F = \frac{\text{시스템의 입력 } SNR}{\text{시스템의 출력 } SNR} = \frac{\dfrac{\text{입력 평균 신호 전력}}{\text{입력 평균 잡음 전력}}}{\dfrac{\text{출력 평균 신호 전력}}{\text{출력 평균 잡음 전력}}}$$

$$= \frac{\dfrac{S_i}{N_i}}{\dfrac{S_o}{N_o}} = \frac{(SNR)_i}{(SNR)_o}$$

※ 잡음지수는 시스템 지수라고도 하며 이상적 시스템의 잡음지수는 1(0[dB])이다.

(2) 종합 잡음지수: 여러 개의 시스템이 연결되어 있는 경우 종합 잡음지수는 다음과 같이 표시된다.

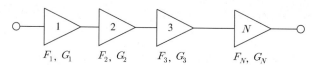

여기서, F_1: 첫 번째 시스템의 잡음지수

G_1: 첫 번째 시스템의 이득

F_2: 두 번째 시스템의 잡음지수

G_2: 두 번째 시스템의 이득

F_3: 세 번째 시스템의 잡음지수

G_N: N 번째 시스템의 이득

F_{N+1}: $(N+1)$번째 시스템의 잡음지수

개념더하기   종합 잡음지수의 일반식

$$F = F_1 + \frac{F_2 - 1}{G_1} + \frac{F_3 - 1}{G_1 \cdot G_2} + \cdots + \frac{F_{N+1} - 1}{G_1 \cdot G_2 \cdot G_3 \cdot \cdots \cdot G_N}$$

03 · 디지털 전송

1 디지털 변복조

1. 디지털 변복조의 구성도

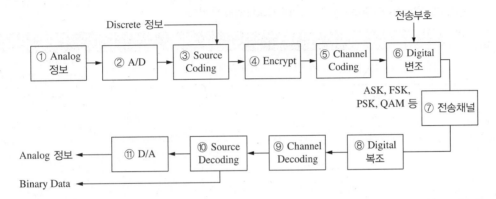

2. 디지털 변복조의 구성요소

(1) **A/D**: 'Analog to Digital'로 Analog 신호를 Digital 신호로 변환시키는 기능을 수행한다.

(2) **Source Coding(원천 코딩)**

① 아날로그 신호원은 디지털 변환을 수행하고, 디지털 신호원은 Redundancy 감소를 위하여 최소의 평균길이를 갖는 심볼로 압축 부호화하는 과정이다.

② Source Coding을 이용한 변조 기법으로는 DPCM(차동 PCM), DM, LPC(Linear Predictive Coding, 선형 예측 부호화), APCM, ADPCM, ADM 등이 있다.

③ 데이터를 압축하기 위한 부호화 기법으로는 DPCM, DM, ADPCM, ADM, LPC 등에서 사용되는 Predictive Encoding(또는 Differential Encoding)과 영상 정보를 압축하는 데 사용되는 Run Length Encoding 방법 등이 있다.

(3) **암호화(Encrypt)**: 허락 받지 않은 사용자들이 메시지를 도청하는 것을 방지하기 위해서 사용된다.

(4) **Channel Coding**: 디지털 데이터 전송 시 착오(Error)를 찾기 위해 의도적으로 Redundant한 Bit를 넣어주는 과정을 말한다.

(5) **Digital 변조**: 전송하고자 하는 디지털 정보 신호(변조 신호)에 따라 cos 함수나 sin 함수와 같은 연속함수 형태를 갖는 반송파의 진폭을 변화시키는 방식인 ASK, 주파수를 변화시키는 방식인 FSK, 위상을 변화시키는 방식인 PSK, 진폭과 위상을 변화시키는 방식인 QAM변조를 수행한다.

(6) **Digital 복조**: 수신된 피변조파 신호로부터 원래의 정보 신호를 찾아내는 것으로 비동기 검파 또는 동기 검파를 수행한다. 동기검파기로는 정합 필터가, 비동기 검파기로는 포락선 검파기가 사용된다.

(7) **Channel Decoding**: 송신 측에서 전송 시 사용되었던 Redundant한 Bit를 사용하여 착오의 검출 및 정정을 수행하는 과정을 말한다.

(8) **Source Decoding**: 송신 측에서 압축 전송된 신호를 신장 과정을 거쳐 다시 원래의 정보 신호의 크기로 재생시키는 과정을 수행한다.

(9) **D/A**: 'Digital to Analog'로 Digital 신호를 Analog 신호로 변환시키는 기능을 수행한다(이외에 디지털 변복조 시스템에는 고장지점을 찾기 위한 Loop Back 기능, 즉 단락기능이 추가되어 있음).

3. Source Coding, Channel Coding, Encrypt Coding방식 비교

구분	소스 코딩화	채널 코딩화	암화 코딩화
데이터 처리	아날로그 형태를 디지털 형태로 변환	디지털 형태를 디지털 형태로 변환	개인의 프라이버시를 보호하거나 사용자마다 유일한 번호를 부여
목적	전송효율의 향상	전송오류의 검출 및 정정	통신보안성 확보
종류	DM, DPCM, ADM, ADPCM, Huffman Coding	Hamming Code, Convolution Code, Turbo Code	Long Code 등의 의사잡음 부호

2 디지털 신호 전송

1. 디지털 신호의 장점

(1) 아날로그 신호보다 왜곡과 간섭의 영향을 덜 받는다.

(2) 오류 검출과 정정이 가능하여 신뢰성이 우수하다.

(3) 아날로그 신호보다 재생이 용이하다.

(4) 보안성이 우수하다.

(5) 다중화가 용이하다.

(6) 반도체 소자로의 집적이 용이하여 경제성 및 융통성이 우수하다.

(7) 정보의 저장과 처리가 용이하다.

2. 디지털 신호의 단점

(1) 정보전송에 더 넓은 대역폭이 필요하다.

(2) 검파 시 복잡한 동기기술이 필수적으로 요구된다.

3 디지털 전송의 종류

디지털 전송에는 단말기의 디지털 펄스 파형을 변형하지 않고 원래의 파형 형태로 전송하는 기저대역 전송(Baseband)과 아날로그 회선을 이용해 아날로그 신호를 전송하는 방식인 브로드 밴드 전송이 있다.

1. 기저대역 전송(Baseband Transmission)

디지털화된 정보나 데이터를 그대로 보내거나 또는 전송로의 특성에 알맞은 부호(전송 부호)로 변환시켜 전송하는 방식을 말한다.

(1) 기저대역 전송의 부호조건: Timing 정보(동기정보)가 충분히 포함되어야 한다.

① 전송 대역폭이 좁아야 한다(Band Compression).

② DC 성분이 포함되지 않아야 한다(선로 중에는 직류 성분 내지 저주파 성분을 통과시키지 못하는 선로가 있으므로 직류 성분 내지 저주파 성분을 포함하지 않는 것이 좋다).

③ 전력 스펙트럼 밀도상에서 아주 낮은 주파수 성분과 아주 높은 주파수 성분이 제한되어야 한다.

④ 누화, ISI, 왜곡, Timing Jitter 등과 같은 각종 방해에 강한 특성을 가져야 한다(Noise Immunity).

⑤ 전송 도중에 발생하는 에러의 검출과 교정이 가능해야 한다.

⑥ 전송 대역폭이 압축되어야 한다.

⑦ 전송 부호의 코딩효율이 양호해야 한다.

⑧ 데이터를 구성하는 Bit Stream 패턴에 제한이 없는 투명성(Transparency)을 가져야 한다.

⑨ LSI Chip으로 구성될 수 있도록 구조가 복잡하지 않아야 한다.

⑩ RLL(Run Length Limited) 성질이 있어야 한다. : 이것은 전송부호에 자체 동기 능력을 부여하기 위한 것으로 RLL 성질을 이용하면 전송 부호로부터의 동기 재생이 가능하다.

(2) 기저대역 전송 부호 형식의 종류

① 유니폴라 NRZ(Unipolar Non-Return-to-Zero) 코드: 이진 1을 한 비트 구간(T_B) 동안 $+A$[V]의 직류 전압으로, 이진 0을 0[V]로 표현하는 방식이다.

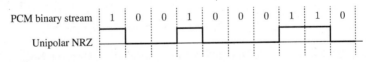

② 유니폴라 RZ 코드: 유니폴라 NRZ와 달리 이진 1을 1/2비트 동안만 $+A$[V]의 직류 전압으로 표현하는 방식이다.

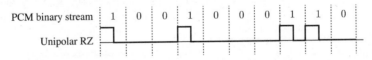

③ 폴라(Polar) NRZ와 폴라 RZ: 이진 1을 각각 유니폴라 NRZ, 유니폴라 RZ와 동일하게 표현한다. 그러나 이진 0에 대해서는 유니폴라 부호의 이진 1을 극성 반전하여 표현하는 방식이다.

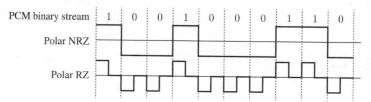

④ 다이폴라(Dipolar) OOK(On-Off Keying): 유니폴라 NRZ에서 이진 1을 1/2비트 구간 동안은 $+A$[V]의 직류 전압으로, 나머지는 $-A$[V]의 직류 전압으로 표현하는 방식이다.

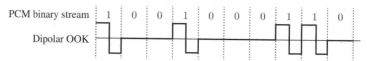

⑤ 맨체스터(Manchester) 코드: 다이폴라-안티포달(Anti-podal) 코드라고도 하며, 다이폴라 OOK와 다른 점은 이진 0을 처음 1/2의 비트 구간 동안은 $-A$[V]로, 나머지 구간 동안은 $+A$[V]로 표현하는 방식이다. 맨체스터 부호는 IEEE 802 이더넷 LAN 통신에 적용되고 있다.

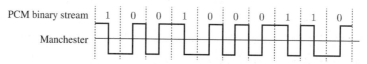

⑥ 차동 맨체스터(Differential Manchester) 코드: 동기화를 위해 비트 중간에서 전압이 바뀌는 것은 같지만 이진 0, 1을 표현하기 위해 0은 이전 패턴을 그대로 유지하고, 1은 패턴이 반대로 바뀌게 되는 방식이다. 전에 신호가 ($-$)에서 ($+$)로 바뀌는 신호였을 경우 이진 0은 같은 패턴인 ($-$)에서 ($+$)로 바뀌는 신호가 되고, 이진 1은 ($+$)에서 ($-$)로 바뀌는 신호가 된다.

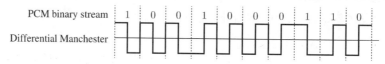

⑦ AMI(Alternate Mark Inversion)-NRZ와 AMI-RZ 코드: 각각 유니폴라 NRZ, 유니폴라 RZ 부호와 동일하지만, 새로운 이진 1을 표현할 때 이전에 표현된 이진 1 파형의 극성과 반대가 되도록 표현한다. 그러므로 수신 측에서 이진 1이라고 판단했을 때, 이전에 판단한 1과 극성이 같다면 오류가 발생한 것을 알 수 있다.

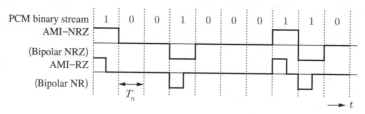

(3) 2원 부호의 전력 밀도 스펙트럼과 오류 확률: 두 개의 Random Process의 평균인 자기상관함수(Autocorrelation Function)를 Fourier 변환하여 얻는 것을 전력 밀도 스펙트럼(또는 전력 스펙트럼 밀도)이라 하고 $G(\omega)$ 또는 $G(f)$로 표시한다.

① 2원 부호의 전력 밀도 스펙트럼

　㉠ NRZ 부호(단극 NRZ, 양극 NRZ 모두 해당)

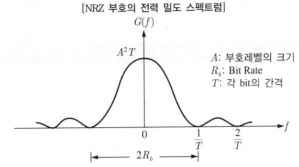

[NRZ 부호의 전력 밀도 스펙트럼]

A: 부호레벨의 크기
R_b: Bit Rate
T: 각 bit의 간격

대부분의 에너지가 직류를 포함한 저주파 영역에 집중하고 있어 NRZ는 직류 근처의 방해 신호의 영향 때문에 기저대역 전송에 적합하지 않다.

　㉡ RZ 부호(단극 RZ, 양극 RZ 모두 해당)

[RZ 부호의 전력 밀도 스펙트럼]

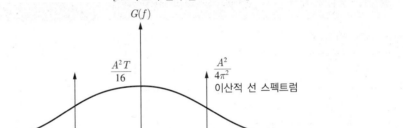

단극 RZ는 단극 NRZ에 비해, 양극 RZ는 양극 NRZ에 비해 2배의 대역폭을 가지게 되는데 이는 RZ의 첫 번째 Zero Crossing의 주파수가 NRZ의 2배이기 때문이다. 이산적 선 스펙트럼을 갖는 부호는 RZ 부호뿐이며 이 때문에 RZ는 NRZ보다 비트 동기화에 더 유리하다.

　㉢ Diphase 부호

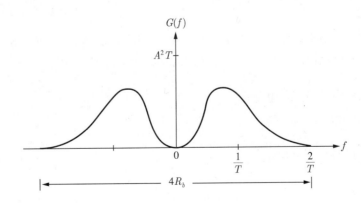

직류에서는 $(f=0)$ 전력이 0이고, 낮은 주파수에서는 비교적 낮은(A^2T보다 작은) 전력을 갖는다. 첫 번째 Null Bandwidth는 한 비트 간격이 T인 경우는 $\dfrac{2}{T}$가 된다.

ㄹ Bipolar 부호: 바이폴라 전력 스펙트럼 밀도는 다이페이스 경우와 동일(즉, 바이폴라와 다이페이스 부호는 대역폭과 스펙트럼 모양이 동일함을 의미)하다. 즉, $f=0$(직류) 및 낮은 주파수에서 직류 성분이 없으므로 다이페이스 부호와 바이폴라 부호는 기저대역 전송 부호로 적합하다.

[각종 전송부호의 소요 대역폭과 스펙트럼 밀도]

구분	Main Lobe(소요 대역폭)		Spectrum 밀도
NRZ	$2R_b$		$f=0$(직류점)에서 전력 최대: A^2T
RZ	$4R_b$		$f=0$(직류점)에서 전력 최대: $\dfrac{A^2T}{16}$
Diphase	$2R_b$ (NRZ의 경우)	$4R_b$ (RZ의 경우)	$f=0$에서 전력 0
Bipolar	$2R_b$ (NRZ의 경우)	$4R_b$ (RZ의 경우)	$f=0$에서 전력 0

개념더하기 라인 코딩방식의 스펙트럼 밀도 비교

종류	스펙트럼 밀도(PSD)	주 대역폭	직류성분
Polar NRZ	$Tb\,\text{sinc}^2(fT_b)$	$\dfrac{1}{T_b}$	×
Unipolar NRZ	$\dfrac{Tb}{4}\text{sinc}^2(fTb)+\dfrac{1}{4}\delta(f)$	$\dfrac{1}{T_b}$	×
Polar RZ	$\dfrac{Tb}{4}\text{sinc}^2\left(\dfrac{fTb}{2}\right)$	$\dfrac{2}{T_b}$	×
Unipolar RZ	$\dfrac{Tb}{16}\text{sinc}^2\left(\dfrac{fTb}{2}\right)+\dfrac{1}{16}\displaystyle\sum_{n=-\infty}^{\infty}\text{sinc}^2\left(\dfrac{n}{2}\right)\delta\left(f-\dfrac{n}{T_b}\right)$	$\dfrac{2}{T_b}$	×
Bipolar RZ (AMI)	$\dfrac{Tb}{4}\text{sinc}^2\left(\dfrac{fTb}{2}\right)\sin^2(\pi fTb)$	$\dfrac{1}{T_b}$	○
Manchester	$Tb\,\text{sinc}^2\left(\dfrac{fTb}{2}\right)\sin^2\left(\dfrac{\pi fTb}{2}\right)$	$\dfrac{2}{T_b}$	○

Baseband 신호의 스펙트럼은 고주파수 데이터를 포함하고 있어 전송하기에 부적합하며, 불필요한 고주파수 데이터를 제거하고 전송대역폭을 줄이기 위해 변조 전 LPF를 통과시킨다.

② 2원 부호의 오류 확률: 오류 확률(Probability Of Error)은 POE라고 하며 $p(e)$로 나타낸다.
  ㉠ 단극 NRZ의 오류 확률

$$p(e)=\frac{1}{2}erfc\sqrt{\frac{A^2}{8N}}$$

  ㉡ 양극 NRZ의 오류 확률

$$p(e)=\frac{1}{2}erfc\sqrt{\frac{A^2}{2N}}$$

ⓒ Bipolar의 오류 확률

$$p(e) = \frac{3}{4} erfc \sqrt{\frac{A^2}{8N}}$$

여기서, $erfc$: Complementary Error Function

N: 평균 잡음 전력

※ Bipolar 부호는 단극 NRZ 경우보다 $\frac{1}{2}$ 배만큼 더 큰 오류 확률을 가진다.

ⓔ NRZ와 RZ방식 비교

비고	NRZ방식	RZ방식
잡음의 강인성	강하다	약하다
동기화	어렵다	용이하다
전송 대역폭	좁다	넓다
회로 구성	간단	복잡
전력 소모	많다	적다

(4) 정합 필터(Matched Filter)

① 정의: 디지털 통신에서는 펄스의 파형이나 크기는 별로 중요하지 않고, 펄스의 존재 유무를 정확하게 판별하는 것이 중요하다. 그러므로 펄스의 폭(주기 T) 동안 펄스의 존재 유무를 정확하게 판별하는 순간에 입력 신호의 성분을 최대로 강조하고, 동시에 잡음 성분을 억제해서 펄스의 존재 유무의 판별에서 에러 확률을 가장 적게 해야 하는데, 이러한 기능을 수행하는 필터를 정합필터라 한다. 이와 같이 정합 필터를 사용하는 목적은 펄스의 존재 우무를 판별하는 시점에서 신호 성분을 증가시키고 잡음 성분을 감소시키는 것이다.

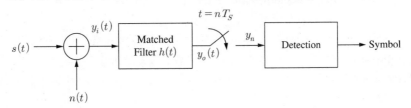

② 정합 필터의 전달 함수와 임펄스 응답

ⓐ Schwarz' Inequality를 이용하여 신호 대 잡음비(S/N)가 최대가 되는 $H(f)$를 계산하면 다음과 같다.

$$H(\omega) = KS^*(\omega)e^{-j\omega t_m}$$

여기서, K: 상수

$S(\omega)$: 입력 신호 $s(t)$를 푸리에 변환시킨 것

$S^*(\omega)$: $S(\omega)$의 공액

t_m: 판정을 하는 순간

ⓑ 정합 필터의 임펄스 응답 $h(t)$는 $H(f)$를 Fourier 역변환시키면 얻을 수 있다.

$$h(t) = F^{-1}[H(f)] = ks\{-(t-t_m)\} = ks(t_m - t)$$

(5) 정합 필터의 출력: $t = T$에서 정합 필터의 출력은 입력신호 $s(t)$와 임펄스 응답 $h(t)$을 Convolution할 것이며 입력신호 $s(t)$의 자기상관과 같은 결과를 얻는다.

$$s_0(T) = |s(t) * h(t)|_{t-T} = \int_0^T s(\tau) h(t-\tau) d\tau = E_s$$

(6) 정합 필터의 특징

① White Gaussian Noise일 때 최적 검파를 수행한다.

② 동기 검파 방식이므로 회로 구성이 복잡하다(PLL 이용).

③ 송·수신 기간에 시간동기가 필요하다.

④ 선형 시스템 조건하에서 최적 검파가 된다.

(7) 정합 필터의 응용 예

① 디지털통신시스템의 동기검파

② 심볼 동기 검출

③ 심볼 판정

(8) 등화기(Equalizer): 등화기는 전송로의 진폭, 위상 왜곡에 의해 발생하는 부호 간 간섭(ISI)의 영향을 감소시키는 역할을 한다.

① **등화방식:** 등화방식이란 최적 Tap 계수를 구하는 방식으로, 다음의 3가지 방식이 있다.

㉠ Preset형 등화: 실제 전송을 개시하기 전에, 일련의 시험 펄스를 전송해서 ISI의 최대 절대값의 합이 최소가 되도록 Tap 계수를 미리 조정하는 등화방식이다.

㉡ 적응 등화(Adaptive Equalization): 송신된 펄스로부터 직접 제어신호를 내어 자동적으로 Tap 계수를 조정하는 등화방식이다.

㉢ 반복법(Iterative Procedure): Tap 계수를 적당한 초기값에서 출발하여 최적값에 도달시키는 등화방식이다.

② **등화기의 종류:** 등화기는 시간 영역 등화기와 주파수 영역 등화기가 있다. 시간 영역 등화기는 선형 등화기와 비선형 등화기로 구분할 수 있으며, 선형 등화기로는 Transversal 등화기가 많이 사용되고, 비선형 등화기로는 결정 궤환 등화기(DFE)가 많이 사용된다.

㉠ 시간 영역 등화기

- 선형 등화기: 디지털 신호 처리 기술과 LSI의 발전으로 가장 많이 이용되는 선형 등화기는 Transversal 필터이다.

- 비선형 등화기: 과거의 심볼값의 가중치를 피드백 성분으로 이용하여 효율적인 등화가 되도록 구성한 결정 귀환 등화기(DFE; Decision Feedback Equalizer)가 주로 사용된다.

㉡ 주파수 영역 등화기: 주파수 영역 등화기로는 전송 채널에서 발생하는 왜곡(경사)을 감지하여 레벨은 동일하나 정반대의 경사를 갖는 회로를 추가하여 왜곡을 보정하는 진폭 경사 등화기가 많이 사용된다.

2. 브로드밴드 전송(Broadband Transmission)

디지털화된 데이터를 모뎀으로 디지털 변조하여 아날로그 신호로 전송하는 방식이다. 전송거리가 길고 전송용량이 큰 대규모 전송에 이용된다. 즉, 디지털 신호를 가지고 ASK, FSK, PSK 또는 QAM변조를 하여 전송하는 방식을 말한다.

(1) 디지털 변복조: 디지털 변조에는 진폭이 일정한 FSK, PSK, CPM 방식이 있고, 진폭이 다양한 변조 방식으로 ASK, QAM 방식이 있다. 휴대전화와 같이 배터리 소비를 적게 하면서 오래 사용할 필요가 있는 방식으로 BPSK 및 QPSK

등의 변조 방식이 많이 사용된다. 전원이 상시로 공급되어 전원 소비가 문제되지 않은 케이블 TV, WiFi 등의 경우에는 데이터를 빨리 내보낼 수 있는 QAM 변조가 일반적으로 많이 사용된다.

(2) 진폭 편이 변조(ASK; Amplitude Shift Keying) 방식

① 정의: 디지털 신호 0과 1을 반송파의 on, off에 대응시켜 0과 1에 따라 반송파의 진폭을 달리하여 전송하는 방식을 말한다.

$$S_{ASK}(t) = A\cos\left(2\pi f_c t + \theta\right)$$

㉠ 1인 경우

$$S_{ASK}(t) = A\cos 2\pi f_c t$$

㉡ 0인 경우

$$S_{ASK}(t) = 0$$

※ 이 경우 마치 반송파의 on, off처럼 보이므로 이런 경우의 2진 ASK를 OOK(On Off Keying)이라 한다.

② ASK 변복조의 특성

㉠ 오류 확률

$$P_c = \frac{1}{2}erfc\left(\sqrt{\frac{E_b}{4N_0}}\right) \text{ 또는 } P_c = Q\left(\sqrt{\frac{E_b}{2N_0}}\right) \left(\because Q(x) = \frac{1}{2}erfc\left(\frac{x}{\sqrt{2}}\right)\right)$$

㉡ 대역폭

$$B_W = 2f_b = \frac{2}{T_b}$$

③ ASK의 특징

㉠ 비교적 저속 디지털 전송에 많이 쓰인다.

㉡ ASK는 채널의 상태에 민감하므로 별로 사용하지 않는다.

㉢ 전송하기 전에 ASK 신호를 Filtering함으로써 Discontinuity를 제거한다.

㉣ OOK 전력밀도 스펙트럼은 양측파대 특성을 가진다. 즉, Baseband 대역폭은 $2R_b$가 된다.

(3) 주파수 편이 변조(FSK; Frequency Shift Keying) 방식

① 정의: Digital 신호 0 또는 1에 따라 반송파의 주파수를 달리 대응시키는 변조방식을 말한다.

$$S_{FSK}(t) = A\cos\left(2\pi f_c t + \theta\right)$$

㉠ 1인 경우

$$S_{FSK}(t) = A\cos\left(2\pi f_1 t + \theta\right)$$

㉡ 0인 경우

$$S_{FSK}(t) = A\cos\left(2\pi f_2 t + \theta\right)$$

② FSK 변조기

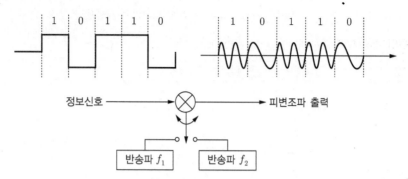

0을 전송하고자 하는 경우에는 낮은 주파수의 반송파를, 1을 전송하고자 하는 경우에는 높은 주파수의 반송파를 전송하거나 또는 그 반대로 전송하는 방식(0과 1에 따라 진폭과 위상은 같고 주파수만 다른 반송파가 전송되는 방식)을 말한다.

③ FSK 변복조의 특성

　㉠ 오류 확률

$$\frac{1}{2}erfc\left(\sqrt{\frac{E_b}{2N_0}}\right)$$

　㉡ 대역폭: 주파수간 최소간격 Δf를 $\frac{1}{2T_b}$이라 할 때 대역폭 B를 구하면

$$B = 2(\Delta f + f_b) = 2\left(\Delta f + \frac{1}{T_b}\right) = 2\left(\frac{1}{2T_b} + \frac{1}{T_b}\right) = 2\left(\frac{1+2}{2T_b}\right) = \frac{3}{T_b}$$

④ FSK의 복조: 비동기 검파 및 동기 검파 방식 모두 가능하다.

　㉠ 동기 검파 방식

　　• 정합 필터에 의한 FSK 동기 검파

　　• 상관기(Correlator)에 의한 FSK 동기 검파

　　• PLL에 의한 FSK 동기 검파

　㉡ 비동기 검파 방식: 포락선 검파기

⑤ FSK의 특징

　㉠ FSK에서도 FM과 같이 Carson의 법칙을 이용해 필요 대역폭을 계산할 수 있다(변조지수가 1보다 크면 광대역 FSK, 변조지수가 1과 같거나 1보다 작으면 협대역 FSK라 한다).

　㉡ FM처럼 각종 잡음 및 방해에 강하다.

　㉢ 동기 검파 시는 FSK 오류 확률과 ASK 오류 확률이 같으나 검파 시는 FSK 오류 확률이 ASK의 오류 확률보다 작아진다. 따라서 일반적으로 FSK가 ASK보다 오류 확률이 작다.

　㉣ 점유대역폭이 넓고 PSK방식보다 BER 성능이 떨어져 고속 전송에는 부적합한 방식이다.

　㉤ ASK방식보다 오류 확률은 적으나 고속 정보 전송이 곤란하여 1,200[bps] 이하 비동기식 모뎀이나 Pager 변조 방식으로 사용한다.

(4) 2진 위상 편이 변조(BPSK; Binary Phase Shift Keying) 방식

① 정의: 디지털 신호 0 또는 1에 따라 반송파의 위상을 변화시키는 변조 방식을 말한다.

$$S_{BPSK}(t) = A\cos(2\pi f_c t + \theta)$$

㉠ 1인 경우

$$S_{BPSK}(t) = A\cos(2\pi f_c t)$$

㉡ 0인 경우

$$S_{BPSK}(t) = A\cos(2\pi f_c t + \pi)$$

② 2진 PSK 변조기

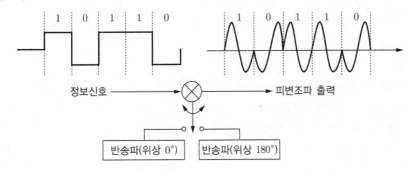

0을 전송하고자 하는 경우에는 $A\cos(\omega_c t + 0°)$의 반송파를, 1을 전송하고자 하는 경우에는 $A\cos(\omega_c t + 180°)$의 반송파를 전송하거나 또는 그 반대로 전송하게 된다. 즉, 0과 1을 전송할 때 180° 위상차가 있는 반송파를 전송하는 방식(0과 1에 따라 진폭과 주파수는 같고 위상만 다른 반송파가 전송되는 방식)을 말한다.

③ 변복조의 특성

㉠ 오류 확률

$$\frac{1}{2}erfc\left(\sqrt{\frac{E_b}{N_0}}\right) \text{ 또는 } P_c = Q\left(\sqrt{\frac{2E_b}{N_0}}\right)\left(\because Q(x) = \frac{1}{2}erfc\left(\frac{x}{\sqrt{2}}\right)\right)$$

㉡ 대역폭

$$B_W = \frac{2}{T_b}$$

㉢ 대역폭 효율: 1[bps/Hz] (BPSK)

④ BPSK의 특징

㉠ 점유대역폭은 ASK와 같으나 전송로 등의 잡음, 레벨 변동에 강해 심볼 오류 확률이 적다.

㉡ 비동기식 포락선 검파 방식은 사용이 불가능하며 동기 검파 방식만 사용이 가능하여 구성이 비교적 복잡하다.

㉢ M진 PSK의 경우 M의 증가에 따라 스펙트럼 효율이 증가하여 고속 전송이 가능하다.

㉣ BPSK 심볼 오류 확률은 QPSK 심볼 오류 확률의 $\frac{1}{2}$이지만 비트 오류 확률(P_b)은 동일하다.

(5) 상호비교

구분	ASK	FSK	PSK
오류 확률	크다 $\dfrac{1}{2}erfc\left(\sqrt{\dfrac{E_b}{4N_0}}\right)$	중간 $\dfrac{1}{2}erfc\left(\sqrt{\dfrac{E_b}{2N_0}}\right)$	작다 $\dfrac{1}{2}erfc\left(\sqrt{\dfrac{E_b}{N_0}}\right)$
대역	$\dfrac{2}{T_b}$	$\dfrac{3}{T_b}$	$\dfrac{2}{T_b}$
포락선 검파	가능	가능	불가능
시스템 구성	간단	보통	복잡
데이터 속도	저속	중저속	고속 데이터

(6) CPFSK와 MSK

① CPFSK

　㉠ FSK 변조가 갖는 가장 중요한 문제는, 한 주파수에서 다른 주파수로 급변시키는 스위칭으로 인한 위상의 불연속성이다. 이를 해결하기 위해 CPFSK를 사용한다.

　㉡ 일반식은 다음과 같다.

$$S_{CPFSK}(t) = A\cos\left[2\pi f_c t + hd\pi t/T_b\right],\ 0 \le t \le T_b$$

　　여기서, h : 편이비(Deviation Rate), T_b : 한 비트의 시간

② MSK

　㉠ 위의 CPFSK 일반식에서 검파 시 신호가 겹치지 않도록 하기 위한 최소 주파수 편이비는 $h = 0.5$이며, 이러한 조건을 만족시키는 FSK를 MSK(Minimum Shift Keying) 또는 FFSK(Fast FSK)라고 한다. 즉, FSK에서 가장 대역폭이 좁은 경우를 말한다.

　㉡ MSK 일반식은 다음과 같다.

$$S_{MSK}(t) = A\cos\left[2\pi f_c t + d\pi\frac{t}{2T_b} + \phi(0)\right]\ (0 < t \le T_b)$$

③ MSK 변조기

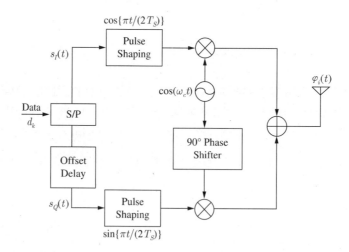

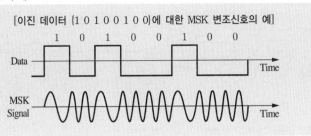

[이진 데이터 {1 0 1 0 0 1 0 0}에 대한 MSK 변조신호의 예]

④ MSK의 특징

  ㉠ CPFSK방식 중 주파수 편이비가 0.5로 가장 작은 방식이다.

  ㉡ BPSK보다 Main Lobe의 폭은 넓지만 Side Lobe는 좁다(GMSK방식으로 보완).

  ㉢ 연속된 위상을 갖는 정포락선(Constant Envelope) 변조 방식이다.

⑤ GMSK(Gaussian filtered MSK)방식

  ㉠ GMSK(Gaussian Minimum Shift Keying) 변조는 2세대 이동통신 방식인 GSM에 사용된 변조 방식으로서 MSK를 변형시킨 변조 방식이다. 이진 데이터를 MSK 변조하기 전에 전달 함수가 주파수 영역에서 가우스 함수를 따르는 가우스 필터를 통과시킨다.

  ㉡ 가우스 필터의 주파수 전달 함수는 다음과 같다.

$$H(f) = K\exp\left(\frac{\ln 2}{2} \frac{f^2}{B^2}\right)$$

  여기서, K와 B는 각각 상수와 3[dB] 대역폭이다.

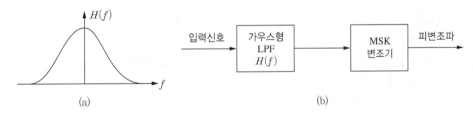

(a)　　　　　　　　　　　　(b)

⑥ GMSK의 특징

  ㉠ 대역 외(Out of Band)의 스펙트럼에 대한 억압도가 매우 높다.

  ㉡ MSK는 위상만이 연속일 뿐 입력 데이터에 따라 2개의 주파수 중 하나를 선택하지만, GMSK는 주파수에 있어서도 2개의 주파수 사이를 연속적으로 변화하고 있으므로 스펙트럼 집중도가 매우 우수하다.

  ㉢ 유럽 TDMA 이동 통신 시스템인 GSM의 표준으로 사용한다.

(7) DPSK 변조 방식

① 정의

  ㉠ PSK 방식의 동기 검파 문제를 해결하기 위하여 1구간(T[초]) 전의 PSK 신호를 기준파로 사용하여 검파하는 차동 위상 검파 방식을 사용하는 PSK를 DPSK라 한다. DPSK는 동기 검파용 기준 반송파가 필요 없으므로 회로가 간단해진다.

  ㉡ 즉, 바로 전의 신호위상을 기준으로 '1'을 나타내는 Bit에서 그 위상을 180°만큼 바꾸고 '0'을 나타내는 Bit에서는 그 위상을 그대로 유지시키는 방식이다.

② DPSK 송신기

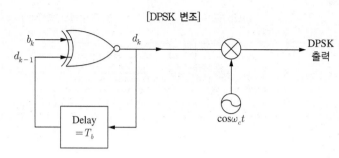

[DPSK 변조]

$$d_k = d_{k-1} \cdot b_k + \overline{d_{k-1}} \cdot \overline{b_k} = d_{k-1} \odot b_k$$

③ DPSK 수신기

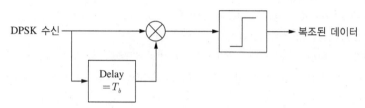

d_k를 가지고 b_k를 간단히 찾는 방법은 바로 옆의 Bit와 같으면 1, 다르면 0으로 하면 된다. b_k는 10010011이
된다.

④ DPSK의 특징

　㉠ DPSK에서는 2진, 4진, 8진 DPSK는 사용하지만 16진 DPSK는 사용하지 않는다.

　㉡ DPSK는 비동기 ASK나 비동기 FSK보다 SNR이 3[dB] 유리하나, BPSK, QPSK, MSK 등과 비교하면
　　1[dB] 불리하다.

　㉢ 전력 제한을 받는 위성 통신에서는 변조방식으로 거의 사용하지 않는다.

(8) 4진 PSK(QPSK)

① 정의

　㉠ QPSK는 전송 Data 신호를 연속되는 2[bit] 조합으로 분할하여 직전에 전송한 반송파를 기준으로 위상을 4
　　개의 다른 심볼 상태로 정보를 변조하는 방식이다.

　㉡ 4개 심볼의 위상은 45°, 135°, 225°, 315°로 각 위상에 한 쌍의 비트(11, 01, 00, 10)를 대응시킨다.

　㉢ Mapping 시 사용하는 매핑 부호는 서로 이웃하는 심볼 사이에 수신에러가 일어나더라도 단지 한 비트의 에
　　러만 발생하는 Gray Code를 사용한다.

② QPSK 표준과 Gray 부호할당

전송비트	위상
11	45°
01	135°
00	225°
10	315°

③ QPSK 변조기

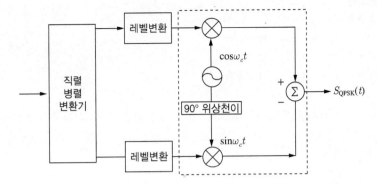

입력 Data열을 $\dfrac{\pi}{2}$ 위상차를 갖는 2개의 반송파(I ch과 Q ch)에 BPSK방식처럼 변조 후 벡터 합성하여 전송한다
(2진 부호 중 짝수 Bit는 I ch, 홀수 Bit는 Q ch로 전송). 여기서 I ch은 동상(InPhase Channel)이고 Q ch
(Quadrature-Phase Channel)이다.

④ QPSK 피변조파 일반식
$$S_{QPSK}(t) = d_I(t) \cdot \cos 2\pi f_c t - d_Q(t) \cdot \sin 2\pi f_c t$$
$$= \alpha(t) \cos\left[2\pi f_c t + \theta(t)\right]$$
여기서, $\alpha(t) = \sqrt{d_I(t)^2 + d_Q(t)^2}$

$$\theta(t) = \tan^{-1}\dfrac{d_Q(t)}{d_I(t)}$$

⑤ 진리표와 페이저도

[QPSK 성상도]

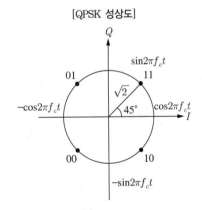

㉠ $d_I(t) = 0$, $d_Q(t) = 0$일 때, $\theta(t) = \tan^{-1}\dfrac{-1}{-1} = 225°$

㉡ $d_I(t) = 1$, $d_Q(t) = 0$일 때, $\theta(t) = \tan^{-1}\dfrac{-1}{+1} = 315°$

㉢ $d_I(t) = 0$, $d_Q(t) = 1$일 때, $\theta(t) = \tan^{-1}\dfrac{+1}{-1} = 135°$

㉣ $d_I(t) = 1$, $d_Q(t) = 1$일 때, $\theta(t) = \tan^{-1}\dfrac{+1}{+1} = 45°$

코드에 따른 반송파

- 11의 경우 $A\cos(\omega_c t + 45°)$의 반송파
- 01의 경우 $A\cos(\omega_c t + 135°)$의 반송파
- 00의 경우 $A\cos(\omega_c t + 225°)$의 반송파
- 10의 경우 $A\cos(\omega_c t + 315°)$의 반송파

ⓜ 이밖에도 각각의 입력 데이터 (00, 01, 10, 11)에 따라 90° 위상차를 갖는 반송파를 전송해도 된다. 예를 들어 A방식은 0°, 90°, 180°, 270°, B방식은 45°, 135°, 225°, 315° 이렇게 위상차를 둘 수 있다.

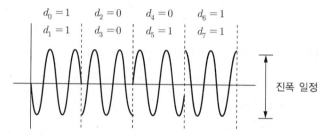

⑥ QPSK방식의 특징

ⓐ QPSK방식은 두 개의 직교성 BPSK 신호의 합성과 같으므로 BPSK방식에 비하여 송·수신기의 시스템 구성이 복잡하다.

ⓑ QPSK는 각 채널이 독립적이므로 비트 오류율은 BPSK의 오류 확률과 같지만 심볼 오류율은 BPSK 심볼 오류 확률의 2배이다.

ⓒ BPSK의 심볼 오류 확률: $P_c = P_b = \dfrac{1}{2}erfc\left(\sqrt{\dfrac{E_b}{N_0}}\right)$

ⓓ QPSK의 심볼 오류 확률: $P_c = erfc\left(\sqrt{\dfrac{E_b}{N_0}}\right)$

ⓔ BPSK방식보다 $\dfrac{E_b}{N_0}$ 값이 3[dB] 떨어진다.

ⓕ 스펙트럼 효율은 BPSK보다 우수하다(2[bps/Hz]).

ⓖ M진 PSK방식의 대역폭 효율은 $n = \log_2 M = \dfrac{R(비트율)}{B(전송대역폭)}$ [bps/Hz]로 변조방식과 무관하며, 심볼당 전송비트수로 결정된다(단, 대역폭 효율시스템). M진 PSK의 경우 M의 증가에 따라 스펙트럼 효율이 증가하여 고속 데이터 전송이 가능하다.

(9) OQPSK(Offset QPSK)

① 정의

ⓐ QPSK에서의 위상 변화는 0, ±90°, 180°가 되는데 반송파의 위상이 180° 변하게 되면 PSK의 장점인 Constant Envelope를 유지하지 못하게 된다.

ⓑ OQPSK는 Constant Envelope를 유지하기 위해 I ch이나 Q ch 중 어느 한 ch을 $\dfrac{1}{2}T_s$(1비트 시간, 즉 T_b)만큼 지연시켜 180° 위상 변화를 제거한 변조 방식이다.

② OQPSK 변조기

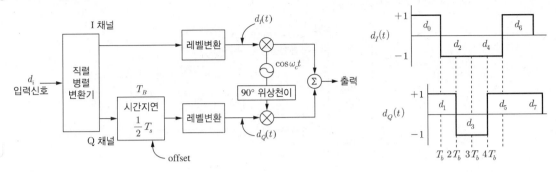

이렇게 한 채널을 $\frac{1}{2}T_s$만큼 지연시킴으로써 T_b 동안에 두 개의 채널에서 동시에 데이터 부호가 바뀌지 않게 됨으로써 180° 위상 변화를 제거할 수 있게 된다. 따라서 OQPSK는 QPSK에 비해 진폭 변동이 작다.

(10) Sine Filtered OQPSK

① 정의: QPSK는 변조과정에서 많은 측대파가 발생하게 된다. 이를 제거하기 위해 필터(Filter)를 사용하게 되면 또 다른 진폭 변동을 일으키게 된다. Sine Filtered OQPSK란 이러한 문제를 해결하기 위해 I와 Q의 channel 중 한 channel을 반주기만큼 지연시키고 I ch과 Q ch에 입력되는 데이터에 측대파가 생기면 잘라 버리는 Sine Pulse Shaping을 한 후 변조하는 방식이다.

② Sine Filtered OQPSK 변조기

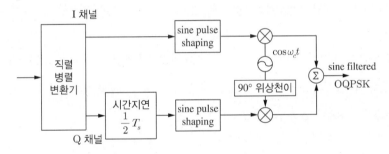

③ Sine Filtered OQPSK 변조기의 특징

    ㉠ 이 변조방식으로써 얻은 Sine Filtered OQPSK 피변조파를 MSK라고 한다. 따라서 MSK를 PSK의 일종으로도 볼 수 있다.

    ㉡ 이와 같이 MSK는 OQPSK에 정현파 가중치(Sine Pulse Shaping의 정도)를 주어 발생시킬 수 있다.

    ㉢ 비트 오류 확률: 동기검파 시 QPSK, OQPSK, MSK는 동일한 비트 오류 확률을 갖는다.

    ㉣ 주엽(Main Lobe) 대역폭: MSK가 QPSK, OQPSK보다 1.5배 넓다.

(11) $\frac{\pi}{4}$ Shift QPSK

① 정의: 1심볼 시각마다 $\frac{\pi}{4}$씩 위상 회전하는 반송파 축을 이용한 전송방식으로 복조 때에는 이 I ch과 Q ch을 회전시키는 것이 필요하므로, 일반적인 QPSK에 비하면 약간 복잡하다.

② $\dfrac{\pi}{4}$ Shift QPSK 변조기

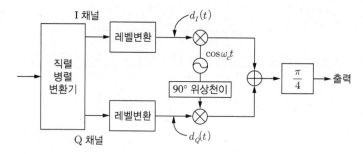

③ 정보값에 따른 $\dfrac{\pi}{4}$ Shift QPSK 변조기 출력

정보 $I_n,\ Q_n$	위상 천이 $\Delta \phi_n$
00	$\pi/4$
01	$-\pi/4$
10	$3\pi/4$
11	$-3\pi/4$

$\dfrac{\pi}{4}$ Shift QPSK 변조는 비동기식 검파가 가능하여 수신기의 구조가 간단하며, 북미의 Is-54 이동통신에 사용된 방법이다. 출력된 피변조파는 신호점이 원점을 통과하지 않아 비선형 전송로에 강한 특성을 갖는다.

(12) 8진 PSK

① 정의 : 입력 데이터열이 직·병렬 회로에 들어오면 3개의 채널로 분리(Q, I, C)된다. 이때 각 채널의 비트율은 $\dfrac{R}{3}$ 이며, 각각 2개의 2-to-4 레벨 변환기에 들어오면 4개의 출력이 가능하게 되고, 각각이 $\cos \omega_c t$, $\sin \omega_c t$ 와 곱해져 총 8개의 출력이 나오게 된다.

   ⓐ I ch이나 Q ch의 비트는 출력 아날로그 신호의 극성을 결정한다.

   ⓑ C나 $\overline{C}$ ch의 비트는 크기를 결정한다. 예 0이면 0.541[V], 1이면 1.307[V]

② 8진 PSK 변조기

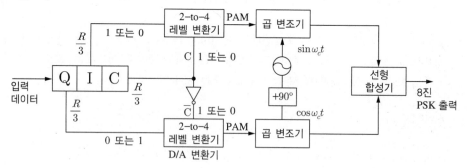

③ PSK 변조기의 출력 레벨

I	C	출력
0	0	−0.541[V]
0	1	−1.307[V]
1	0	+0.541[V]
1	1	+1.307[V]

Q	$\bar{C}$	출력
0	1	−1.307[V]
0	0	−0.541[V]
1	1	+1.307[V]
1	0	+0.541[V]

각각의 2-to-4 레벨 변환기에서 나온 4개씩의 출력에 $\cos \omega_c t$, $\sin \omega_c t$를 곱해 선형 합성하면 총 8개의 서로 다른 위상을 갖는 (크기 동일; $\sqrt{0.541^2 + 1.307^2} = \sqrt{2}$) 8진 PSK 변조기 출력을 얻을 수 있다.

(13) 16 QAM

① 정의: QAM은 PSK의 변조 원리에 진폭 변조까지 포함시킨 것으로 PSK에서 I ch과 Q ch의 각 데이터 신호의 레벨을 독립이 되도록 한 변조방식이다. 즉, QAM은 정보 신호에 따라 반송파의 진폭과 위상을 변화시키는 APK(Amplitude Phase Keying)의 한 종류로 'ASK+PSK'라고 할 수 있다.

② 16진 QAM 변조기

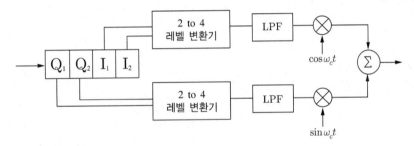

㉠ Q_1, I_1: 극성 결정(1은 '+', 0은 '−')

㉡ Q_2, I_2: 크기 결정(1은 0.821[V], 0은 0.22[V])

㉢ 2 to 4 레벨 변환기는 2개의 입력을 받아 4개의 신호를 발생하고 반송파와 곱한다.

㉣ $\pm 0.821\cos \omega_c t$, $\pm 0.22\cos \omega_c t$, $0.821\sin \omega_c t$, $0.22\sin \omega_c t$가 선형 합성기에서 더해진다.

③ 16진 QAM 복조기

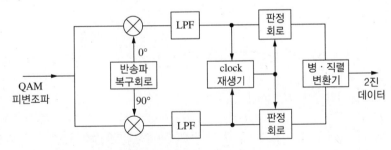

㉠ 판정회로: 각 베이스밴드 신호를 복호화하기 위해 디지털 논리를 사용, 2개의 비트를 복원한다.

㉡ 병·직렬 변환기: 최종적으로 2개의 검파된 비트 계열을 합성한다.

④ 16진 QAM의 특징

㉠ 2개의 직교성 DSB-SC 신호를 선형적으로 합한 것과 같다.

㉡ 소요 전송대역이 정보신호 대역폭의 2배로 DSB-SC의 경우와 동일하다.

ⓒ 동기 검파 방식만 사용 가능하다.

ⓔ M진 QAM의 대역폭 효율은 $\log_2 M$ [bps/Hz]이다.

ⓜ 동일 심볼을 갖는 M진 PSK와 스펙트럼 및 대역폭 효율이 동일하다.

ⓗ QAM 변조기 전단이나 후단에 cos함수 형태의 주파수 전달 함수 특성을 갖는 좁은 대역의 LPF나 BPF를 설치하여 Partial Response Filtering시킴으로 스펙트럼 효율을 증가시킨 것을 QPRS(Quadrature Partial Response Signalling) 변조 방식이라 한다.

3. 디지털 변조의 특성 비교

(1) 심볼률(Baud Rate)

① 변조속도, 기호속도를 나타내며 채널을 통해 2진 정보를 보내기 위하여 변화시킨 초당 심볼의 변화 수로 기호속도, 변조속도라 한다.

② 심볼률의 단위는 [sps](symbol/second)이므로 [Hz] 또는 [boud]를 사용한다.

> **개념더하기** 변조속도와 데이터 신호 속도
>
> • 변조속도: 1초 동안 변조한 횟수를 말한다. 심볼률, 기호율, 부호율 등으로 표현한다.
>
> $$B[\text{baud}] = \frac{\text{데이터 신호 속도}}{\text{단위신호당 비트 수}} = \frac{S}{n}$$
>
> • 데이터 신호 속도: 1초 동안 전송할 수 있는 비트 수를 말한다.
>
> $$S = \frac{n}{T} = n \times B[\text{bps}]$$

(2) 정보 전송 속도: 정보 전송 속도는 1초간에 전송할 수 있는 Bit 수로 변조 속도에 한 번에 보낼 수 있는 Bit 수(n)를 곱함으로써 얻어진다.

$$\therefore \text{데이터 전송 속도 } R = n \cdot B \text{ [bps]}$$

※ 정보 전송 속도=데이터 전송률=데이터 신호 속도

(3) 디지털 통신 시스템의 성능 표시

① 디지털 통신 시스템의 성능은 E_b / N_0에 대한 BER(Bit Error Rate)로서 판단한다.

$$\frac{E_b}{N_0}$$

② E_b: 비트당 에너지로 신호전력을 Bit 전송 속도로 나누어 구할 수 있다.

$$E_b = \frac{C[\text{W}]}{R\left[\frac{\text{bit}}{\text{sec}}\right]} = \frac{C}{R}\left[\frac{\text{J}}{\text{bit}}\right]$$

③ N_0: 단위주파수당 잡음전력 레벨로 잡음전력을 주파수 대역폭으로 나누어 구할 수 있다.

$$N_0 = \frac{N}{W}\left[\frac{\text{W}}{\text{Hz}}\right]$$

※ 아날로그 통신 시스템의 성능 측정은 S/N(Signal to Noise)비를 많이 사용하지만, 디지털 통신 시스템의 성능 측정은 C/N(Carrier to Noise)비를 사용한다.

④ $\dfrac{E_b}{N_0}$ 와 $\dfrac{C}{N}$ 의 관계

$$\dfrac{E_b}{N_0} \dfrac{\left[\dfrac{\text{J}}{\text{bit}}\right]}{\left[\dfrac{\text{W}}{\text{Hz}}\right]} \times \dfrac{R}{W} \dfrac{\left[\dfrac{\text{bit}}{\text{sec}}\right]}{[\text{Hz}]} = \dfrac{C}{N} \dfrac{\left[\dfrac{\text{J}}{\text{sec}}\right]}{[\text{W}]} = \dfrac{C}{N} \dfrac{[\text{W}]}{[\text{W}]}$$

(4) 디지털 변조방식의 오류 확률 비교

ASK 변조	FSK 변조	DPSK 변조	PSK 변조	QAM 변조	
ASK (2진 ASK)	FSK (2진 FSK)	2진 DPSK	2진 PSK		오류 확률 증가 ↓
		4진 DPSK	4진 PSK	4진 QAM	
		8진 DPSK	8진 PSK	16진 QAM	
M진 ASK	M진 FSK		M진 PSK	M진 QAM	

오류 확률 감소 →

개념더하기 M진 PSK와 M진 QAM의 오율 비교

M진 QAM은 M진 PSK보다 신호점 간의 거리가 더 멀기 때문에 오율 면에서 우수한 시스템이라고 할 수 있다. 다음 성상도를 보면 알 수 있다.

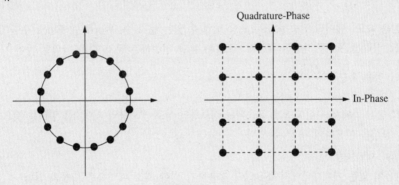

성상도를 보면 PSK의 신호 간의 거리는 QAM의 거리보다 매우 가깝기 때문에 오류가 발생할 확률이 높다.

(5) 디지털 통신의 이점

① 다른 채널로부터의 간섭현상이 적다.

② 잡음이 적다.

③ 비화 통신이 가능하다.

④ 경제적이며 다중화가 용이하다.

⑤ 종합 정보 통신망 구축에 유리하다.

4. 디지털 변조의 주요 파라미터

(1) 전송 대역폭: 전송에 필요한 대역폭을 말하는 것으로 점유 대역폭 또는 채널 대역폭이라고도 하며, 단위는 [Hz]이고 다음과 같이 정의한다.

$$\text{전송 대역폭} = \text{신호방식률} = \text{기호율} = \frac{1}{\text{기호지속시간}} = \frac{r_b}{n} = \frac{r_b}{\log_2 M} \; [\text{Hz}]$$

여기서, n은 한 번에 보낼 수 있는 비트 수로 $\log_2 M$ ($\because M = 2^n$)과 같다.

(2) 대역폭 효율(스펙트럼 효율): 대역폭 효율이 좋다는 것은 심볼 당 전송 Bit 수가 많다는 것이며, 주어진 대역폭을 효과적으로 사용함을 의미한다.

$$n = \log_2 M = \frac{R\,(\text{비트율})}{B\,(\text{전송대역폭})} \; [\text{bps/Hz}]$$

여기서, n: 심볼 당 전송 Bit 수

(3) 에너지

$$M\text{진 에너지} = E_b (\log_2 M)$$

여기서, E_b: 2진(기본) 에너지

① 진수(M)가 증가할수록 에너지는 증가하게 된다.

② 비동기식 방식은 동기 방식보다 구성은 간단하나 성능이 떨어진다.

(4) 데이터 전송 속도: 데이터 전송 속도는 초당 보낼 수 있는 문자 수, Word 수, Block 수를 말하며, 단위는 [자/초], [word/초], [block/초]를 사용한다(실제적으로는 분당 전송하는 문자 수가 단위로 많이 사용된다).

$$\text{데이터 전송 속도} = \frac{B}{m}$$

(5) 채널용량: 송신 측에서 수신 측으로 전송되는 정보량인 상호 정보량의 최대치를 말하는 것으로, Shannon의 정리와 Nyquist 공식을 이용하여 구할 수 있다.

① Nyquist 채널용량

㉠ 잡음이 없는 기저대역에서 ISI 없이 전송하기 위한 최소 대역폭은 다음과 같다.

$$W_{\min} = 0.5 \times \frac{1}{T_s}$$

여기서, T_s는 심볼 주기이다.

㉡ 채널이 보장하는 최대 심볼률이 $2W_{\min}$ [sps]이고, 각 심볼은 $\log_2 M$ 비트를 전달하므로 채널 대역폭이 W [Hz]인 기저대역에서의 채널용량 C는 다음과 같다.

$$C = 2W\log_2 M \; [\text{bps}]$$

② Shannon-Hartley 채널용량: 잡음 환경에서의 채널용량

$$C = W\log_2\left(1 + \frac{S}{N}\right) [\text{bps}]$$

여기서, C: 채널용량(통신 용량)

W: 채널의 대역폭

$\frac{S}{N}$: 신호 대 잡음비

데시벨이란 증폭도의 단위로서 10^{-1}를 나타내는 [데시]와 단위를 생각해낸 전기학자의 이름 [벨]을 합성해 만든 단위로 기준에 대한 비율에 상용로그를 취한 단위이다.

데시벨은 절대적이 아닌 상대적 단위이며, 증폭기에서 출력을 입력으로 나눈 값을 이득이라 하고 데시벨로 표현한다.

㉠ 전력이득$(G_P) = 10\log \dfrac{P_2}{P_1}$

㉡ 전압이득$(G_V) = 20\log \dfrac{V_2}{V_1}$

전압이득은 전력이득과 다르게 20log를 취해 주는데 $P = \dfrac{V^2}{R}$ 의 관계이기 때문에

$$10\log \left(\dfrac{\dfrac{V_2{}^2}{R}}{\dfrac{V_1{}^2}{R}} \right) = 10\log \left(\dfrac{V_2{}^2}{V_1{}^2} \right) = 10\log \left(\dfrac{V_2}{V_1} \right)^2 = 20\log \dfrac{V_2}{V_1}$$ 가 된다.

㉢ 전류이득$(G_I) = 20\log \dfrac{I_2}{I_1}$

전압이득과 마찬가지로 $P = I^2 R$의 관계이기 때문에 $10\log \dfrac{(I_2)^2 R}{(I_1)^2 R} = 10\log \left(\dfrac{I_2}{I_1} \right)^2 = 20\log \dfrac{I_2}{I_1}$ 가 된다.

03

04 · 랜덤 변수와 랜덤 과정

1 확률이론

1. 정의

통신시스템의 주된 목표는 랜덤한 메시지 파형을 전송하는 것이다. 예측이 어려운 랜덤한 정보나 잡음신호를 여러 번 반복적으로 측정하면 확률 통계적 성질을 알 수 있게 된다. 이렇게 랜덤한 신호를 통계적 성질로 취급해서 수학적으로 접근하는 방법이 확률이론이다. 이러한 랜덤 신호의 설명에는 기댓값, 전력밀도 스펙트럼, 평균전력 그리고 상관함수 등을 이용한다.

2. 확률용어

(1) **표본 공간(집합)**: 랜덤 실험에 의해 발생할 수 있는 모든 가능한 결과의 집합으로 S로 표시한다.

(2) **랜덤 사상**: 랜덤 실험에 의해 발생할 수 있는 결과의 하나 또는 개개의 결과로 이루어진 집합이다.

(3) **표본점**: 표본 공간을 구성하는 하나하나의 결과이다.

(4) **상호 배반**: ME(Mutually Exclusive)라 하며 사상 A와 사상 B가 동시에 발생하지 않음을 나타낸다(즉, $A \cap B = 0$).

(5) **여사상**: 사상 A의 확률을 $P(A)$라 할 때 그 여사상은 $[1 - P(A)]$이다.

3. 확률이론의 공리

모든 확률은 다음과 같은 공리(Axioms)를 가진다.

(1) 사상 A의 확률은 0보다 크거나 같다.

$$P(A) \geq 0$$

(2) 확률의 합은 1이다(Exhaustic).

$$P(S) = 1$$

(3) 사상 A와 사상 B가 상호 배반일 때 사상 A와 사상 B의 합사상 확률은 다음과 같다.

$$P(A \cup B) = P(A) + P(B) - P(A \cap B) = P(A) + P(B)$$

(4) Trial은 무한대이다.

(5) 통계적 독립성(Statistically Independent)을 가진다. 즉, 어떤 사상이 어떤 조건하에서 이루어지는 것이 아니라 독립적으로 일어난다는 의미이다.

4. 결합 확률과 조건부 확률

(1) **결합 확률**: 사건 A와 사건 B의 결합 확률 $P(A, B)$의 관계를 말한다.
$$P(A, B) = P(B, A) = P(A)P(B) = P(B)P(A)$$

(2) **조건부 확률**: 사건 $A(B)$가 발생하는 조건에서 사건 $B(A)$가 발생할 확률을 조건부 확률이라고 한다.
$$P(B|A) = \frac{P(A, B)}{P(A)}, \ P(A|B) = \frac{P(B, A)}{P(B)}$$

여기서 결합 확률 관계를 이용하면, 조건부 확률은 다음과 같다.
$$P(B|A) = \frac{P(A|B)P(B)}{P(A)}, \ P(A|B) = \frac{P(B|A)P(A)}{P(B)}$$

5. Bayes의 정리

(1) **정의**: 통계적 통신 이론, 패턴 인식(Pattern Recognition) 및 통계적 추정에 널리 사용되고 있는 공식이 Bayes 정리이다.
$$P(A_j|B) = \frac{P(A_j, B)}{P(B)} = \frac{P(B|A_j)P(A_j)}{\sum_{i=1}^{n} P(B|A_i)P(A_i)}$$

(이때, $P(B) = \sum_{j=1}^{n} P(B|A_j)P(A_j)$는 전체 확률)

(2) **용도**: Bayes의 정리는 통계적 추정이나 패턴 인식 등에 사용되며, 신호 송·수신의 경우 확률 $P(A_i)$로 발생하는 신호 A_i를 전송한 경우 전송로 등의 오차로 인해 B를 수신할 확률 $P(B|A_i)$를 안다면, B를 수신했을 때 송신된 신호가 A_i일 확률 $P(A_i|B)$를 구할 수 있다는 정리이다.

2 랜덤 변수

1. 랜덤 변수의 개요

(1) **정의**: 무작위 신호의 크기에 대한 통계적 특성을 알려면 먼저 랜덤 변수의 개념을 이해해야 한다. 불규칙적으로 발생하는 사건을 숫자로 표현하는 규칙을 랜덤 변수라고 한다.

(2) **랜덤 변수(Random Variable)**: 표본공간의 표본점에서 실 함수를 대응(Mapping)시킨 것으로 X, Y, Z 같은 대문자로 표시한다.
  ① **랜덤 변수의 어느 특정한 값**: x, y, z 소문자
  ② **랜덤 변수의 함수**
     $X(s) = k$ (이때, X: 랜덤 변수, s: 사건, k: 랜덤 변수의 값)

2. 랜덤 변수의 종류

(1) 이산적 랜덤 변수: 이산적인 값만을 가질 수 있는 랜덤 변수이다.

(2) 연속적 랜덤 변수: 어느 연속적 범위의 값만을 갖는 랜덤 변수로, 어떤 특정한 값이 아닌 어떤 범위의 값을 갖는 확률로 설명되는 랜덤 변수이다.

(3) 혼합적 랜덤 변수: 어느 부분은 이산적이고, 다른 부분은 연속적인 값을 갖는 랜덤 변수이다.

3 랜덤 변수의 확률 분포 함수와 확률 밀도 함수

1. 확률 분포 함수(CDF; Cumulative Density Function)

확률이 랜덤 변수 X상에서 어떻게 분포되어 있는지 나타내는 것이다.

(1) 확률 분포 함수의 정의: 파형이 $-\infty$로부터 특정한 레벨 x까지 사이에 존재할 확률은 다음과 같다.

① 연속적 확률 분포 함수

$$F_X(x) = P(X \le x) = \int_{-\infty}^{x} f_X(x)dx$$

$P(X \le x)$는 사건 $(X \le x)$의 확률이므로 X의 함수이다.

② 이산적 확률 분포 함수

$$F_X(x) = \sum_{i=1}^{n} P(X = x_i)u(x - x_i) \ \text{(이때, } x_i \text{는 이산적 값이다.)}$$

(2) 확률 분포 함수의 성질

① $0 \le F_X(x) \le 1$

② $F_X(-\infty) = 0$, $F_X(\infty) = 1$ (모든 확률의 합은 1: $P(X \le \infty) = 1$)

③ $x_2 \ge x_1$이면 $F_X(x_2) \ge F_X(x_1)$ (즉, $F_X(x)$는 계속적으로 증가하는 단조 증가함수이다.)

④ $P(x_1 \le X \le x_2) = F_X(x_2) - F_X(x_1)$

⑤ $F_X(x) = \lim_{\tau \to \infty} F_X(x + \tau)$, $\tau > 0$ (즉, $F_X(x)$는 오른쪽으로부터 연속이다.)

⑥ 이산적 랜덤 변수의 확률 분포 함수는 Cumulative한 성질을 가진 계단형으로 되고, 연속적 랜덤 변수의 확률 분포 함수는 (+) 기울기를 갖는 1차 함수 형태가 된다.

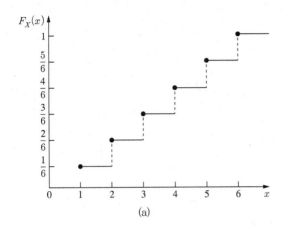
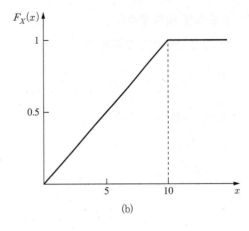

(a)   (b)

2. 확률 밀도 함수

(1) 확률 밀도 함수의 정의: 확률 밀도 함수는 확률 분호 함수 $F_X(x)$의 도함수(미분)로 $f_X(x)$로 표시하고, 이를 랜덤 변수 X의 확률 밀도 함수(Probability Density Function)라 하며 다음과 같이 정의된다(랜덤 변수 X의 분포를 나타내는 함수).

$$f_X(x) \equiv \frac{dF_X(x)}{dx}$$

(2) 확률 밀도 함수의 성질

① $f_X(x) > 0$ (밀도에는 $-$ 가 없음)

② $\displaystyle\int_{-\infty}^{\infty} f_X(x)dx = 1$

③ $\displaystyle F_X(x) = \int_{-\infty}^{x} f_X(\tau)d\tau$ (밀도 함수를 적분하면 분포 함수를 얻을 수 있음)

④ $\displaystyle\int_{x_1}^{x_2} f_X(x)dx = F_X(x_1 < X < x_2) = P\{x_1 < X < x_2\}$

4 결합 및 조건부 확률 분포 함수와 확률 밀도 함수

1. 결합 확률 분포 함수

(1) 결합 확률 분포 함수의 정의

$$F_{XY}(x, y) = P(X \leq x, \ Y \leq y\}$$

(2) 결합 확률 분포 함수의 성질

① $0 \leq F_{XY}(x, y) \leq 1$

② $F_{XY}(-\infty, \ -\infty) = 0, \ F_{XY}(-\infty, \ y) = 0$

$F_{XY}(x, -\infty) = 0, \ F_{XY}(\infty, \ \infty) = 1$

③ $F_{XY}(x, \ y)$는 증가 함수이다.

2. 결합 확률 밀도 함수

(1) 결합 확률 밀도 함수의 정의

$$f_{XY}(x,\ y) = \frac{\partial^2 F_{XY}(x,\ y)}{\partial x\, \partial y}$$

(2) 결합 확률 밀도 함수의 성질

① $f_{XY}(x,\ y) \geq 0$

② $\displaystyle\int_{-\infty}^{\infty}\int_{-\infty}^{\infty} f_{XY}(x,\ y)dxdy = 1$

③ $\displaystyle F_{XY}(x,\ y) = \int_{-\infty}^{x}\int_{-\infty}^{y} f_{XY}(\tau_1,\ \tau_2)d\tau_1 d\tau_2$

④ $\displaystyle\int_{x_1}^{x_2}\int_{y_1}^{y_2} f_{XY}(x,\ y)dxdy = P\{x_1 < X < x_2,\ y_1 < Y < y_2\}$

3. 조건부 확률 분포 함수

(1) 조건부 확률 분포 함수의 정의: 조건부 확률 개념 $P(A|B) = \dfrac{P(AB)}{P(B)} = \dfrac{P(A \cap B)}{P(B)}$ 에서 A를 랜덤 변수 X에

대한 사상 $\{X \leq x\}$으로 대치할 때 확률 변수 X가 특정값 x 이하일 확률을 나타내는 확률로써 $\dfrac{P\{X \leq x \cap B\}}{P(B)}$

를 랜덤 변수 X의 조건부 확률이라 하며 $F_X(x\,|\,B)$로 정의한다.

$$F_X(x\,|\,B) = \frac{P\{X \leq x \cap B\}}{P(B)} = \frac{(X \leq x,\ B)}{P(B)}$$

(2) 조건부 확률 분포 함수의 성질

① $0 \leq F_X(x\,|\,B) < 1$

② $F_X(-\infty\,|\,B) = 0$, $F_X(\infty\,|\,B) = 1$

③ $F_X(x_2\,|\,B) \geq F_X(x_1\,|\,B)$ (단, $x_2 \geq x_1$)

④ $P\{x_1 < X \leq x_2\,|\,B\} = F_X(x_2\,|\,B) - F_1(x_1\,|\,B)$

⑤ $F_X(x\,|\,B) = \lim_{\tau \to 0} F_X(x + \tau\,|\,B)$, $\tau > 0$

4. 조건부 확률 밀도 함수

(1) 조건부 확률 밀도 함수의 정의

$$f_X(x\,|\,B) = \frac{dF_X(x\,|\,B)}{dx}$$

(2) 조건부 확률 밀도 함수의 성질

① $f_X(x\,|\,B) \geq 0$

② $\int_{-\infty}^{\infty} f_X(x|B)dx = 1$

③ $F_X(x|B) = \int_{-\infty}^{x} f_X(\tau|B)d\tau$

④ $\int_{x_1}^{x_2} f_X(x|B)dx = F_X(x_2|B) - F_X(x_1|B) = P\{x_1 < X < x_2|B\}$

5 유용한 확률 분포 함수와 밀도 함수

1. 2항 분포

두 가지 가능한 결과만이 있는 반복된 실험을 Bernoulli 시행이라 하며, 이렇게 헤아릴 수 있는 값만을 갖는 랜덤 변수인 이산적 랜덤 변수의 분포를 2항 분포(Binominal Distribution)라 한다. 사상 x가 n번의 실험 중 k번 나올 랜덤 변수를 X라 할 때 랜덤 변수 X의 확률 분포 함수와 확률 밀도 함수는 다음과 같다.

(1) 2항 분포의 확률 분포 함수

$$F_X(x) = \sum_{k=0}^{n} \binom{n}{k} P^k (1-P)^{n-k} u(x-k)$$

여기서, $\binom{n}{k}$: 2항 계수로 $\dfrac{n!}{k!(n-k)!}$

(2) 2항 분포의 확률 밀도 함수

$$f_X(x) = \sum_{k=0}^{n} \binom{n}{k} P^k (1-P)^{n-k} \delta(x-k)$$

$$= \sum_{k=0}^{n} P(X=k) \delta(x-k)$$

2. 푸아송(Poisson) 분포

2항 분포의 경우에는 실험횟수 n이 매우 크고, 확률 P가 매우 작게 되면 계산이 매우 복잡해지게 된다. 그러나 np가 유한하면 2항 분포를 다음과 같은 Poisson 분포로 근사화시킬 수 있다.

$$P(X=k) = \frac{\alpha^k e^{-\alpha}}{k!} \ (\alpha : np)$$

3. 균일 확률 밀도 함수와 균일 확률 분포 함수

특정 구간에서 동일한 확률 밀도를 갖는 연속 랜덤 변수이다.

(1) 구간 a와 b 사이의 동일한 확률값을 갖는 확률 밀도 함수

$$f_X(x) = \begin{cases} \dfrac{1}{b-a} & (a < x < b) \\ 0 & (\text{기타}) \end{cases}$$

(2) 구간 a와 b 사이의 동일한 확률값을 갖는 확률 분포 함수

$$F_X(x) = \frac{1}{b-a}\, x$$

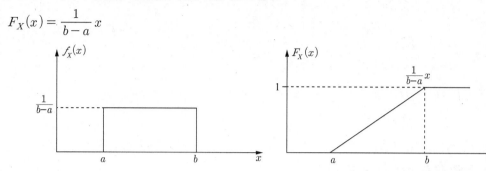

4. 레일리 밀도 함수

랜덤 변수 X가 다음과 같은 밀도 함수를 가질 때, 랜덤 변수 X는 레일리 밀도 함수를 가졌다고 하며, 다음과 같이 표시된다.

$$f_X(x) = \begin{cases} \dfrac{x}{\sigma^2}\, e^{-\frac{x^2}{2\sigma^2}} & (x > 0) \\[2mm] 0 & (x < 0) \end{cases}$$

여기서, σ^2 : 분산(Variance)으로 랜덤 변수 X의 불규칙 정도

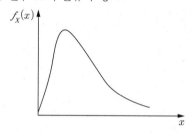

6 가우스(Gauss) 확률 밀도 함수와 가우스 확률 분포 함수

1. 가우스 확률 밀도 함수

$$f_X(x) = \frac{1}{\sqrt{2\pi\sigma_X{}^2}}\, e^{-\frac{(x-m_X)^2}{2\sigma_X{}^2}} \quad \text{(이때, } \sigma_X{}^2 = Var(X)\text{: 분산, } m_X\text{: 평균값)}$$

2. 가우스 확률 분포 함수

가우스형 사상의 확률 $[P\{X \le x\} = F_X(x)]$, 즉 가우스 확률 분포 함수를 구하기 위해서는 가우스 확률 밀도 함수를 적분해야 하는데 이를 정확하게 구할 수 없기 때문에 에러 함수 $erf(x)$를 이용하여 가우스 밀도 함수의 적분을 구한다.

$$F_X(x) = \frac{1}{2\pi\sqrt{\sigma_X{}^2}} \int_x^{\infty} e^{-\frac{(x-m_X)^2}{2\sigma_X{}^2}}\, dx$$

이 식을 계산하는 것이 어려운 경유 Q 함수를 이용하면 개략적인 확률을 구할 수도 있다.

$$Q\left(\frac{x-m_X}{\sigma_X}\right)=1-F_X(x)$$

⑦ 랜덤 변수의 합의 경우 확률 분포 함수와 확률 밀도 함수

2개의 독립적인 랜덤 변수 X, Y의 합을 랜덤 변수 W라 할 때 랜덤 변수 W의 확률 분포 함수와 확률 밀도 함수는 다음과 같다.

1. 확률 분포 함수

$$F_W(w)=P[W\le w]=P[X+Y\le w]$$

2. 확률 밀도 함수

통계적으로 독립인 2개의 랜덤 변수의 합에 관한 확률 밀도 함수는 각 랜덤 변수를 Convolution하면 구할 수 있다.

$$f_W(w)=f_X(x)*f_Y(y)=\int_{-\infty}^{\infty}f_Y(y)f_X(w-y)dy$$

⑧ 중앙 극한 정리

n개의 랜덤 변수 x_i가 독립적이고 랜덤 변수 Y가 $Y=\sum_{i=1}^{n}X_i$의 관계를 가질 때 X_i의 확률 밀도 함수를 Convolution해 가면 랜덤 변수 Y의 확률 밀도 함수는 정규 가우시안 밀도 함수가 된다. 즉, Convolution으로 인해 랜덤 변수의 밀도 함수는 부드럽게 바뀌게 된다.

$$f_Y(y)=f_X(x_1)*f_X(x_2)*f_X(x_3)*\cdots*f_X(x_n)$$

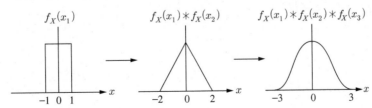

9 랜덤 변수 변환

1. 랜덤 변수의 변환과정

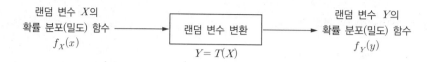

2. 랜덤 변수의 변환

(1) 전달특성이 단조 증가·감소하는 경우: 랜덤 변수 X가 연속적이고 전달 특성 T가 연속적이며, 랜덤 변수 X에 따라 전달 특성 T가 단조 증가·감소하는 경우

$$f_Y(y) = f_X(x)\left|\frac{dx}{dy}\right| \text{ (단, } x = T^{-1}(y))$$

(2) 전달특성이 비단조 변환하는 경우: 랜덤 변수 X가 연속적이고 전달 특성 T가 연속적이며, 랜덤 변수 X에 따라 전달 특성 T가 비단조 변환하는 경우

$$f_Y(y) = \sum_{i=1}^{n} f_X(x_i)\left|\frac{dx}{dy}\right|$$

10 기댓값과 중앙 모멘트

1. 기댓값

평균을 구하는 데 있어 그것이 랜덤 변수와 관련된 평균일 때 이를 기댓값이라 하며, 랜덤 변수의 평균값을 의미한다. 랜덤 변수 X의 기댓값은 다음과 같이 구한다.

(1) 1차 기댓값(1차 Moment): 1차 기댓값은 기댓값 또는 평균값이라고 한다.

$$E[X] = m_X = \int_{-\infty}^{\infty} x f_X(x) dx$$

(2) 2차 기댓값(2차 Moment): 2차 기댓값은 제곱 평균(자승 평균)이라고 한다.

$$E[X^2] = \int_{-\infty}^{\infty} x^2 f_X(x) dx$$

(3) n차 기댓값(n차 Moment)

$$E[X^n] = \int_{-\infty}^{\infty} x^n f_X(x) dx$$

2. 기댓값의 성질

(1) $E[C] = C$ (여기서, C는 상수)

(2) $E[CX] = CE[X]$

(3) $E[X_1 + X_2] = E[X_1] + E[X_2]$

(4) $E\left[\sum_{i=1}^{n} a_i X_i\right] = \sum_{i=1}^{n} a_i E[X_i]$

(5) 만약 X와 Y가 독립이면 $E[XY] = E[X]E[Y]$

(6) $\sigma_X^2 = Var[X] = E[X^2] - \{E[X]\}^2$

(7) 만약 X_1, X_2, $\cdots$, X_n이 독립이고 모든 i에 대하여 $E[X_i] = 0$이면 다음과 같다.

$$E\left[\left[\sum_{i=1}^{n} X_i\right]^2\right] = \sum_{i=1}^{n} E[X_i]^2$$

3. 중앙 모멘트

(1) 2차 중앙 모멘트

① 랜덤 변수 X와, 랜덤 변수 X의 평균값 m_X와의 차이의 모멘트(기댓값)를 말한다.

② 2차 중앙 모멘트는 분산(Variance)이라 하는 것으로 랜덤 변수의 불규칙의 정도를 나타내는 척도이며, 랜덤 변수의 제곱 평균에서 평균값의 제곱을 빼줌으로써 구할 수 있다. 랜덤 변수 X의 분산은 $Var(X)$ 또는 σ_X^2으로 나타내며, 다음과 같이 구할 수 있다.

$$\begin{aligned}
E[(X - m_X)^2] &= E[X^2 - 2m_X X - m_X^2] \\
&= E[X^2] - 2m_X E[X] + E[m_X^2] \\
&= E[X^2] - 2m_X \cdot m_X + m_X^2 = E[X^2] - m_X^2
\end{aligned}$$

$$Var(X) = \sigma_X^2 = E[(X - m_X)^2] = E[X^2] - m_X^2$$

(2) n차 중앙 모멘트

$$E[(X - m_X)^n] = \int_{-\infty}^{\infty} (x - m_X)^n f_X(x) dx$$

11 랜덤 과정

1. 정의

랜덤 과정(Random Process)이란 랜덤 변수의 개념을 확대하여 시간까지 포함한 것으로 랜덤 변수들의 시간 축 배열을 의미한다. 즉, 랜덤 과정이란 시간의 함수들로 구성된 표본공간 또는 집합(Ensemble)을 말하는 것으로 확률 과정 (Stochastic Process)이라고도 하며, $X(t, x)$ 또는 $X(t)$로 나타낸다.

2. 랜덤 과정의 분류

(1) 랜덤 변수와 시간의 특성에 따른 분류

① 연속적 랜덤 과정: 랜덤 변수도 연속적이고, 시간도 연속적인 경우이다.

② 연속적 랜덤 수열: 랜덤 변수는 연속적이고, 시간은 이산적인 경우이다.

③ 이산적 랜덤 과정: 랜덤 변수가 이산적이고, 시간은 연속적인 경우이다.

④ 이산적 랜덤 수열: 랜덤 변수도 이산적이고, 시간도 이산적인 경우이다.

(2) 표본 함수의 형태에 따른 분류

① 확정적 랜덤 과정: 어느 표본 함수의 값을 과거의 값으로 예측할 수 있는 랜덤 과정이다.

② 비확정 랜덤 과정: 어느 표본 함수의 값을 과거의 값으로 예측할 수 없는 랜덤 과정이다.

12 정상 과정(Stationary Process)

어떤 랜덤 과정의 통계적 성질이 시간에 따라 변하지 않으면 정상(Stationary) 과정이라 하고, 통계적 성질이 시간에 따라 변하면 비정상(Non-stationary) 과정이라 한다.

1. 1차 정상 과정(Stationary to Order One)

(1) 1차에 대한 정상 과정: 랜덤 과정의 1차 밀도 함수가 시간 원점 이동에 따라 변하지 않을 때 이를 '1차에 대한 정상'이라 하고, 다음과 같이 표시한다.

$$f_X(x_1;\ t_1) = f_X(x_1;\ t_1 + \Delta)$$

(2) 1차 정상 과정: 위 식은 $f_X(x_1;\ t_1)$이 t_1과 무관함을 알 수 있으며, 따라서 랜덤 과정의 평균값이 일정함을 알 수 있다. 즉, '1차 정상 과정'이란 랜덤 과정의 평균값이 일정하다는 것을 의미한다.

$$E[X(t)] = m_X(t) = 일정$$

2. 2차 정상 과정(Stationary to Order Two)

(1) 2차에 대한 정상 과정: 랜덤 과정의 2차 결합 밀도 함수가 시간 원점 이동에 따라 변하지 않을 때 이를 '2차에 대한 정상'이라 하며, 다음과 같이 표시한다.

$$f_X(x_1,\ x_2;\ t_1, t_2) = f_X(x_1,\ x_2;\ t_1 + \Delta,\ t_2 + \Delta)$$

(2) 2차 정상 과정: 2차 정상 과정은 또한 1차 정상 과정인데, 그 이유는 2차 정상 과정을 만족한다는 것은 각각의 1차 밀도 함수가 시간 원점 이동에 따라 변하지 않음을 의미하기 때문이다.

(3) 자기상관함수: 어떤 랜덤 과정 $X(t)$의 t_1 및 t_2에서의 랜덤 과정은 $X(t_1)$, $X(t_2)$로 쓸 수 있으며 둘 사이의 상관(평균)을 구하는 것을 자기상관함수(Autocorrelation Function)라 하고, 다음과 같이 나타낼 수 있다.

$$R_{XX}(t_1,\ t_2) = E[X(t_1)X(t_2)] = E[X_1 X_2]$$

여기서, $t_2 = t_1 + \tau$

(4) 자기상관함수의 일반식: 따라서 $R_{XX}(t_1,\ t_1 + \tau) = E[X(t_1)X(t_1 + \tau)]$가 되어 $X(t)$가 $\tau(= t_2 - t_1)$만의 함수가 되기 때문에 자기상관함수는 다음과 같이 정의할 수 있다.

$$R_{XX}(\tau) = E[X(t)X(t + \tau)]$$

(5) 2차에 대한 정상: 이와 같이 자기상관함수가 τ에만 의존하는 것을 '2차에 대한 정상'이라 한다.

3. 광의의 정상 과정

(1) 광의의 정상 과정: 광의의 정상 과정(Wide-sense Stationary Process)이란 어떤 랜덤 과정의 평균값이 일정하고, 자기상관함수가 τ에만 의존하게 되는 1차 정상 과정과 2차 정상 과정을 만족하는 랜덤 과정을 의미하는 것으로, 다음과 같이 나타낸다.

$$E[X(t)] = m_X(t) = 일정$$
$$R_{XX}(\tau) = E[X(t)X(t+\tau)]$$

(2) 1차, 2차 정상 과정과 광의의 정상 과정과의 관계: 한편 2차 정상 과정은 또한 1차 정상 과정이므로 광의의 정상 과정이지만, 광의의 정상 과정이라 해서 반드시 2차 정상 과정이 성립하지는 않는다.

13 에르고딕 과정(Ergodic Process)

1. 에르고딕 과정

(1) 에르고딕 과정의 정의: 에르고딕 과정이란, 앙상블 평균과 시간 평균이 같은 특별한 형태의 랜덤 과정이다.

(2) 시간 평균과 앙상블 평균: 시간 평균(Time Average)은 많은 표본 함수 중에서 한 개를 취하여 장시간 측정해서 얻은 평균값인 반면, 앙상블 평균(Ensemble Average)은 임의의 어느 시점에서 모든 확률 과정들의 평균값이다.

(3) 에르고딕 과정의 성질

① 에르고딕 과정은 하나의 표본 함수만 알면 전체적인 통계적 성질을 알 수 있는 과정이다.

② 랜덤 과정이 에르고딕하기 위해서는 과정이 반드시 정상적이어야 한다. 그러나 그 반대는 성립하지 않는다. 즉, 정상적 과정이 모두 에르고딕한 것은 아니다.

2. 1차 에르고딕 과정

$$E[X(t)] = \overline{x(t)}$$

(1) 앙상블 평균

$$E[X(t)] = \int_{-\infty}^{\infty} x f_X(x) dx$$

(2) 시간 평균

$$\overline{x(t)} = \lim_{T \to \infty} \frac{1}{T} \int_{-\frac{T}{2}}^{\frac{T}{2}} x(t) dt$$

3. 2차 에르고딕 과정

$$E[X(t_1)X(t_2)] = \overline{x(t_1)x(t_2)}$$

여기서, $t_1 = t$, $t_2 = t + \tau$(τ는 실수)라 놓으면

$$E[X(t)X(t+\tau)] = \overline{x(t)x(t+\tau)}$$

4. N차 에르고딕 과정

N차에서도 시간 평균과 앙상블 평균은 같고, 이때의 과정을 N차 에르고딕(Ergodic to Order N) 과정이라고 한다.

14 자기상관함수와 상호상관함수

1. 자기상관함수

(1) 자기상관함수의 정의

① 어떤 랜덤 과정의 $X(t)$의 t_1 및 t_2에서의 랜덤 과정 $X(t_1)$, $X(t_2)$ 사이의 상관을 구하는 함수로, 자기 자신의 τ만큼 지연된 신호가 얼마나 관련되는가를 나타낸다. 즉, $R_{XX}(\tau)$는 시간에 대한 함수가 아니라 자기 자신과 지연된 신호 사이의 시간차 τ에 대한 함수이다.

$$R_{XX}(t_1,\ t_2) = E[X(t_1)\,X(t_2)]$$

② $t_1 = t$, $t_2 = t + \tau$라 하면 위 식은 $R_{XX}(t, t+\tau) = E[X(t)\,X(t+\tau)]$가 되며, 만일 $X(t)$가 광의의 정상 과정이라면 다음 식이 성립한다.

$$R_{XX}(\tau) = E[X(t)\,X(t+\tau)]$$

③ 자기상관함수의 시간 평균은 다음과 같이 구한다.

$$R_{XX}(\tau) = \lim_{T \to \infty} \frac{1}{T} \int_{-\frac{T}{2}}^{\frac{T}{2}} X(t)\,X(t+\tau)dt$$

(2) 자기상관함수의 중요한 성질

① 자기상관함수의 최댓값은 $\tau = 0$에서 발생한다.

$$|R_{XX}(\tau)| \le R_{XX}(0)$$

② 자기상관함수는 우함수이다.

$$R_{XX}(\tau) = R_{XX}(-\tau)$$

③ 원점에서의 자기상관함수 값은 제곱평균(자승평균, 평균전력)과 같다.

$$R_{XX}(0) = E[X^2(t)]$$

④ 평균값이 0이 아니고, $x(t)$가 주기적 성분을 갖지 않을 때, 무한대에서의 자기상관함수 값은 평균제곱과 같다.

⑤ 평균값이 0이고 $X(t)$가 주기적 성분을 갖지 않을 때 무한대에서의 자기상관함수 값은 0이다.

$$R_{XX}(\infty) = 0$$

⑥ $x(t)$가 주기적이면, $R_{XX}(\tau)$도 동일한 주기적 성분을 가진다.

$$R_{XX}(\tau) = E[X(t)\,X(t+\tau)]$$

⑦ 잡음 신호를 검출하는 데 신호와 잡음과의 자기상관함수가 클수록 좋다.

⑧ 자기상관함수는 위상 θ와 무관하다.

$$R_{XX}(\tau) \quad \xleftrightarrow{\text{푸리에 변환쌍}} \quad G_{XX}(f)$$

자기상관함수   전력 밀도 함수

2. 상호상관함수

(1) 상호상관함수의 정의

① 상호상관함수란 랜덤 과정 $X(t)$와 어떤 랜덤 과정 $Y(t)$와의 상관을 구하는 것이다.

$$R_{XY}(t_1,\ t_2) = E[X(t_1)\,Y(t_2)]$$

② $t_1 = t,\ t_2 = t + \tau$라 하면 위 식은 $R_{XY}(t,\ t+\tau) = E[X(t)\,Y(t+\tau)]$가 된다. 이때, 광의의 정상 과정이라면 $R_{XY}(\tau) = E[X(t)\,Y(t+\tau)]$가 된다.

③ $R_{XY}(\tau) = 0$이면, 두 개의 랜덤 과정 $X(t)$와 $Y(t)$는 직교 관계를 이룬다. 이처럼 상호상관함수가 0이면 하나의 랜덤 과정의 평균값이 0이 되고, 두 랜덤 과정은 Incoherent하게 된다.

(2) 상호상관함수의 시간 평균

$$R_{XY}(\tau) = \lim_{T \to \infty} \frac{1}{T} \int_{-\frac{T}{2}}^{\frac{T}{2}} x(t)\,y(t+\tau)dt$$

(3) 상호상관함수의 성질

① 상호상관함수 $R_{XY}(\tau)$는 대칭성을 가진다.

$$R_{XY}(-\tau) = R_{YX}(\tau)$$

② $|R_{XY}(\tau)| \leq \sqrt{R_{XX}(0)\,R_{YY}(0)}$

③ $|R_{XY}(\tau)| \leq \frac{1}{2}[R_{XX}(0) + R_{YY}(0)]$

④ 상호상관함수가 τ의 우함수이어야만 할 필요는 없다.

15 전력 밀도 스펙트럼과 평균 전력

1. 전력 밀도 스펙트럼의 정의

(1) 전력 밀도 스펙트럼(또는 전력 스펙트럼 밀도)이란 [Watt/Hz]로 1[Hz] 내에 들어 있는 전력을 의미한다.

(2) 자기상관함수를 푸리에 변환하면 얻을 수 있으며, 이를 위너-힌친(Winer-Khinchine) 정리라 한다.

(3) **전력 밀도 스펙트럼**$= F[$**자기상관함수**$]$

$$G_{XY}(f) = \int_{-\infty}^{\infty} R_{XX}(\tau)e^{-j2\pi f\tau}d\tau$$

2. 평균 전력의 정의

(1) 주기적인 신호(무한대의 에너지를 갖는 신호)는 에너지 개념으로 설명할 수 없으므로 신호의 에너지를 시간 평균 에너지로 나타내는데, 이러한 시간 평균 에너지를 평균 전력이라 한다.

(2) 평균 전력(일반적으로 말하는 전력)은 전력 밀도 스펙트럼을 적분하면 얻을 수 있고, 랜덤 과정 $X(t)$의 평균 전력은 다음과 같다.

(3) 평균 전력= $\int$ 전력 밀도 스펙트럼

$$P_X = \int_{-\infty}^{\infty} G_{XX}(f)df = R_{XX}(0) = E[X^2(t)]$$

각주파수 ω를 사용하여 주파수 영역을 나타내는 경우는 다음과 같다.

$$P_X = \frac{1}{2\pi} \int_{-\infty}^{\infty} G_{XX}(\omega)d\omega$$

(4) 정규화된 전력은 1[Ω]의 저항에서 소모되는 전력을 말하며, 신호 $f(t)$의 시간 영역에서의 전력은 다음과 같이 표시한다.

$$P = \frac{1}{T} \int_{0}^{T} |f(t)|^2 dt$$

3. 시스템 응답에 대한 전력 밀도 스펙트럼과 평균 전력

시스템 입력이 랜덤 과정 $X(t)$, 시스템 응답이 $h(t)$, 시스템 출력이 랜덤 과정 $Y(t)$일 때 랜덤 과정 $Y(t)$의 전력 밀도 스펙트럼과 평균 전력은 다음과 같다.

[랜덤 과정과 시스템 응답]

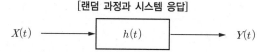

(1) 랜덤 과정 $Y(t)$의 전력 밀도 스펙트럼

$$G_{YY}(f) = \mathscr{F}[R_{YY}(\tau)] = G_{XX}(f) \cdot |H(f)|^2$$

출력 전력 밀도 스펙트럼은 출력 자기상관함수를 Fourier Transform하거나 입력 전력 밀도 스펙트럼과 전달 함수의 제곱을 곱함으로써 얻을 수 있다.

(2) 랜덤 과정 $Y(t)$의 평균 전력: 출력 평균 전력은 출력 전력 밀도 스펙트럼을 적분하면 얻을 수 있으며, 다음과 같이 표시된다.

$$P_Y = \int_{-\infty}^{\infty} G_{YY}(f)df = \int_{-\infty}^{\infty} G_{XX}(f) \cdot |H(f)|^2 df = R_{YY}(0)$$

한편 각주파수 ω를 사용하여 주파수 영역을 나타내는 경우에는 다음과 같이 표시된다.

$$P_Y = \frac{1}{2\pi} \int_{-\infty}^{\infty} G_{YY}(\omega)d\omega = \frac{1}{2\pi} \int_{-\infty}^{\infty} G_{XX}(\omega) \cdot |H(\omega)|^2 d\omega$$

(3) 랜덤 과정 $Y(t)$의 자기상관함수

$$R_{YY}(\tau) = R_{XX}(\tau) * h(-\tau) * h(\tau)$$

(4) 선형 시스템의 응답

$$Y(t) = \int_{-\infty}^{\infty} X(\tau)h(t-\tau)d\tau = \int_{-\infty}^{\infty} X(t-\tau)h(\tau)d\tau$$

(5) 랜덤 과정 $Y(t)$의 기댓값

$$E[Y(t)] = E\left[\int_{-\infty}^{\infty} X(t-\tau)h(\tau)d\tau\right] = \int_{-\infty}^{\infty} E[X(t-\tau)]h(\tau)d\tau$$

$$= m_X \int_{-\infty}^{\infty} h(\tau)d\tau = m_X H(0)$$

따라서, 랜덤 과정 $Y(t)$의 기댓값은 시간 t에 의존하지 않음을 알 수 있다.

16 에너지 밀도 스펙트럼과 에너지

1. 에너지 밀도 스펙트럼

(1) 에너지 밀도 스펙트럼의 정의

① 에너지 밀도 스펙트럼이란 [Joule/Hz]로 1[Hz] 내에 들어 있는 에너지를 의미한다. 시간 영역에서의 에너지 E 는 다음과 같다.

$$E = \int_{-\infty}^{\infty} |x(t)|^2 dt \Rightarrow \text{신호 } x(t)\text{가 저항 } 1[\Omega]\text{의 양단에 인가되었을 때 소모되는 에너지}$$

$$\therefore E = \int_{-\infty}^{\infty} |x(t)|^2 dt = \frac{1}{2\pi}\int_{-\infty}^{\infty} |X(\omega)|^2 d\omega = \int_{-\infty}^{\infty} |X(f)|^2 df$$

② $|X(f)|^2$은 단위 저항, 단위 주파수당 에너지이므로 신호 $x(t)$의 에너지 밀도 스펙트럼이다.

(2) 에너지의 정의

① 에너지는 에너지 밀도 스펙트럼을 적분하며 얻을 수 있다. 랜덤 과정 $X(t)$의 에너지는 다음과 같다.

$$E_X = \int_{-\infty}^{\infty} |Q_{XX}(f)|^2 df$$

여기서, $|Q_{XX}(f)|^2$: 랜덤 과정 $X(t)$의 에너지 밀도 스펙트럼

한편 각주파수 ω를 사용하여 주파수 영역을 나타내는 경우에는 다음과 같이 표시한다.

$$E_X = \frac{1}{2\pi}\int_{-\infty}^{\infty} |Q_{XX}(\omega)|^2 d\omega$$

② 에너지란 정규화된 에너지 1[Ω]의 저항에서 소모되는 에너지를 말하며, 다른 저항값에서 소모되는 에너지는 그 저항값으로 나누어 주어야 함에 유의해야 한다.

2. 시스템 응답에 대한 에너지 밀도 스펙트럼

출력 에너지 밀도 스펙트럼은 입력 에너지 밀도 스펙트럼과 전달 함수의 제곱의 곱으로 나타내며, 다음과 같이 나타낼 수 있다.

$$|Q_Y(f)|^2 = |Q_X(f)|^2 \cdot |H(f)|^2$$

17 백색잡음(White Noise)

1. 백색잡음의 정의

광의의 정상적 랜덤 과정 $N(t)$의 전력 밀도 스펙트럼이 전 주파수에 걸쳐 일정한 경우 $N(t)$를 백색잡음(White Noise)이라 한다.

2. 백색잡음의 전력 밀도 스펙트럼과 자기상관함수

(1) 백색잡음의 전력 밀도 스펙트럼

$$G_{NN}(f) = \frac{N_0}{2} \text{ [W/Hz]}, \quad -\infty < f < \infty \quad (\text{이때, } N_0 : \text{양}(+)\text{의 실정수})$$

(2) 백색잡음의 평균 전력

$$P_{NN} = \int_{-\infty}^{+\infty} G_{XX}(f)df = \int_{-\infty}^{+\infty} \frac{N_0}{2}df = \infty$$

(3) 백색잡음의 자기상관함수

$$R_{NN}(\tau) = F^{-1}\big[G_{NN}(f)\big] = \frac{N_0}{2}\delta(\tau)$$

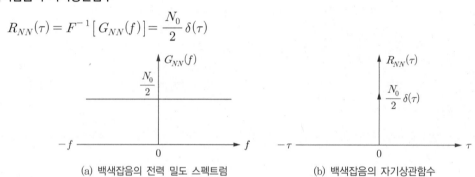

(a) 백색잡음의 전력 밀도 스펙트럼   (b) 백색잡음의 자기상관함수

(4) 백색잡음의 특징

① 백색잡음은 평균값이 0이다.

② 전 주파수대에 걸쳐 전력 밀도 스펙트럼이 일정하다.

③ 통계적 성질이 시간에 따라 변하지 않는 정상적 랜덤 과정이다.

④ 대역폭이 무한대이므로 평균 전력도 무한대이다(실현 불가능).

⑤ 가우시안 분포와 같은 분포를 지님으로 가우시안 백색잡음이라고도 불린다.

⑥ 백색잡음에 가장 근사한 잡음으로 열잡음(Thermal Noise)이 있다.

(5) 대역 제한된 백색잡음의 전력 밀도 스펙트럼과 자기상관함수

① 대역 제한된 백색잡음의 전력 밀도 스펙트럼

$$G_{NN}(f) = \frac{N_0}{2}, \ -f_m < f < f_m$$

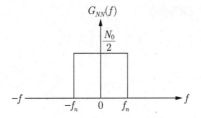

$G_{NN}(f)$

※ 백색잡음은 저역통과 필터를 통과하면 백색잡음이 아닌 유색잡음(Color Noise)이 된다.

② 대역 제한된 백색잡음의 자기상관함수

$$R_{NN}(\tau) = F^{-1}[G_{NN}(f)] = \int_{-\infty}^{\infty} \frac{N_0}{2} e^{j2\pi f \tau} df$$

$$= \frac{N_0}{2} \cdot \frac{1}{j2\pi\tau} \left[e^{j2\pi f \tau} \right]_{-f_m}^{f_m} = \frac{N_0}{2} \frac{1}{\pi\tau} \frac{e^{j2\pi f_m \tau} - e^{-j2\pi f_m \tau}}{2j}$$

$$= \frac{N_0}{2} \cdot \frac{1}{\pi\tau} \sin 2\pi f_m \tau = \frac{N_0}{2} \cdot 2 f_m \frac{\sin 2\pi f_m \tau}{2\pi f_m \tau}$$

$$= N_0 f_m \operatorname{sinc}(2 f_m \tau)$$

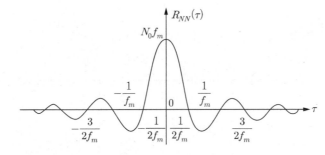

$R_{NN}(\tau)$

※ 이상적인 저역통과 필터는 백색잡음의 자기상관함수를 sinc함수로 변환시킨다.

(6) 대역통과 백색잡음의 전력 밀도 스펙트럼과 자기상관함수

① 대역통과 백색잡음의 전력 밀도 스펙트럼

$$G_{NN}(f) = \frac{N_0}{2}, \quad -f_m < f < f_m$$

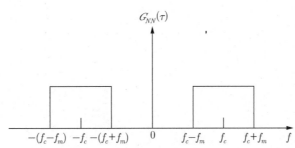

$G_{NN}(\tau)$

② 대역통과 백색잡음의 자기상관함수

$$R_{NN}(\tau) = F^{-1}[G_{NN}(f)] = \int_{-\infty}^{\infty} \frac{N_0}{2} e^{j2\pi f\tau} d\tau$$

$$= 2\int_{f_c-f_m}^{f_c+f_m} \frac{N_0}{2} \cdot e^{j2\pi f\tau} df = N_0 \cdot \frac{1}{j2\pi\tau}[e^{j2\pi f\tau}]_{f_c-f_m}^{f_c+f_m}$$

$$= N_0 \cdot \frac{1}{j2\pi\tau}[e^{j2\pi(f_c+f_m)\tau} - e^{j2\pi(f_c-f_m)\tau}]$$

$$= N_0 \frac{1}{\pi\tau} \cdot \frac{e^{j2\pi f_m\tau} - e^{-j2\pi f_m\tau}}{2j} \cdot e^{j2\pi f_c\tau}$$

$$= 2N_0 f_m \frac{\sin 2\pi f_m\tau}{2\pi f_m\tau}[\cos 2\pi f_c\tau + j\sin 2\pi f_c\tau]$$

$$= 2N_0 f_m \text{sinc}(2f_m\tau) \cdot \cos 2\pi f_c\tau \ (\because \text{실함수만 고려하면 } j\sin 2\pi f_c\tau = 0)$$

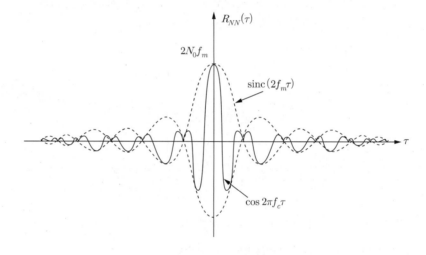

CHAPTER

05 · 정보와 부호이론

05

1 정보이론

1. 정보이론의 개념

(1) 정보이론의 정의

정보이론은 정보라는 추상적인 양을 정량적으로 표현하기 위한 수학적 이론으로, 다음의 3가지 기본 개념을 포함한다.

① 정보의 수량화

② 채널용량

③ 에러 감소를 위한 코딩 기법

(2) 정보량

① 자기정보량: 자기정보량은 통신로의 입력(송신) 측에서 발생 확률이 P_i인 어느 심볼(Symbol) i가 발생하였을 때 심볼 i의 발생 사실을 인지하여 얻을 수 있는 정보량이다.

$$I_i = \log_2 \frac{1}{P_i} = -\log_2 P_i$$

② 정보량의 단위: 대수의 밑(Base)은 정보량에 사용되는 단위를 결정한다.

㉠ 자연 대수인 경우: [nat]

㉡ 밑이 10인 경우: [Hartley] 혹은 [decit]

㉢ 밑이 2인 경우: [bit]

③ 동일 확률을 갖는 메시지의 정보량: 동일 확률을 갖는 n개의 메시지들이 독립적으로 발생할 수 있는 확률은 $P_i = \dfrac{1}{n}$이기 때문에 이 경우 메시지의 정보량은 다음과 같다.

$$I_i = \log_2 \frac{1}{P_i} = \log_2 \frac{1}{\frac{1}{n}} = \log_2 n \ [\text{bit}]$$

2. 총 정보량과 평균 정보량

메시지를 구성하고 있는 심볼의 확률이 서로 다른 경우에는 전송할 수 있는 모든 심볼을 고려한 평균 정보량을 계산할 필요가 있다. 만약 X_1, X_2, X_3, $\cdots$, X_M까지 M개의 심볼을 계열로 발생하는 이산적 정보원이 있다면, M개의 심볼로 구성된 메시지의 총 정보량과 평균 정보량은 다음과 같다.

(1) 총 정보량: 총 N개의 신호로 구성된 긴 메시지의 경우를 I_T라 하고 다음과 같이 나타낸다.

$$I_T = \sum_{i=1}^{n} NP(x_i) \log_2 \left[\frac{1}{P(x_i)} \right] \text{ [bit]}$$

여기서, n: 가능한 출력들의 총 수

$\quad\quad P(x_i)$: 기호 x_i의 발생 확률

$\quad\quad NP(x_i)$: 기호 x_i의 평균 발생 횟수

(2) 평균 정보량(엔트로피): 어떤 정보를 부호화하는 데 필요한 비트 수를 엔트로피라 한다.

$$H(X) = \frac{I_T}{N} = \sum_{i=1}^{n} P(x_i) \log_2 \left[\frac{1}{P(x_i)} \right] \text{ [bit/symbol] (이때, } X\text{: 랜덤 변수)}$$

① **2진 정보원의 엔트로피:** 확률이 각각 P와 $(1-P)$인 2진 정보원의 엔트로피는 다음과 같다.

$$H(X) = P \log_2 \frac{1}{P} + (1-P) \log_2 \frac{1}{1-P} \text{ [bit/symbol]}$$

이때, $H(X)$의 최대치는 $P = \frac{1}{2}$일 때 1[bit/symbol]이 된다.

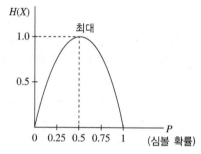

② **최대 엔트로피:** 최대 엔트로피는 각 기호(심볼)의 확률이 동일할 때(즉, 불확정성이 최대일 때) 얻을 수 있으며, 기호의 개수가 M개일 때 다음과 같이 표시된다.

$$H_{\max}(X) = \log_2 M \text{ [bit/symbol]}$$

③ **엔트로피율(정보율):** 엔트로피율은 평균 정보 전송 속도를 말하는 것으로 기호 속도와 엔트로피를 곱함으로써 얻을 수 있으며, 다음과 같이 표시된다.

$$R = \gamma_s \cdot H(X) \text{ [bit/s] (이때, } \gamma_s\text{: 기호(심볼) 속도[symbol/s])}$$

④ **상호정보량:** 상호정보량이란 통신채널을 통해 수신 측에 전송된 정보량을 나타낸다. 채널의 입력과 출력을 X, Y라고 할 때 $H(X)$와 $H(Y)$는 통신 채널상에 존재하는 잡음으로 인하여 동일하지 않기 때문에 X에 대한 사전 확률과 Y의 조건에서 X의 사후 확률의 차이로 정의되며, 상호정보량 $I(X:Y)$는 다음과 같다.

$$I(X:Y) = \log_2 \frac{1}{P(X_i)} - \log_2 \frac{1}{P(X_i \mid Y_j)}$$

$$= \log_2 \frac{P(X_i \mid Y_j)}{P(X_i)} = H(X) - H(X \mid Y)$$

⑤ 이상적인 통신로의 상호 정보량
  ㉠ 에러가 발생되지 않는 무잡음의 경우 이상적인 통신로의 출력을 알면 입력에 관한 불확정성이 없게 되므로 조건부 엔트로피 $H(X|Y)$는 $H(X|Y) = 0$이 된다.
  ㉡ 상호 정보량은 $I(X:Y) = H(X)$가 되고 송신 측의 정보량이 수신 측에 그대로 전달되므로 잃는 정보는 하나도 발생되지 않는다.
⑥ 잡음이 심한 통신로의 상호 정보량
  ㉠ 통신로에 잡음이 심하여 통신로의 입력과 출력이 독립인 경우는 랜덤변수 X, Y가 독립임을 의미한다.
  ㉡ 조건부 엔트로피 $H(X|Y) = H(X)$가 되어 상호 정보량은 $I(X:Y) = H(X) - H(X|Y) = 0$이 된다.

(3) 채널용량: 채널용량은 채널(통신로)을 통하여 수신 측에 전송된 정보량인 상호 정보량의 최대치로 통신 용량이라고도 하며, 보통 C로 표기하고 단위로는 [bps]를 사용한다.

$$C = MAX \ I(X:Y)$$

① 2진 대칭 통신로(BSC)의 통신 용량
  ㉠ 2진 대칭 통신로에 있어 상호 정보량의 최대치인 채널용량은 조건부 엔트로피 식을 이용하여 계산하면 다음과 같이 표시된다.

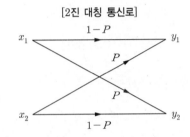

[2진 대칭 통신로]

$$C = 1 + P \log_2 P + (1 - P) \log_2 (1 - P)$$

  ㉡ 한편 확률이 각각 P와 $(1 - P)$인 2진 정보원의 엔트로피는 다음과 같다.

$$H(X) = P \log_2 \frac{1}{P} + (1 - P) \log_2 \frac{1}{1 - P} = -P \log_2 P - (1 - P) \log_2 (1 - P)$$

  ㉢ 통신 용량을 엔트로피를 이용하여 표시하면 다음과 같다.

$$C = 1 - H(X) \ [\text{bps}]$$
$$= 1 + P \log_2 P + (1 - P) \log_2 (1 - P)$$

  ㉣ 잘못 전송될 확률 P_e가 똑같이 대칭적인 채널이다.

② Nyquist 채널용량: Nyquist의 통신 용량은 가우시안 잡음이 없는 이상적인 통신 채널에서 신뢰성 있는 통신을 위하여 전송 가능한 최대 정보 전송률이다. Nyquist 채널용량 일반식은 다음과 같다.

$$C = R_s = r_s H = 2W \log_2 M \ [\text{bps}]$$

여기서, W: 채널의 대역폭
    M: 신호의 레벨 수
    H: 평균 정보량($H = \log_2 M$ [bit/symbol])

③ Shannon의 채널용량

　　㉠ 부가적 잡음(채널에 백색잡음이 존재한다고 가정)이 존재하는 대역의 제한된 채널에서 통신 용량 C[bps]는 다음과 같다.

$$C = R_s = r_s H = W \log_2 (1 + S/N) \text{ [bps]}$$

　　　여기서, W: 채널의 대역폭

　　　　　S/N: 송신 신호의 신호 대 잡음비

　　　　　H: 평균 정보량$\left(H = \log_2 M = \dfrac{1}{2} \log_2 (1 + S/N) \text{[bit/symbol]} \right)$

　　㉡ 백색잡음($N = N_0 W$, 여기서 N_0는 대역 당 잡음 전력 밀도)이 존재하는 경우 통신 용량은 대역폭을 확대해도 잡음전력 N도 증가하므로 증가할 수 있는 용량의 한계가 있다.

　　㉢ 대역폭 W가 무한대로 증가 시 통신 용량의 한계는 다음과 같다.

$$C = W \log_2 (1 + S/N) \fallingdotseq (S/N_0) \log_2 e \fallingdotseq 1.44 (S/N_0) \text{ [bps]}$$

　　　이때, 전송 비트율(R_s)과 채널용량(C)이 같은 경우, $R = C$

$$\frac{S}{N_0} = \frac{E_b R}{N_0} = \frac{E_b C}{N_0} \text{ 이므로 } C \fallingdotseq 1.44 \left(\frac{S}{N_0} \right) = 1.44 \left(\frac{E_b C}{N_0} \right) \text{ [bps]}$$

$$\frac{E_b}{N_0} = \frac{1}{1.44} \Rightarrow \therefore \frac{E_b}{N_0} \text{[dB]} = -1.6 \text{[dB]}$$

　　　이 값은 AWGN 채널에서 임의의 낮은 오류 확률로 통신을 하기 위한 최소의 $\dfrac{E_b}{N_0}$ 값이다. 적절한 부호화 기술을 사용한다면 이 한계값까지 줄여도 통신이 가능하게 된다.

(4) 이산적 통신로: 통신로 잡음 등으로 출력 심볼은 어떤 기호 구간에서 입력 심볼과 다를 수 있다. M개의 심볼의 하나를 전송하고 수신하도록 설계된 통신로를 M진(M-ary) 이산적 통신로라 부른다.

① 2진 대칭 통신로

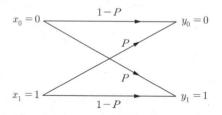

　　㉠ 통신로의 입력이 2원 값을 갖고 이산적 랜덤 변수가 X이면 출력도 2원 값을 갖는 랜덤 변수 Y이다. 그림의 윗부분 경로는 입력 비트 0과 그와 동일한 출력 비트 0을 표시한다. 0에서 1로 연결하는 대각선 경로는 입력 비트 0이 잡음으로 인해 에러가 발생되어 통신로의 출력이 1로 됨을 나타낸다.

　　㉡ 송·수신 간의 에러는 $X \neq Y$인 경우이므로 오류 확률 $P(e)$는 다음과 같다.

$$P(e) = P(x_0) P(y_1 | x_0) + P(x_1) P(y_0 | x_1)$$

　　㉢ $P(y_0)$와 $P(y_1)$은 다음과 같다.

$$P(y_0) = P(x_0) P(y_0 | x_0) + P(x_1) P(y_0 | x_1)$$
$$P(y_1) = P(x_0) P(y_1 | x_0) + P(x_1) P(y_1 | x_1)$$

② **천이 확률 행렬**: 무기억 이산 채널(정보원에서 매 T초마다 발생되는 기호가 통계적으로 독립이라고 가정할 때 이러한 정보원을 무기억 정보원이라 하며, 이러한 정보원을 사용하여 Discrete한 신호를 전송하는 채널)에 입력 x_i가 주어졌을 때 출력 y_j를 얻을 수 있는 천이 확률(조건부 확률)은 $p_{iy} = p(y_j|x_i)$로 표시하며, 행렬로 나타내면 다음과 같다.

$$[P(Y|X)] = \begin{bmatrix} p_{11} \, p_{12} \\ p_{21} \, p_{22} \end{bmatrix} = \begin{bmatrix} p(y_1|x_1) \, p(y_2|x_1) \\ p(y_1|x_2) \, p(y_2|x_2) \end{bmatrix}$$

여기서, $P(Y|X)$: 천이 확률 행렬

③ **결합 확률 행렬**: 입력 확률이 $[P(X)] = [p(x_1) \, p(x_2)]$일 때 출력 확률 $P[Y]$는 다음과 같다.

$$[P(Y)] = [p(y_1) \, p(y_2)] = [P(X)] \cdot [P(Y|X)]$$

위에서 $P[X]$가 대각 행렬로 표시되면 $P[Y]$는 결합 확률 행렬 $P[(X, \ Y)]$로 나타낼 수 있다.

$$P[(X, \ Y)] = P[(X)] \cdot [P(Y|X)]$$

단, 결합 확률 행렬은 입력 확률 $P[X]$가 대각 행렬로 표현될 때 얻어진다.

2 부호이론

1. Huffman Code – 정보원의 코드화

Huffman Code는 자주 쓰이는 문자를, 자주 쓰이지 않는 문자보다 적은 Bit 수로 부호화하는 자료 압축을 위한 Code로 Compact Code라고도 하며, 최소 평균 길이를 갖는 부호어를 만드는 최적 부호화 방법으로 압축 면에서 최대 효율을 갖는 Source Coding 방식에 가장 적합한 부호이다.

2. Huffman Code 생성

(1) Huffman Code 알고리즘

① 정보원의 기호를 발생 확률이 큰 것부터 차례로 배열한다.
② 발생 확률이 가장 적은 2개의 기호에 차례로 0과 1을 할당한다.
③ 확률이 가장 적은 2개의 기호의 확률을 합하여 하나의 새로운 기호로 만든다.
④ 만들어진 새로운 확률값을 확률이 큰 것부터 차례로 다시 배열한다.
⑤ 위 ②~④의 절차를 반복하여 최후의 확률이 1인 기호가 나올 때까지 계속한다.
⑥ 최후로 남은 2개의 확률(새로운 기호)에 할당한 0 또는 1을 시점으로 화살표와 반대 방향을 따라 0 또는 1을 각각 할당하면 원하는 부호어를 얻는다.

(2) Huffman Code의 예

기호	1단계	2단계	3단계	4단계	부호어	부호 길이
A	0.4	0.4	0.4	0.6 ⁰	00	2
C	0.2	0.2	0.4 ⁰	0.4 ¹	10	2
E	0.2	0.2 ⁰	0.2 ¹		11	2
D	0.1 ⁰	0.2 ¹			010	3
B	0.1 ¹				011	3

06 · 스펙트럼 확산 통신방식 및 4세대 이동통신방식

1 스펙트럼 확산 통신

1. 스펙트럼 확산 통신의 개요

(1) 스펙트럼 확산 통신의 정의: 스펙트럼 확산 통신방식은 다수의 사용자에게 자기상관(Auto Correlation)이 크고 상호상관(Cross Correlation)이 작은 성질을 가지는 독립적인 고유 코드를 부여함으로써 확산 변조와 다원 접속을 할 수 있다. 이러한 스펙트럼 확산 다원 접속방식을 CDMA(Code Division Multiple Access)라고 한다.

(2) 스펙트럼 확산 통신의 방식: CDMA 대역확산 방식에서는 대역을 확산하는 방법에 따라 다음과 같이 분류할 수 있다.

> • 직접 시퀀스 CDMA 또는 DS-CDMA(Direct Sequence CDMA) 방식
> • 주파수 도약 CDMA 또는 FH CDMA(Frequency Hopping CDMA) 방식
> • 시간 도약 CDMA 또는 TH CDMA(Time Hopping CDMA) 방식
> • 첩(Chirp) 방식
> • 혼합 방식(Hybrid)

① 직접 확산 방식

ㄱ 직접확산방식의 개념: 전송하고자 하는 신호보다 발생주기가 빠른 확산코드(PN Code)로 신호대역을 확산시킨 후 확산된 신호에 대응하여 반송파의 진폭, 위상 혹은 주파수를 변화시켜 전송하는 방식으로, 현재 서비스되고 있는 CDMA 이동통신 시스템에서 적용하고 있다.

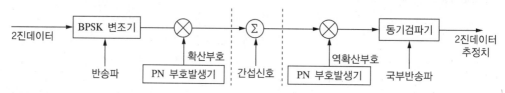

※ DS방식의 데이터 변조 방식은 주로 PSK 방식이 사용된다.

ㄴ DS방식의 장점

• 간섭, 페이딩, 재밍(Jamming)에 강하다.
• 신호 검출이 어려워 통신의 보안성이 높다.
• 다중경로 페이딩에 강하다.

ㄷ DS방식의 단점

• 동기를 확립하기 위한 포착시간이 길다.
• 원근문제(Near & Far Interference)가 발생하므로 정밀한 전력제어가 필요하다.

② 주파수 도약 방식

ㄱ 주파수 도약 방식의 개념: 송신 측에서는 데이터로 변조된 반송파를, 시간에 따라 계속 변화하는 주파수 합성기(Frequency Synthesizer)의 출력 신호와 더해서 반송파의 주파수를 다른 주파수 대역으로 도약시켜 전송

하고(데이터로 변조된 반송파를 일정한 대역폭 내에서 빠르게 움직여 간섭 및 재밍 등으로부터 회피), 수신 측에서는 송신 측에서 사용했던 주파수 합성기 출력 신호와 동기된 국부 발진 신호를 수신 신호에서 빼서 주파수 도약을 제거한 후 복조시키는 방법이다. 주파수 합성기의 출력 주파수는 PN 부호 발생기의 2원 부호에 의해 결정되며, 특히 주파수 합성기의 출력 신호는 전송 대역을 확산시키는 것이 아니고 데이터로 변조된 반송파 주파수의 도약 주파수를 결정하기 때문에 Spreading Code라 하지 않고 Frequency Hopping Pattern이라 한다.

ⓛ 주파수 도약 방식의 시스템 구성도: FH 방식의 데이터 변조 방식은 주로 M진 FSK가 사용되며, M진 FSK를 이용한 FH 송·수신 시스템 구성은 다음과 같다.

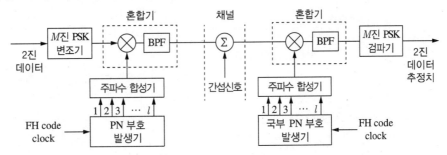

ⓒ 주파수 도약 방식의 장점
- 수신기에서 부호 동기를 포착하는 시간이 짧다.
- 원근단 간섭(Near-and-Far Interference)을 덜 받는다.
- 도약 주파수 수를 증가시킴으로써 스펙트럼 확산을 용이하게 달성할 수 있다(어느 부분의 스펙트럼을 피하기 위해 프로그램이 가능하다).
- 대역 확산을 가장 크게 할 수 있다.

ⓔ 주파수 도약 방식의 단점
- Hit라는 간섭이 발생한다(Hit란 둘 이상의 사용자가 동시에 동일한 주파수를 사용하게 될 때 발생되는 간섭으로, 이를 해결하기 위해서는 에러 정정 부호를 사용해야 함).
- 복잡한 주파수 합성기를 사용해야 한다.

③ 시간 도약 방식

ⓐ 시간 도약 방식의 개념: FH 방식이 PN 부호 발생기의 2원 부호에 의해 결정되는 주파수 합성기의 출력을 가지고 데이터로 변조된 반송파의 중심 주파수를 불규칙하게 변동시키는 것에 비해, TH 방식은 PN 부호 발생기의 2진 출력에 의해 선택된 특정 Time Slot 동안 데이터로 변조된 반송파를(즉, 피변조파를) 연집(Burst) 형태로 송출하는 방식으로, 정보의 Burst가 전송되는 시간을 불규칙하게 변동시켜 전송하게 된다.

ⓑ 특징: DS 방식이나 FH 방식처럼 독자적으로 사용되지 않고 다른 방식과 함께 사용된다.

④ 혼합 스펙트럼 확산 방식

ⓐ 혼합 스펙트럼 확산 방식의 개념: 혼합 스펙트럼 확산 방식이란 앞에서 설명한 DS, FH, TH를 혼합된 형태로 사용하는 것으로 대표적으로 FH/DS 방식, TH/FH 방식, TH/DS 방식이 있으며, 이 중 FH/DS 방식이 가장 많이 사용된다. DS 방식의 경우 PN 부호 발생기의 성능이 아무리 우수하더라도 전체 스펙트럼 확산을 제공할 수 있는 속도를 얻을 수 없으며, FH의 경우 주파수 합성기의 성능이 아무리 좋다 하더라도 전체 확산 신호의 대역폭을 모두 점유할 수 있을 정도로 많은 종류의 도약 주파수를 발생시킬 수 없다. 따라서 DS와 FH의 장점을 결합해 만든 것이 FH/DS 방식이며, 군용 스펙트럼 확산 통신에 널리 사용된다.

ⓛ FH/DS 방식의 시스템 구성도: PN 부호 발생기의 2원 부호(FH Code)에 의해 주파수 합성기의 도약 주파수가 결정되며, 이것은 정보 신호와 DS 코드가 합성되어 스펙트럼 확산되고, 그 스펙트럼 확산된 RF 신호가 도약하게 된다.

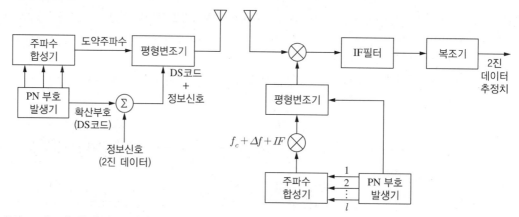

ⓒ 혼합 스펙트럼 확산 방식의 장점
  • 혼합 스펙트럼 확산 방식은 단독으로 사용되는 DS 방식보다 훨씬 더 넓은 스펙트럼 확산을 달성할 수 있다.
  • 수신기에서 부호 동기를 포착하는 시간이 단축된다.
  • 한 채널에서 동시에 많은 통화가 가능한 다원 접속이 가능하다.
  • 부분 대역 간섭을 양면에서 극복한다(FH 방식에 의거 일부 시간 동안의 간섭을 피하고, 간섭이 있는 주파수로 도약하였을 때는 DS 방식에 의거 간섭의 영향을 줄임).

(3) 스펙트럼 확산 통신의 처리이득

① 처리이득: 처리이득은 유한한 전력을 갖는 간섭 신호를 제거할 수 있는 능력으로 대역을 확산하였다가 좁히는 과정에서 얻어지는 이득을 말한다.

② 처리이득의 의미
  ㉠ 처리이득이 1,000이라는 것은 전송 시 확산된 대역폭이 원래 신호의 대역폭보다 1,000배 넓어졌음을 의미한다.
  ㉡ DS방식에서의 처리이득은 PN코드의 전체 경우의 수인 PN부호의 길이(주기)와 같다.
  ㉢ DS방식에서의 G_p는 20~60[dB] 정도이지만 충분한 G_p를 얻는 것이 어려우므로 DS방식은 FH 및 TH방식과 결합하여 혼합방식으로 사용한다.

③ DS, FH, TH, Chirp 방식의 스펙트럼 확산 통신의 처리이득
  ㉠ DS(Direct Sequence) 방식의 처리이득(Process Gain, G_p): 복조 출력과 입력 신호의 SNR의 차를 말한다. 즉, 출력 정보의 SNR 개선도를 의미한다.

$$G_p = \frac{\text{bit time}}{\text{chip time}} = \frac{T_b}{T_c}$$ (이때, T_b:정보 데이터의 최소 대역폭, T_c: Chip 데이터의 최소 대역폭)

  ㉡ FH(Frequency Hopping)방식의 처리이득(Processing Gain, G_p): 유한한 전력을 갖는 간섭 신호를 제거하는 능력을 말한다.

$$G_p = \frac{\text{스펙트럼 확산 대역폭}}{\text{정보 대역폭}} = \frac{B_T}{B_I}$$ (이때, SS 대역폭 B_T: PN 부호율×주파수의 수)

ⓒ TH(Time Hopping)방식의 처리이득(Processing Gain, G_p)

$$G_p = \frac{\text{Frame의 주기}}{\text{time-slot의 주기}} = \frac{T_f}{T_s}$$

ⓔ Chirp방식의 처리이득(Processing Gain, G_p)

$$G_p = \frac{\text{펄스의 폭}}{\text{압축된 펄스의 폭}} = \frac{T}{T_c}$$

2. 스펙트럼 확산 통신의 응용

다자간(다원) 접속 방법에는 FDMA, TDMA, CDMA 방법이 있다.

(1) FDMA(Frequency Division Multiple Access): 주파수 분할 다자간 접속 방식으로, 사용 가능한 주파수 대역을 여러 대역으로 분할하여 다원 접속을 행하는 것이다.

(2) TDMA(Time Division Multiple Access): 시분할 다자간 접속 방식으로, 사용 가능한 시간 대역을 여러 Time Slot으로 분할하여 다원 접속을 행하는 것이다.

(3) CDMA(Code Division Multiple Access): 부호 분할 다자간 접속 방식으로, 사용 가능한 부호를 분할하여 다원 접속을 행하는 것이다. CDMA는 사용되는 스펙트럼 확산 방식에 따라 DS CDMA와 FH CDMA로 나누어지며, DS CDMA에서는 각각의 사용자가 상호 간에 직교성을 갖는 확산 부호를 사용하고, FH CDMA에서는 각각의 사용자가 상호 간에 직교성을 갖는 도약 패턴을 사용함으로써, 같은 시간대에 동일한 주파수를 사용하더라도 간섭이 발생되지 않는다.

① DS CDMA: CDMA에 DS 방식을 적용한 것으로, 사용자 상호 간에 직교성을 갖는 확산 부호(즉, 상호상관함수의 값이 0인 부호)를 사용함으로써 동일 시간대에 동일한 주파수를 사용하더라도 상호 간에 간섭이 발생되지 않는다. 그러나 다수의 사용자가 멀리 떨어져 있는 경우 비동기성으로 인해 일반적으로 확산 부호가 직교성을 만족하지 않기 때문에 상호상관함수(Cross Correlation)의 값이 가능한 한 작게 되어야 좋은 성능을 얻게 된다(확산 부호의 최적 설계 필요). 또한 DS CDMA의 성능을 향상시키기 위해서는 원근단 간섭 문제를 해결해야 하는데, 이의 해결 방법으로는 기지국과 이동국 간의 거리에 따라 이동국 송신 출력 레벨을 제어하는 전력 제어(Power Control)를 수행해야 한다.

② FH CDMA: CDMA에 FH 방식을 적용한 것으로, 사용자 상호 간에 직교성을 갖는 도약 패턴을 사용함으로써 동일 시간대에 동일한 주파수를 사용하더라도 상호 간에 간섭이 발생되지 않는다(도약 패턴의 최적 설계 필요). 그러나 도약 패턴이 완전한 직교성을 갖지 않기 때문에 사용자 상호 간의 주파수 도약 패턴이 직교 관계를 갖도록 도약 패턴을 잘 설계해야 한다. 또한 DS CDMA 방식처럼 원근단 간섭 문제를 해결하기 위한 전력 제어가 필요하며, 특히 둘 이상의 신호가 동일한 주파수를 사용함으로써 생기는 Hit라는 간섭 문제를 해결하기 위해 강력한 에러 정정 부호를 사용해야 한다.

③ CDMA의 C/I와 가입자 수용 용량

ⓐ CDMA의 C/I(Carrier to Interference)

$$\frac{C}{I} = \frac{E_b}{N_0} \cdot \frac{R_b}{B_c}$$

여기서, E_b: 신호의 평균 에너지, N_0: 전력 밀도 스펙트럼의 크기, R_b: Bit Rate, B_c: 확산 대역폭

ⓛ 가입자 수용 용량(N)

$$N = \frac{N_0}{E_b} \cdot \frac{B_c}{R_b} = \frac{1}{\frac{C}{I}} = \frac{I}{C}$$

ⓒ CDMA의 처리이득(G_p)

$$G_p = \frac{E_b}{N_0} \cdot \frac{B_c}{R_b}$$

④ CDMA의 장단점

　ⓐ CDMA의 장점

　　• 협대역 잡음 신호에 강하다(간섭 및 Fading에 강하다).

　　• 주파수 계획이 필요하지 않으며 주파수 사용 효율이 대단히 높다.

　　• 사용자의 신호에 대한 비밀이 보장된다.

　　• 대용량이며 추가적으로 사용자를 더하는 것이 용이하다.

　　• Diversity, 전력 제어, 강력한 에러 정정 부호를 사용하므로 링크 품질이 좋다.

　　• Soft Handover(이동 통신의 경우)를 할 수 있다. Soft Handover란 새로 할당받은 채널과 현재까지 이용하던 채널을 동시에 점유하여 사용하다가 한 채널의 전계 강도가 어느 수준 이하로 떨어지면 한 채널을 복귀시키는 방법으로, CDMA 디지털 셀룰러 이동 통신 시스템에 적용되고 있다.

　ⓑ CDMA의 단점

　　• 단말기에서의 전력 제어에 어려움이 있다.

　　• 단말기 전력 제어 회로의 오동작은 전체 시스템을 무력화시킬 수 있다.

　　• 수신 측에서 Pseudo Random 계열의 획득 및 추적 실현을 위한 H/W가 대단히 복잡하다.

3. 셀룰러(Cellular) 이동통신망

(1) **개요:** 이동통신은 이동체를 대상으로 언제, 어디서나, 누구에게나 곧바로 정보를 교환할 수 있는 통신을 말한다. 특히 서비스 지역을 세분화하여 가입자에게 서비스를 제공하는 통신방식으로 셀룰러 이동통신이라 한다.

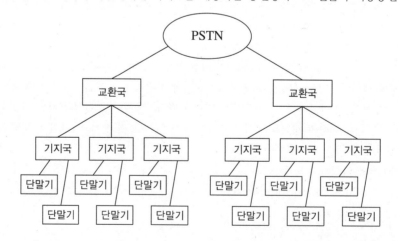

(2) 이동통신 시스템의 구성: 셀룰러 이동통신 시스템의 기본 개념은 서비스 지역을 여러 개의 셀로 분할하고 각 셀에 고유의 주파수를 이용하게 하며, 상호 간섭을 주지 않을 만큼 떨어진 지역에서 동일한 주파수를 재사용하게 하는 것이다. 셀룰러 이동통신 시스템은 이동국, 기지국, 교환국으로 구성되고, 공중통신망과 연동되어 하나의 공중이동 통신망(PLMN; Public Land Mobile Network)을 만든다. 각각의 기능은 다음과 같다.

① **이동국(MS; Mobile Station)**: 무선 링크상의 사용자측 종단에 위치하여 사용자에게 이동통신 서비스를 제공하는 단말기 기능을 갖는다.

② **기지국(BS; Base Station)**: 일정 서비스 지역(Cell) 내에 임의의 이동국에서 발신된 가입자 정보 또는 제어신호를 무선채널로 수신하여 적당한 신호처리를 행한 후 이동통신 교환국(MSC)으로 전송하고, MSC로부터 제어신호를 수신하여 이동국으로 무선 채널을 배정하며, PSTN/ISDN 혹은 이동국의 통화신호를 무선으로 이동국에 전달하는 기능을 한다.

③ **이동통신 교환국(MSC; Mobile Services Switching Center)**: 고정망과 연동되어 이동통신 가입자에게 회선교환 서비스를 제공한다. 일반 교환국과는 달리 다음과 같은 부가적 기능을 갖는다.
   ㉠ 이동 가입자의 위치를 추적하여 상시 서비스를 제공 가능하게 하는 기능
   ㉡ 이동국이 움직일지라도 통신서비스를 지속시켜 주는 Hand Over 기능

④ **Home Location Register(HLR)**: 이동통신 가입자 관리에 필요한 각종 가입자 정보가 저장된 Data Base이다. HLR의 주소는 국가번호 계획에 따르는 각 이동통신 가입자 번호에 대응된다. 특히, HLR은 이동국 착신호를 위해 중요한 정보인 이동국의 현재 위치에 관한 정보를 저장하고 있어서, 한 발신측이 이동국과 통신을 하기 위해 질의를 행하면 착신 이동국의 현재 위치에 대한 정보를 발신측에 제공하여 해당 이동국으로 경로 배선을 가능하게 해준다.

⑤ **Vistor Location Register(VLR)**: 타지역에 속한 이동국이 VLR에 의해 제어되는 일정 지역에 들어왔을 때 이들을 제어하기 위해 이들에 관한 정보를 일시 저장하는 Data Base이다. 즉, PLMN Entity들에 의해 가입자 정보가 요구될 때마다 HLR을 질의하는 것을 피하기 위해 둔 Local Data Base이다.

⑥ **Equipment Identity Register(EIR)**: 이동국 장치번호(IMEI; International Mobile Equipment Identity)가 저장되는 Data Base이다. 즉, 이동국의 Serial 번호, 제조자 및 Type 인정코드 등이 저장되어 이동국의 불법사용을 억제한다.

(3) 이동통신의 특징: 이동전화망이 기존의 PSTN과 다른 3가지 큰 특징은 로밍, 페이징, 통화채널 전환 기능이 있으며, 이는 이동전화망에서 가장 높은 비중을 차지하고 있는 요소이다.

① **로밍(Roaming)**: 일반전화망(PSTN)에서 가입자를 수용하고 있는 시내교환국처럼 이동전화망에서도 가입 계약에 의해 번호를 부여받고 각종 가입자 정보를 최초로 등록한 교환국이 있는데, 바로 이 교환국이 가입자에게는 자기의 수용교환국 또는 홈교환국이다. 홈교환국은 자기 가입자에 대한 각종 정보를 교환기 내에 있는 홈가입자 위치등록기(HLR; Home Location Register)라는 데이터베이스에 저장한다. 그러나 이동가입자는 자기의 홈교환국권 밖으로 이동하여도 서비스를 받을 수 있는데, 바로 이러한 기능을 '로밍(서비스)'라 한다.

② **페이징(Paging)**: 착신호 발생 시 해당 이동국의 정확한 위치를 파악하는 기능이다. 착신호가 발생하면 자동로밍과 등록 기능에 의하여 어느 교환국 지역에 있는지를 거의 알 수 있다. 따라서 해당 교환국은 권내의 모든 기지국으로 페이징 신호를 송출한다. 이동국은 항상 기지국과 개방되어 있는 신호채널을 통하여 단말기 내부에 기억된 자기 번호와 비교하여 일치하면 호출 응답신호를 보내고 음성채널을 할당받아 통화 준비 상태가 된다.

③ **통화채널 전환**: 의미 그대로 통화가 진행되고 있는 도중에 통화채널, 즉 기지국과 이동국 간의 무선채널(음성)이 다른 채널로 바뀌는 것으로, Hand Over 또는 Hand Off라 한다. 통화채널 전환의 유형에는 동일 기지국 내에서의 전환, 기지국과 기지국 간의 전환, 그리고 교환국과 교환국 간의 전환 등 3가지 형태가 있으며, 교환국은 통화 중에 항상 이동국과 감시톤(SAT; Supervisory Audible Tone) 및 신호톤(Signalling Tone)을 주고받으면서 음성채널의 품질(전계강도)을 체크하여 음질이 일정 수준 이하로 떨어지면 양호한 채널을 선택하여 전환기능을 수행한다.

4. IS-95 CDMA와 WCDMA

(1) IS-95 CDMA

① **IS-95 CDMA 시스템**: IS-95 CDMA 이동통신 시스템에서는 기지국이 단말기 방향으로(이를 순방향 링크라 함) 음성을 보낼 때 채널을 구분하기 위해 확산코드로 이용되는 Walsh 코드(이 코드는 코드 간 직교성을 갖음)를 사용한다.

ⓐ **순방향 채널**: Pilot 채널, 동기(Sync) 채널, 호출(Paging) 채널, 통화(Traffic) 채널이 있으며, 이러한 순방향 채널들은 Walsh 코드에 의해 구분된다.

- Walsh 코드는 64개가 존재하며, Walsh 코드 0은 Pilot 채널에 할당되어 있고 이 Pilot 채널은 단말기가 기지국을 인식하도록 하는 역할을 한다.
- Walsh 코드 32는 Sync 채널에 할당되어 있으며 단말(이동국)에 동기정보 등을 제공한다.
- Walsh 코드 1~7은 페이징(Paging) 채널에 할당되어 있으며 기지국이 단말(이동국)을 호출하여 여러 종류의 정보를 보내게 된다.
- 나머지 Walsh 코드들은 트래픽(Traffic) 채널에 할당된다.

ⓑ **역방향 링크(단말에서 기지국 방향)**: Access 채널과 Traffic 채널이 사용되며, 이들은 Long Code에 의해 결정된다. 순방향 링크에서 사용되는 하나의 페이징 채널에 역방향 링크에서 사용되는 32개의 Access 채널이 대응된다.

② **IS-95 CDMA 시스템 사용코드**

ⓐ **Walsh 함수(코드)**: 순방향 채널을 구분하기 위해 기지국이 사용하는 코드이다.

ⓑ **Long Code(Long PN Code)**: 순방향에서는 암호화 및 전력제어 비트로 사용하고, 역방향에서는 이동단말기의 가입자 번호(ESN 번호)를 삽입하여 확산코드로 사용하여 기지국에서 이동단말기를 구분하는 데 사용된다. 코드 길이(전체 Chip의 수)는 $2^{42}-1$ 칩으로(2^{42}개의 칩으로 구성) 이 코드를 모르면 암호화를 절대 풀 수 없다(Long PN Code의 주기는 41.4[일]).

ⓒ **Short Code(Short PN Code)**: 기지국이 사용하는 코드로 이동국은 각 기지국이 사용하는 Short PN Code를 가지고 기지국을 구분한다. Short Code는 기지국에서 사용하는 2^{15} 길이를 갖는 PN 코드로, 만약 기지국마다 서로 다른 PN 코드를 사용하면 이동국이 기지국의 PN 코드를 일일이 재생하거나 모두 기억해야 되는 문제가 발생하므로, 이동국이 기지국에 쉽게 접근할 수 있도록 하기 위해 기지국에 사용하는 PN 코드는 모두 같은 코드를 사용한다(각 기지국은 동일한 코드를 사용하지만 서로를 구별하기 위해 기지국마다 일정한 간격으로 Time Shift되어 발생시킴. 한편 이동국에서는 각 기지국에서 오는 Time Shift, 즉 PN 코드의 오프셋 값을 가지고 각각의 기지국을 구별함).

③ 전력제어방식에 따른 분류

　　㉠ Inner-Loop 전력제어 방식

　　　• 개방 루프 전력제어(Open-Loop Control): 순방향 및 역방향 경로손실이 같다는 가정 하에 전력제어를 수행하는 방식으로, 이동국이 기지국에서 오는 신호세기에 따라 이동국 자체적으로 전력제어를 수행한다.

　　　• 폐루프 전력제어(Closed-Loop Control): 개방 루프 방식에서 오는 전력제어 오차를 수정하기 위하여 기지국이 일정 주기마다(1.25[ms]) 수신 E_b / N_0와 요구 E_b / N_0를 비교하여 전력제어 비트를 보내주면 이동국이 전력제어를 수행한다.

　　㉡ Outer-Loop 전력제어 방식(외부 루프): 채널의 특성 변화에 따라서 E_b / N_0 임계값을 조정할 필요가 있을 경우에 이용하는 방식으로, 외부 루프란 기지국과 기지국을 제어하는 BSC 사이에서 전력제어를 위해 생긴 루프를 말한다.

　　　• E_b / N_0가 높아도 FER(Frame Error Rate)이 나쁘기도 하고, 높은 E_b / N_0에서도 가시거리 내에서는 좋은 FER 특성을 나타낸다.

　　　• 이와 같이 폐루프 전력제어의 E_b / N_0 기준값을 특정값에 고정하지 않고 전파환경에 따라 20[ms] 단위로 변화시켜 실측된 FER 값이 목표 FER 값을 유지하도록 하는 과정을 외부 루프 전력제어라 한다.

(2) WCDMA(Wideband CDMA): WCDMA는 비동기식 CDMA로, 다음과 같은 특징을 갖는다.

① WCDMA는 DS/CDMA 시스템이다. 즉, 사용자 정보비트들은 확산코드로부터 유도된 Pseudo Random 비트(Chips)와 곱해진 후 광대역으로 확산된다.

② WCDMA는 높은 가변 데이터 속도를 지원한다. 각 사용자에게 10[ms] 주기의 프레임이 할당되며, 이 주기의 사용자 데이터 속도는 일정하게 지켜진다.

③ WCDMA는 3.84[Mcps]의 Chip 속도를 사용하므로 반송파 대역폭을 5[MHz]에 근접하게 해준다. 넓은 반송파 대역은 높은 사용자 데이터 속도를 지원할 수 있고, 다중경로 다이버시티 효과도 얻을 수 있다. 반송파 사이의 간섭을 감안하여 약 4.4~5[MHz] 대역 사이에 200[kHz]의 보호대역을 둔다(IS-95 CDMA는 주파수 간격이 1.25[MHz], Chip Rate는 1.2288[Mcps]임).

④ WCDMA는 FDD(Frequency Division Duplex)와 TDD(Time Division Duplex) 운용모드를 지원한다(TDD는 연구개발 진행 중). FDD 모드에서는 서로 다른 5[MHz] 반송 주파수를 역방향 채널과 순방향 채널에서 각각 사용하고, TDD 모드에서는 5[MHz] 대역 내에서 시간을 분할하여 역방향 채널과 순방향 채널을 사용한다(역방향 채널은 이동국에서 기지국으로의 접속이고, 순방향 채널은 기지국에서 이동국으로의 접속임).

2 4세대 이동통신 방식

1. 주파수 공용통신(TRS; Trunked Radio System)

(1) 정의

① 주파수 공용통신은 중계국에 할당된 여러 개의 주파수 채널을 다수의 이용자가 공동으로 사용하는 무선 통신 서비스이다.

② TRS는 유선 통신 고정망의 트렁크 회선 개념(활동 회선 개념)을 무선 통신에 적용한 것으로, 가입자의 사용 요구가 있을 때 임의의 무선 채널을 지정하여 전송하고 사용이 끝났을 때 해당 채널을 회수함으로 무선채널을 공동으로 사용하여 주파수 채널 이용률을 높이는 방식이다.

(2) 특징

① 기본적으로 PTT(Press-To-Talk)를 이용한 Half-Duplex 방식을 이용한다. TRS는 Simplex(지령에 사용), Half-Duplex(집단 통화에 이용), Full-Duplex(PSTN과 연결되는 통화에 이용)에 모두 사용이 가능하다.

② 일체 통신, 개별 통신, PSTN과의 접속 및 데이터 전송이 가능하다.

③ 음성과 데이터의 동시성을 보장하므로 무선 데이터 서비스에 적합하다.

④ 독자적 자가망 구축에 유리한 무선 통신 방식이다.

⑤ 채널당 60~150가입자로 채널당 주파수 사용효율이 높다(이동전화: 20~30가입자).

2. 핸드오프(Hand Off)

(1) 정의

① 핸드오프란 통화 중인 단말기 가입자가 서비스 영역을 벗어나 다른 셀이나 섹터로 이동하더라도 통화가 계속 유지될 수 있도록 통화 채널을 자동적으로 변경시켜 주는 기술이다.

② Soft Hand Off와 Softer Hand Off, Hard Hand Off 방식이 있다.

(2) 핸드오프의 발생 원인

① 기지국과 이동국 사이의 신호 수신 강도

② 비트 에러율(Bit Error Rate)

③ 기지국과 이동국 사이의 거리

④ 기지국의 서비스 반경

(3) 핸드오프의 종류

① 소프트 핸드오프(Soft Hand Off): 통화 중인 단말기가 동일한 교환국의 기지국에서 다른 기지국으로 이동할 경우에 수행하는 Make and Break 방식(이동 셀에 접속하고 이동 전의 셀을 끊는 방식)의 핸드오프로, 주로 CDMA 시스템에서 이용하고 있다.

② 소프터 핸드오프(Softer Hand Off): 단말기가 섹터 간 이동 시에 수행하는 핸드오프를 소프터 핸드오프라 한다. 일반적으로 도심의 기지국은 3섹터로 구성되며 각 섹터의 안테나는 120°씩 커버하게 된다. 소프터 핸드오프는 Rake Receiver에 의해 수행되는 기지국 내의 핸드오프이다.

③ 하드 핸드오프(Hard Hand Off): FDMA, TDMA 또는 CDMA 방식 등과 같이 서로 다른 교환국 사이를 이동하는 경우에 수행하는 Break and Make 방식의 핸드오프로, 주로 아날로그 방식에서 사용한다.

3. 레이크 수신기(Rake Receiver)

(1) 다중페이딩

① 전파를 이용하여 통신을 할 때 전송품질에 영향을 주는 현상 중에 가장 큰 영향을 주는 요인이 다중경로에 의한 페이딩이다.

② 다중경로 성분 중 하나의 경로만 추적하여 복원할 경우 나머지 경로 성분들은 간섭으로 작용하여 C/I를 악화시켜 전송에러를 집중적으로 발생시킨다.

(2) 레이크 수신기의 특징

① 레이크 수신기는 일종의 상관 검출기로 각 신호의 크기에 비례해서 각 탭의 시간지연과 가중치를 다르게 하여 시간적으로 분산된 신호들이 최상의 방법으로 합쳐지게 할 수 있다.

② 도심지와 같이 다중경로 페이딩이 심한 지역에서 매우 효과적으로 이용되며, 이동국은 3개, 기지국은 4개의 레이크 수신을 할 수 있다. 소프트 핸드오프 시에 서로 다른 기지국에서 오는 신호를 동시에 수신하는 데도 사용된다.

4. MIMO(Multiple Input Multiple Output)

다중 입출력을 뜻하는 MIMO는 다중 안테나 기술이라고 불리며, 기지국과 단말기가 여러 안테나를 사용하여 안테나 수가 늘어남에 따라 통신할 수 있는 용량을 늘릴 수 있다. 이동통신에서 채널 손실과 사용자 간의 간섭을 최소화할 수 있는 기술이다.

(1) MIMO의 주요 기술

① 공간 다이버시티 기술(Spatial Diversity): 2개 이상의 안테나를 사용하여 공간의 다양성을 갖는다. 송·수신 기지국에 여러 개의 안테나를 설치하여 다른 채널을 사용하게 만든 다음, 여러 채널에서 받은 데이터를 합성하는 방식이다. 그중에서 페이딩 영향이 가장 적고 품질이 양호한 것을 선택하거나, 여러 채널에서 받은 데이터를 합성하는 방식이다.

※ 페이딩(Fading): 전파가 움직이는 위치에 장애물이 있을 경우나, 전달 거리가 멀어져 지연시간이 길어지는 현상으로 인해 전파가 전달되는 과정에서 환경에 변화가 생기는 것

② 공간 다중화(Spatial Multiplexing): 데이터 처리율을 높이기 위해 사용하는 기술로 시간이나 주파수를 쪼개는 것이 아닌, 공간을 쪼개어 다중화하는 기술이다. 분리된 공간에서 다수의 물리채널을 이용하여 독립된 데이터를 동시에 전송한다. 송신 측에서는 여러 종류의 정보를 여러 개의 안테나를 이용하여 동시에 전송하고, 수신 측에서는 정보를 종류별로 나누어 개별적으로 관리한다. 채널의 공간을 가득 채워 전송하기 때문에 대용량 전송이 가능하고, 여러 데이터를 한 번에 전송하기 때문에 데이터의 다중화가 가능해진다. 즉, 주파수나 전력을 높이지 않아도 채널을 보다 효율적으로 사용할 수 있다.

(2) MIMO 안테나 구성의 종류

① SU-MIMO(개별 사용자): 한 명의 사용자가 무선서비스를 수신하는 것을 의미한다. 만약 송신 측에서 여러 안테나를 사용한다면 한 명의 사용자가 모두 사용하게 되어 안테나의 수에 따라 데이터 속도를 배로 상승시킬 수 있는 방식이다.

② MU-MIMO(다중 사용자): 말 그대로 여러 사용자가 동시에 무선으로 접속할 수 있는 환경을 말한다. 송신신호를 여러 명이 나누어 사용하기 때문에 접속자 수에 따라 알맞게 자원이 분배된다. 많은 사용자가 동시에 서버에 접속하려 하는 경우, 시스템은 우선순위를 나누어 하나씩 처리하기 때문에 사용자들은 기다림을 감수할 수밖에 없었다. 이후 MU-MIMO 방식은 여러 사용자가 동시에 접속 시도를 하더라도 현재의 자원을 나누어 분배하기 때문에 많은 요청을 한 번에 수용할 수 있다.

③ 빔포밍: 안테나의 빔이 연결된 해당 단말기에만 비추는 방식이다. 일반 기지국은 안테나의 빔이 넓은 공간을 비추어 해당 공간 안의 사용자를 모두 수용할 수 있는 방식으로, 이때에는 사용자들 간의 신호간섭이 빈번하게 발생하게 된다. 반면 빔포밍은 연결된 단말기에만 개별적으로 안테나의 빔을 비추는 방식이다. 이렇게 되면 사용자 간의 다른 안테나 빔을 수용하여 신호간섭을 최소화할 수 있으며 기지국의 통화용량을 증가시킬 수 있다.

5. 주요 무선통신 기술

(1) 무선 LAN

① 무선 LAN의 특징

㉠ 유선 LAN에 비해 전송속도가 낮다.

㉡ 무선이므로 외부잡음의 영향이나 신호간섭이 발생할 수 있다.

㉢ 복잡한 배선이 필요 없다.

㉣ 단말기의 재배치가 용이하다(망 구성이 쉬움).

㉤ 무선 LAN에서는 MAC(전송매체 접속제어) 방식으로 CSMA/CA(Carrier Sense Multiple Access/Collision Avoidance)를 사용한다(유선 LAN에서는 CSMA, CSMA/CD, Token Bus, Token Ring의 MAC 방식이 사용됨).

㉥ Spread Spectrum 기술이나 OFDM 기술이 사용된다.

② LAN 관련 프로토콜

㉠ IEEE 802.3: CSMA/CD

㉡ IEEE 802.4: Token Bus

㉢ IEEE 802.5: Token Ring

㉣ IEEE 802.6: MAN

㉤ IEEE 802.9: 음성, 데이터의 통합화

㉥ IEEE 802.10: LAN/MAN 보안

㉦ IEEE 802.11: 무선 LAN

㉧ IEEE 802.12: 100[Mbps] 이더넷

㉨ IEEE 802.15: WPAN(Wireless Personal Area Network)

㉩ IEEE 802.15.1: Bluetooth

㉪ IEEE 802.15.4: ZigBee

㉫ IEEE 802.16: WMAN(IEEE 802.16e: Wibro)

㉬ IEEE 802.17: 패킷링의 프로토콜

㉭ IEEE 802.21: MIH(Media Independent Handover). MIH는 매개체 무관 핸드오버로 다양한 통신환경 하에서 끊임없이 데이터를 주고받을 수 있도록 제안된 새로운 통신기술이다.

※ 4IEEE 802 위원회는 통신 및 네트워크에 관한 표준을 정하는 기구이다.

(2) UWB(Ultra Wide Band)

① 기술 개요: UWB 무선 기술은 무선 반송파(저주파의 신호파를 실어서 전송하기 위해 사용하는 고주파 전류)를 사용하지 않고 기저대역(매우 낮은 저주파수)에서 수 [GHz]대의 매우 넓은 주파수를 사용하여 통신이나 레이더 등에 응용되고 있는 새로운 무선 기술이다. 특히 이 기술은 수 나노(Nano) 혹은 수 피코(Pico) 초의 매우 좁은 펄스를 사용함으로써 기존의 무선 시스템의 잡음과 같은 매우 낮은 스펙트럼 전력으로 기존의 이동통신, 방송, 위성 등의 기존 통신 시스템과 상호 간섭 영향 없이 주파수를 공유하여 사용할 수 있으므로 주파수의 제약 없이 사용 가능한 시스템으로 새롭게 대두되고 있다.

② 기술적 특징: UWB 시스템은 수 나노(Nano) 혹은 피코(Pico) 초의 매우 좁은 펄스를 사용함으로써 매우 넓은 주파수 대역에 걸쳐 매우 낮은 스펙트럼 전력 밀도가 존재하고, 이는 높은 보안성, 높은 데이터 전송 특성 및 정확한 거리 및 위치 측정이 가능한 높은 해상도를 제공하며, 다중경로 영향에 강인한 특성을 보인다. 특히 기존의 무선 시스템과는 달리 반송파를 사용하지 않고 기저대역에서 통신이 이루어지므로 송·수신기의 구조가 간단해짐으로써 낮은 비용으로 송·수신기를 제작할 수 있는 큰 장점을 가지고 있다.

    ㉠ 초고속 전송의 실현

    ㉡ 극히 짧은 펄스를 이용한 송·수신

    ㉢ 기존 협대역 시스템과의 공유

    ㉣ 정밀한 위치 인식 및 추적이 가능

    ㉤ 장애물 투과 특성이 우수

(3) RFID(Radio-Frequency IDentification)

① **기술 개요**: RFID는 주파수를 이용해 ID를 식별하는 방식으로 일명 전자태그로 불린다. RFID 기술이란 전파를 이용해 먼 거리에서 정보를 인식하는 기술을 말하며, 전자기 유도 방식으로 통신한다. 여기에는 RFID 태그와 RFID 판독기가 필요하다. 전파를 이용하여 먼 거리에서도 태그를 읽을 수 있으며, 심지어 사이에 있는 물체를 통과해서 정보를 수신할 수도 있다.

② **기술적 특징**: RFID 기술은 주파수 대역에 따른 인식 성능과 응용 범위가 다르며, RFID 태그 내 배터리 유무에 따라 액티브 태그 및 패시브 태그로 나뉜다. RFID 기술은 저주파일수록 태그 인식 속도가 늦고, 태그의 크기가 크다. 반면 환경의 영향에는 강한 편이다. 고주파의 경우 태그 인식 속도와 일괄 인식이 좋고, 태그 크기가 작은 편이다.

[주파수 대역에 따른 RFID 특징]

주파수 대역	특징	응용 분야
125[kHz]	• 인식 거리: 50[cm] 정도 • 물, 금속이 있는 환경에 강함 • 데이터 전송 속도 낮음 • 비교적 가격 비쌈 • No Anti-collision(동시 다량 판독 안 됨)	출입 통제 가축 관리 차량 원격 시동
13.56[MHz]	• 인식 거리: 최장 1[m] • 물이 있는 환경에 강함. 금속 환경에 약함 • 데이터 전송 속도 양호 • Anti-collision(10~40[tag/s])	재사용 용기 스마트(교통) 카드 도서관, FA 재고 관리
860~960[MHz]	• 인식 거리: 3~8[m] • 금속 환경에 적합. 물이 있는 환경에서는 반사 • 빠른 데이터 전송 속도 • Anti-collision(50[tag/s])	유통 물류 분야
2.45[GHz]	• 인식 거리: 90[cm] 정도 • 태그 사이즈가 작아서 유리 • 금속 환경에 적합. 물이 있는 환경에서는 반사 • 빠른 데이터 전송 속도 • Anti-collision(50[tag/s])	상품 관리 차량 통제

③ **장점**

    ㉠ 반영구적으로 사용이 가능하다.

    ㉡ 비접촉하여 인식이 가능하다.

    ㉢ 반복하여 재사용이 가능하다.

    ㉣ 공간의 제약 없이 동작 가능하다.

    ㉤ 운영비와 생산비를 축소할 수 있다.

④ 단점

    ㉠ 가격이 비싸다.

    ㉡ 개인 프라이버시의 침해 가능성이 있다.

    ㉢ 국가별로 주파수가 다르다.

    ㉣ 전파의 적용 범위가 한정적이다.

    ㉤ 모든 정보가 유출될 가능성이 있다.

(4) 블루투스(Bluetooth)

① **기술 개요**: 블루투스는 1994년에 에릭슨이 최초로 개발한 디지털 통신 기기를 위한 개인 근거리 무선 통신 산업 표준이다. ISM 대역에 포함되는 2.4~2.485[GHz]의 단파 UHF 전파를 이용하여 전자 장비 간의 짧은 거리의 데이터 통신 방식을 규정한다. 블루투스는 개인용 컴퓨터에 이용되는 마우스, 키보드를 비롯하여, 휴대전화 및 스마트폰, 태블릿, 스피커 등에서 문자 정보 및 음성 정보를 비교적 낮은 속도로 송·수신하는 용도로 채용되고 있다.

② **기술적 특징**: 블루투스는 ISM 대역인 2.45[GHz]를 사용하며 RS-232, 유선 USB를 대체하는 개념이다. 이는 와이파이가 이더넷을 대체하는 개념과 유사하다. 암호화에는 SAFER을 사용한다. 장치끼리 연결을 성립하려면 키워드를 이용한 페어링이 이루어지는데, 이 과정이 없는 경우도 있다. 변조 방식은 가우시안 주파수 편이 변조(GFSK), $\pi/4$-차동 직교 위상 편이 변조($\pi/4$-DQPSK), 8진 차동 위상 편이 변조(8DPSK)를 사용한다. 그리고 블루투스는 주파수 도약 기술을 사용해서 채널을 초당 1,600번씩 바꾸면서 동작한다.

6. OFDM 직교 주파수 분할 다중화 기술

(1) OFDM(Orthogonal Frequency Division Multiplexing): OFDM은 고속의 송신 신호를 수백 개 이상의 직교(Orthogonal)하는 협대역 부반송파(Subcarrier)로 변조시켜 다중화하는 방식이다.

(2) OFDM의 기본원리: OFDM은 고속의 전송률을 갖는 데이터열을, 낮은 전송률을 갖는 많은 수의 데이터열로 나누고 각각의 부반송파를 변조하고, 이들을 동시에 다중화 전송하는 기술이다. 즉, 산란 반사파에 취약한 고속 데이터를 반사파에 강한 저속 데이터들로 병렬 전송하는 구조이며, 각각의 부반송파들의 선택적 스케줄링이 가능하다.

① OFDM 변조기 구성: 데이터열을 여러 개의 부반송파로 동시에 나란히 전송하는 방식이다.

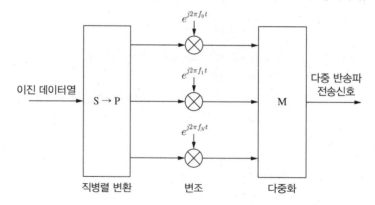

② OFDM의 조건

    ⊙ 부반송파 간 직교성 유지: 각 부반송파 파형은 시간축 상으로는 서로 간섭을 일으키지 않게 직교하지만 주파수축 상에서는 약간씩 겹치게(Overlap) 되어야 한다.

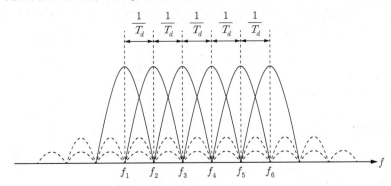

    ⓒ 부반송파 개수가 많고 간격이 좁음: 보통 수십, 수백 개 이상의 부반송파를 이용하며, 부반송파 간격은 주파수 선택성 및 도플러 확산에 따라 달라진다.

(3) OFDM의 장단점

① 장점

    ⊙ 부반송파들을 주파수 상에서 중첩으로 겹치게 하는 등 주파수 대역 효율이 매우 좋다.

    ⓒ 데이터를 낮은 데이터로 여럿으로 나누어 병렬하면 나뉜 데이터의 심볼 주기는 길어지기 때문에 지연확산에 의한 심볼 간 간섭(ISI)이 줄어들어 다중 경로 페이딩에 강건하다.

    ⓒ 도플러 효과에 강건하다.

    ⓔ 협대역 간섭이 부반송파 일부에만 영향을 받아 다중경로에 의한 주파수 선택적 페이딩의 극복에 용이하다.

    ⓜ FFT(Fast Fourier Transform)을 이용하여 고속의 신호 처리가 가능하다.

    ⓗ 복잡한 등화기가 필요하지 않고, 임펄스 잡음에 강하다.

② 단점

    ⊙ 송·수신단 간에 반송파 주파수 옵셋이 존재할 경우 SNR 열화가 발생하고, 수신되는 부반송파 간의 직교성(Orthogonality)이 상실되어 신호 대 잡음비(SNR; Signal-to-Noise Ratio)가 크게 감소하는 단점이 있다.

    ⓒ 상대적으로 큰 첨두전력 대 평균 전력비(PAPR; Peak to Average Power Ratio)를 갖고 이는 RF 증폭기의 전력 효율을 감소시킨다.

    ⓒ 프레임 동기, 심볼 동기에 민감하게 동작하기 때문에 해당 시스템의 수신단 구현 시 이를 극복할 수 있는 최적의 알고리즘이 요구된다.

06

07 · 안테나와 항법장치

1 전파이론

1. 전파와 파동방정식

(1) 전파의 전계와 자계가 모두 만족하는 방정식을 파동 방정식이라 한다. 파동 방정식에서 해를 구하면 전파의 진행속도 $v = \dfrac{1}{\sqrt{\mu\varepsilon}}$를 구할 수 있다.

(2) 전파의 진행속도

$$v = \frac{1}{\sqrt{\mu\varepsilon}} = \frac{1}{\sqrt{\mu_0 \mu_s \varepsilon_0 \varepsilon_s}} = \frac{1}{\sqrt{\mu_0 \varepsilon_0}} \cdot \frac{1}{\sqrt{\mu_s \varepsilon_s}} = \frac{c}{\sqrt{\mu_s \varepsilon_s}} = \frac{c}{n}$$

여기서, μ_0 : 자유 공간에서의 투자율($4\pi \times 10^{-7}$)

ε_0 : 자유 공간에서의 유전율(8.855×10^{-12})

μ_s, ε_s : 각각 매질에 따라 달라지는 비율인 비투자율, 비유전율

(3) 자유 공간에서의 전파의 속도$\left(\dfrac{1}{\sqrt{\mu_0 \varepsilon_0}}\right)$는 광속 c와 같고 매질에 따라서 (비유자율, 비유전율) 달라진다.

2. 전파의 주파수와 파장의 관계

(1) 주파수

$$f = \frac{c}{\lambda} \ (\text{이때, } c: \text{빛의 속도, } 3 \times 10^8)$$

(2) 파장

$$\lambda = \frac{c}{f} \ (\text{이때, } c: \text{빛의 속도, } 3 \times 10^8)$$

3. 무선 사용주파수 분류와 용도

주파수	명칭	파장[m]	용도
30~300[Hz]	극저주파(ELF)	$10^7 \sim 10^6$	전원용, 특수 군용 통신
300[Hz]~3[kHz]	음성파(VF)	$10^6 \sim 10^5$	인간의 음성 및 가청 범위
3~30[kHz]	저주파(VLF)	$10^5 \sim 10^4$	군용 선박(잠수함) 통신
30~300[kHz]	장파(LF)	$10^4 \sim 10^3$	선박용 무선항행
300[kHz]~3[MHz]	중파(MF)	$10^3 \sim 10^2$	AM방송(530~1,605[kHz]), 선박통신(LORAN)
3~30[MHz]	단파(HF)	$10^2 \sim 1$	국제방송, 원양선박통신, HAM 통신
30~300[MHz]	초단파(VHF)	10~1	무선전화기(46/49[MHz]), 워키토키(140[MHz]), FM방송(88~108[MHz]), TV방송(54~88[MHz]) 등
300[MHz]~3[GHz]	극초단파(UHF)	$1 \sim 10^{-1}$	무선전화기(900[MHz]), 전자레인지(2,450[MHz]), TV방송(500~752[MHz]), 이동전화(800[MHz], 1,800[MHz]), 블루투스, ZigBee(2.4[GHz])
3~30[GHz]	마이크로파(SHF)	$10^{-1} \sim 10^{-2}$	위성통신, Radar, 전파천문
30~300[GHz]	밀리미터파(EHF)	$10^{-2} \sim 10^{-3}$	전파천문, 위성통신, 실험연구
300~3,000[GHz]	서브 밀리미터파	$0.7 \sim 10\mu$	전파천문, 원격제어(리모컨), 원격계측
—	가시광선	4,000~8,000[Å]	광통신

4. 전파의 분류 및 주요 전파의 형태

(1) 지상파

① **직접파**: 대지면에 접촉하지 않고 직접 안테나에 도달하는 전파로, 도달거리는 가시거리 내이다.

② **대지반사파**: 대지, 건물 등에서 반사한 후 수신 안테나에 도달하는 전파이다.

③ **지표파**: 지표면을 따라 퍼지는 전파로, 해면이나 수면 위에서 잘 전파된다.

④ **회절파**: 산이나 건물 등의 장애물을 넘어 수신점에 도달하는 전파이다.

(2) 공간파

① **대류권 굴절파**: 대류권은 고도에 따라 공기밀도 변화로 굴절률이 낮아진다. 전파가 위로 올라갈수록 안쪽으로 전파되어 지상으로 전파를 전달한다.

② **대류권 반사파**: 대류권과 성층권 경계에서의 굴절률 차이로 인해 반사된다.

③ **전리층 반사파**: E층이나 F층의 서로 다른 매질을 갖는 전리층에서 반사되는 전파이다.

④ **전리층 산란파**: E층 하부에 전자밀도의 불균일로 일어나는 산란현상에 의한 전파이다.

5. 주파수와 거리에 따른 전파통로

전파거리 주파수	100[km] 이하			100~800[km]		800~4,000[km]		4,000[km] 이상	
	지표파	직접파	대지반사파	주	야	주	야	주	야
장파	○			○	○	○	○	○	○
중파	○				○				
중단파	○			○	○	○			
단파						○	○	○	○
초단파		○	○						
극초단파		○							

(1) 장파(LF)의 전파 특성

장파는 지표파나 전리층 반사파로 전파되며, 근거리는 지표파, 원거리는 지표파와 전리층파에 의해 전파된다(지표파가 장파에 주로 이용됨).

① 주간에는 D층 반사파, 야간에는 E층 반사파(D층 소멸)이다.

② 공전방해를 심하게 받으므로, 원거리 통신에 부적합하다.

③ 200[kHz] 이하에서 일출, 일몰 효과가 출현된다(일출, 일몰 시(時) 전계강도가 급격히 변동됨).

④ 주·야간 모두 비교적 안정한 수신전계이다.

(2) 중파(MF)의 전파 특성

중파는 지표파와 전리층 E층 반사파에 의해 전파된다.

- 주간에 D층에서 감쇠가 크므로, 거의 지표파에만 의존한다.
- 장파보다 감쇠가 크므로 전파거리는 짧다.

① 지표파

 ㉠ 주파수가 낮을수록, 유전율이 낮을수록, 도전율이 클수록 감쇠가 적다.

 ㉡ 건조지대는 감쇠가 크고, 해상에서는 감쇠가 적어 원거리 전파가 가능하다.

 ㉢ 전계강도는 해지>습지>건지 순으로 해상이 크다.

 ㉣ 전계강도

$$E = 120\pi \frac{I \cdot h_e}{\lambda \cdot d} \text{ [V/m] (이때, } d: 송 \cdot 수신 간 거리)$$

② 전리층파

 ㉠ 주간에는 D층에 의해 1종 감쇠를 크게 받아 전리층 E층 반사파는 거의 소멸되므로, 지표파만의 근거리 통신이 적합하다.

 ㉡ 야간에는 D층 소멸과 E층 전자밀도 저하로 1종 감쇠가 적어져, 전리층 E층 반사파 증가로 원거리 전파가 된다(야간에 공간파가 강해지므로 원거리에서 중파 방송이 더 잘 수신됨).

 ㉢ 여름보다 겨울 야간에 양호한 수신이 가능하다.

 ㉣ 일몰 시부터 일출 전까지는 전리층(E층) 반사파와 지표파와의 간섭에 의한 근거리 페이딩이 발생한다(전리층 상호간 간섭으로 원거리 페이딩).

⑭ 야간에 지표파에 의한 전계강도와 전리층 E층 반사파에 의한 전계강도가 같은 지점까지의 범위인 양청구역 (Service Area)이 발생한다.

⑭ 제1양청구역은 지표파에 의한 양호한 수신이 가능하다($E = 0.25$[mV/m] 이상임).

⊛ 제2양청구역은 야간에 전리층(E층) 반사파에 의해 다소 잡음이 있어도 원거리 수신이 가능하다.

◎ 일출, 일몰 시는 전리층의 생성과 소멸의 과도기이므로 페이딩(특히 선택성 페이딩)이 강하게 발생한다.

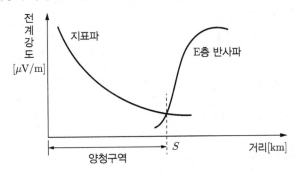

(3) 장·중파의 전파 특성

① 회절 손실이 적다(지형의 기복에 무관).

② 협대역 통신에 적합하다(AM 방식 사용).

③ 안정된 전계 특성(지표파에 의한 안정된 전파 특성으로 페이딩이 거의 없음)을 갖는다.

④ 외부 잡음에 의한 방해가 많다(공전 영향이 큼).

(4) 단파(HF)의 전파 특성: 단파에서는 지표파는 감쇠가 크고 직접파는 초단파대를 쓰는 편이 유리하므로 실용되지 않으며, 전리층파는 흡수가 적어 수신전계가 크므로 전리층(F층) 반사파에 의한 소전력으로 원거리 통신에 적합한 전파형식이다. 그리고 원거리에 도약현상이 나타나므로 불감지대(Dead Zone)가 발생하는 문제가 있다.

① 지표파: 파장이 짧으므로 지표파는 감쇠가 커서 이용이 불가하다(근거리 통신은 부적합).

② 전리층파: D층, E층에서 감쇠가 중파에 비해 적으며, F층 반사파가 지표로 되돌아오고 지표에서 재차 반사되므로 원거리 전파가 가능하다.

③ 단파의 전파 특성

㉠ 소전력으로 원거리 통신이 가능하다(선박통신 등).

㉡ 지향성이 예민한 송·수신 안테나 이용이 용이하다.

㉢ 공전 잡음의 방해가 적다.

㉣ 주파수대가 넓어 통화회선 수를 많이 할 수 있다.

㉤ 혼신의 영향이 큼(원거리 전파 시): 장·중파보다는 적다.

㉥ 페이딩 현상, 에코우, 산란, 델린저 형상, 자기람 현상, 오로라 등의 영향을 받아 수신전계가 저하된다.

㉦ 불감지대가 발생한다(전리층 산란파에 의해 미소전계는 존재하나 불안정).

◎ 전리층 전자밀도가 주야, 계절, 연별에 따라 FOT가 변화된다.

6. 초단파대(VHF) 이상의 전파 특성

초단파대 이상의 전파는 파장이 매우 짧아 지표파는 감쇠가 크고, 전리층파는 F_2층까지도 투과하므로 이용할 수 없으며, 가시거리 내에서만 직접파와 대지 반사파에 의한 전파 특성을 갖는다. 그러나 산재 E층(즉, E_s층)이 나타나면 전자밀도가 매우 크므로 초단파도 반사되어 사용할 수 있으나, 지역적이고 불규칙해서 안정회선은 되지 못한다.

(1) **직접파**: 초단파대 이상은 대지면 접촉 없이 송신에서 수신으로 직접 도달되는 전파이다. 그런데 대기의 굴절률이 서로 다른 무수한 층으로 구성된 대기층에서 입사된 전파는 굴절을 거듭 반복한다. 때문에 전파 통로는 직선이 아니라 곡선으로 생각해야 하므로 더 멀리 나가는 실제 전파거리의 해석은 실제 지구 반경($r=6,370$[km])보다 더 큰 지구반경($R=8,500$[km])으로 가상하면 전파통로를 직선으로 간주할 수 있다.

① 초단파대의 가시거리
  ㉠ 실제 전파 거리
$$d = 4.11(\sqrt{h_1} + \sqrt{h_2})$$
  ㉡ 기하학적 거리
$$d = 3.57(\sqrt{h_1} + \sqrt{h_2})$$

② 대기 굴절률로 인해 실제 전파 가시거리는 기하학적 거리의 $\sqrt{\dfrac{4}{3}}$ 배이다.

(2) **초단파대 이상의 전파 특성**

① 직접파와 대지 반사파에 의해 수신 전계가 결정된다(지표파는 큰 감쇠).

② 전파 실제 가시거리는 대기 굴절률 때문에 기하학적 거리보다 약간 멀게 된다(전파통로는 K를 고려하므로 직선으로 취급 가능).

③ 송·수신점 근처에서는 전파의 크기가 진동적으로 변화하는 영역이 존재한다(직접파와 대지 반사파 상호 간섭, 수신 ANT 높이, 송·수신점 사이의 거리).

④ 송·수신 안테나 높이가 높을수록 수신 전계가 증가된다.

⑤ Fresnel Zone이 발생(전파통로상에 산악, 건물 등 장애물이 존재할 때 직접파와 회절파의 간섭)되나, 장애물 아래 부분도 회절파에 의한 전계 성분이 존재한다.

⑥ 해상 전파는 육상 전파에 비해 불안정하고, 심한 Fading을 받는다.

⑦ 신틸레이션, K형, 감쇄형, 산란형, Duct형 Fading이 발생한다.

(3) **마이크로파 통신의 특징**

① 일반적으로 300[MHz]~30[GHz]의 UHF와 SHF대의 전파로서 그 성질이 빛에 가까우므로 예리한 지향성, 직진성, 반사성 등을 가지며, 광대역성을 얻기 쉬우므로 수백~수천 채널의 초다중 통신, TV중계, 위성중계, Radar 및 고속 Data 통신에 사용된다.

② 마이크로파 주파수(SHF; 3~30[GHz])는 파장이 10~1[cm]로 매우 짧아 전리층에서 거의 반사되지 않으므로, 중간에 산이나 고층 건물 등의 장애물이 있어 직접 전파가 이루어질 수 없는 두 지점 간의 통신이 불가능해진다.

③ 지구는 둥글기 때문에 두 지점이 멀어서 보이지 않는 경우도 역시 통신이 불가능하므로 마이크로파 통신을 가시거리(Line of Sight) 통신이라고 한다. 그러므로 지상에서 가시거리를 확보할 수 없다면 산 정상이나 하늘에서 전파를 반사시켜 전리층 역할을 할 수 있는 어떤 중계장치가 있어야 통신이 가능해진다.

(4) **마이크로파 통신의 장점**

① 가시거리 통신을 한다(장거리 시 중계통신: 중계장치 필요).

② 안정된 전파 특성(손실, 간섭, 잡음 등 감소)을 가지며, 전파손실이 적어 1[W] 정도의 작은 출력으로 통신이 가능하다.

③ 외부 잡음의 영향을 덜 받으므로 S/N비 개선도 향상된다.

④ 예민한 지향성과 고이득 안테나를 (소형으로) 얻을 수 있다.

⑤ 광대역성이 가능하다(초다중 통신, TV중계, 고속 Data 전송 등).

⑥ 전리층을 통과하여 전파된다(우주통신 가능).

⑦ 회선 건설이 짧고 그 경비가 저렴하며, 재해 등의 영향이 적다.

⑧ PTP(점 대 점) 통신이 가능하다.

(5) 마이크로파 통신의 단점

① 유지보수가 곤란하다.

② 보안성이 취약하다.

③ 기상 상태(비, 구름, 안개 등)에 따라 전송 품질이 변동된다(11[GHz] 강우현상).

④ 송·수신 간 연결 직선상의 높고 큰 건축물 등으로 통신 장애 현상 등이 발생한다.

(6) 마이크로파의 중계방식

① **직접 중계방식**: 수신한 M/W전파를 그대로 증폭한 후에(약간 다른 M/W전파로 바꾼 다음 증폭하여) 중계하는 방식이다.

㉠ LNA(저잡음 μ파 증폭기)가 필요하다.

㉡ 광대역성 특성이 우수 및 안정하다.

㉢ 통화로(회선)의 삽입 및 분기가 곤란하다.

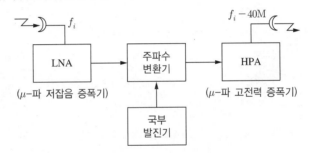

② **헤테로다인 중계방식**: 수신한 M/W전파를 증폭하기 쉬운 중간 주파수(IF; 보통 70[MHz])로 변환하여 증폭한 후에 다시 M/W전파로 바꾸어 중계하는 방식이다.

㉠ 변·복조부가 없으므로 장치가 간단하고, 특성 열화가 생기지 않는다.

㉡ 회선의 삽입 및 분기가 곤란하다(TV 중계 시 IF로 분기는 가능).

㉢ 현재 공중용 M/W 중계에 가장 많이 사용한다(TV 중계 등 원거리 공중 통신망 등).

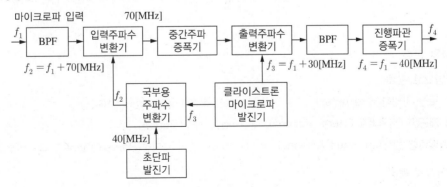

③ **검파(복조, Baseband Voice) 중계방식**: 수신한 M/W전파를 복조하여 얻은 Baseband 신호를 증폭하여 다시 M/W전파로 바꾸어 중계하는 방식이다.

㉠ 회선의 삽입 및 분기가 간단하다.

ⓛ 장치가 복잡(변·복조 장치 부가) 및 변복조 장치의 비직선성으로 특성 열화된다.
ⓒ Voice(Baseband) 신호 증폭 시 잡음이 증가한다.
ⓔ 근거리 중계방식이다.
ⓜ 펄스 통신 시에 다른 방식에 비해 S/N비가 가장 우수하다.

④ **무급전 중계방식**: M/W전파의 직선성을 이용하고 금속, 반사판이나 안테나에 의해서 진행로를 변환하는 방식이다.
　㉠ 중계 구간의 거리가 짧을수록 전력 손실이 적다.
　ⓛ 반사판이 클수록, 반사각이 90°에 가까울수록 전력 손실이 적다.
　ⓒ 전파 손실을 경감시키기 위하여 송·수신 안테나 이득은 크게, 송·수신 간의 거리는 짧게, 반사각으로 직각
　　에 가깝게 한다.
　ⓔ 중계용 전력이 불필요하다.
　ⓜ 반사판이 많을수록 중계 손실(Path-loss)이 증가된다.

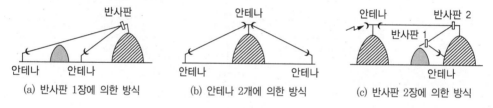

(a) 반사판 1장에 의한 방식　　(b) 안테나 2개에 의한 방식　　(c) 반사판 2장에 의한 방식

2 안테나

1. 정의

안테나는 RF 및 마이크로파 전력을 수신하고 방사하며 가역성을 갖기 때문에 동일한 안테나로 송신과 수신이 모두 가능한 소자이다.

2. 안테나의 분류

(1) 모양으로 분류

① 도선 안테나(Wire Antenna): 다이폴(Dipole), 루프(Loop), 헬릭스(Helix)
② 개구면 안테나(Aperture Antenna): 혼(Horn), 슬롯(Slot)
③ 평면형 안테나(Printed Antenna): 패치(Patch), 평면 다이폴(Printed Dipole), 스파이럴(Spiral)

(2) 이득으로 분류

① 고이득: 접시(Dish)
② 중간이득: 혼(Horn)
③ 저이득: 다이폴(Dipole), 루프(Loop), 슬롯(Slot), 패치(Patch)

(3) 빔의 형태로 분류

　① 전방향(Omnidirectional): GP 안테나(Vertical or GP Antenna)

　② 원형 빔(Pencil Beam): 접시(Dish)

　③ 부채형 빔(Fan Beam): 배열(Array)

(4) 대역폭으로 분류

　① 광대역: 로그(Log), 스파이럴(Spiral), 헬릭스(Helix)

　② 협대역: 패치(Patch), 슬롯(Slot)

(5) 사용주파수에 따른 분류

　① 장·중파용(3~300[kHz])

　② 단파용(3~30[MHz])

　③ 초단파 및 극초단파용(30~3,000[MHz])

　④ 마이크로 웨이브용(3~30[GHz])

3. 안테나의 종류

(1) $\dfrac{\lambda}{4}$ 수직접지 안테나

　① 성질: 길이가 $\dfrac{\lambda}{4}$ 인 도선을 수직으로 늘여 한쪽에는 송신기를, 다른 한쪽은 접지하는 방식으로, 다음과 같은 구조와 지향성을 갖는다.

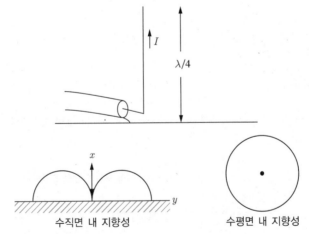

수직면 내 지향성　　　　수평면 내 지향성

　② 특징

　　㉠ 실효고

　　　$\dfrac{\lambda}{2\pi}$

　　㉡ 복사전력

$$P_r = 160\pi^2 I^2 \left(\dfrac{h_c}{\lambda}\right)^2 \fallingdotseq 36.56 I^2 \,[\text{W}]$$

ⓒ 복사저항

$$R_r = 160\pi^2\left(\frac{h_c}{\lambda}\right)^2 \fallingdotseq 36.56\,[\Omega]$$

ⓔ 전계강도

$$E = \frac{120\pi I h_c}{\lambda d} = \frac{60I}{d} = \frac{9.9\sqrt{P_r}}{d}$$

(2) Loop 안테나

① **성질**: Loop 안테나는 도선을 원형, 직사각형 또는 마름모형 등으로 1회 내지 수 회 감은 구조의 폐회로 안테나로, 직경이 파장에 비해 상당히 작기 때문에 미소 Loop 안테나라 한다. Loop 안테나는 다음과 같은 특성을 갖는다.

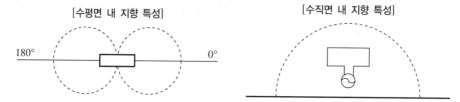

[수평면 내 지향 특성]　　　　[수직면 내 지향 특성]

② **특징**

　　㉠ 실효고

$$h_c = \frac{2\pi NA}{\lambda}$$

　　㉡ 복사저항

$$R_r = 320\pi^4\,\frac{(AN)^2}{\lambda^4}$$

　　㉢ 수신전압

$$V = E \cdot \frac{2\pi NA}{\lambda}$$

(3) 반파장 Dipole 안테나

① **성질**: 길이가 $\dfrac{\lambda}{2}$인 도선의 중앙에서 급전하는 형태의 안테나로 비접지 안테나이며, 다음과 같은 구조와 전류분포를 갖는다.

$$\left[\frac{\lambda}{2}\ \text{dipole의 구조와 전류 분포}\right]$$

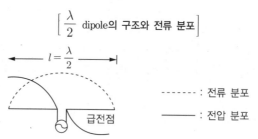

$$l = \frac{\lambda}{2}$$

급전점

------ : 전류 분포
—— : 전압 분포

② **특징**

　　㉠ 실효고: $\dfrac{\lambda}{\pi}$

　　㉡ 복사저항: $73.13\,[\Omega]$

ⓒ 복사전력: $73.13I^2$ [W]

ⓔ 복사전계강도

$$E = \frac{7\sqrt{P_r}}{d} \text{ [V/m]}$$

ⓜ 반치각: $78°$

ⓗ 상대이득: 1(0[dB])

ⓢ 절대이득: 1.64(2.15[dB])

4. 안테나의 Meter-Ampere와 수신전압

(1) Meter-Ampere

① ANT의 실효고와 기저부 전류의 곱으로 나타낸다.

$$h_e \cdot I$$

② 장·중파 ANT의 복사능력을 나타낸다(단파는 이득, 초단파 이상은 실효 개구면적).

(2) 수신전압

① 실효고가 h_e인 ANT로, 전계강도 E인 신호를 수신한 경우의 수신전압이다.

② $V = E \cdot h_e$

5. ANT 지향 특성과 복사패턴

안테나로부터 그 주변에 어떠한 강도의 전파를 복사하고 있는지 또한 어떤 방향으로 강하고 어느 방향으로 약한가 하는 전파의 분포 모양을 각도의 함수로 나타낸 것을 지향성(Directivity) 또는 지향 특성이라고 한다.

(1) 지향 특성

① **지향성**: 복사도체를 원점으로 하여, 이로부터 복사되는 전파의 방향에 따른 상대적 크기를 극좌표 형식으로 나타낸 것이다.

② **지향성 계수(지향계수)**: 복사 도체로부터 복사되는 전파의 크기는 최대 복사 방향의 값을 1로 하여 상대적인 크기로 나타낸 것이다(보통 극좌표(r, θ, ϕ)를 사용하여 수평과 수직면 내 지향성의 2가지를 나타냄).

㉠ 수직면 내 지향성 계수(H면 지향성)

$$D(\theta) = \frac{E_\theta(\theta \text{ 방향의 전계강도})}{E(\text{최대 복사방향 전계강도})} \ (\phi = 0)$$

㉡ 수평면 내 지향성 계수(E면 지향성)

$$D(\phi) = \frac{E_\phi(\phi \text{ 방향의 전계강도})}{E(\text{최대 복사방향 전계강도})} \ (\theta = 0)$$

(2) 복사패턴: 지향성 계수의 모양을 공간좌표 그림으로 도시한 것이다.

- 전계 패턴: 전계강도(E)의 상대치인 $D(\theta)$로 표시한 것(초단파대 이하 사용)
- 전력 패턴: 복사전력 상대치인 $D^2(\theta)$로 표시한 것(μ-파대에서 사용)
- 위상 패턴: 복사전계의 위상에 의해 지향성을 도시한 것

07

① 복사패턴에 따른 ANT 분류

　㉠ 지향성 ANT: 특정한 방향으로 전파를 복사하는 복사패턴을 갖는 ANT이다(단향성과 쌍향성이 있음).

　㉡ 전방향성 ANT: 수직면은 지향성이고, 수평면은 무지향성 복사패턴 ANT이다.

　㉢ 등방성 ANT: 모든 방향으로 균일한 복사패턴을 갖는 ANT로 가상적인 ANT이며, ANT 이득과 지향성을 나타내기 위한 기준 ANT로 사용된다.

② 주엽(Main Lobe)과 부엽(Side Lobe)

　㉠ 주엽: 복사패턴에서 복사가 최대로 되는 방향의 빔이다.

　㉡ 부엽: 주엽 이외의 작은 빔(측엽+후엽)이다.

　㉢ 주엽이 부엽에 비해 큰 복사패턴을 갖는 ANT를 지향성 ANT라고 하며, 지향성의 정도를 나타내기 위한 반치각, 전후방비라는 파라미터를 사용한다.

[안테나의 주엽과 부엽]

3 위성통신

통신을 주목적으로 우주에 머무르고 있는 인공위성이다. 통신위성은 두 지점 간에 마이크로파 무선 중계 기술을 제공하여 유선 통신을 보완한다.

1. 위성통신의 분류

(1) 위성에 따른 구분

① 수동형 위성: 전파의 반사 및 산란 기능으로 중계의 기능만 가지고 있는 위성이다.

② 능동형 위성

　㉠ 위상위성(기상 관측): 지구 상공에 동일한 간격으로 여러 개의 위성을 배치하여 지구국들이 항상 통신이 가능한 위성이다. 극지방 상공에 위치해 있고 위성 아래에서 지구가 자전하고 있어 음영 없이 지구를 관측할 수 있기 때문에 기상 및 원격탐사 등에 사용되는 위성이다.

　㉡ 임의위성(초기 위성): 지구 상공에서 수 시간을 주기로 선회하면서 마주보이는 시간에만 통신할 수 있는 초기의 위성통신 방식이다.

ⓒ 정지위성: 지구 상공 약 35,860[km]에 위치하여 지구의 자전 주기와 위성의 공전 주기가 일치하여 마치 정지되어 있는 것처럼 보이는 위성이다. 지구 표면의 42.4[%] 지역을 커버하여, 3개의 120도 간격으로 배치하여 지구 전역의 통신이 가능하게 하는 위성이다. 24시간 통신망이 유지되고 전 세계 통신망이 구축된다. 하지만 극지방 통신 불가능과 전파지연이 발생한다는 단점이 있다.

(2) 궤도에 따른 구분

① **정지궤도**: 정지위성의 설명과 같다.

※ 정지궤도 위성은 일정한 속도로 하루에 한 번씩 적도를 따라 지구 주위를 돈다. 정지궤도 위성을 지구에 있는 관측자가 보면 한 자리에 머물러 있는 것처럼 보인다.

② **지구 저궤도**: 지구 저궤도(LEO)는 통상 지구 표면으로부터 400[km] 떨어진 원형의 궤도를 지칭한다. 이 궤도의 공전주기(지구 주위를 한 바퀴 도는 데 걸리는 시간)는 약 90분 정도이다.

ⓐ 저궤도(LEO) 위성의 장점
- 전파지연 감소
- 전송 손실 감소
- 소형 안테나 및 소전력의 이동국
- 이동전화 및 위성전화 사용 가능(기존 셀룰러망과 위성 연계 운용 가능)
- 고신뢰성과 양호한 통화 품질(다수 위성이 계속 회전하므로 핸드 오버 기능 유지 및 고장 시도 운용)
- 주파수 사용 효율 증대(멀티 빔 방식으로 동일 주파수 재사용 가능)
- 저비용 LEO 시스템 구성 가능
- 극지방 통신 가능

ⓑ 저궤도(LEO) 위성의 단점
- 위성 수 증가로 투자비용 증대(상시 통신 구성인 경우)
- 국가 간 사용 주파수 분배 문제
- 지상망과의 연결 방식의 어려움
- 위성 간의 신호 전송의 어려움
- 위성의 이동 속도에 따른 도플러 현상의 발생

③ **지구 고궤도(타원궤도)**: 타원궤도는 원지점이 정지궤도 정도의 고도에 위치하는 궤도로, 이 궤도를 이용하는 것이 러시아의 Molnya 위성이다. 몰니야(Molnya) 위성은 일반적으로 러시아 전역에 TV와 전화 서비스를 제공해주는 데 사용된다. 몰니야(Molnya) 위성의 다른 응용 분야로는 이동 무선 시스템을 들 수 있다. 타원형 궤도로 지연시간이 적은 장점이 있지만, 발사비용이 비싸고 손실 간섭 영향을 많이 받는다는 단점이 있다.

④ **지구 중궤도**: 지표 상공 1,500~10,000[km]에 위치하여 주로 원격탐사 이동통신 측위 등에 이용되는 위성이다. 시간 주기를 가지므로 6개의 위성이 있어야만 실시간 위성통신을 할 수 있다.

[위성의 분류]

특성	분류	고도[km]	용도	비고	
저궤도	비정지궤도	300~1,500	측위, 원격탐사, 이동통신	우리별 1~3호	고도에 의한 분류
중궤도		1,500~10,000		ICO	
고궤도		10,000~40,000		GPS위성	
정지궤도		적도 상공 35,786	고정통신, 이동통신, 위성통신	무궁화위성	궤도에 의한 분류

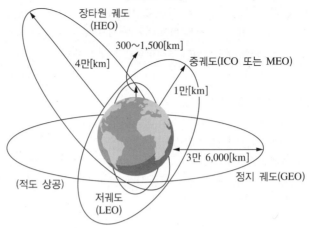

[위성의 궤도]

장타원 궤도
(HEO)

4만[km]

300~1,500[km]

중궤도(ICO 또는 MEO)

1만[km]

3만 6,000[km]

(적도 상공)

저궤도
(LEO)

정지 궤도(GEO)

2. 위성통신의 성능 계산의 척도

(1) 안테나 이득: 초단파대 이상의 입체 안테나 이득을 나타낸다.

실효 개구 면적 $A_e = P_a / P_o$ [m^2]

여기서, P_a : 전계 분포가 균일하지 않은 실제의 전파를 개구면 A를 통해 수신하는 유효 최대 전력

P_o : 자유 공간의 Poynting 전력 [W/m^2]

(2) 성능지수 G/T: 지구국 수신기의 수신 능력을 나타낸 파라미터이다.

$G/T = G_r - T$

여기서, G_r : 안테나 이득

T : 수신기의 잡음온도

(3) 실효등방성 복사전력($EIRP$): 송신계가 방사할 수 있는 능력을 나타낸다.

$EIRP = P_t \cdot G_t$

여기서, P_t : 방사전력

G_t : 안테나 이득

(4) 자유공간 전송로 손실

$L_P = \dfrac{4\pi D}{\lambda}$

여기서, D : 위성과 지구국 사이의 거리

(5) 반송파 전력 대 잡음비

$C/T = C/N_0 - B$ [dB]

여기서, C : 전송전력

N_0 : 잡음 전력밀도

B : 수신기의 대역폭

3. 위성의 전송 지연시간(T_d)

지구국에서 전파를 발사 후, 다시 지구국으로 올 때까지의 시간을 말한다.

$$T_d = \frac{2l}{C} = \frac{2(R+h)}{C} \cdot \frac{\sin\beta}{\cos\theta}$$

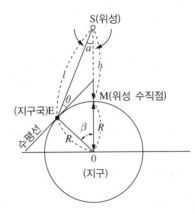

(1) 최소 전송 지연시간: 최소 전송 지연시간은 $\theta = 90°$ 일 때 $T_d = \dfrac{2h}{C}$ 가 된다.

(2) 최대 전송 지연시간: 최대 전송 지연시간은 $\dfrac{\sin\beta}{\cos\theta} = \cos 17.4°$ 일 때 거리가 최대가 된다.

$$T_d = \frac{2(h+R)}{C} \cdot \cos 17.4° \text{ (이때, } \cos 17.4° = 0.95424)$$

4. 사용 주파수

(1) L 밴드: 이리듐과 같은 저궤도용으로 할당되어 있다.

① 상향주파수: 1.61~1.625[GHz]

② 하향주파수: 1.5425~1.5435[GHz]

(2) C 밴드: 정지궤도용으로 할당되어 있다. 일반적으로 커버리지가 매우 넓으며 강우감쇠의 영향이 적으나, 대상 안테나가 대구경을 필요로 한다.

① 상향주파수: 5.845~6.425[GHz]

② 하향주파수: 3.62~4.2[GHz]

(3) X 밴드: 저궤도 또는 정지궤도용으로 할당되었다. 강우감쇠가 적으며 주파수가 높은 황금대역으로, 일반적으로 군 사용으로 할당된다.

① 상향주파수: 7.9~8.4[GHz]

② 하향주파수: 7.25~7.75[GHz]

(4) Ku 밴드: 정지궤도용으로 할당되었다. 10[GHz] 이상에서 나타나는 강우감쇠의 문제점이 있으나, 주파수가 높으므로 대상 안테나가 소형화되는 장점이 있다.

① 상향주파수: 14.0~14.5[GHz]

② 하향주파수: 12.25~12.75[GHz]

07

(5) S 밴드

위성관제(TT&C)용으로 사용된다.

① 상향주파수: 2.025~2.12[GHz]

② 하향주파수: 2.2~2.3[GHz]

5. 활용분야

(1) 음성통신: 통신위성 활용분야의 가장 대표적인 예로 대륙 간 장거리 전화를 들 수 있다. 공중 교환 전화망이 유선전화의 연결을 지상국으로 전달한다. 지상국은 이를 고정궤도 위성으로 전송한다. 하향링크 역시 비슷한 경로를 따라서 음성신호가 전송된다.

(2) GPS: GPS의 용도는 현재 위치와 목적지 간의 경로 안내이다. 24개에서 32개의 네트워크로 연결된 위성이 지구 중계도에 등간격으로 위치하여 이러한 역할을 수행하고 있다. 위성은 1.57542[GHz]와 1.2276[GHz]의 주파수에 정보를 전송하고, 지구에 위치한 수신기는 그 중 4개의 위성에서 송신한 신호를 선택하여 동시에 수신한다. 수신기는 마이크로프로세서를 사용하여 수신한 신호를 가지고 현재의 위치를 계산하여 위도와 경도로 정확히 표시할 수 있다.

4 레이더

레이더는 전파를 사용하여 목표물의 거리, 방향, 각도 및 속도를 측정하는 감지 시스템이다.

1. 레이더의 수신 안테나로 되돌아오는 전력

$$P_r = \frac{P_t \, G_t \, A_r \, \sigma F^4}{(4\pi)^2 R_t^2 R_r^2}$$

여기서, P_t: 송신 전력

G_t: 송신 안테나의 이득

A_r: 수신 안테나의 유효 개구 면적

σ: 레이더 직경 또는 목표물의 산란 계수

F: 패턴 전파 인자

R_t: 송신기에서 목표물까지의 거리

R_r: 목표물에서 수신기까지 거리

2. 레이더의 지시방식

목표물까지의 거리만 표시하는 A스코프 방식과 거리와 방위를 동시에 표시하는 PPI(Plane Position Indication) 방식이 있다.

3. 목표물까지의 거리, 펄스폭 및 충격계수

(1) 목표물까지의 거리(표적의 탐지거리)

$l = \dfrac{ct}{2}$ [m] (이때, c는 광속으로 3×10^8[m/s], t는 전파 왕복 소요시간)

(2) 펄스폭

① 평균전력을 P_m, 첨두전력을 P_p, 주기를 T라 할 때 펄스폭 $\tau = TP_m / P_p$ 또는는 $\tau = P_m / (f \cdot P_p)$의 관계를 갖는다.

② 레이더의 펄스폭은 전파의 속도 v와 레이더의 거리 분해능 r_m이 주어지는 경우에는 $\tau = 2r_m / v$로부터 구한다.

(3) 충격계수: 충격계수 $D = P_m / P_p$이다.

4. 최대 및 최소 탐지 거리 결정요인

(1) 최대 탐지거리 결정요인

① 목표물의 유효반사 면적이 클수록 멀리 탐지된다.
② 안테나의 높이가 높을수록 멀리 탐지된다.
③ 송신기 출력의 4제곱근에 비례하여 멀리 탐지된다.
④ 펄스 반복 주파수가 작아질수록 멀리 탐지된다(즉, 최대 탐지거리가 커짐).

(2) 최소 탐지거리 결정요인: 펄스폭을 좁게 해야 한다. 펄스폭을 좁게 하면 거리 분해능도 좋아진다.

5. 레이더의 종류

(1) 기상 레이더(Weather Radar)

(2) 보조감시 레이더(Secondary Surveillance Radar)

(3) 합성개구 레이더(Synthetic Aperture Radar)

(4) 수동형 레이더(Passive Radar)

(5) 레이저 레이더(Light Detection and Ranging Radar)

(6) 포구속도측정기(Muzzle Velocity Radar System)

6. 레이더 시스템의 수신감도 향상 방안

(1) 레이더 시스템의 안테나 이득을 높인다.

(2) 레이더 시스템의 출력을 높인다.

(3) 높은 효율을 갖는 안테나를 사용한다.

CHAPTER

08 · 음성의 디지털 부호화 기술

음성의 디지털 부호화 기술은 다음 3가지로 분류할 수 있다.

첫째, 파형 부호화 방식(Waveform Coding)은 음성 파형을 표본화, 양자화, 부호화하여 전송하는 방식으로, 양자화 방식에 따라 PCM, DPCM, DM 등으로 나눌 수 있다.

둘째, 보코딩 방식(Vocoding)은 음성의 특징을 추출하여 전송하고 재생하는 방식으로, Channel Vocoder, LPC(선형 예측 부호화) Vocoder, Formant Vocoder 등으로 나눌 수 있다.

셋째, 혼합 부호화 방식(Hybrid Coding)은 파형 부호화 방식과 보코딩 방식의 장점을 혼합한 방식이다.

1 파형 부호화 방식

1. PCM

아날로그 정보를 디지털 정보로 변환한 후 펄스 부호열의 전기신호로 변환시켜 보내고, 수신 측에서는 수신한 펄스의 부호열에서 원래의 아날로그 신호를 재생하는 방식이다.

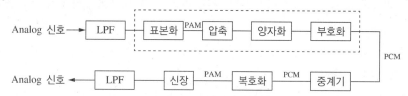

(1) LPF: 입력 Analog 신호의 최고 주파수를 f_m 이라 할 때 f_m 의 대역폭을 갖는 저역 Filter를 사용하여 f_m 보다 높은 고조파 성분이 들어오지 못하도록 차단하여 표본화 시 엘리어싱을 방지한다.

(2) 표본화

① 표본화 방법: 입력 신호의 최고 주파수의 2배$\left(\text{표본화 주기는 } T_s \leq \dfrac{1}{2f_m}\right)$ 이상으로 표본화하며, 이때 얻어지는 신호는 PAM 신호이고 순시 진폭값이라 한다.

② 표본화 회로
  ㉠ 전압 표본화 회로
  ㉡ 전류 표본화 회로
  ㉢ 공진 변환 표본화 회로

(3) 양자화(Quantization): 순시 진폭값을 설정된 이산적인(Discrete) 신호를 변환시키는 것을 말한다.

① 양자화 Step: $M = 2^n$ 에서 n은 사용 Bit 수이고 3개의 Bit를 사용하면 8개의 양자화 Step을, 8개의 Bit를 사용하면 256개의 양자화 Step을 만들 수 있다. 즉, 3개의 Bit를 사용하면 8개의 양자화 Step을 얻을 수 있고, 순시 진폭값을 이 8가지 양자화 Step 중 어느 하나에 대응하게 된다.

② 양자화 잡음(Quantizing Noise 또는 Granular Noise): 순시 진폭값을 설정된 이산적인 신호로 대응(변환)시키는 과정에서 생기는 잡음을 말한다.

ⓐ 양자화 잡음(그래뮬러 잡음)

$$N_q = \frac{S^2}{12}$$

여기서, N_q: 양자화 잡음전력

S: 양자화 계단전압의 크기

ⓑ 양자화 S/Nq비(6[dB] 법칙)

$$S/Nq = 6n + 1.8 \ [\text{dB}]$$

즉, 1비트가 증가할 때마다 6[dB]씩 증가하는 특성을 지녔다.

ⓒ 양자화 잡음의 종류

- 과부화 잡음: 신호가 계단에 비해 클 때 발생하는 잡음
- 그래뮬러 잡음: 신호화 계단 사이에 발생하는 오밀조밀한 잡음

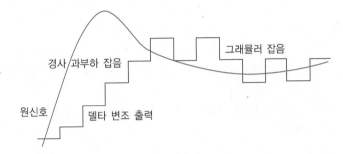

③ 양자화의 방법

ⓐ 선형 양자화: 양자화 Step의 간격을 등간격으로 설정하여 양자화하는 방법으로, 시스템 구성은 간단하나 S/Nq비가 좋지 않아 잘 사용되지 않는다(선형 양자화하는 경우 신호 레벨이 낮을수록 S/Nq가 작아진다).

ⓑ 비선형 양자화: 양자화 Step의 간격을 비등간격으로 설정하여 양자화하는 방법으로 입력되는 순시 진폭값의 크기가 작으면 양자화 Step을 작게 취하고, 순시 진폭값의 크기가 큰 경우에는 양자화 Step을 크게 취하여 양자화 잡음을 줄이는 방식으로, PCM에 적용되고 있다. 선형 양자화기의 전단에 압축기를 설치하고, 선형 복호기 후단에 신장기를 설치하는 압신 방식으로, 비선형 양자화기를 구현하는 것이 일반적이다.

ⓒ 적응형 양자화: 입력 신호의 Level에 따라 양자화 계단의 최솟값과 최댓값이 시간에 따라 변화하는 방식으로, ADM, ADPCM에 적용한다. S/Nq비는 양호하나 시스템이 복잡하다.

ⓓ 예측 양자화: 예측기를 사용하여 예측값을 만든 다음, 양자화기에 입력되는 순시 진폭값과의 차이만을 양자화하는 방법이다(DPCM, DM에서 적용).

ⓔ 비예측 양자화: 예측기를 사용하지 않고 양자화기에 입력되는 순시 진폭값 크기 그 자체를 양자화하는 방법으로, 카운팅 양자화, 직렬 양자화, 병렬 양자화의 3가지 종류가 있다(PCM에서 적용).

(4) 부호화

① **정의**: 양자화된 신호를 1과 0의 조합으로 변환하는 조작을 부호화라고 하며, Pulse의 유무로 표현하는 방법과 Pulse의 극성으로 표현하는 방법 등이 있다. 부호화의 과정을 거쳐 전송로에 송신되는 신호를 PCM Word 또는 PCM Language라 한다.

② **부호화에서 사용되는 Code**: 실제 PCM 단국 장치에서는 점유 주파수 대역폭을 줄이기 위해 단극(성) Pulse를 사용하며, 전송로 상에서는 복극(성) Pulse를 사용한다.

③ **부호기(Coder)의 종류**: 부호화를 수행하는 장치를 부호화기라 하며, 부호기의 종류로는 Serial Coder, Parallel Coder, 이 두 개가 결합된 Hybrid Coder가 있다.

(5) 복호화
전송로에서 전송되어온 PCM Word(PCM Language)를 PAM(순시 진폭값의 신호를 말함. 즉, 표본화된 상태) 신호로 복원시키는 것이다.

(6) PCM의 장단점

① **장점**
  ㉠ 각종 잡음에 강하다.
  ㉡ 누화에 강하다
  ㉢ 전송 구간에서 잡음이 축적되지 않는다.
  ㉣ 고주파 특성이 불량하여 FDM 방식을 적용할 수 없었던 기존의 케이블을 전송 매체로 이용할 수 있다(저질의 전송로에도 사용 가능).
  ㉤ 고가의 여파기를 필요로 하지 않아 기존의 음성 Cable을 그대로 이용하여 급증하는 국간 중계 회선 수요를 어느 정도 담당한다.

② **단점**: 점유 주파수 대역폭이 넓다.

2. DPCM(Differential PCM)

DPCM은 차동 PCM이라 하며, 양자화기에 입력되는 순시 진폭값과 예측값과의 차이만을 양자화하는 예측 양자화 방법으로, 양자화 Step 수를 감소시켜 전송해야 하는 정보량을 작게 할 수 있다.

(1) DPCM 송신기

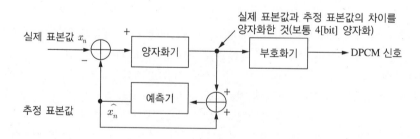

(2) DPCM 차분값 파형

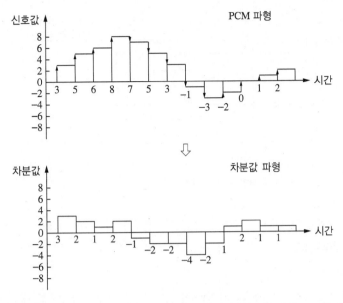

(3) 양자화기: PCM에서의 양자화 방식은 실제 표본값 그 자체를 양자화하는 데 비해, DPCM의 양자화 방식은 실제 표본값(PAM 형태)과 추정 표본값(PAM 형태)과의 차이(차등)만을 양자화한다. 따라서 양자화 시 필요한 Bit 수가 감소되어 정보 전송량이 줄어드는 방식으로, TV 신호 전송과 같이 많은 정보량을 보내야 하는 경우 이 방식이 효과적이다.

(4) 예측기(Predictor): 단순 선형 예측기로 다음 표본값을 이전의 표본값으로부터 추정하는 방식을 사용한다.

(5) 부호화기: 실제 표본값과 추정 표본값과의 차이만 양자화한 것을 1과 0의 펄스열로 변환한다.

(6) DPCM 수신기

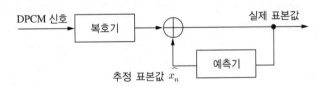

송신 측에서 사용했던 예측기와 동일한 선형 예측기를 수신 측에 사용하여 복호기를 거쳐 나온 PAM 신호와 예측기의 PAM 신호를 합함으로써 원래의 실제 표본값을 복원할 수 있다.

3. DM(Delta Modulation)

(1) 개요

① DM(Delta Modulation)은 델타변조라 하며 순시 진폭값과 예측값과의 차이를 1[bit] 부호화로 처리하여 정보 전송량을 크게 줄일 수 있다.

② DPCM의 가장 간단한 형태로 차동신호에 대하여 표본당 1비트만을 사용하는 DPCM의 특별한 형태이다.

③ 입력 데이터의 표본점을 얻기 위하여 DM은 1[bit] 양자화기를 사용하기 때문에 Over Sampling(음성의 경우 16[kHz])을 취하는 반면, DPCM의 경우에는 Nyquist Sampling을 사용한다.

(2) DM 송신기

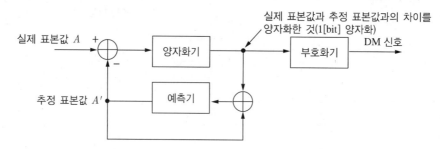

① **양자화기**: 실제 표본값과 예측값을 비교하여 실제 표본값이 예측값보다 크면 (+) 차동신호를, 실제 표본값이 예측값보다 작으면 (−) 차동신호를 발생시킨다. (+) 또는 (−) 차동신호는 2Level이므로 1개의 Bit만으로 양자화가 가능해진다.

② **예측기**: 예측기는 단순한 선형 예측기로, 다음 표본값을 이전 표본값에서 추정하는 방식을 사용한다.

③ **부호화기**: 부호화기는 실제 표본값과 추정 표본값과의 차이를 1[bit] 양자화한 후 1 또는 0으로 부호화한다.

(3) 델타변조의 잡음

① **경사 과부하 잡음(Slope Over Load Noise)**: 입력신호의 기울기가 급격할 때 스텝 크기(Step−Size)가 작아서 예측치 신호 $\widehat{x_n}$이 원래의 신호 x_n을 따라가지 못해서 생기는 양자화 잡음이다.

② **입상 잡음(Granular Noise)**: 입력신호의 기울기가 완만한 때 고정된(Fixed) 스텝 크기로 인해 발생되는 양자화 잡음이다.

(4) DPCM과 DM 비교

구분	DPCM	DM
표본화 주파수	8[kHz]	16[kHz], 32[kHz]
양자화 스텝수	16	2
부호화 Bit 수	4[bit]	1[bit]
전송속도	32[Kbps]	16[Kbps], 32[Kbps]

4. ADM과 ADPCM

(1) 방식

① ADPCM과 ADM에서의 A는 Adaptive(적응)를 의미하며 양자화기(Quantizer)의 최고 및 최소 Level을 입력 신호에 따라 가변시킴에 따라 양자화 잡음 및 경사 과부하 잡음을 경감시키는 방식이다.

② 비선형 양자화기가 선형 양자화기에 비해서는 성능이 우수하지만 이들 모두 그 Level이 고정되어 있기 때문에 입력 신호의 진폭 가변이 클 경우 입력 신호가 잘릴 가능성이 있다.

③ 따라서 입력 신호의 진폭에 따라 양자화기의 최소 및 최고 Level을 조절해 줌으로써 DM, DPCM의 성능을 향상시킬 수 있으며, 특히 ADPCM은 예측기도 적응형으로 구현하고 있다.

(2) ADM 송신기와 수신기

① ADM 송신기

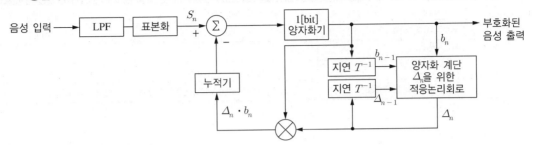

② ADM 수신기

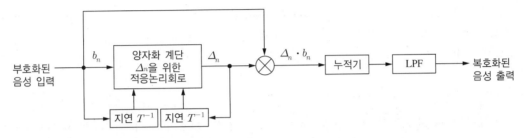

(3) ADPCM 부호기와 복호기(32[Kbps] ADPCM)

① ADPCM 부호기

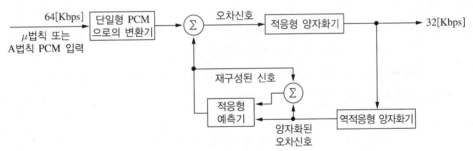

② ADPCM 복호기

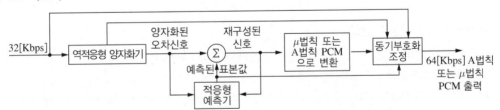

(4) ADM과 ADPCM의 비교

특성 방식	ADM	ADPCM
표본화 주파수	16[kHz], 32[kHz]	8[kHz]
부호화 비트 수	1[bit]	4[bit]
양자화 계단의 수	2	16
전송속도	16[Kbps], 32[Kbps]	32[Kbps]
신호 대 양자화 잡음비	32[Kbps] 이하에서 ADPCM에 비해 양호	32[Kbps] 이상에서 ADM보다 양호

2 보코딩 방식

음성의 디지털 부호화(Voice Coding 또는 Speech Coding) 방식 가운데 Vocoding 방식이란, 음성의 특징만을 추출한 후 부호화하여 전송하는 방식으로, 파형 부호화 방식에 비해 정보 전송량은 크게 감소시킬 수 있으나 시스템 구조는 상대적으로 복잡하게 된다.

1. 보코딩

보코딩은 Voice Coding의 준말로 저용량으로 목소리를 전송하기 위해 사용한다. 인간의 목소리에서 포만트 정보, 유성음 및 무성음 정보만 전송하여 재생하는 것이 가능하다. 이것을 응용한 기술이 보코딩이다.

2. 보코딩의 종류

(1) 채널 보코딩: 채널 보코딩은 포만트에 상관없이 각 샘플 주파수 당 진폭과 유성음, 무성음 여부만을 전송한다. 각 샘플 주파수는 약속이 되어 있기 때문에 전송하지 않아도 된다.

(2) 포만트 보코딩: 포만트 보코딩은 포만트 지점의 진폭과 유성음과 무성음 여부만 전송한다. 데이터량은 많이 줄일 수 있지만 상업적 사용은 어렵다는 단점이 있다.

(3) LPC 보코딩: LPC 보코딩은 포만트 보코딩이 전송하는 정보에 포만트 지점과 지점 사이의 정보를 추가하여 전송하는 방식을 사용하여 포만트 사이의 경사도를 예측한다. 경사도는 사람마다 다르지만 예측 가능한 수준이기 때문에 사용 가능하다. 데이터량이 많아지지만 원음에 가까운 목소리 구현이 가능하다.

3. Vocoder의 기본 구성과 원리

송신 측(분석기)에서는 음성 신호가 유성음이면 Pitch(유성음의 주파수)와 스펙트럼 포락선을 검출한 후 부호화하여 전송하고, 무성음이면 스펙트럼 포락선만 부호화하여 전송한다. 수신 측(Speech Synthesizer)에서는 입력되는 음성을 분석하여 유성음인지 무성음인지를 결정한 후, 만약 입력 신호가 유성음이면 Periodic Pulse Generator의 출력과 스펙트럼 포락선을 가지고 합성 음성을 만들고, 무성음이면 Random Noise Generator와 스펙트럼 포락선을 가지고 합성 음성을 만들게 된다.

09 · OSI-7 계층과 프로토콜

1 프로토콜의 개념

1. 프로토콜이란 시스템과 시스템 사이 또는 통신 개체 사이에 신뢰성 있는 정보를 주고받기 위한 절차 내지 규약을 말한다.

2. 데이터 통신에 있어서는 통신개체가 사람이 아닌 단말(기계장치)이므로 서로 간에 신뢰성 있는 정보를 주고받는 데 있어 필요한 통신절차, 착오제어, 회선 및 흐름제어 등의 모든 절차 및 제어기능 등을 프로그램화하여 시스템 또는 단말에 입력해 놓을 필요가 있으며, 아날로그 통신(음성통신)에서는 이를 신호방식(Signalling)이라 하고, 데이터 통신에서는 프로토콜(Protocol)이라 한다.

3. 프로토콜의 기능

(1) 데이터의 분할 및 재조합(Fragment/Reassemble)

① 전송을 할 때 대용량의 파일은 그대로 전송할 수 없기 때문에 각 계층에 맞는 작은 단위로 나누어서 보내고 수신 측에서는 재조합을 해야 한다. 즉, 작은 길이의 데이터 블록으로 나누는 분할 기능과 분할된 블록을 다시 조합하는 재조립 기능을 수행한다.

② 프로토콜은 분할할 때 기본단위인 PDU에 맞춰 전송하는데, 각 계층의 PDU는 다음과 같다.

계층	PDU
제7계층	Message
제6계층	Message
제5계층	Message(Record)
제4계층	Message(Segment)
제3계층	Packet
제2계층	Frame
제1계층	Bit

(2) 캡슐화와 역캡슐화(Encapsulation/Decapsulation)

① 캡슐화는 데이터를 보내기 위해 포장하며 여기에 3가지 제어정보를 포함해서 보낸다. 제어정보에는 송·수신 측 주소, 오류 검출 부호, 프로토콜 제어가 있다.

② 캡슐화는 그 반대로 이를 제거하는 것을 말한다. 즉, 캡슐화는 상위 계층에서 받은 정보에 자신의 계층에 해당되는 기능을 수행할 수 있도록 정보를 덧붙이는 것을 말한다.

③ PDU는 SDU+PCI로 이루어져 있는데, 여기서 SDU는 전송하려고 하는 데이터이고, PCI는 제어정보이다.

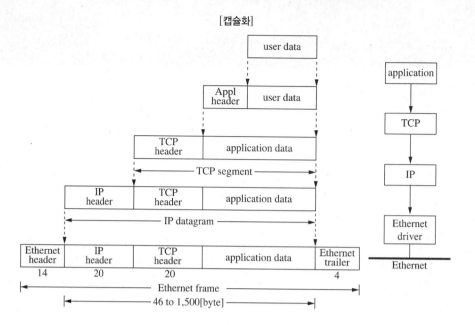

[캡슐화]

(3) **흐름 제어(Flow Control)**: 흐름 제어란 송·수신 간에 데이터의 양이나 속도를 조절하는 기능이다. 흐름 제어는 두 가지 방법을 사용한다.

　① **정지-대기 방식**: 패킷에 대한 응답 후에 그 다음 패킷을 보내는 방식이다.

　② **슬라이딩 윈도우 방식**: 제어할 수 있는 데이터 분량의 패킷을 한꺼번에 보낸 후에 응답하는 패킷을 받으면 다시 그만큼의 데이터를 보내는 방식이다.

(4) **연결 제어(Connection Control)**: 두 통신 실체 간의 관련을 맺는 것이며, 두 가지 방식이 있다.

　① **연결 지향성 서비스와 가상회선 설정**: 데이터를 전송하기 전에 미리 가상회선의 설정을 통해 데이터를 전송하며 연결 확립, 데이터 전송, 연결 해제의 3단계 과정을 거친다.

　② **비연결 지향형 데이터 전송**: 연결을 설정하지 않는 경우의 전송방식으로, 대표적으로 UDP가 있다.

(5) **순서 제어(Sequence Control)**: 송신 측에서 보내진 순서대로 수신 측에 데이터를 전달하는 기능이다. 분할된 패킷에 붙여진 순서번호에 따라 수행된다.

(6) **동기화(Synchronization)**: 데이터를 전송할 때 송·수신 측에서 서로의 초기화 상태, 검사 전 상태, 종료상태 등을 공유하며 통신의 시작과 종료를 유지하는 기능이다. 송·수신 간에 서로의 동작 상태를 일치시키는 것을 말한다.

(7) **오류제어(Error Control)**: 정보의 신뢰성을 위해 데이터 전송 시 발생한 오류를 검색하고 복구하는 기능이다.

(8) **주소 설정(Addressing)**: 다수의 통신 개체가 다중 연결 시 서로를 구분하는 고유의 이름을 사용하는 것으로, 송·수신 측의 주소를 설정하는 기능이다.

(9) **다중화(Multiplexing)**: 하나의 통신선로로 다수의 가입자가 동시에 사용 가능하도록 하는 기능이다.

2 OSI-7 Layer

1. OSI-7 Layer의 각 층에서 사용되는 데이터 단위

(1) 제7계층(Application Layer): Message

(2) 제6계층(Presentation Layer): Message

(3) 제5계층(Session Layer): Message(Record라고도 한다)

(4) 제4계층(Transport Layer): Message(Segment라고도 한다)

(5) 제3계층(Network Layer): Packet

(6) 제2계층(Data Link Layer): Frame

(7) 제1계층(Physical Layer): Bit

2. OSI 각 계층 구조

(1) **물리 계층(Physical Layer)**

① 상위 계층에서 내려온 비트열 데이터를 전송할 수 있도록 통신기기 사이에 있는 물리 매체를 이용하여 연결을 확립하고, 유지, 해제하는 역할을 한다.

② 기계적, 전기적, 기능적, 절차적 특성을 정의한다.

(2) **데이터링크 계층(Data Link Layer)**

① 시스템 사이의 에러 없는 전송을 위해 네트워크 계층에서 받은 비트열의 데이터로 프레임을 구성하여 물리 계층으로 전달한다.

② 노드-대-노드 전달 기능은 이웃 노드 간의 데이터링크를 설정하는 것이다.

③ 헤더와 트레일러 발신지 주소와 목적지 주소를 추가하여 물리 계층으로 전달한다.

④ 흐름제어, 에러제어 기능이 있다.

⑤ 데이터링크 계층의 프로토콜로는 문자 지향 방식인 BSC(Binary Synchronous Communication) 절차와 비트 지향 방식인 HDLC(High-level Data Link Control) 절차가 있다.

(3) **네트워크 계층(Network Layer)**

① 상위 계층에 연결하는 데 필요한 데이터 전송과 경로 선택 기능을 제공하고, 라우팅 프로토콜을 사용하여 최적의 경로를 선택한다.

② 네트워크 계층은 데이터를 패킷(Packet) 단위로 전송한다.

③ 논리 주소인 IP주소를 헤더에 포함하여 전송하기 때문에 송신지에서 수신지까지 주소가 변경되지 않고 유지된다.

(4) **전송 계층(Transport Layer)**

① 프로토콜(TCP, UDP)과 관련된 계층으로 에러 복구, 흐름 제어 등을 담당하며, 두 시스템 간의 신뢰성 있는 데이터 전송을 보장한다.

② 현재 가장 많이 쓰이는 TCP, UDP가 전송 계층의 대표적인 프로토콜이다.

③ 시스템 종단 간에 투명한 데이터 전송을 양방향으로 행하는 계층이며, 네트워크 계층에서 전송된 데이터와 실제 운영체제의 프로그램이 연결되는 통신 경로라 할 수 있다.

09

(5) 세션 계층(Session Layer)

① 송신 측과 수신 측 사이에서 프로세스를 서로 연결, 유지, 해제하는 역할을 한다.

② 프로세스 간 전송하는 방식으로 전이중과 반이중 방식을 결정한다.

③ 데이터의 단위(메시지)를 전송 계층으로 전송할 순서를 결정하고, 데이터에 대한 점검 및 복구를 위해 동기를 위한 위치(Synchronization Point)를 제공한다.

(6) 표현 계층(Presentation Layer)

① 데이터 표현의 차이를 해결하기 위해 서로 다른 형식을 변환해주거나 공통 형식을 제공하는 계층이다.

② 송신 측에서는 수신 측에 맞는 형태로 코드를 변환하고, 수신 측에서는 응용 계층에 맞는 형태로 변환한다.

③ 그래픽 정보를 JPEG 형태로, 동영상을 MPEG 형태로 변환하여 송·수신하는 기능, 데이터 압축 및 암호화 기능을 제공한다.

(7) 응용 계층(Application Layer)

① 파일 전송, 데이터베이스, 원격 접속, 메일 전송 등 응용 서비스를 네트워크에 접속시키는 역할을 담당하며, 여러 가지 서비스를 제공한다.

② 사용자로부터 정보를 입력받아 하위 계층으로 전달하고, 하위 계층에서 전송한 데이터를 사용자에게 전달한다.

3 TCP/IP

인터넷의 기본이 되는 프로토콜이다. 전송 제어 프로토콜(TCP; Transmission Control Protocol)과 인터넷 프로토콜(IP; Internet Protocol)을 의미한다.

[TCP/IP 프로토콜 구조와 OSI-7 계층 구조 비교]

OSI 7 Layer	TCP/IP 프로토콜 슈트
Application	Application
Presentation	
Session	
Transport	Transport
Network	Internetwork
Data Link	Network Interface
Physical	

1. 인터넷의 계층별 대표 프로토콜

(1) **네트워크 접근계층**: 이더넷, FDDI, 토큰링

(2) **인터넷 계층**: IP, ICMP, IGMP, ARP, RARP

(3) **전송계층**: TCP, UDP

(4) **응용계층**: HTTP, FTP, 전자우편, 텔넷, SMTP, DNS

2. 라우팅 프로토콜

(1) 정의: 라우팅은 IP 패킷들을 원하는 목적지까지 보내기 위해 여러 개의 전송로 중에서 하나의 경로를 선택하는 기능
이다. 네트워크를 사용하여 통신을 하는 경우에 라우터는 전송하려는 패킷의 목적지를 IP주소로 살펴보고, 어느 네
트워크에 속해 있는지를 판단하고 어느 네트워크로 패킷을 전송할지 판단한다. 그렇게 하기 위해서는 내부적으로
라우팅 테이블을 구성하여 저장한다. 그리고 다른 라우터들과 정보를 교환하여 최적의 경로설정 테이블을 갱신하여
야 하는데, 이렇게 라우터들이 상호간에 정보를 교환하는 데 사용하는 프로토콜을 라우팅 프로토콜이라고 한다.

(2) 경로설정 방법: 경로설정 방법에는 정적 경로설정과 동적 경로설정이 있다.

① **정적 경로설정:** 네트워크에 대한 정보를 관리자가 입력하여 경로 정보가 변하지 않으나, 관리자의 부담이 늘어난
다는 단점이 있다.

② **동적 경로설정:** 라우터가 스스로 경로설정 정보를 교환하여 경로설정 테이블을 작성한다. 설정이 용이하다는 장
점이 있지만, 통신량이 추가로 발생한다는 단점이 있다.

(3) 라우팅 프로토콜의 종류

① **RIP 프로토콜(Routing Information Protocol):** RIP 프로토콜 거리벡터를 이용하는 라우팅 프로토콜이다. 소규
모 네트워크에서 사용한다. 거리벡터란 자신에게서 호스트까지의 거리인 홉의 수를 모아놓은 정보이다. RIP 프
로토콜은 거리벡터를 바탕으로 라우팅 테이블을 작성하여 정보를 전송할 노드 또는 방향을 결정하게 된다. RIP
는 일정 시간마다 각 호스트가 자신의 경로설정 테이블을 다른 노드들에 전송하며, 각 노드들은 그것을 자신의
테이블과 비교하여 더 짧은 거리의 정보들을 자신의 테이블에 추가한다. RIP는 기본구성이 간단하지만 주기적으
로 경로설정을 다른 노드들에 전송하므로 네트워크 통신량이 증가하고, 거리벡터만을 사용하기 때문에 최적의
경로설정이 어렵다는 단점이 있다.

② **OSPF 프로토콜(Open Shortest Path First):** 자율 시스템 내에서 통신량을 줄이기 위해 Area라는 개념을 추가
하여 모든 노드가 전체 네트워크 구조에 대한 정보를 저장하고, 그 정보를 토대로 최단경로를 계산하여 링크상태
방식을 이용한다. OSPF는 RIP와 같이 네트워크에 구조에 대한 정보가 주기적으로 갱신되지만, OSPF는 링크상
태 방식에서 영역 내의 모든 노드에 정보를 전송하는 플로딩 기법을 사용하기 때문에 자신의 주변 모든 노드에
정보를 전송하는 RIP와는 다르게 통신량이 감소되고 신속하게 정보가 반영된다는 장점이 있다. 또한 링크상태
방식은 지연시간, 처리율, 신뢰도 등 다른 요소를 포함하여 경로를 설정하여 RIP보다 더 최적의 경로설정이 가능
하다.

③ **BGP 프로토콜(Border Gateway Protocol):** BGP 프로토콜은 내부에서 사용하는 게 아닌 자율 시스템 외부에
서 자율 시스템 간의 경로설정을 위해 사용하는 프로토콜이다. BGP 프로토콜은 라우팅 정보를 전송할 때 초기에
는 전체 경로설정 테이블을 전송하지만, 그 이후에는 변화된 부분만을 전송한다. BGP는 목적지에 도달하기 위해
경유하는 시스템의 순서를 전송하여 이용하므로 RIP와 같은 문제는 발생하지 않는다.

※ 내부 프로토콜: IGP - RIP, IGRP, OSPF
외부 프로토콜: BGP

09

3. TCP/IP 계층구조

(1) 네트워크 접근 계층

① 운영체제의 네트워크 카드와 디바이스 드라이버 등과 같이 하드웨어적인 요소와 관련된 모든 것을 지원하는 계층이다.

② 송신 측 단말기는 인터넷 계층으로부터 전달받은 패킷에 물리적 주소인 MAC 주소 정보를 갖는 헤더를 추가하여 프레임을 만들어 전달한다.

③ 대표 프로토콜로는 이더넷(Ethernet), 802.1x, MAC/LLC, SLIP, PPP 등이 있다.

(2) 인터넷 계층

① IP는 네트워크의 주소 체계를 관리하며, 데이터그램을 정의하고 전송을 위한 경로 결정을 담당한다.

② 대표 프로토콜로는 IP, ARP, RARP, ICMP, IGMP 등이 있다.

(3) 전송 계층

① 네트워크 양단의 송·수신 호스트 사이의 신뢰성 있는 전송 기능을 제공한다.

② 시스템의 논리 주소와 포트를 가지므로 각 상위 계층의 프로세스를 연결한다.

③ 대표 프로토콜로는 TCP와 UDP가 사용된다.

(4) 응용 계층

① 사용자에게 서비스를 제공해준다.

② 대표 프로토콜로는 FTP(File Transfer Protocol), SMTP(Simple Mail Transfer Protocol), SNMP(Simple Network Management Protocol) 등이 있다.

4. IP

(1) IPv4와 IPv6

① IPv4: IP주소로 32[bit](4[byte])를 사용하는 IP

② IPv6: IP주소로 128[bit](16[byte])를 사용하는 IP

(2) IPv4 주소체계

클래스 개념을 사용한다.

① A 클래스

㉠ IP주소의 제일 처음 바이트의 시작 비트가 0이다.

㉡ 0.0.0.0~127.255.255.255의 주소 범위를 갖는다.

㉢ 기본 네트워크 마스크(Network Mask)는 255.0.0.0이다.

② B 클래스

㉠ IP주소의 시작 2비트가 10이다.

㉡ 128.0.0.0~191.255.255.255의 주소 범위를 갖는다.

㉢ 기본 네트워크 마스크(Network Mask)는 255.255.0.0이다.

③ C 클래스

　　㉠ IP주소의 시작 3비트가 110이다.

　　㉡ 192.0.0.0~223.255.255.255의 주소 범위를 갖는다.

　　㉢ 기본 네트워크 마스크(Network Mask)는 255.255.255.0이다.

④ D 클래스: IP주소의 시작은 224~239이며, 멀티캐스트 용도로 사용된다.

[IPv4 주소체계]

A 클래스

0	네트워크 ID	호스트 ID	호스트 ID	호스트 ID

B 클래스

1	0	네트워크 ID	네트워크 ID	호스트 ID	호스트 ID

C 클래스

1	1	0	네트워크 ID	네트워크 ID	네트워크 ID	호스트 ID

D 클래스

1	1	1	0	멀티캐스트 그룹 ID

E 클래스

1	1	1	1	예약된 주소

(3) IPv4의 특징

① 주소체계는 8[bit]씩 4개의 필드로 구성되어 32[bit]의 숫자로 표현한다.

② IP주소는 Network Id와 Host Id로 구성되어 있다.

③ Class 기반의 주소체계를 가진다(A~E).

(4) IPv4의 헤더

ver(4)	header length(4)	type of service(8)	total length(16)		
identification(16)			flag(3)	fragment offset(13)	
time to live(8)		protocol(8)	checksum(16)		
source address(32)					
destination address(32)					
option(0~32)					
data					

IPv4
header
(20[byte])

09

(5) IPv6 주소체계

① 4개의 16진수 단위를 8개 사용한다.

② 콜론으로 구분한다.

> ABCD : BC34 : 0004 : 2350 : AAFF : 0000 : 1234 : 4503

③ IPv6의 주소는 단축 표현이 가능한데, 두 개의 콜론 사이에 있는 4개의 16진수(섹션) 중 앞쪽의 0은 생략 가능하다.

> ABCD : BC34 : 4 : 2350 : AAFF : 0 : 1234 : 4503

④ 0으로만 구성된 섹션은 0을 모두 생략하고 두 개의 콜론으로 대체할 수 있으며, 주소 당 한 번만 허용된다.

> ABCD : BC34 : 4 : 2350 : AAFF : : 1234 : 4503

(6) IPv6의 특징

① IPv4의 문제점인 Address 부족, 보안성 취약에 대하여 Flolable을 제공하여 QOS를 보장할 수 있었고, IPv4의 성능 부족의 문제점을 해결했다.

② IPv6의 주소 길이는 128[bit]이며, 가용 주소공간이 무한하다.

③ Header 형식의 단순화, 데이터 처리 속도가 향상되었다.

④ 보안헤더를 추가하여 보안 기능을 강화하였다.

(7) IPv6의 헤더

① IPv6의 각 패킷은 기본 헤더와 페이로드(Payload)로 구성된다.

② 페이로드는 선택적인 확장 헤더들과 상위 계층의 데이터로 구성된다.

③ 기본 헤더의 길이는 40[byte]로 고정이다.

ver(4)	priority(8)	flow label(20)		
payload length(16)			next header(3)	hop limit(8)
source address(128)				
destination address(128)				
option				
data				

IPv6 header (40[byte])

5. 네트워크 공격

네트워크 공격은 주로 정보보안 3대 요소(기밀성, 무결성, 가용성)를 침해하는 공격으로 크게 Sniffing(훔쳐보기), Spoofing(사기치기), DoS(방해하기)로 나뉜다.

(1) Sniffing: 정보는 인가된 대상에게만 제공되어야 한다는 '기밀성'을 훼손하는 것으로, 공격 대상의 모든 네트워크 패킷을 훔쳐보며 정보를 수집하는 공격유형이다.

(2) Spoofing: 정보는 변경되거나 삭제되지 않고 정확하고 안전하게 전달되어야 한다는 '무결성'을 훼손하는 것으로, 수신자의 정보를 변조하여 제3자에게 패킷을 전달하거나 패킷에 악의적인 코드를 삽입하는 공격유형이다.

(3) Denial of Service(DoS): 정보는 인가된 사용자에게 언제나 제공되어야 한다는 '가용성'을 훼손하는 것으로, 공격 대상의 자원을 과도하게 소모시켜 정상적인 서비스를 수행하지 못하도록 마비시키는 공격 유형이다.

(4) 위 3개의 유형은 서로 밀접하게 연관되어 있으며 공격의 목적과 방식에 따라 상호 작용하기도 한다. 예를 들면 공격 대상의 정보를 획득(기밀성 훼손)하기 위하여 수신자 정보를 공격자의 정보로 변조(무결성 훼손)하는 등의 공격이 있다.

개념더하기 네트워크 관리시스템(NMS; Network Management System)

- 네트워크 관리시스템(NMS)은 컴퓨터 네트워크들을 모니터링하고 관리하는 데 사용되는 하드웨어와 소프트웨어의 조합을 총칭한다.
- NMS는 네트워크 구성요소를 관리하며, 매니지드 디바이스(Managed Device)라고도 불린다.
- 디바이스 관리는 고장, 구성, 회계, 성능 및 보안 관리를 포함한다.
- 관리 작업에는 네트워크 인벤토리의 발견, 디바이스 상태 모니터링을 한다.
- 시스템 성능에 영향을 미치는 상태에 대한 경고, 문제의 식별 및 출처의 파악과 함께 가능한 솔루션을 제공하는 역할을 한다.

---

4 에러 제어

1. 검출 후 재전송(ARQ; Automatic Repeat Request)

(1) 정지조회 ARQ: 송신 측이 한 개의 블록을 전송한 후에 수신 측에서 ACK나 NAK 신호를 보낼 때까지 기다렸다가, ACK가 수신되면 다음 블록을 전송하고, NAK가 수신되면 전송했던 신호를 다시 보내는 방식이다.

① 가장 간단한 방식이다.

② 신호를 재전송할 역채널이 필요하다.

③ BSC나 BASIC 프로토콜에서 사용하는 방식이다.

(2) 연속적 ARQ: 정지조회 ARQ와는 다르게 연속적으로 데이터를 전송하는 방식이다.

① 반송 N 블록

    ㉠ 송신 측이 NAK를 수신하면 오류가 발생한 블록으로 돌아가서 그 이후의 블록을 모두 재전송하는 방식이다.

    ㉡ HDLC 프로토콜에서 사용하는 방식이다.

② 선별 재전송 ARQ

    ㉠ 송신 측이 NAK를 수신하면 오류가 발생한 블록을 찾아서 그 블록만 재전송하는 방식이다.

    ㉡ 복잡한 논리회로와 큰 용량의 버퍼가 필요하다.

    ㉢ 수신 측에서 데이터를 처리하기 전에 원래 순서대로 조합해야 한다.

09

(3) 적응적 ARQ: 채널의 효율을 최대로 하기 위하여 에러 발생 비율이 높은 경우에는 블록의 길이를 작게 하고, 에러 발생 비율이 낮을 경우에는 블록의 길이를 크게 하는 방식이다.

2. 전진에러정정(FEC; Forward Error Correction) 부호 방식

전송할 정보에 오류 정정을 위한 여분의 비트를 추가하여 전송하므로 수신 쪽에서는 이를 이용하여 오류를 검출하여 정정하는 방식으로, 자기 정정 방식이라고도 한다.

3. FEC Code의 종류

FEC Code는 Block Code와 비Block Code로 나뉘고, Block Code는 선형 Code, 순회 Code로 나뉜다. 비Block Code 는 Convolution 코드가 대표적이다.

(1) Block Code의 종류: 에러 정정이 해당 Block에만 국한되는 방식으로, 정보를 갖는 k개의 심볼비트에 m개의 검사 비트를 추가하여 $n = m + k$개의 비트가 한 개의 Block이 된다.
- 선형 Code: Hamming Code, BCH Code, Reed Solomon Code
- 순회 Code: CRC Code

$$\text{Code Rate} = \frac{k(\text{정보비트})}{n(\text{전체비트})}$$

① Block Code - 선형 Code

㉠ Hamming Code: n[bit]인 부호어 중 m개는 정보 Bit로, p개는 검사 Bit(Hamming Bit)로 하여 에러검출 및 정정을 수행할 수 있는 부호이다.
- Hamming Distance(d): 같은 Bit 수를 갖는 2진 부호 사이에, 대응되는 Bit 값이 일치하지 않는 것의 개수 를 말한다(Hamming Distance는 그들 합의 Hamming Weight와 같음).
- 검출 가능한 에러 개수: $(d-1)$개
- 정정 가능한 에러 개수
  - d가 짝수인 경우: $(d-2)/2$개
  - d가 홀수인 경우: $(d-1)/2$개
- Hamming Code의 Parrity 검사 행렬과 Syndrome
  - Parity 검사 행렬: (7, 4) Hamming 부호의 패리티 검사 행렬은 $[\text{H}]$로 표시하며 다음과 같다.
  $$[\text{H}] = \begin{bmatrix} 0 & 0 & 0 & 1 & 1 & 1 & 1 \\ 0 & 1 & 1 & 0 & 0 & 1 & 1 \\ 1 & 0 & 1 & 0 & 1 & 0 & 1 \end{bmatrix}$$
  - Syndrome: 신드롬 $[\text{S}]$는 수신된 부호어에 패리티 검사 행렬(Parity 검사 행렬에는 여러 가지가 있음) 을 곱해 오류 발생을 검출한 후 오류가 있는 경우 정정하는 방법으로, 다음과 같이 표시된다(신드롬은 오류 위치를 확인하기 위한 Binary Pointer로 동작하며, Hamming 코드가 신드롬 Decoding에 특히 적합함).
  $$[\text{S}] = [\text{H}][\text{R}]$$
  - 신드롬을 구하는 방법은 $[\text{H}][\text{R}]$을 구한 후, 수평으로 계산하여 짝수 Parity가 되도록 만들면 된다.
㉡ BCH Code
- 임의로 발생하는 랜덤한 오류를 정정할 수 있는 대표적인 선형 블록 부호이다.

- t개의 에러 정정을 위해서는 mt개의 검사 비트를 부가하여야 하며, 이때 오류 정정 가능 개수는 $t = n - k \leq mt$이다.
  ⓒ Reed-Solomon Code
  - 심볼 단위 BCH 코드의 일종으로 연집 에러(Burst Error)를 검출하고 정정하는 데 사용되는 선형 Block 부호이다.
  - 오류 정정 심볼 수: $n - k = 2t$
  - 최소 거리: $d_{\min} \geq 2t + 1 = n - k + 1$
  - 디지털 방송, 이동통신 분야 등에서 발생하기 쉬운 연집 에러를 검출하고 정정하는 데 사용한다.

② Block Code − 순회 Code: 순회 부호에는 순회 해밍 부호, 순회 Golay 부호, RS 부호, CRC 부호, PN 코드 등이 있고, 이 중 CRC 부호를 대표적으로 알아보도록 하겠다. CRC(Cyclic Redundancy Check) 부호란, 다항식 코드를 이용하여 집단 에러를 검출하는 방식으로 FCS(Frame Check Sequence)에 많이 사용된다.

ⓐ 전송 Bit의 다항식에 의한 표현: 입력 데이터가 10001101이라 할 때 번호를 부여하여 다항식으로 표현하면 다음과 같다.

번호	7 6 5 4 3 2 1 0
입력 데이터	1 0 0 0 1 1 0 1

$$P(X) = X^7 + X^3 + X^2 + X^0 = X^7 + X^3 + X^2 + 1$$

ⓑ Parity Bit를 만드는 방법: 입력 데이터의 다항식 표현 $[P(X)]$에 생성 다항식의 최고차항을 곱하고 생성 다항식으로 나눈다. 여기서 생성 다항식을 $G(X) = X^5 + X^4 + X + 1$이라 하면,

$$\frac{X^5 P(X)}{G(X)} = \frac{X^5(X^7 + X^3 + X^2 + 1)}{X^5 + X^4 + X + 1} = \frac{X^{12} + X^8 + X^7 + X^5}{X^5 + X^4 + X + 1}$$

몫은 $X^7 + X^6 + X^5 + X^4 + X^3 + 1$이고, 나머지는 $X^4 + X^3 + X + 1$이 된다. 따라서, 추가되는 Parity Bit 형태는 11011이 된다.

ⓒ 송신 데이터 형태: 송신 데이터는 $P(X)$에 생성 다항식의 최고차항을 곱한 것에 Parity Bit를 부가시킨 것으로, 이것을 $T(X)$라 하면 송신 데이터 형태는 다음과 같이 된다.

$$T(X) = X^5 \cdot P(X) + (X^4 + X^3 + X + 1)$$
$$= X^{12} + X^8 + X^7 + X^5 + X^4 + X^3 + X + 1$$

ⓓ 착오 검출 방법: 수신 측에서는 $T(X)$를 생성 다항식 $G(X)$로 나누어 나머지가 없으면 착오가 없음을, 나머지가 있으면 착오가 있음(에러가 발생했음)을 알 수 있다. 위의 예에서는 몫이 $(X^7 + X^6 + X^5 + X^4 + X^3 + 1)$이고 나머지가 0이 되어 착오가 없음을 알 수 있다. 만약에 착오가 있을 때에는 송신 측에서의 재전송, 수신 측에서의 자기 정정 및 착오 데이터 Block의 절사라는 3가지 착오 정정 방법이 취해진다.

(2) 비Block Code(Convolution Code): 하나의 블록을 부호화하는 데 있어 그 이전의 블록이 영향을 미치는 코드로, 트리(Tree) 부호라고도 한다. 컨벌루션(Convolution) 코드가 가장 대표적인 코드이다. 블록 코드와는 다르게 기억 장치를 가지고 있다는 특징이 있다.

① 비Block Code의 방식
  ⓐ 부호화는 일정 길이의 블록 단위로 이루어지는데, 각 블록에서의 부호화가 그 블록뿐만 아니라 그 이전의 블록에도 의존하는 부호로, Tree 부호라고도 한다.
  ⓑ 부호기에 기억장치(Memory)가 있어야 한다.

　　　　ⓒ 부호화(Coding) 방식: 정보 비트를 Shift Register에 통과시킨 다음, Modulo-2 가산기를 이용하여 전송 비트를 만든다.

　　　　ⓔ 복호화(Decoding) 방식: MLD, Threshold Decoding, Sequential Decoding이 있다(MLD는 Maximum Likelyhood Decoding 방법으로 Viterbi 알고리즘을 사용하여 Trellis 상태도에서 수신 데이터 계열과 거리가 가장 짧은 경로를 탐색하는 복호법으로, 최우 복호법이라 함).

　　② 비Block Code의 특징

　　　　ⓐ 컨벌루션 부호의 부호기는 위상학적 측면에서 주목할 만한 특징을 갖는다. 따라서 부호기의 부호화 동작을 도식적으로 표현하는 데 있어 상태도(State Diagram), 나무 상태도(Tree Diagram), Trellis 상태도 등이 사용된다. 이러한 상태도만 있으면 컨벌루션 부호의 부호기 동작을 쉽게 관찰할 수 있다.

　　　　ⓑ 전진 에러 수정 효율이 높다.

　　　　ⓒ 종류로는 자기 직교(Self-orthogonal) 부호, 위너(Wyner) 부호, 비터비(Viterbi) 부호 등이 있다.

(3) FEC 코드의 장단점

　① 장점

　　　ⓐ 연속적인 데이터의 전송이 가능하다.

　　　ⓑ 역채널이 필요 없다.

　② 단점

　　　ⓐ 기기와 코딩방식이 복잡하다.

　　　ⓑ 잉여 비트에 의한 전송 채널 대역이 낭비된다.

5 통신망의 분류와 특징(토폴로지에 따른 통신 네트워크의 분류)

네트워크의 접속 형태에는 그물형, 스타형, 버스형, 링형, 트리형의 5가지가 있다.

1. 스타형(Star)

(1) 중앙집중적인 구조이므로 유지보수나 관리가 용이하다.

(2) 하나의 단말기(링크)가 고장나더라도 다른 단말기(링크)에 영향을 주지 않으므로 안전성이 높다.

(3) 중앙에 있는 전송 제어장치가 고장나면 네트워크 전체가 동작할 수 없다.

(4) 트리형, 링형, 버스형보다 많은 회선이 필요하다.

2. 버스형(Bus)

(1) 모든 네트워크 노드 및 주변 장치들이 일자형의 케이블(버스)에 연결되어 있는 형태이다.

(2) 하나의 긴 케이블이 네트워크상의 모든 장치를 연결하는 중추 네트워크 역할을 한다.

(3) 케이블에 연결되어 있는 하나의 노드가 전송을 하면 브로드캐스트(Broadcast) 되어 케이블에 있는 다른 모든 노드들이 수신할 수 있다.

(4) 설치가 간단하고 케이블 비용이 경제적이다.

(5) 장비의 수가 많아지면 네트워크의 성능이 저하되고, 중앙 케이블이 고장나면 네트워크 전체가 동작하지 않는다.

3. 링형(Ring)

(1) 모든 컴퓨터들을 하나의 링으로 연결시켜, 각 노드들은 두 개의 인접한 노드하고만 연결된다.

(2) 하나의 노드에서 전송한 데이터는 링을 따라 한 방향으로 보내지고, 이를 수신한 수신지가 아닌 노드에서는 매번 신호를 재생하여 다음 노드로 전송한다.

(3) 단방향 링형(Single Ring)과 이중 링형(Double Ring)이 있다.

4. 트리형(Tree)

(1) 트리 형태의 노드에 전송 제어장치를 두어 노드들을 연결한다.

(2) 상위 계층의 노드가 하위의 노드들을 직접 제어하는 계층적인 네트워크에 적합하다.

(3) 네트워크 확장이 쉽다.

(4) 중앙에 트래픽이 집중되어 병목현상이 발생할 수 있고, 중앙 전송 제어장치가 다운되면 전체 네트워크에 장애가 발생된다.

5. 망형(Mesh)

(1) 중앙의 제어하는 노드가 없이 모든 노드들이 상호 간에 전용의 점대점 형태로 연결되는 그물 모양의 형태이다.

(2) 최대 $\dfrac{n(n-1)}{2}$ 개의 물리적인 채널이 필요하다.

(3) 네트워크가 복잡하고 많은 통신회선이 필요하다.

(4) 비용이 비싸지만 신뢰성이 매우 높다.

6 교환 방식

데이터를 교환하는 방식에는 회선 교환 방식과 축적 교환 방식이 있고, 축적 교환 방식은 메시지 교환, 패킷 교환, 셀 교환 방식이 있다. 이 중 패킷 교환 방식은 다시 가상회선 방식과 데이터그램 방식으로 나뉜다.

1. 회선 교환(Circuit Switching) 방식

(1) 노드와 노드 간에 물리적으로 전용 통신로를 설정하여 데이터를 교환한다.

(2) 실시간으로 데이터를 처리한다.

(3) 한번 접속하면 통신을 제어하지 않아도 되므로 데이터 양이 많고 긴 메시지를 전송하는 데 적합하다.

(4) 속도 변화나 트래픽 처리에 동적으로 대처하기 어렵다.

(5) 접속하는 동안 두 시스템에서 통신회선을 독점한다.

09

2. 축적 교환 방식

(1) 메시지 교환 방식

① 송신 노드와 수신 노드 사이에 있는 중계 노드에서 수신한 데이터를 일단 메모리에 저장한 다음 노드를 선택하여 송신하는 방식이다.

② 중계 노드에서 데이터를 저장하고 통신속도와 프로토콜이 변하기 때문에 데이터를 실시간으로 전송할 수는 없다.

③ 전송하는 도중 에러가 발생해도 메모리에 저장된 사본을 재전송할 수 있다.

④ 송 · 수신 노드가 동시에 전송할 수 있는 상태가 아니어도 된다.

⑤ 같은 메시지를 여러 노드에 동시 전송이 가능하다.

(2) 패킷 교환 방식

① 데이터를 패킷 형태로 분할하여 전송한다.

② 전송 노드에는 데이터를 패킷으로 분해하는 기능이, 수신 노드에는 패킷을 하나의 메시지로 합치는 기능이 있어야 한다.

③ 가상회선(Virtual Circuit) 방식

    ㉠ 사용자가 호를 요청하면 노드 사이를 연결하는 전용 통신로인 가상회선을 만들어 송신 노드와 수신 노드 간에 데이터를 전달한다.

    ㉡ 연결 지향 서비스이므로 데이터를 전송하면 반드시 목적지에 도착시킨다.

    ㉢ 패킷을 전송하기 전에 가상회선을 미리 만들고, 해당 호를 종료할 때까지 선택한 경로만을 따라 패킷을 순서대로 전송한다.

    ㉣ 여러 노드가 동시에 가상회선을 가질 수 있다.

④ 데이터그램(Datagram) 방식

    ㉠ 현재 패킷 전송의 부하 여부에 따라 패킷 경로를 동적으로 설정한다.

    ㉡ 각 패킷의 스위치마다 최선의 경로를 선택하므로 패킷의 도착 순서가 바뀔 수 있어 목적지 노드에서 패킷의 재순서화와 조립 과정이 필요하다.

    ㉢ 비연결 지향 서비스이므로 전송된 데이터가 반드시 목적지에 도착하지 않을 수도 있다.

    ㉣ 먼저 전송했어도 최적의 경로를 찾지 못하면 나중에 전송한 데이터보다 늦게 도착할 수 있다.

(3) 셀 교환 방식

① 음성과 화상 · 영상 · 방송 등 모든 형태의 정보전송을 프레임 릴레이(Frame Relay)보다 종합적이면서도 고속으로 교환해 주는 통신기술이다.

② 주소와 같은 제어정보와 이용자 정보로 구성된 작은 크기의 패킷인 셀(Cell)을 이용한다.

③ 송신자는 메시지를 셀 크기로 나누어 제어정보를 추가하여 전송하고, 수신 측에서 이들 셀을 다시 조합하여 원래의 정보를 재생하는 방식으로 통신이 이루어진다.

7 데이터 전송 방식

1. 전송 방향에 따른 분류

(1) **단방향 통신(Simplex)**: 한쪽은 송신만 수행하고, 다른 한쪽은 수신만 수행하는 통신방식을 말하는 것이다.
  예 무선 호출기, 라디오, 아날로그 TV방송, 모니터, 키보드 등

(2) **반이중 통신(Half Duplex)**: 양방향 통신이 가능하나 동시에 양방향 통신이 불가능하며, 순간에는 단방향 통신만 가능한 형태로 데이터의 흐름을 바꾸는 데 필요한 전송 반전 시간이 소요된다. 예 휴대용 무전기

(3) **전이중 통신(Full Duplex)**: 접속된 두 개의 단말기들 간에 동시에 데이터를 송·수신하는 통신을 말하며, 두 개의 통신 채널을 이용하여 양방향으로 동시에 송·수신이 가능하다. 예 전화
  ① 시간에 구애받지 않고 양쪽 다 송·수신을 수행할 수 있다.
  ② 전송 데이터량이 많거나 전송회선의 용량이 클 때 사용하며, 유선의 경우 4선식 회선으로 구성할 수 있다.

2. 전송 방법에 따른 분류

(1) **직렬전송**
  ① 하나의 전송로를 통해 데이터를 순차적으로 송신한다.
  ② 전송속도가 느리다.
  ③ 원거리 전송에서 사용된다.
  ④ 직병렬 전환, 병직렬 전환이 필요하다.

(2) **병렬전송**
  ① 한 문자를 이루는 각 비트들이 각자의 전송로를 통해 한꺼번에 전송된다.
  ② 선로 구성 비용은 비싸지만 전송속도가 빠르다.
  ③ 근거리 전송에서 사용된다.

3. 동기 방법에 따른 분류

(1) **비동기식 전송(Asynchronous Transmission)**
  ① 비동기식 전송이란 동기식 전송을 하지 않는다는 의미가 아니라 블록 단위가 아닌 문자 단위로 동기정보를 부여해서 보내는 방식이다.
  ② 시작(0)-정지(1)(Start-Stop) 전송이라고도 한다.
  ③ 문자를 연속해서 보낼 때 각 문자 사이에 유휴 시간(Idle Time)이 발생할 수 있다.
  ④ 수신 측은 데이터의 전송을 신경 쓰지 않다가 라인의 상태가 '1'에서 '0'으로 떨어져 1비트 동안 유지하면 데이터의 전송이 시작된 것으로 판단한다.

(2) **동기식 전송**
  ① 송신 측과 수신 측의 비트들에 대한 타이밍이 정확히 맞아야 한다.
  ② 미리 정해진 크기의 블록을 일시에 전송한다. 데이터 블록의 앞뒤에 동기를 의미하는 특정 제어정보를 삽입한다.
  ③ 송신하려는 데이터가 많거나 고속 처리가 필요할 경우 비동기식보다 효율적이다.
  ④ 문자 지향 동기 방식과 비트 지향 동기 방식(프레임 동기 방식)이 있다.

09

(3) 혼합형 동기식 전송

① 혼합형 동기식 전송이란 비동기식 전공과 동기식 전송을 혼합한 전송방식을 말한다.

② 송·수신 측이 동기 상태에 있다,

③ 비동기식 전송의 경우보다 전송속도가 빠르다.

④ 비동기식 전송 및 동기식 전송에 비해 특별히 우수한 점이 없어 거의 사용되지 않는다.

8 광통신

기존의 전기적인 신호 전송이 아닌, 빛을 광섬유에 의해 유도시켜 통신하는 방식으로, 초고속 정보통신망 구축의 최종적인 해결방법으로 간주되고 있다.

1. 광케이블 구조

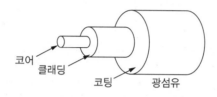

(1) 코어: 광섬유에서 실제로 빛을 전송하는 영역으로 보통 주위 매질보다 굴절률이 크다(굴절률은 n_1으로 표시함).

(2) 클래딩(Cladding)/클래드(Clad)

① 빛의 굴절과 관계된 광섬유 바깥 부분으로, 내부 전반사를 유도하고 코어 표면을 보호하며 광섬유의 역학적 특성을 향상시키는 역할을 한다.

② Core의 굴절률보다 약간 낮은 굴절률을 갖도록 제조하며, 굴절률은 n_2로 표시한다(광케이블에서는 n_1이 항상 n_2보다 큼).

2. 전반사 현상

유리에 부딪히는 빛의 입사각이 임계각보다 클 경우 빛은 그 유리를 투과하지 못하고 100[%] 반사되는데, 이러한 현상을 전반사라 한다.

3. 임계각(Critical Angle; θ_c)

임계각은 전반사가 일어나는 최소 입사각으로, Snell의 법칙으로부터 다음과 같이 구한다.

$$\theta_c = \sin^{-1}\left(\frac{n_2}{n_1}\right) \ (단, \ n_1 \geq n_2)$$

4. 광학 파라미터와 구조 파라미터

(1) 광학 파라미터

① 수광각(Acceptance Angle): 빛을 받아들일 수 있는 각으로 광을 Core 내에서 전달하기 위한 최대의 입사각도

② 개구수(Numerical Aperture): 입사광에 대해 받아들일 수 있는 최대 수광각(광을 모을 수 있는 능력)

(2) 구조 파라미터

① 내경(코어 직경): 케이블의 안쪽지름

② 외경(클래드 직경): 케이블의 바깥지름

③ 편심률: 코어의 중심과 클래드의 중심 간의 차

④ 비원율: 정원(완전한 원)에서 벗어난 비율

5. 광케이블의 종류

(1) 광섬유 종류에 의한 분류

① 단일모드 광케이블

㉠ SM, DSF, CSF 또는 NZDSF 광섬유를 심선으로 하는 광케이블이다.

㉡ 단일모드 섬유는 장거리 전송에 사용한다.

㉢ 아주 작은 심을 사용하며, 빛이 섬유의 축을 따라서만 들어온다.

㉣ 광원으로는 특수 레이저만 사용하고, 레이저, 다른 광섬유, 감지기 등과 정밀하게 접속해야 한다.

㉤ 고속 대용량 전송이 가능하다.

㉥ 코어의 직경이 작아(3~10[μm]) 제조 및 접속이 어렵다.

② 다중모드 광케이블

㉠ MM 또는 HMM 광섬유를 심선으로 하는 광케이블이다.

㉡ 다중모드 섬유는 단일모드 섬유보다 심이 크고 여러 각도로 빛을 받는다.

㉢ 단일모드 섬유보다 여러 종류의 광원과 값싼 접속장치를 사용할 수 있다.

㉣ 장거리 전송에는 사용할 수 없다.

㉤ 고속, 대용량 전송이 불가능하다.

(2) 굴절률 분포에 따른 분류

① 계단형 광섬유(SIF; Step Index Fiber)

㉠ 불연속 굴절률 분포를 갖는다.

㉡ 모드 분산(모드 사이의 전파 속도차 때문에 생기는 분산)이 발생한다.

② 언덕형 광섬유(GIF; Graded Index Fiber)

㉠ 연속 굴절률 분포를 가진다.

㉡ 모드 분산을 줄일 수 있다.

㉢ 파라볼릭형 광섬유라고도 한다.

09

6. 광섬유 케이블의 특징

(1) 광섬유 케이블의 분산(Dispersion): 광신호(광펄스)가 전송되는 도중에 광펄스의 파형이 퍼져 이웃하는 광펄스와 서로 겹침으로써 광섬유의 전송 대역이 제한되는 현상으로, 광에 실리는 베이스밴드 신호의 주파수가 증가할수록 더 큰 왜곡을 받는다. 이와 같이 어떤 베이스밴드 신호로 변조된 광신호의 왜곡량과 베이스밴드 신호의 주파수와의 관계를 베이스밴드 주파수 특성 또는 분산 특성이라 하며, 모드 내 분산과 모드(간) 분산으로 나눌 수 있다.

① **모드 내 분산(색분산)**: 파장에 따른 전파 속도차 때문에 생기는 분산을 말하는 것으로, 단일모드 광섬유에서 발생한다.

㉠ 재료분산: 광도파로를 구성하는 재료의 굴절률이 파장에 따라 변화함으로써 생기는 분산을 말한다.

㉡ 도파로 분산(구조 분산): 광섬유의 구조 변화로 인하여 광이 광섬유축과 이루는 각이 파장에 따라 변화하게 되면 실제 전송 경로의 길이에도 변화가 생기게 되고, 따라서 도착 시간이 변화하게 됨으로써 광펄스가 퍼지는 현상을 말한다.

② **모드(간) 분산**: 모드 사이의 전파 속도차 때문에 생기는 분산으로 다중모드 광섬유에서 발생하며, 이를 줄이기 위해 GIF(Graded Index Fiber)를 사용한다.

(2) 광섬유 케이블의 장단점

① 장점

㉠ 구리선보다 전송속도가 빠르고 대용량으로 전송할 수 있으며, 기가 인터넷 서비스에 100[%] 대응할 수 있다.

㉡ 광섬유는 좁은 공간에서 많은 선을 설치할 수 있다.

㉢ 구리선보다 값이 더 싸다.

㉣ 구리선보다 수명이 더 길다.

㉤ 신호의 간섭을 받지 않고, 빛으로 전달되기 때문에 구리선보다 잡음이 적다.

㉥ 혼선 및 도청의 위험이 적다.

② 단점

㉠ 광섬유를 통신에 사용하려면 신호를 빛으로 변환하는 변조 장치를 사용해야 한다.

㉡ 광섬유를 통한 광신호를 전자 신호로 변환하여 사용해야 한다.

㉢ 제조 물성이 한정적이며, 공정 다양성이 상대적으로 적고 제조가 까다롭다.

(3) 광신호의 파장

① 광신호의 파장은 0.8~1.55[μm]이며, 1.55[μm]에서 가장 손실이 작다.

② 광신호는 아주 높은 주파수로 가시광선 영역에서 근적외선 영역에 속하며, 편광현상을 갖는다(편광이란 빛이 어느 특정한 방향으로만 한정되어 진동하는 현상).

③ 광통신에서 사용되는 레이저광은 단색성(단일 주파수 성분)을 가지며, 냉광의 특성을 갖는다.

7. 광통신 시스템

광전송 시스템의 3대 구성요소는 발광 소자, 광섬유, 수광 소자이다.

(1) 발광 소자

발광 소자에는 발광 다이오드(LED)와 분사 레이저 다이오드(ILD)가 있다.

① 발광 다이오드(LED; Light Emitting Diode)

ㄱ 위상이 무질서한 인코히어런트 광의 자연 방출을 이용한 것으로, 저속 전송(100[Mbps] 이하)에 사용된다.

ㄴ 이 LED는 값이 싸고 넓은 온도 범위에서 동작하며, 수명도 길다.

② 분사 레이저 다이오드(ILD; Injection Laser Diode): 반도체의 유도방출을 이용한 코히어런트 광으로, LED보다 구조가 복잡하나 고속 데이터 전송([Gbps])에 사용된다.

(2) 수광 소자

① PD(Photo Diode)

ㄱ 값이 저렴하고 소용량 및 저속의 간단한 시스템에 적합하다.

ㄴ S/N비가 낮고 출력 전력도 낮다.

② APD(Avalanche Photo Diode)

ㄱ 높은 바이어스 전압이 필요하지만 Avalanche 증배에 의해 큰 출력을 얻을 수 있다.

ㄴ S/N비를 향상시킬 수 있어 장거리 및 대용량 고속 광전송에 적합하다.

(3) 광통신의 다중화 방식

광 다중화 방식으로는 파장 분할 다중 방식(WDM; Wavelength Division Multiplexing)이 있다. 이 WDM은 저손실의 파장대를 이용하여 광파장이 서로 다른 복수의 광신호를 한 가닥의 광섬유에 다중화시킨 것으로, 다음과 같은 특징이 있다.

① 양방향 전송이 가능하다.

② 이종 신호의 동시 전송이 가능하다.

③ 단일모드, 다중모드에 모두 사용 가능하다.

④ 광케이블의 증설 없이 회선 증설이 용이하며, 대용량화가 가능하다.

⑤ 임의의 광신호 파장을 WDM 방식의 광신호 파장으로 변환하는 기능을 갖추고 있다.

행운이란 100%의 노력 뒤에 남는 것이다.

– 랭스턴 콜먼(Langston Coleman)

문제편

목 차

2022.06.18. 시행
공개경쟁채용
필기시험

2022 지방직 기출

모바일 OMR

Q 해설편 002p

01 [1][2][3]

주파수가 f_m 인 정현파 메시지 신호와 f_c 인 반송파를 이용하여 진폭 변조된 신호 $x_{AM}(t)$ 가 이상적인 포락선 검파기(Envelope Detector)에 인가되어 나온 출력을 고르시오. (단, $f_c \gg f_m$ 이다.)

$$x_{AM}(t) = A[1 + \cos(2\pi f_m t)] \cos(2\pi f_c t)$$

① $A[1 + \cos(2\pi f_m t)]$
② $A[1 + \cos(2\pi f_c t)]$
③ $A[1 + \cos(2\pi (f_c + f_m)t)]$
④ $A[1 + \cos(2\pi (f_c - f_m)t)]$

02 [1][2][3]

{0001011, 1001101, 1000110, 0111101}의 부호어(Codeword) 중 1개를 선택하여 송신한 경우, 전송 도중 오류가 발생하여 수신된 부호어가 (1101011)이다. 이 경우 수신 부호어와 해밍거리(Hamming Distance)가 가장 작은 부호어를 구하시오.

① 0001011
② 1001101
③ 1000110
④ 0111101

03 [1][2][3]

이동통신 기지국 안테나에서 송신된 신호 전력이 10[kW]이고, 이 신호가 전송 경로 손실이 100[dB]인 채널을 통하여 단말기 안테나에 수신되었다. 단말기 수신 안테나에서 측정된 신호 대 잡음 전력비를 구하시오. (단, 수신 안테나의 수신 주파수 대역폭은 10[MHz], 정규화된 잡음 전력 스펙트럼 밀도 $N_0 = 10^{-15}$[W/Hz]이다.)

① 10
② 20
③ 100
④ 200

04 [1][2][3]

임의의 가산적 백색 가우시안 잡음(AWGN, Additive White Gaussian Noise) 채널에 대하여 대역폭이 250[kHz], 수신된 신호 전력이 62[μW], 잡음 전력이 2[μW]일 때, 채널용량[Kbps]를 구하시오.

① 1,000
② 1,250
③ 1,350
④ 1,500

05 ☐1 ☐2 ☐3

증폭기의 입력단에서 신호와 잡음 전력이 각각 $100[\mu \mathrm{W}]$, $1[\mu \mathrm{W}]$일 때, 출력단에서 측정된 신호와 잡음 전력은 각각 $200[\mathrm{mW}]$, $4[\mathrm{mW}]$이다. 이때 증폭기의 잡음지수(Noise Figure)를 구하시오.

① 0.25
② 0.5
③ 2.0
④ 4.0

06 ☐1 ☐2 ☐3

정현파 메시지 신호가 주파수 변조된 신호 $x_{FM}(t)$에 대한 설명으로 옳지 않은 것을 고르시오.

$$x_{FM}(t) = 10\cos\left\{2\pi\left[(91.9\times10^6)t\right.\right.$$
$$\left.\left. +16\sin\left(2\pi(4\times10^3)t\right)\right]\right\}$$

① 변조지수는 16이다.
② 반송파의 진폭은 10이다.
③ 반송파의 주파수는 91.9[MHz]이다.
④ 메시지 신호의 주파수는 4[kHz]이다.

07 ☐1 ☐2 ☐3

최대 주파수가 4[kHz]인 아날로그 기저대역(Baseband) 신호를 PCM(Pulse Code Modulation) 디지털 신호로 변환할 때, 나이퀴스트율(Nyquist Rate)의 1.5배 속도로 표본화(Sampling)하고 양자화(Quantization)를 거쳐 각 표본당 8비트로 부호화한다. 변환된 PCM 디지털 신호를 왜곡 없이 실시간으로 전송하는 데 필요한 신호 전송로의 최소 전송률[Kbps]를 구하시오.

① 32
② 64
③ 96
④ 128

08 ☐1 ☐2 ☐3

시간 t 영역에서 주파수 대역폭이 B인 임의의 기저대역 신호 $x(t)$를 푸리에 변환(Fourier Transform)한 결과가 $X(f)$일 때, 복소(Complex) 신호 $y(t) = x(t)\{e^{j2\pi f_c t} + e^{-j2\pi f_c t}\}$를 푸리에 변환한 결과인 $Y(f)$의 표현으로 옳은 것을 고르시오. (단, f는 주파수를 의미하고, $B \ll f_c$이다.)

① $\frac{1}{2}\{X(f-f_c) + X(f+f_c)\}$

② $\frac{1}{2}\{X(f-f_c) - X(f+f_c)\}$

③ $X(f-f_c) + X(f+f_c)$

④ $X(f-f_c) - X(f+f_c)$

09 ☐1 ☐2 ☐3

시간 t 영역에서 그림의 주기 신호 $x(t)$를 주파수 영역으로 변환했을 때, 주파수 영역에서 나타나는 직류 성분의 크기로 옳은 것을 고르시오.

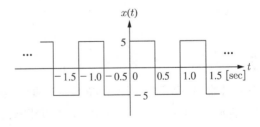

① -2.5
② 0.0
③ 2.5
④ 5.0

10 □1□2□3

k개의 이진 정보 비트 블록을 이용하여 n개의 이진 비트 블록으로 이루어진 부호어를 생성하는 (n, k) 이진 선형 블록 부호(Binary Block Code)로 채널 부호화(Channel Coding)할 때, 이 부호에 대한 설명으로 옳지 않은 것을 고르시오. (단, $n > k$이다.)

① 부호율은 $\dfrac{k}{n}$ 이다.

② 부호어의 고정된 위치에 k개 비트가 정보 비트 블록과 항상 일치하는 경우 조직적인 부호화(Systematic Coding)라 한다.

③ 최소 해밍거리가 3인 $(7, 4)$ 이진 선형 블록 부호는 1비트의 오류를 정정할 수 있다.

④ 수신된 부호어에서 최소 해밍거리 이상의 오류가 발생한 경우, 항상 오류 발생 여부를 정확히 판정할 수 있다.

11 □1□2□3

16[Mbits] 크기의 음성 파일을 16-QAM(Quadrature Amplitude Modulation)으로 변조하여 초당 1[Msymbols]의 속도로 전송할 때, 이 파일을 모두 전송하는 데 걸리는 시간[sec]을 고르시오. (단, 전송오류는 없다고 가정한다.)

① 2 　　　　② 4
③ 8 　　　　④ 16

12 □1□2□3

시간 t 영역에서 각 주파수가 ω_0이고 임의의 위상 θ를 갖는 신호 $x(t) = 2\sin(\omega_0 t + \theta)$ 의 자기상관함수(Autocorrelation Function)를 구하시오. (단, τ는 자기 자신과 지연된 신호 사이의 시간 차이를 의미한다.)

① $2\sin(\omega_0 \tau)$ 　　② $2\cos(\omega_0 \tau)$
③ $\sin(\omega_0 \tau)$ 　　④ $\cos(\omega_0 \tau)$

13 □1□2□3

$x(t)$는 시간 t 영역 신호이고, 정합필터(Matched Filter)의 전달함수가 $h(t) = x(T-t)$일 때, $0 \leq t < T$에서 정합필터의 출력을 구하시오.

$$x(t) = \begin{cases} 2, & 0 \leq t \leq T \\ 0, & \text{otherwise} \end{cases}$$

① $2t$

② $2(T-t)$

③ $4(2T-t)$

④ $4t$

14 □1□2□3

직교 주파수 분할 다중화(OFDM; Orthogonal Frequency Division Multiplexing)에 대한 설명으로 옳지 않은 것을 고르시오.

① 동일 주파수 대역폭을 사용할 때, OFDM은 FDM((Frequency Division Multiplexing)과 비교하여 주파수 스펙트럼 사용 효율이 높다.

② 부반송파 개수가 증가할수록 PAPR(Peak-to-Average-Power-Ratio)도 커진다.

③ OFDM 심볼 사이에 보호 구간(Guard Interval)을 두고 전송하면 ISI(Inter-Symbol Interference) 문제를 완화한다.

④ OFDM은 FFT(Fast Fourier Transform)를 이용하여 복조하므로 반송파 주파수 오차에 따른 수신 성능 변화가 없다.

15 123

셀룰러 이동통신 시스템에서 주파수 배치가 같은 클러스터들이 서로 중첩되지 않도록 반복 배치되는 주파수 재사용 기술에 대한 설명으로 옳지 않은 것을 고르시오.

> • 서로 다른 주파수를 사용하고 크기가 같은 N개의 정육각형 셀들이 서로 중첩되지 않게 배치된 집합을 클러스터(Cluster)라 한다.
> • 주파수 재사용 계수(Frequency Reuse Factor)는 $\frac{1}{N}$이다.
> • 1개의 클러스터 내부에서 제공하는 통화용량은 일정하다.

① 주파수 재사용 계수가 작아질수록 동일 채널 신호 간섭이 감소한다.
② 주파수 재사용 계수가 커질수록 서비스 가능한 총 통화용량은 증가한다.
③ FDMA 또는 TDMA를 이용한 셀룰러 이동통신 시스템에서는 주파수 재사용 기술을 적용할 수 없다.
④ CDMA를 이용한 셀룰러 이동통신 시스템에서 주파수 재사용 계수는 1이다.

16 123

엔트로피(Entropy)에 대한 설명으로 옳지 않은 것을 고르시오. (단, $H(X)$와 $H(Y)$는 각각 확률 변수 X와 Y의 엔트로피이고, $H(X, Y)$는 결합 엔트로피, $H(X|Y)$는 조건부 엔트로피이다.)

① $H(X, Y) = H(X) + H(Y|X)$
② $H(X) < H(X|Y)$
③ $H(X)$는 0 이상의 값을 갖는다.
④ X, Y가 서로 독립인 경우,
  $H(X, Y) = H(X) + H(Y)$이다.

17 123

8-QAM 신호 성상도(Signal Constellation)에 나타나는 신호점 위치의 좌표가 $\{(1, 1), (-1, 1), (-1, -1), (1+\sqrt{3}, 0), (0, 1+\sqrt{3}), (-1-\sqrt{3}, 0), (0, -1-\sqrt{3})\}$일 때, 심볼당 평균 에너지를 구하시오.

① 2
② $2 + \sqrt{3}$
③ 3
④ $3 + \sqrt{3}$

18 123

정지궤도 위성의 운용과 통신 서비스에 대한 설명으로 옳지 않은 것을 고르시오.

① 위성과 지구국 통신에서 신호 전파 시간 지연은 발생하지 않는다.
② 지구국에 의한 위성 추적이 단순하다.
③ 위성과 지구국 통신에서 송신된 신호와 수신된 신호 간의 도플러 편이(Doppler Shift)가 거의 나타나지 않는다.
④ 120도 간격으로 분리된 3개의 위성을 사용하여 북극과 남극을 제외하고 지구 전체를 서비스할 수 있다.

19 ☐1 ☐2 ☐3

섀넌의 용량 정리(Shannon Capacity Theorem)에 대한 설명으로 옳지 않은 것을 고르시오.

① 오류가 없는 통신을 위하여 정보 전송률은 채널용량보다 커야 한다.

② 신호대 잡음 전력비가 증가하면 채널용량도 증가한다.

③ AWGN 채널에서 채널용량을 추정할 수 있다.

④ 채널 대역폭을 증가시키면 수신 신호 대 잡음 전력비는 감소한다.

20 ☐1 ☐2 ☐3

신호 성상도에 대한 설명으로 옳지 않은 것을 고르시오. (단, E는 심볼 에너지이다.)

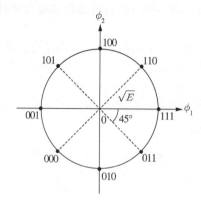

① 8-PSK(Phase Shift Keying)이 신호 성상도이다.

② 각 심볼은 그레이(Gray) 부호화가 적용되어 있다.

③ 심볼이 동위상(In-Phase)과 직교위상(Quadrature) 성분을 각각 제곱하여 더하면 E가 된다.

④ 이진 PSK에 비해 전송 대역폭은 절반이다.

2022 군무원 기출

모바일 OMR

Q 해설편 010p

01 [1][2][3]

다음 중 라인 부호화의 (a, b, c, d) 명칭 순서에 대한 설명으로 가장 적절한 것을 고르시오.

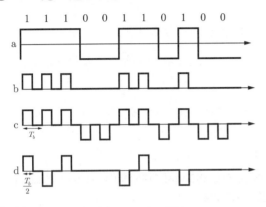

① (a) Polar NRZ, (b) Unipolar RZ,
   (c) Polar RZ, (d) Bipolar RZ(AMI)

② (a) Polar NRZ, (b) Polar RZ,
   (c) Manchester, (d) Bipolar RZ(AMI)

③ (a) Unipolar NRZ, (b) Polar NRZ,
   (c) Polar RZ, (d) Unipolar RZ

④ (a) Polar RZ, (b) Unipolar RZ,
   (c) Bipolar RZ, (d) Manchester

02 [1][2][3]

다음 중 AM(Amplitude Modulation) 변조에서 DSB-TC(Double Side Band-Transmitted Carrier) 신호가 포락선 왜곡에 관한 변조지수(μ)에 따른 변복조의 특징에 대한 설명으로 가장 적절하지 않은 것을 고르시오.

① AM의 변조지수(μ)의 정의는 다음과 같다.

$$\mu = \frac{DSB\ \text{신호의 최대 진폭}}{\text{반송파 신호의 진폭}} = \frac{\max |m(t)|}{A_C}$$

② 변조지수(μ)가 1보다 커야 왜곡이 발생하지 않는다.

③ AM은 반송파를 추가로 전송함으로써 수신기에서 포락선 검파가 가능하다.

④ DSB-TC 변조는 전력 효율이 항상 100%보다 작게 되는데, 전력 효율은 변조지수와 정보신호의 파형에 따라 다른 값을 갖는다.

03 [1][2][3]

다음 중 아날로그 정보를 전송하는 아날로그 변조방식에 따른 변조지수와 전력효율에 대한 설명으로 가장 적절하지 않은 것을 고르시오.

① 각변조는 정보신호에 의하여 반송파의 각을 변화시킨다.

② 각변조의 진폭은 정보신호에 따라 반송파의 크기가 변한다.

③ FM 주파수 변조는 순시주파수를 정보신호에 따라 선형적으로 변화시킨다.

④ PM의 위상 변조된 신호의 순시주파수는 정보신호의 미분 값에 따라 선형적으로 변화시킨다.

04 ① ② ③

다음과 같은 평균 비트 에너지에 따른 BER(Bit Error Rate)에 의한 P_b(Bit Error Probability) 성능비교에 대한 설명으로 가장 적절하지 않은 것을 고르시오.

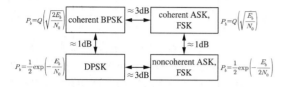

① 동기식 ASK와 동기식 FSK의 비트오류확률인 P_b 성능이 같다.

② BPSK는 FSK에 비해 비트오류확률인 P_b가 우수하다.

③ 동기식 ASK/FSK와 비동기식 ASK/FSK의 P_b 성능은 같다.

④ DPSK는 수신기에서 인접한 비트 구간에서 반송파의 위상 차를 알게 되면, 복조가 가능한 변복조 방식이다.

05 ① ② ③

다음 중 OFDM(Orthogonal Frequency Division Multiplexing)에 대한 설명으로 가장 적절하지 않은 것을 고르시오.

① OFDM은 다중 비트에 직교성을 적용하여 좋은 성능과 적절한 복잡도 및 높은 스펙트럼 효율로 전송할 수 있는 시스템이다.

② OFDM 구조의 비트 오류 확률 성능은 BPSK의 성능과 동일하다.

③ OFDM의 스펙트럼 효율은 대략적으로 10[bit/s/Hz]이다.

④ OFDM의 PAPR(Peak-to-Average Power Ratio)이 높아지면, 우수한 메시지 복원 성능을 위해 고성능이면서 값비싼 무선시스템의 설계가 필요하다.

06 ① ② ③

AM 변조된 신호(t)가 아래 식과 같을 때 반송파 및 상·하측파대의 각 전력 성분비를 구하시오.

$$200 + 20\cos(900\pi t)\cos 2\pi \times 10t$$

① 1 : 0.004 : 0.004

② 1 : 0.025 : 0.025

③ 1 : 0.04 : 0.04

④ 1 : 0.0025 : 0.0025

07 ① ② ③

다음 중 신호 변조에서 기저대역(Baseband) 변조로 옳은 것을 고르시오.

① PM

② QAM

③ PPM

④ FSK

08 ① ② ③

다음 중 무선통신 송수신기에 가장 많이 사용되는 구조인 슈퍼헤테로다인 구조에 대한 설명으로 가장 적절하지 않은 것을 고르시오.

① 저잡음 증폭기는 수신되는 신호의 크기에 따라 스위치 등을 이용하여 단계 이득으로 제어되며, 수신기 전체의 잡음지수를 결정한다.

② 헤테로다인 과정에서 신호 이득의 대부분은 IF 영역보다 RF 영역에서 얻어진다.

③ 헤테로다인 수신기는 믹서, 주파수혼합기, 주파수변환기로 구성된다.

④ RF 대역통과 필터는 송신기로부터 누설되는 송신신호와 수신신호의 영상신호 억제 등에 사용된다.

다음 중 대역확산 통신에 대한 설명으로 가장 적절하지 않은 것을 고르시오.

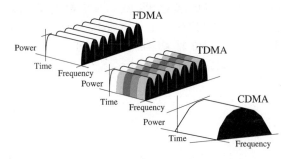

① DS/SS Systems 수신기의 PN신호 발생기에서는 전송 지연 t를 알아내는 PN코드 동기 과정이 필요하다.

② DS/SS-BPSK System은 송신기와 수신기 사이의 거리로 인하여 수신기에는 송신 신호가 t만큼 지연되어 입력된다.

③ TDMA 시스템에서는 각 사용자가 동일한 시간대에 동작하게 되어, 근원 문제가 발생하게 된다.

④ FDMA에서는 각 사용자가 다른 주파수 대역을 사용하기 때문에 대역통과 필터를 사용함으로써 타 사용자 간섭 신호를 제거하여 근원 문제가 발생하지 않는다.

다음 중 슈퍼헤테로다인 수신기의 특성이 아닌 것을 고르시오.

① 선택도가 좋다.

② 수신기 시스템이 간단하다.

③ 감도가 좋다.

④ 영상 주파수가 발생할 수 있다.

주파수 대역폭이 10[kHz]인 통신채널에서 4×10^4[bps]의 속도로 정보를 보내기 위해서 요구되는 신호 대 잡음비(S/N)는 다음 중 어느 것인지 고르시오.

① 3

② 7

③ 15

④ 31

다음 중 AM(Amplitude Modulation) 송신기의 출력이 60[%] 변조 시 118[W]이었다면 100[%] 변조 시 출력으로 옳은 것을 고르시오.

① 약 125[W]

② 약 135[W]

③ 약 140[W]

④ 약 150[W]

다음 중 FM(Frequency Modulation)의 순시위상을 나타낸 것으로 가장 적절한 것을 고르시오.

① 변조신호의 적분값에 비례한다.

② 변조신호의 제곱에 비례한다.

③ 변조신호의 크기에 비례한다.

④ 변조신호의 미분값에 비례한다.

14 ☐①②③

다음 중 AWGN(Additive White Gaussian Noise)에 대한 설명으로 가장 적절하지 않은 것을 고르시오.

① 자기상관함수는 $\dfrac{N_0}{2}\delta(\tau)$이다. (단, N_0는 백색잡음의 단측 전력 스펙트럼 밀도이다.)

② 전력 스펙트럼 밀도는 $\dfrac{N_0}{2}\sin(\tau)$이다.

③ 특정 시간에 관찰하면 가우시안 확률밀도함수를 갖는다.

④ 전송 채널에서 더해지는 잡음으로 모델링된다.

15 ☐①②③

다음 중 무선통신 수신기에서 선택도를 높이는 방법으로 가장 적절한 것을 고르시오.

① 리미터회로를 사용한다.
② 대역통과여파기의 Q를 낮춘다.
③ 슈퍼헤테로다인 수신방식을 사용한다.
④ 중간주파수 증폭단수를 줄인다.

16 ☐①②③

다음 중 전송부호가 가져야 하는 조건으로 가장 적절하지 않은 것을 고르시오.

① 타이밍 정보가 포함되어야 한다.
② 전송대역폭이 좁아야 한다.
③ 에러의 검출과 교정이 가능해야 한다.
④ DC 성분이 포함되어야 한다.

17 ☐①②③

20개의 부반송파 채널을 데이터 전송에 사용하는 OFDM(Orthogonal Frequency Division Multiplexing) 시스템에서 OFDM 심볼 간격은 $10[\mu s]$이고 부반송파 채널은 모두 32–QAM(Quadrature Amplitude Modulation) 변조 방식을 사용할 때, 이 시스템이 전송할 수 있는 비트 전송률[Mbps]을 구하시오.

① 10   ② 12
③ 100   ④ 120

18 ☐①②③

다음 중 PCM(Pulse Code Modulation)에 대한 설명으로 가장 적절하지 않은 것을 고르시오. (단, 표본 진폭 범위는 일정하다고 가정한다.)

① 양자화 준위의 개수를 증가시키면 표본화된 값을 이진수로 부호화할 때 비트 수가 점점 증가한다.
② 양자화 주위의 개수를 증가시키면 양자화 오차가 감소한다.
③ 양자화 비트 수를 하나 증가시키면 평균 양자화 잡음 전력은 $20\log_{10}2\ [\text{dB}]$ 감소한다.
④ 10[kHz]로 대역 제한된 신호를 왜곡 없이 표본화하려면 초당 10,000개 이상의 표본을 추출해야 한다.

19 ☐1 ☐2 ☐3

다음 중 부호 오율의 특성이 가장 좋은 디지털 변조방식을 고르시오.

① 16QAM   ② 16FSK

③ 16PSK   ④ 16ASK

20 ☐1 ☐2 ☐3

다음 중 변조를 하는 이유에 대한 설명으로 가장 적절하지 않은 것을 고르시오.

① 송수신기의 제작비를 줄일 수 있다.

② 원하는 주파수 대역으로 송수신 할 수 있다.

③ 신호 대 잡음비를 개선할 수 있다.

④ 송수신 안테나의 크기를 줄일 수 있다.

21 ☐1 ☐2 ☐3

다음 중 $x(t)\sin(2\pi ft)$ 신호의 스펙트럼을 표현한 것으로 옳은 것을 고르시오. (단, 푸리에 변환 관계 $\Im[x(t)] = X(f)$ 이다.)

① $X(f)e^{j(f-f_0)t}$

② $X(f)[\delta(t+t_0) - \delta(t-t_0)]$

③ $\dfrac{1}{2}[X(f+f_0) - X(f-f_0)]$

④ $X(f)\cos(2\pi f_0 t)$

22 ☐1 ☐2 ☐3

다음 중 아날로그 신호를 디지털 신호로 변환할 때 양자화 잡음을 줄이는 방안으로 가장 적절하지 않은 것을 고르시오.

① 샘플당 비트 수를 줄인다.

② 송신 측에서 압축기, 수신 측에서 신장기를 사용한다.

③ 입력 진폭을 크게 한다.

④ 비선형 양자화를 한다.

23 ☐1 ☐2 ☐3

다음 F_i는 증폭기 i의 잡음지수를 지칭하는 상수이다. 두 개의 증폭기가 직렬로 연결되어 있는 수신기가 있다. 안테나 측으로부터 1, 2번 증폭기라고 칭할 때, 증폭기 1은 이득이 20[dB]이고 F_1이 3, 증폭기 2는 이득이 15[dB]이고 F_2가 16이다. 수신기의 총괄 잡음지수를 구하시오.

① 5   ② 19

③ 3.1   ④ 3.15

24 ①②③

다음 중 UWB(Ultra Wide Band) 방식에 대한 설명으로 가장 적절하지 않은 것을 고르시오.

① 소비전력이 적고 방해전파에 강하다.

② IF 증폭신호처리가 필요하다.

③ 거리가 길어지면 속도가 매우 저하되어 사용거리에 제한이 있다.

④ 여러 대역에 걸치는 특성으로 인해 전력을 제한해야 하므로 안테나 이득을 증가시킬 수 없다.

25 ①②③

다음 중 OFDMA(Orthogonal Frequency Division Multiple Access)에 대한 설명으로 가장 적절하지 않은 것을 고르시오.

① CDMA 방식에 비해 상대적으로 높은 PAPR(Peak-to-Average Power Ratio)를 갖는다.

② OFDMA 시스템에서는 각 사용자의 채널 품질을 고려하여 주파수 자원을 적응적으로 각 사용자에게 할당함으로써 전체 시스템의 처리율을 증대할 수 있다.

③ CDMA 방식에 비해 인접 셀 간의 간섭 영향이 많아 셀 간 간섭조정 절차가 필요하다.

④ OFDMA에서는 직교 부호를 할당하여 사용한다.

2021.06.05. 시행
공개경쟁채용
필기시험

2021 서울시 기출

모바일 OMR

🔍 해설편 021p

01 [1][2][3]

대역폭이 W인 실수 신호를 반송파 주파수 $f_c (\gg W)$를 사용하여 양측파대 억압 반송파(DSB-SC) 변조했을 때, 변조된 신호의 전송 대역폭을 고르시오.

① 0

② $0.5W$

③ W

④ $2W$

02 [1][2][3]

신호의 최대주파수가 $f_m = 40[\text{kHz}]$를 가지도록 제한된 신호에서 나이퀴스트율(Nyquist Rate)을 만족하는 최대 표본화 주기의 값[μs]을 구하시오.

① 37.5

② 25

③ 12.5

④ 6.25

03 [1][2][3]

〈보기〉의 복소 신호 $x(t)$를 $\sum_{n=-\infty}^{\infty} c_n e^{jn\omega_0 t}$ 형태의 복소 지수 푸리에 급수로 나타내면 최소 몇 개의 항의 합으로 표현이 되는지 구하시오.

> **보기**
> $$x(t) = 3\cos(\omega_0 t) + 3j\sin(\omega_0 t) + 2\cos(2\omega_0 t)$$

① 2

② 3

③ 4

④ 6

04 [1][2][3]

각변조된 신호 $s(t) = 10\cos(100\pi t + 20\pi \sin 5t)$의 순시 주파수(Instantaneous Frequency)의 값[Hz]을 구하시오.

① $50 + 50\cos 5t$

② $50 + 10\cos 5t$

③ $50\pi + 10\pi\cos 5t$

④ $100 + 20\cos 5t$

05 ⬚①②③

신호전력이 504[W]이고 잡음전력이 8[W]일 때, 잡음이 있는 채널에서 36,000[bits/s]의 채널용량을 얻기 위해 필요한 대역폭의 값[Hz]을 구하시오.

① 9,000
② 7,200
③ 6,000
④ 3,000

06 ①②③

동일한 전력을 사용하는 BPSK와 QPSK 변조 방식에 대한 설명으로 가장 옳지 않은 것을 고르시오.

① 둘 다 위상 천이 변조 방식이다.
② QPSK의 비트 오류 확률이 BPSK의 비트 오류 확률보다 높다.
③ QPSK의 대역폭 효율이 BPSK보다 좋다.
④ 둘 다 NRZ 신호를 변조하는 방식이다.

07 ①②③

아날로그 신호를 간격 0.001초로 샘플링하고, 16레벨로 양자화하여 디지털 데이터를 전송할 때, 비트 전송률의 값[Kbps]을 구하시오.

① 0.4
② 1
③ 4
④ 16

08 ①②③

아날로그 신호를 디지털 신호로 변환하는 신호 변환 방법 중 하나로서, 표본화 속도를 매우 빠르게 하여 표본 간 상관도를 높이고, 1비트 양자화 비트 수를 이용하는 변조 방식을 고르시오.

① 펄스 진폭 변조(Pulse Amplitude Modulation)
② 펄스 위치 변조(Pulse Position Modulation)
③ 펄스 부호 변조(Pulse Code Modulation)
④ 델타변조(Delta Modulation)

09 ①②③

연속 시간 신호 $x_1(t) = 2\sin(4\pi t + 30°)$와 $x_2(t) = 2\sin(2\pi t - 60°)$에 대한 설명으로 가장 옳지 않은 것을 고르시오.

① 두 신호 모두 주기 신호이다.
② 두 신호는 모두 위상이 0이 아니다.
③ $x_1(t)$는 주파수가 4π[Hz]이다.
④ $x_2(t)$는 주기가 1초이다.

10 ☐1 ☐2 ☐3

〈보기〉에 주어진 디지털 회선 부호화 방식에 대한 설명으로 가장 옳지 않은 것을 고르시오.

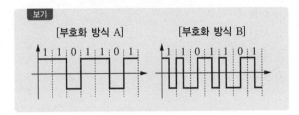

① 부호화 방식 A는 직류(DC) 성분이 존재한다.
② 부호화 방식 A는 극형 영비복귀(NRZ) 방식이다.
③ 부호화 방식 B에서 필요한 대역폭은 부호화 방식 A에서 필요한 대역폭과 같다.
④ 부호화 방식 B는 부호화 방식 A에 비해 동기화에 유리하다.

11 ☐1 ☐2 ☐3

주파수 대역에서 파장이 짧은 순서대로 바르게 나열한 것을 고르시오.

① EHF – SHF – UHF – VHF – LF
② EHF – UHF – SHF – VHF – LF
③ UHF – SHF – EHF – LF – VHF
④ LF – VHF – UHF – SHF – EHF

12 ☐1 ☐2 ☐3

〈보기〉의 푸리에 급수에서 3차 고조파와 5차 고조파의 진폭의 합을 구하시오.

$$x(t) = 25 + \sum_{n=1}^{\infty} \frac{13.5}{n} [1 - (-1)^n] \cos n\omega_0 t$$

① 15.0
② 14.8
③ 14.6
④ 14.4

13 ☐1 ☐2 ☐3

OFDM 시스템에 대한 설명으로 가장 옳지 않은 것을 고르시오.

① 직교하는 수많은 협대역 부반송파에 정보를 나누어 싣고 다중화하여 고속 전송한다.
② 전통적인 FDM 방식에 비해 필요한 주파수 대역폭이 약간 늘어난다.
③ 보호 구간을 사용해 다중경로에서 지연 확산에 대한 내성을 높인다.
④ PAPR가 높아 무선 증폭기의 전력 효율이 떨어진다.

14 ☐1 ☐2 ☐3

〈보기〉는 어떤 필터의 주파수 응답을 나타낸다. 이 필터의 3[dB] 대역폭을 구하시오.

> 보기
>
> $$H(f) = \frac{1}{1 + j(0.5f)}$$

① 0.5
② 1
③ 2
④ 4

15 ☐1 ☐2 ☐3

OSI-7 계층에 대한 설명으로 가장 옳지 않은 것을 고르시오.

① 물리 계층은 전송매체를 통해 비트를 전달하기 위한 기계적·전기적 규격을 제공한다.
② 데이터링크 계층은 비트를 프레임으로 만들어 노드-대-노드 프레임 전달을 책임진다.
③ 네트워크 계층은 네트워크 간 상호 연결을 통해 발신지에서 목적지까지 패킷을 전달한다.
④ 세션 계층은 신뢰할 수 있는 프로세스-대-프로세스 메시지 전달과 오류 복구 기능을 제공한다.

16 ☐1 ☐2 ☐3

이동통신 환경에서 다중경로 채널로 인한 문제점과 가장 관련이 없는 것을 고르시오.

① 심볼 간 간섭
② 시간 지연확산
③ 주파수 선택적 페이딩
④ 도플러 효과

17 ☐1 ☐2 ☐3

의사잡음(PN; Pseudo Noise) 코드를 이용하여 사용자를 구분하면서 동시 접속하게 하는 방식을 고르시오.

① TDMA
② FDMA
③ CDMA
④ OFDMA

18 ☐1☐2☐3

기저 대역 신호 $m(t) = 4\cos(10\pi t)$를 반송파 $\cos(400\pi t)$를 사용하여 양측파대 억압 반송파 (DSB-SC) 변조를 할 경우 변조된 신호 $s(t)$의 스펙트럼 $S(f)$로 가장 옳은 것을 고르시오. [단, $\cos(2\pi f_0 t)$의 주파수 스펙트럼은 $\frac{1}{2}\{\delta(f+f_0) + \delta(f-f_0)\}$]

①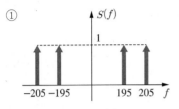

②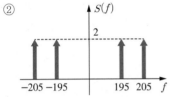

③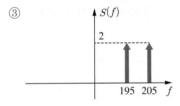

④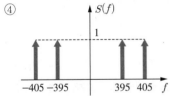

19 ☐1☐2☐3

두 신호 $x(t)$와 $h(t)$가 〈보기〉와 같이 주어졌을 때, 컨벌루션 연산 $x(t) * h(t)$의 값이 최대가 되는 t의 값을 구하시오.

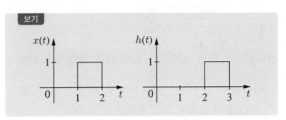

① 1   ② 2

③ 3   ④ 4

20 ☐1☐2☐3

〈보기〉의 성상도(Constellation Diagram)를 가진 변조 방식에 대한 설명으로 가장 옳은 것을 고르시오.

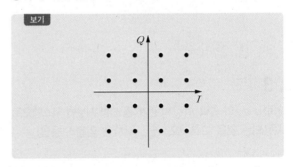

① 16-PSK보다 잡음에 대한 내성이 높다.

② 위상만 변화시켜 변조하는 방식이다.

③ 16-ASK의 성상도이다.

④ 심볼당 16비트의 데이터를 전송할 수 있다.

2021.07.24. 시행
공개경쟁채용
필기시험

2021 군무원 기출(복원)

모바일 OMR

🔍 해설편 029p

01 1 2 3

정합필터에 대한 설명으로 옳지 않은 것을 고르시오.

① 정합필터의 임펄스 응답 $h(t)$는 $s^*(\tau - t)$이며, $s(t)$는 펄스폭이 T인 임의의 신호이다.
② 비동기식 검파회로에 이용된다.
③ 상관기를 통해서 동일한 기능의 구현이 가능하다.
④ 백색잡음만 존재한다고 가정했을 때, 정합필터는 신호 대 잡음비를 증대시킨다.

02 1 2 3

전송매체에 대한 설명으로 옳지 않은 것을 고르시오.

① 긴 전파 지연시간 때문에 위성통신은 광대역 통신을 구현하기 어렵다.
② 광섬유는 전자기적 간섭에 강하다.
③ 무선채널은 전파가 한정되어 있고 신호가 전달되는 거리에 영향을 많이 받는다.
④ UTP는 고속 LAN에서 사용된다.

03 1 2 3

입력 $x(t)$와 출력 $y(t)$의 관계 중 선형 시불변 시스템으로 사용되는 것을 고르시오. (단, $h(t)$는 임펄스 응답)

① $y(t) = x(t)h(t)$
② $y(t) = x(t) \cdot e^{h(t)}$
③ $y(t) = x(t) * h(t)$
④ $y(t) = \int_{-\infty}^{\infty} x(t)h(t)dt$

04 1 2 3

FM 변조에서 고주파 성분에서의 SNR이 낮아지는 문제의 해결을 위해 사용되는 회로를 고르시오.

① 대역통과필터
② 반송파 검출기 회로
③ 프리엠퍼시스 회로
④ 비검파 회로

05 1 2 3

8psk 신호가 보오율이 4,000[baud]일 때, 비트율을 구하시오.

① 12,000
② 16,000
③ 24,000
④ 21,000

06 1 2 3

PLL 회로에서 A, B, C에 해당하는 것을 고르시오.

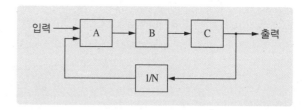

① A: 전압제어발진기, B: 저역통과필터, C: 반송파검파 회로
② A: 전압제어발진기, B: 대역통과필터, C: 반송파검파 회로
③ A: 위상검출기, B: 대역통과필터, C: 전압제어발진기
④ A: 위상검출기, B: 저역통과필터, C: 전압제어발진기

07 ①②③

출력이 23[dBm]인 무선신호가 있다. [mW]로 환산하였을 때 옳은 것을 고르시오. (단, $\log_{10} 2 = 0.3$)

① 10[mW]　　　　② 100[mW]
③ 20[mW]　　　　④ 200[mW]

08 ①②③

무선랜에서 숨겨진 터미널 문제에 대한 설명으로 옳지 않은 것을 고르시오.

① RTS, CTS로 해결이 가능하다.
② 상대방의 신호를 감지할 수 없는 단말 간에 문제가 발생한다.
③ CSMA/CA로 해결이 가능하다.
④ 무선랜의 에드혹 모드에서 발생한다.

09 ①②③

TDM-24는 음성을 디지털 PCM신호로 다중화하여 24채널로 전송한다. TDM-24는 프레임의 동기화를 위해 프레임당 1[bit]를 추가한다. TC회선의 프레임 길이와 데이터율로 옳은 것을 고르시오.

	프레임 길이	데이터율
①	25[bit]	1,544,000[bps]
②	193[bit]	1,544,000[bps]
③	25[bit]	772,000[bps]
④	193[bit]	772,000[bps]

10 ①②③

아날로그 신호를 디지털 신호로 변조할 때 양자화 잡음을 줄이는 방법으로 옳지 않은 것을 고르시오.

① 신호 채집속도를 증가시킨다(표본화 주파수).
② Companding(압신) 양자화를 사용한다.
③ Nonlinear(비선형) 양자화를 사용한다.
④ 채집당 더 많은 비트를 할당한다.

11 ①②③

디지털 변조에 대한 설명으로 옳지 않은 것을 고르시오.

① QAM은 ASK와 PSK를 합친 변조 방식이다.
② DPSK는 ASK보다 성능이 좋다.
③ ASK에서 반송파 주파수는 고정하고 크기만 변화시키면, 비트 전송률은 높아지고 대역폭의 변화는 없다.
④ M진 QAM은 M진 PSK보다 오율에서 우수하다.

12 ①②③

802.11 무선랜에 대한 설명으로 옳지 않은 것을 고르시오.

① AP 기반의 전송모드는 메쉬 형태의 구조를 가진다.
② CSMA/CA 계열의 매체 접근 방식을 사용한다.
③ 주로 ISM대역을 사용한다.
④ 물리 계층의 전송방식으로 OFDMA를 사용한다.

13 ☐①②③

인터넷 프로토콜 계층에 대한 설명으로 가장 옳지 않은 것을 고르시오.

① http는 응용 계층이다.
② TCP는 비연결 지향 서비스이다.
③ 네트워크 계층은 한 노드에서 다른 노드로 전송할 때 라우팅 역할을 한다.
④ 물리 계층은 정보를 노드에서 노드로 전송한다.

14 ☐①②③

데이터 전송오류를 제어하기 위해 사용되는 기술로 옳은 것을 고르시오.

① UDP, SNMP
② ARP, FTP
③ WEP, RSA
④ ARQ, FEC

15 ☐①②③

광케이블에 대한 설명으로 옳지 않은 것을 고르시오.

① 광케이블은 빛의 전반사 성질을 이용한다.
② 멀티모드 광케이블이 싱글모드보다 멀리 전달한다.
③ 클래드의 굴절률이 코어의 굴절률보다 낮다.
④ 광케이블은 손실이 적고 높은 주파수를 사용하기 때문에 장거리 광대역 통신이 가능하다.

16 ☐①②③

〈보기〉의 전송되는 주파수 대역을 저주파에서 고주파의 순서로 배열했을 때 옳은 것을 고르시오.

> **보기**
>
> A. 무선랜   B. FM 방송   C. 지상파 디지털 TV

① B − C − A
② B − A − C
③ C − B − A
④ C − A − B

17 ☐①②③

어떤 신호 $x(t)$의 푸리에 변환이 $F[x(t)] = \operatorname{sinc}(f)$ 일 때, t_0만큼 이동한 신호 $x(t-t_0)$의 푸리에 변환으로 옳은 것을 고르시오.

① $\operatorname{sinc}(f)\delta(t_0)$
② $\operatorname{sinc}(f - 2\pi ft)$
③ $\operatorname{sinc}(f - t_0)$
④ $e^{-2\pi ft_0}\operatorname{sinc}(f)$

18 ☐①②③

AGWN 채널에서 주파수 대역이 3[kHz]이고 SNR가 39[dB]일 때 샤논의 통신 용량으로 옳은 것을 고르시오.

① $3,000\log_2\left(10^{3.9}\right)$[bps]
② $3,000\log_e\left(1 + 3.9\right)$[bps]
③ $3,000\log_e\left(3.9\right)$[bps]
④ $3,000\log_2\left(1 + 10^{3.9}\right)$[bps]

19 ⃞1 ⃞2 ⃞3

4[kHz] 대역폭을 갖는 음성신호의 표본화 주파수의 주기로 옳은 것을 고르시오.

① $\dfrac{1}{2,000}$ ② $\dfrac{1}{4,000}$

③ $\dfrac{1}{8,000}$ ④ $\dfrac{1}{16,000}$

20 ⃞1 ⃞2 ⃞3

GPS에 대한 설명으로 옳지 않은 것을 고르시오.

① FHSS 방식을 사용한다.

② 클록 동기화 목적으로 사용한다.

③ 위치 측정을 위해서 최소한 3개의 위성의 신호가 필요하다.

④ MEO위성으로 1.2276[GHz], 1.57542[GHz] 대역을 사용한다.

21 ⃞1 ⃞2 ⃞3

잡음이 없는 통신채널에서 16-QAM 2[Mbps]로 전송하려고 할 때 대역폭을 구하시오.

① 62,500

② 125,000

③ 250,000

④ 500,000

22 ⃞1 ⃞2 ⃞3

어떤 사무실에서 랜 스위치에 케이블로 컴퓨터를 연결하여 이더넷을 사용할 때 여기에 해당하는 토폴로지로 옳은 것을 고르시오.

① 스타 ② 버스

③ 링 ④ 메쉬

23 ⃞1 ⃞2 ⃞3

IPv4 주소 사용률을 높이기 위해 사용하는 기술을 고르시오.

① MAT

② ARP

③ Classless Adressing

④ DHCP

24 ⃞1 ⃞2 ⃞3

2진 전송 시스템이 1과 0을 송신할 확률이 각각 1=0.6, 0=0.4로 비대칭이고, 조건부 확률이 P(1수신/1송신)=0.9, P(0수신/0송신)=0.8일 때 오류율을 구하시오.

① 0.1 ② 0.15

③ 0.24 ④ 0.14

25 ⃞1 ⃞2 ⃞3

디지털 변조 방식끼리 묶인 것을 고르시오.

① AM, PAM

② ASK, FSK

③ AM, ASK

④ FM, FSK

기출이 답이다 통신공학 5개년 기출문제집

2020.06.13. 시행
공개경쟁채용
필기시험

2020 서울시 기출

모바일 OMR

🔍 해설편 041p

01 ① ② ③

각변조 방식(Angle-Modulation Methods)인 주파수 변조(FM)와 위상 변조(PM)에 대한 설명으로 가장 옳지 않은 것을 고르시오.

① 주파수 변조는 비선형 변조 방식이고 위상 변조는 선형 변조 방식이다.

② 주파수 변조 시스템에서는 반송파의 주파수가 메시지 신호에 따라 변한다.

③ 위상 변조에서는 반송파의 위상이 메시지 신호의 변화에 따라 바뀐다.

④ 좋은 잡음 특성을 얻기 위해 넓은 대역폭이 필요하다.

02 ① ② ③

메시지 신호 $m(t)$를 DSB-SC 진폭 변조한 후 푸리에 변환한 것으로 가장 옳은 것을 고르시오. (단, 반송파 중심 주파수는 f_c, 반송파 진폭은 A_c, $m(t)$의 푸리에 변환은 $M(f)$ 이다.)

① $\dfrac{A_c}{2}[M(f-f_c)+M(f+f_c)]$

② $A_c[M(f-f_c)+M(f+f_c)]$

③ $A_c M(f-f_c)$

④ $A_c M(f+f_c)$

03 ① ② ③

연속 시간 신호 $h(t)$는 $|t|<1$일 때 값 1을 갖고, 다른 t의 범위에서는 값 0을 갖는다. $x(t)$는 $0<t<2$일 때 값 1을 갖고, 다른 t의 범위에서는 값 0을 갖는다. $y(t)$를 $h(t)$와 $x(t)$의 컨벌루션(Convolution) 적분 $h(t)*x(t)$로 정의할 때, $y(1)$의 값을 구하시오.

① 0
② 1
③ 2
④ 4

04 ① ② ③

두 확률 변수 X, Y의 기댓값에 대한 설명 중 가장 옳지 않은 것을 고르시오.

① $E[X+Y]=E[X]+E[Y]$

② $E[XY]=E[X]E[Y]$

③ X가 항상 양의 값을 가질 때, $E[X] \geq 0$

④ $E[(X-E[X])(Y-E[Y])]$
$= E[XY]-E[X]E[Y]$

05 □1□2□3

아날로그 통신 시스템과 디지털 통신 시스템에 대한 설명으로 가장 옳지 않은 것을 고르시오.

① 디지털 통신 시스템은 메시지를 채널에 실어서 전송할 때 오직 디지털 파형만을 사용한다.
② 디지털 메시지는 유한한 개수의 심볼로 구성된다.
③ 아날로그 메시지는 연속적인 범위에서 값을 가질 수 있는 데이터로 구성된다.
④ 디지털 통신 시스템은 재생중계기(Regenerative Repeater)를 사용하여 통신의 신뢰도를 높일 수 있다.

06 □1□2□3

무선 통신 환경에 대한 설명 중 가장 옳지 않은 것을 고르시오.

① Coherence Time과 Doppler Spread는 반비례 관계이다.
② Delay Spread는 가장 짧은 지연시간과 가장 긴 지연시간 간의 차이로 정의된다.
③ 통신대역이 Coherence Bandwidth에 비해 작을 때 주파수 선택적 채널이라고 한다.
④ Coherence Bandwidth와 Delay Spread는 반비례 관계이다.

07 □1□2□3

$\Pi(t)$는 $|t| < \frac{1}{2}$ 일 때 1의 값을 갖고, 다른 t의 범위에서는 0의 값을 갖는 신호이다. 이 신호의 푸리에 변환을 $H(f)$ 라고 할 때, $H(f) = 0$ 이 되는 최소 주파수 f를 구하시오.

① π ② 1

③ 2   ④ $\frac{1}{2}$

08 □1□2□3

디지털 변조 방식 중 대역폭 효율(Bandwidth Efficiency)이 가장 높은 방식을 고르시오.

① 16-QAM(Quadrature Amplitude Modulation) 직교변조
② QPSK(Quadrature Phase Shift Keying) 직교 위상 편이변조
③ OOK(On-Off Keying) 온-오프변조
④ BPSK(Binary Phase Shift Keying) 이진 위상 천이변조

09 □1□2□3

확률 변수 X와 $Y = aX + b(a \neq 0)$에 대한 설명 중 가장 옳지 않은 것을 고르시오. (단, a와 b는 상수이고, 모든 변수와 상수는 실수라고 가정)

① $|a| = 1$이면 X와 Y의 분산은 같다.
② $a < -1$이면 Y의 분산이 X의 분산보다 작다.
③ X와 Y의 상관계수(Correlation Coefficient)는 1 또는 -1이다.
④ $a > 1$일 때 Y의 평균이 X의 평균보다 작을 수 있다.

10 □1□2□3

슈퍼헤테로다인(Superheterodyne) 수신기에 대한 설명으로 가장 옳은 것을 고르시오.

① TRF(Tuned Radio Frequency) 수신기는 슈퍼 헤테로다인 수신기의 영상 주파수(Image Frequency)에 대한 간섭 문제를 해결하기 위해 개발되었다.
② 슈퍼헤테로다인 수신기는 AM(Amplitude Modulation) 수신에서만 사용된다.
③ 슈퍼헤테로다인 수신기는 중심 주파수가 가변인 대역통과 필터를 통하여 원하는 채널의 신호를 선택한다.
④ 주파수 변환 과정에서 원하지 않는 채널의 스펙트럼이 IF(Intermediate Frequency) 대역에 들어오게 되어 간섭을 유발할 수 있다.

11 123

시스템을 분류하는 특성에는 시불변성, 선형성, 인과성, 안정성 등이 있다. 이 4가지 특성에 대한 설명으로 가장 옳지 않은 것을 고르시오.

① 안정 시스템(Stable System)에서는 유한한 크기의 입력에 대하여 출력이 발산하는 경우가 있다.

② 시스템이 동작하는 시점에 상관없이 항상 같은 출력을 발생시키는 시스템을 시불변(Time-Invariant) 시스템이라고 한다.

③ 비인과 시스템(Noncausal System)은 실시간으로 동작하는 시스템에서 구현이 불가능하다.

④ 시스템의 입력과 출력 사이에 중첩의 성질(Superposition Property)이 성립하면 선형 시스템(Linear System)이라고 한다.

12 123

WSS(Wide-Sense Stationary) 신호 $x(t)$의 전력 스펙트럼 밀도 $S_{xx}(f)$에 대한 설명으로 가장 옳지 않은 것을 고르시오.

① $S_{xx}(f)$는 $x(t)$의 자기상관(Autocorrelation)함수의 푸리에 변환이다.

② $S_{xx}(f)$는 항상 실수이다.

③ $S_{xx}(f)$는 우함수(Even Function), 즉 $S_{xx}(-f) = S_{xx}(f)$이다.

④ $S_{xx}(f)$가 0보다 작은 f가 존재한다.

13 123

송신 안테나가 3개, 수신 안테나가 2개인 다중 안테나 시스템에서 얻을 수 있는 최대 다이버시티 이득을 구하시오.

① 2   ② 3

③ 5   ④ 6

14 123

M-PSK(Phase Shift Keying)에서 두 심볼 간 최소 거리로 가장 옳은 것을 고르시오. (단, 각 심볼은 복소평면에서 반지름이 A인 원 위에 등간격으로 놓인다고 가정하고, $A > 0$이다.)

① $A\sqrt{1 - \cos\dfrac{2\pi}{M}}$

② $\sqrt{2}\,A\sqrt{1 - \cos\dfrac{2\pi}{M}}$

③ $\sqrt{2}\,A\sqrt{1 - \sin\dfrac{2\pi}{M}}$

④ $A\sqrt{1 - \sin\dfrac{2\pi}{M}}$

15 123

3개의 동전을 던지는 실험에서 사건 A는 3개의 동전 중 최소한 1개가 앞면이 나오는 경우라고 하고, 사건 B는 3개가 모두 같은 면이 나오는 경우라고 할 때, 〈보기〉에서 옳은 것을 모두 고르시오.

> 보기
>
> ㄱ. $P(A) = \dfrac{7}{8}$
>
> ㄴ. $P(B) = \dfrac{1}{8}$
>
> ㄷ. $P(A)$와 $P(B)$는 서로 독립이다.
>
> ㄹ. $P(A|B) = \dfrac{1}{2}$

① ㄱ

② ㄱ, ㄴ

③ ㄱ, ㄹ

④ ㄱ, ㄷ, ㄹ

16 ☐①②③

어떤 (5, 2) 부호가 부호 워드 $C = \{00000, 10100, 01111, 11011\}$을 가진다고 할 때, 이 부호의 최소 해밍 거리(Hamming Distance)를 구하시오.

① 0
② 1
③ 2
④ 3

17 ☐①②③

CDMA에 대한 설명 중 가장 옳지 않은 것을 고르시오.

① 간섭 신호가 가우시안 잡음과 유사한 성질을 갖도록 설계한다.
② 망 가장자리에 위치한 사용자가 다수의 기지국으로부터 신호를 전달받는 소프트 핸드오프가 가능하다.
③ 각 사용자가 서로 겹치는 시간 영역을 사용한다.
④ 각 사용자가 서로 겹치지 않는 주파수 영역을 사용한다.

18 ☐①②③

무선통신 대역의 전파 특성에 대한 설명으로 가장 옳은 것을 고르시오.

① VLF: 안테나끼리 직접 전파되거나, 지구 표면으로 반사되어 오게끔 대류권 상층을 향해 전송되는 방식을 사용
② HF: 지표의 굴곡을 따라 퍼지며 전파거리는 신호의 전력량에 비례
③ SHF: 대기의 굴절을 이용하지 않고 위성에 의한 중계를 이용
④ EHF: 대류권과 전리층의 밀도 차를 이용하여 낮은 출력으로 원거리 전파와 무선파의 속도를 높이는 방식을 사용

19 ☐①②③

IPv6에 대한 설명 중 가장 옳지 않은 것을 고르시오.

① IPv4만을 지원하는 라우터와 IPv6를 지원하는 라우터는 공존할 수 없다.
② IPv4에 비해 주소 공간이 넓다.
③ IPv4에 비해 헤더가 간단하다. 즉, 필드의 종류가 적다.
④ 플로우 라벨(Flow Label)을 이용한 서비스 품질 차별화를 가능하게 한다.

20 ☐①②③

미국 통계 분석 사이트인 '파이브서티에이트'에서는 2018년 러시아 월드컵의 경기 분석에서 한국의 멕시코 전 승리 가능성은 19%, 패배 가능성은 55%, 무승부 가능성은 26%로 예측했다. 이 모든 결과에 대한 정보량의 평균값으로 가장 옳은 것을 고르시오. (단, $\log_2 0.19 = -2.39$, $\log_2 0.55 = -0.86$, $\log_2 0.26 = -1.94$)

① $H = 0.4541$[bits/source output]
② $H = -0.766$[bits/source output]
③ $H = 3.176$[bits/source output]
④ $H = 1.432$[bits/source output]

2020 군무원 기출(복원)

모바일 OMR

Q 해설편 054p

01 ①②③

아날로그 신호를 디지털로 변환하는 과정으로 채집당 8 비트 양자화하는 경우, 변환된 신호의 비트율로 옳은 것을 고르시오. (단, 20,000[Hz]가 최대 주파수)

① 160[Kbps]

② 2,500[Kbps]

③ 320[Kbps]

④ 5,000[Kbps]

02 ①②③

다음은 네트워크 구조에 대한 설명이다. 설명을 통해 알 수 있는 네트워크 유형을 고르시오.

> - 통신 제어노드가 중앙에 위치하여 모든 제어에 대한 권한과 책임을 가진다.
> - 고장발견 시 수리가 용이하다.
> - 병목현상이 발생할 수 있다.
> - 중앙 제어노드가 문제될 시 전체 시스템에 문제가 생길 수 있다.

① 스타

② 버스

③ 링

④ 메쉬

03 ①②③

다음과 같이 Convolutional Encoder가 설계되어 있다. 입력 데이터가 [1 0 1 1 0]이라면 Convolution 코드를 거친 출력 $V(x)$를 구하시오.

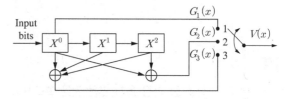

① 110 000 101 111 010 011 000

② 111 000 100 111 010 011 000

③ 111 001 100 110 010 011 000

④ 111 000 100 101 010 011 000

04 ①②③

프로토콜의 요소로 옳지 않은 것을 고르시오.

① 단편화

② 구문

③ 의미

④ 타이밍

05 1 2 3

프로토콜에서 송 · 수신 측 단말 간에 데이터 전송 효율을 높이기 위해 정보의 흐름 속도와 정보량을 조절하는 기능으로 옳은 것을 고르시오.

① 시퀀싱
② 연결제어
③ 에러제어
④ 흐름제어

06 1 2 3

정지궤도 위성의 최소 전파지연시간과 최대 전파지연시간으로 옳은 것을 고르시오. (단, P_{dt} = 전파지연시간이고 정지궤도 위성은 지구 표면으로 35,786[km]에 위치하며, 지구반경은 6,378[km]이다.)

① 최소: $P_{dt} = 238$[ms], 최대: $P_{dt} = 268$[ms]

② 최소: $P_{dt} = 357$[ms], 최대: $P_{dt} = 428$[ms]

③ 최소: $P_{dt} = 512$[ms], 최대: $P_{dt} = 682$[ms]

④ 최소: $P_{dt} = 715$[ms], 최대: $P_{dt} = 833$[ms]

07 1 2 3

비동기식 TDM에 대한 설명으로 옳지 않은 것을 고르시오.

① 데이터 안에 터미널 주소가 필요하다.
② 타임슬롯이 존재하여 대역폭이 넓어진다. 즉, 대역폭이 낭비된다.
③ 흐름제어가 필요하며 프로토콜에 의존적이다.
④ 데이터 트래픽 발생 비율이 고르게 분포해 있고, 이로 인해 전송지연 및 성능저하를 야기한다.

08 1 2 3

어떤 디지털 신호의 비트흐름이 01001011일 때, 이를 차동 맨체스터로 표현한 것 중 옳은 것을 고르시오.

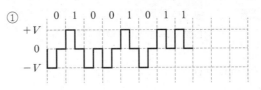

①

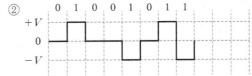

②

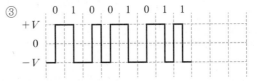

③

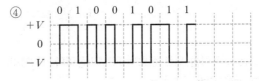

④

09 1 2 3

IS-95A, B의 문제점을 보완하기 위한 역방향 링크방식인 Enhanced 엑세스방식으로 옳지 않은 설명을 고르시오.

① 데이터속도를 4.8[Kbps]에서 9[Kbps], 6[Kbps], 19.2 [Kbps], 38.4[Kbps]까지 증대가 가능하다.
② 기지국과 접속하기 위한 시간을 단축할 수 있다.
③ 단말기에 의한 Closed Loop Power Control이 가능하다.
④ 역방향링크 성능 개선으로 정보비트당 손실전력을 감소할 수 있다.

10 ① ② ③

수신된 메시지 비트열이 〈보기〉와 같을 때, 해밍코드를 이용하여 오류가 올바르게 수정된 것을 고르시오.

> **보기**
>
> 수신된 비트열 101000011000

① 101010011000
② 101100011000
③ 101001011000
④ 110001011000

11 ① ② ③

〈보기〉는 포맷팅을 위한 신호의 PCM과정이다. PCM의 순서로 옳은 것을 고르시오.

> **보기**
>
> A. 부호화   B. 표본화   C. 양자화

① C − B − A   ② A − C − B
③ C − A − B   ④ B − C − A

12 ① ② ③

OSI 참조모델에서 송·수신 측 간의 전송속도를 조절하고, 동기화를 수행하는 계층을 고르시오.

① 데이터링크 계층
② 전송 계층
③ 물리 계층
④ 응용 계층

13 ① ② ③

기저대역 전송에 사용되는 변조로 옳은 것을 고르시오.

① AM   ② PAM
③ QAM   ④ PSK

14 ① ② ③

AM을 FM과 비교하는 내용으로 옳지 않은 것을 고르시오.

① FM은 AM에 비해 HF에는 적합하지 않지만, 초단파 송신에는 적합하다.
② FM은 AM에 비해 수신 충실도가 높다.
③ FM은 AM에 비해 신호 대 잡음비가 높다
④ FM은 AM에 비해 회절성이 좋다.

15 ① ② ③

근접채널 간의 커플링 양으로 표시되는 것으로 옳은 것을 고르시오.

① 위상잡음   ② 주파수 편이
③ 크로스토크   ④ 심볼 간 간섭

16 ☐1☐2☐3

다음 중 $x(t)\cos(2\pi f_0 t)$ 의 신호를 스펙트럼으로 표현한 것으로 옳은 것을 고르시오.

① $X(f)\sin(2\pi f_0 t)$

② $\dfrac{1}{2}[X(f+f_0) + X(f-f_0)]$

③ $X(f)[\delta(t+t_o) + \delta(t-t_o)]$

④ $X(f)e^{j(f-f_0)t}$

17 ☐1☐2☐3

AWGN 채널에서의 샤논의 채널용량에 대한 설명으로 옳지 않은 것을 고르시오. (단, 정보량은 R_b, 채널용량은 C, 잡음전력은 $N = N_0 B$, N_0는 잡음전력밀도, B는 대역폭, 신호전력은 S로 한다.)

① 채널 코딩을 통해 오류를 감소할 수 있는 S/N의 한계는 약 -1.6[dB]이다.

② 이진 대칭 채널의 경우 C는 상호정보량의 최대값으로 $C = \max I(X;Y)$ 가 된다.

③ 이상적인 채널에서 N이 0인 경우를 무왜곡 채널이라 하며, 이때 B는 ∞ 가 된다.

④ 무왜곡 채널에서 $B = \infty$ 이며 C는 약 $1.44\left(\dfrac{S}{N_0}\right)$ 가 된다.

18 ☐1☐2☐3

2진 전송시스템으로 1, 0을 송신할 때 〈보기〉의 확률을 참고하여 오류율을 구하시오.

> **보기**
>
> $P_1 = 0.6$
>
> $P_2 = 0.4$
>
> P_1 송신|1 수신$= 0.9$
>
> P_0 송신|0 수신$= 0.8$

① 0.30   ② 0.16

③ 0.15   ④ 0.14

19 ☐1☐2☐3

양자화 잡음이 존재할 때, 이를 해결하기 위한 방안으로 알맞지 않은 내용을 고르시오.

① 비트 수를 낮춘다.

② 송신 측에 압축기, 수신 측에 신장기를 사용한다.

③ 입력 진폭을 높인다.

④ 비선형 양자화를 사용한다.

20 ☐1☐2☐3

통신소자나 매체에 대한 설명으로 옳지 않은 것을 고르시오.

① 전자기 간섭이 높은 곳에서는 광섬유 케이블을 사용한다.

② 주파수가 300[MHz]의 전파를 수신하는 $\dfrac{1}{4}$ 파장 다이폴 안테나는 25[cm]이다.

③ CATV 시스템은 망측에 Coaxial 케이블을 사용한다.

④ 고성능을 요하는 시스템에는 단일모드파이버(SMF)보다 다중모드파이버(MMF)를 사용한다.

21 ☐①②③

간접FM은 PM으로 FM을 얻는다. 이때 필요한 알맞은 회로를 고르시오.

① 디엠퍼시스 회로
② 주파수 안정화 회로
③ 순시편이 제어회로
④ 전치보상회로

22 ☐①②③

2~5[kHz] 주파수 성분으로 구성된 아날로그 신호를 대역통과 필터링하는 경우의 최소 샘플링 주파수를 구하시오.

① 10[kHz]　　② 8[kHz]
③ 6[kHz]　　④ 5[kHz]

23 ☐①②③

통신 시스템 성능을 높이는 방식이 아닌 것을 고르시오.

① SS방식
② SSB, DSB
③ SSB, DSB, SNR
④ 4진 PSK, QAM효율

24 ☐①②③

무선통신 안테나 소자에 대한 설명으로 옳지 않은 것을 고르시오.

① 수신전력을 높이려면 실효고가 높은 안테나를 사용해야 한다.
② 다이폴 안테나를 사용하면 수신전력이 높아진다.
③ MIMO 안테나를 사용하면 전송속도가 빨라지고, 통신거리가 늘어난다.
④ 무지향성 안테나를 사용하면 신호전력이 조금 높아지지만, 잡음전력이 더 높아지고 S/N비 개선효과는 없다.

25 ☐①②③

통신보안에 대한 설명으로 옳지 않은 것을 고르시오.

① 방화벽을 패킷필터링으로 구현이 가능하다.
② VPN은 중앙선을 사용하며 대역을 공유한다.
③ 공인인증서는 공개키 방식을 사용한다.
④ 비대칭키 암호 전송방식을 사용한다.

2019 서울시 기출

모바일 OMR

Q 해설편 068p

01 ①②③

델타 함수(Delta Function) $\delta(t)$에 대한 다음 수식 중 가장 옳지 않은 것을 고르시오. (단, $x(t)$는 임의의 함수)

① $\delta(2t-1) = 2\delta(t)-1$

② $x(t)\delta(t-2) = x(2)\delta(t-2)$

③ $\int_{-\infty}^{\infty} \delta(t-2)x(t)dt = x(2)$

④ $\int_{-\infty}^{\infty} \delta(-t)x(t)dt = x(0)$

02 ①②③

그림은 진폭이 A이고, 폭이 $2T$인 삼각 신호(Triangular Signal) $x(t)$를 나타낸 것이다. 신호 $x(t)$의 푸리에 변환(Fourier Transform)을 $X(f)$라고 할 때, 다음 중 $X(f)=0$에 해당하는 최소 주파수 f를 구하시오.

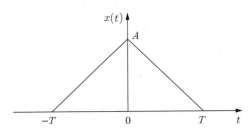

① $\dfrac{1}{2T}$

② $\dfrac{1}{T}$

③ $\dfrac{2}{T}$

④ $\dfrac{3}{T}$

03 ①②③

[dBm]는 $10\log_{10}\dfrac{P}{1[\mathrm{mW}]}$로 정의되며, $1[\mathrm{mW}]$ 기준 전력 대비 수신 신호의 전력 P를 dB 스케일로 나타낸 값이다. 수신 신호 전력이 기지국과 측정 장비 사이 거리의 제곱에 반비례한다고 가정하자. 만약 기지국에서 1m 떨어진 지점에서 측정한 수신 신호의 전력이 30[dBm]이라면, 동일한 기지국에서 100m 떨어진 지점에서 동일한 장비로 측정한 수신 전력을 구하시오.

① $10[\mathrm{mW}]$

② $1[\mathrm{mW}]$

③ $0.1[\mathrm{mW}]$

④ $0.01[\mathrm{mW}]$

04 ①②③

클라이언트 프로세스에서 웹 브라우저와 서버 프로세스가 통신을 하기 위해서는 포트 번호가 필요하다. 포트 번호를 패킷 헤더에 포함하는 프로토콜을 고르시오.

① IP(Internet Protocol)

② UDP(User Datagram Protocol)

③ ARP(Address Resolution Protocol)

④ FTP(File Transfer Protocol)

X는 $\{a, b, c, d\}$ 중 한 값을 아래에 주어진 확률 분포로 갖는 랜덤 변수(Random Variable)이다.

$$P(X = a) = \frac{1}{2}, \quad P(X = b) = \frac{1}{3},$$

$$P(X = c) = \frac{3}{24}, \quad P(X = d) = \frac{1}{24}$$

X를 하나의 글자 단위의 허프만 부호(Huffman Code)로 부호화하는 경우, 부호어 하나의 글자당 평균 길이를 구하시오.

① $\frac{48}{24}$ 비트   ② $\frac{40}{24}$ 비트

③ $\frac{32}{24}$ 비트   ④ $\frac{24}{24}$ 비트

06 123

생성 행렬(Generator Matrix) G에 메시지 벡터 m을 곱하여 부호어 c를 아래와 같이 생성한다.

$$c = mG = [m_3 m_2 m_1 m_0] \begin{bmatrix} 1000101 \\ 0100111 \\ 0010110 \\ 0001011 \end{bmatrix}$$

메시지 벡터 $[1000]$과 $[0001]$에 해당하는 두 부호어 사이의 해밍거리(Hamming Distance)를 구하시오.

① 2   ② 3
③ 4   ④ 5

07 123

아날로그 통신 방식인 AM(Amlitude Modulation)과 FM(Frequency Modulation)에 대한 설명으로 가장 옳지 않은 것을 고르시오.

① AM 방식에서 전송하고자 하는 기저대역(Base Band)의 메시지 신호의 진폭(Amplitude)에 따라 고주파 대역 전송 신호(Carrier Signal)의 진폭이 변화한다.

② FM 방식에서 전송하는 고주파 대역 전송 신호의 진폭(Amplitude)에는 전송하고자 하는 기저대역의 메시지에 관한 정보가 포함되어 있지 않다.

③ FM 방식에서 전송에 필요한 최소 대역폭(Bandwidth)은 전송하고자 하는 기저대역 신호의 대역폭에 따라 다르게 결정되어야 한다.

④ AM 방식에서 전송에 필요한 최소 대역폭(Bandwidth)은 전송하고자 하는 기저대역 신호의 대역폭을 고려하지 않고 결정될 수 있다.

08 123

이동통신 시스템의 다중접속(Multiple Access) 방식에 대한 설명으로 가장 옳지 않은 것을 고르시오.

① FDMA 방식은 각 사용자별로 다른 주파수를 할당하고, 각 사용자들은 할당된 주파수 자원을 사용하여 동시에 신호를 전송한다.

② TDMA 방식은 각 사용자별로 다른 시간 슬롯(Time Slot)을 할당하고, 각 사용자들은 할당된 시간 슬롯을 사용하여 신호를 전송한다. 이때 다른 사용자가 동일한 주파수로 전송할 수 있다.

③ CDMA 방식은 각 사용자별로 다른 코드를 할당하고, 각 사용자들은 할당된 코드를 사용하여 신호를 전송한다. 이때 모든 사용자가 동일한 주파수와 시간 자원을 사용하여 신호를 전송할 수 있다.

④ OFDMA 방식은 FDMA와 비슷한 방식이지만, FDMA와는 달리 사용자별로 다른 직교수열(Orthogonal Sequence)을 할당하여 사용자를 구분한다.

09 ①②③

대역폭이 100[kHz]인 잡음이 없는 채널로 1[Mbps]의 신호를 전송하려고 할 때 최소 몇 개의 레벨로 나누어야 전송이 가능한지 구하시오.

① 5

② 8

③ 16

④ 32

10 ①②③

소스 코딩(Source Coding)에 대한 설명으로 가장 옳지 않은 것을 고르시오.

① 허프만 코딩(Huffman Coding)은 가변적 길이(Variable-Length)를 가지는 코드를 생성한다.

② 허프만 코딩(Huffman Coding) 기법을 적용하기 위해서는 모든 소스 문자(Letter)의 발생 확률을 미리 알아야 한다.

③ 허프만 코딩(Huffman Coding)을 적용하는 경우 모든 소스 문자(Letter)의 발생 확률이 같을 때 소스 인코딩된 코드의 평균 비트 수가 최소가 된다.

④ 허프만 코딩(Huffman Coding)을 적용하는 경우 서로 다른 소스 문자(Letter)가 동일한 비트 수를 갖는 코드로 인코딩될 수도 있다.

11 ①②③

무선채널에서 채널의 특성이 균일한 주파수상의 대역폭을 일관성 대역폭(Coherence Bandwidth)이라고 한다. 일관성 대역폭과 반비례 관계를 가지는 채널의 특성은 무엇인지 고르시오. (단, 균일하다는 의미는 주파수 성분들이 근사적으로 동일한 채널이득(Channel Gain)을 가진다는 뜻)

① 지연 확산(Delay Spread)

② 도플러 확산(Doppler Spread)

③ 일관성 시간(Coherent Time)

④ 경로 손실(Path Loss)

12 ①②③

LTE(Long Term Evolution)의 Downlink와 Uplink에 사용되는 기본 전송 방식으로 가장 올바른 것을 고르시오.

	Downlink	Uplink
①	OFDM	OFDM
②	OFDM	DFT-Spread-OFDM
③	DFT-Spread-OFDM	DFT-Spread-OFDM
④	DFT-Spread-OFDM	OFDM

13 ①②③

제5세대 이동통신인 IMT-2020에서 제시하는 사용자 시나리오(Usage Scenario)에 해당하지 않는 것을 고르시오.

① eMBB(enhanced Mobile BroadBand)

② IoT(Internet of Things)

③ URLLC(Ultra-Reliable and Low Latency Communications)

④ mMTC(massive Machine Type Communications)

14 ①②③

FM 신호 수신기에 대한 설명으로 가장 옳은 것을 고르시오.

① 미분기(Differentiator)와 고대역통과필터(Highpass Filter)

② 미분기(Differentiator)와 저대역통과필터(Lowpass Filter)

③ 적분기(Integrator)와 고대역통과필터(Highpass Filter)

④ 적분기(Integrator)와 저대역통과필터(Lowpass Filter)

15 ☐1 ☐2 ☐3

백색잡음에 대한 설명으로 가장 옳지 않은 것을 고르시오.

① 자기상관 함수는 델타 함수로 표현된다.
② 무한대의 평균전력을 갖는다.
③ 전력밀도 스펙트럼의 단위는 [W/Hz]이다.
④ 가시광선 대역에서만 전자기파 성분이 존재한다.

16 ☐1 ☐2 ☐3

TCP의 혼잡 제어에 대한 설명으로 가장 옳지 않은 것을 고르시오.

① 혼잡 회피 상태에서는 혼잡 윈도우를 지수적으로 키워서 혼잡에 대비한다.
② TCP 혼잡 제어에서 이미 수신한 ACK와 동일한 번호의 ACK가 3번 이상 수신되면 혼잡한 상황으로 판단한다.
③ Reno TCP에서는 ACK 도착 전 타임아웃 상황이 동일한 번호의 ACK를 연속 수신하는 것보다 심각한 혼잡으로 해석된다.
④ 느린 시작 상태에서는 지수적 증가를 통해 혼잡 윈도우를 증가시킨다.

17 ☐1 ☐2 ☐3

IPv4 주소 197.213.45.235/28이 속한 네트워크의 주소는 무엇인지 고르시오.

① 197.213.45.0/28
② 197.213.45.128/28
③ 197.213.45.224/28
④ 197.213.45.232/28

18 ☐1 ☐2 ☐3

그림의 회선 부호화 방식에 대한 설명으로 가장 옳지 않은 것을 고르시오.

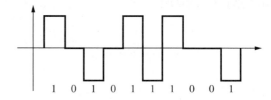

1 0 1 0 1 1 1 0 0 1

① 세 개의 진폭값을 갖는다.
② 플러스 값과 마이너스 값이 번갈아 사용된다.
③ 주파수 스펙트럼에서 DC 성분이 없다.
④ 0과 1이 같은 확률로 전송될 때 단극 NRZ 방식보다 더 넓은 대역폭이 필요하다.

19 ☐1 ☐2 ☐3

Walsh 부호에 대한 설명으로 가장 옳지 않은 것을 고르시오.

① Walsh 테이블의 임의의 서로 다른 두 개의 행은 항상 직교한다.
② 2^N 형태의 길이를 가진다.
③ 단말에서 기지국으로 전송할 때 사용한다.
④ 코드 중에는 절반을 기준으로 같은 값이 두 번 반복된 것과 반전된 값이 사용된 것이 함께 존재한다.

20 ☐1 ☐2 ☐3

가상회선망에 대한 설명으로 가장 옳지 않은 것을 고르시오.

① 전송되는 모든 패킷들이 동일한 지연시간을 가진다.
② 가상회선 식별자는 스위치를 지날 때마다 다를 수 있다.
③ 패킷이 도착하는 순서는 보내는 순서와 동일하다.
④ 설정 이후에는 IP주소 대신 가상회선 식별자를 통해 라우팅한다.

2019.12.21. 시행
공개경쟁채용
필기시험

2019 군무원 2차 기출(복원)

모바일 OMR

Q 해설편 077p

01 123

다음 중 진폭 변화를 이용하는 변조 형태가 아닌 것을 고르시오.

① DSB-SC   ② SSB

③ VSB   ④ PPM

02 123

반송파를 On-off하여 단순히 반송파의 존재 여부로 신호를 만드는 변조 방식을 고르시오.

① AM(진폭변조)

② PM(위상변조)

③ FM(주파수변조)

④ PM(펄스변조)

03 123

다음 PLL회로의 구성 요소를 나타낸 것 중 옳은 것을 고르시오.

① 위상비교기(PC), 저역통과필터(LPF), 전류제어발진기(ICO)

② 위상비교기(PC), 고역통과필터(HPF), 전압제어발진기(VCO)

③ 위상비교기(PC), 저역통과필터(LPF), 전압제어발진기(VCO)

④ 위상비교기(PC), 고역통과필터(HPF), 전류제어발진기(ICO)

04 123

다음 중 FM의 변조지수를 높이는 방법으로 옳지 않은 것을 고르시오.

① 주파수의 대역폭을 크게 한다.

② 최대 주파수 편이비를 크게 한다.

③ 수신 측에 프리엠퍼시스 회로를 사용한다.

④ 낮은 변조신호 주파수를 사용한다.

05 123

다음 수신기 종합특성에 대한 정의 중 잘못 서술한 항목을 고르시오.

① 충실도: 원신호를 얼마나 잘 복원할 수 있는가의 정도를 의미한다.

② 감도: 미약한 신호까지 얼마나 잘 수신할 수 있는가의 정도를 의미한다.

③ 선택도: 희망하는 신호 이외의 인접 신호도 얼마나 잘 수신할 수 있는가의 정도를 의미한다.

④ 안정도: 일정 출력을 얼마나 오래 유지할 수 있는가의 정도를 의미한다.

06 ①②③

어떤 증폭기의 전압이득이 100배일 때, [dB] 이득으로 옳게 변환한 것을 고르시오.

① 20   ② 40

③ 60   ④ 80

07 ①②③

다음 중 변조에 대한 틀린 설명을 고르시오.

① SSB 통신방식은 상측파나 하측파 상관없이 한쪽만 전송하는 통신방식이기 때문에 예리한 필터가 필요하다.
② FM(주파수변조)에서는 삼각잡음 특성이 나타나는데 그것을 해결하기 위해 스켈치 회로를 사용한다.
③ AM에서 DSB-SC는 동기검파방식, VSB는 비동기검파방식을 사용한다.
④ PM(위상변조)와 FM(주파수변조)는 유사한 특성을 가지기 때문에 적당한 회로를 통해 상호 변환시킬 수 있다.

08 ①②③

다음 16진 QAM에 대한 설명으로 옳지 않은 것을 고르시오.

① 진폭과 위상이 변화하는 변조방식이다.
② 2차원 벡터공간에 신호를 나타낼 수 있다.
③ Noncoherent 방식으로 신호를 검출할 수 있다.
④ 16QAM은 16PSK보다 동일한 평균 전력에 대해 비트 오류 확률이 낮다.

09 ①②③

4진 QAM 변조방식을 사용하고 데이터 신호 속도가 9,600[bps]일 때, 심벌율[baud]를 구하시오.

① 2,400   ② 4,800

③ 9,600   ④ 19,200

10 ①②③

어느 채널을 통해서 변조된 256개 PAM신호가 16진 PSK로 전송되고 있을 때, 100개의 채널을 동시에 운용하는 경우의 데이터 전송률 R_b[bps]를 구하시오. (단, 채널 간 보호대역은 무시한다.)

① 256[Kbps]
② 512[Kbps]
③ 102.4[Kbps]
④ 409.6[Kbps]

11 ①②③

채널용량에 대한 설명 중 옳지 않은 것을 고르시오.

① 전송 정보율을 R_b, 채널용량을 C라 할 때 $R_b > C$인 경우는 에러가 존재하게 된다.
② 채널용량은 가용 대역폭, 수신 신호전력, 잡음 전력의 3개의 파라미터에 의해 한계를 정한다.
③ S/N비가 0에 가까워도 사용 대역폭을 매우 넓히면 높은 채널용량을 얻을 수 있다.
④ 디지털통신에서 E_b / N_0가 샤논의 한계 이하의 경우에는 우수한 채널 코딩을 해도 에러가 발생한다.

12 ☐1☐2☐3

발생 가능한 메시지의 확률이 각각 $\left[\dfrac{1}{2}, \dfrac{1}{4}, \dfrac{1}{8}, \dfrac{1}{16}\right]$일 때, 이 메시지의 평균 정보량 엔트로피 $H[\text{bit/message}]$는 얼마인지 구하시오.

① 1.25
② 1.5
③ 1.625
④ 1.75

13 ☐1☐2☐3

기저대역 전송에서 인접 심벌간섭(ISI)을 최소화하고 펄스를 정형하기 위해 사용하는 상승 여현 필터(Raised Cosine Filter)의 롤 오프(Roll-off) 대역폭에 대한 $1/T$의 옳은 식을 고르시오. (단, W_o : 이론적 최소 대역폭, r : Roll-off Factor이다.)

① $\dfrac{(1+r)}{2W_o}$

② $W_o(1+r)$

③ $2W_o(1+r)$

④ $\dfrac{(1+r)}{W_o}$

14 ☐1☐2☐3

다음 에러제어 방식인 FEC(Forward Error Correction)와 ARQ(Automatic Repeat Request)에 대한 설명으로 옳지 않은 항목을 고르시오.

① FEC는 Feedback 경로를 필요로 하지 않는 개방 루프 오류 정정방식이다.
② ARQ는 Feedback을 기반으로 하는 폐루프 오류 정정 방식이다.
③ ARQ는 에러 검출수행 및 에러발생 시 송신기로 데이터 재전송 요청을 데이터링크 계층(LLC)에서 행한다.
④ HARQ는 재전송이 쉽고, 에러제어를 ARQ와 동일하게 데이터링크 계층(LLC)에서 행한다.

15 ☐1☐2☐3

다음 중 무선 LAN 시스템에 대한 설명으로 잘못된 것을 고르시오.

① 주로 무선전파와 적외선을 이용하며, 적외선은 AP장치 없이 네트워크를 구축할 수 있다.
② 기술표준은 IEEE 802.11로 규정하고, 802.11a, g, n은 보통 OFDM을 사용하는 방식이다.
③ 공유 매체의 사용권 제어(MAC)는 CDMA/CD를 사용하여 충돌을 감지한다.
④ 유선 LAN에 비해 복잡한 배선이 필요 없고 단말 재배치가 용이하며, 일반적으로 전송속도는 낮고 보안성이 취약하다.

16 ☐1☐2☐3

근거리 무선 개인통신 네트워크에 대한 설명으로 틀린 것을 고르시오.

① WPAN은 독립적인 IP를 가진다.
② WPAN은 저가, 저전력 소모에 주로 10[m] 이하의 단거리에 사용되는 무선 통신기술이다.
③ IEEE 802.11과 IEEE 802.15는 물리계층과 데이터링크 계층을 사용한다.
④ WPAN은 사용용도에 따라 지그비, 블루투스, UWB가 있다.

17 ☐1☐2☐3

다음 중 MIMO에 대한 설명으로 옳지 않은 것을 고르시오.

① 무선 통신 시 다중경로 페이딩 현상을 극복하기 위해서 사용한다.
② 동일한 정보를 다수의 송·수신 안테나를 사용하여 전송률을 높인다.
③ 다중경로 페이딩 특성을 이용하여 공간 다중화 구현이 가능하다.
④ 공간 다이버시티를 이용하여 주파수 재사용 효과를 가진다.

18 ⚀⚁⚂

이동통신 시스템에서 이동식 기지국의 기능으로 가장 옳지 않은 것을 고르시오.

① 무선 자원관리
② 무선 중계 및 IP 할당
③ 단말기 통화채널 지정
④ 핸드오프에 의한 채널 할당, 해제

19 ⚀⚁⚂

3~30[MHz]의 주파수 대역으로써 방송, 고정, 이동, 아마추어 및 해상이동, 항공이동 등 다양한 업무분야에 응용되고 있으며 위성 등 중계기 없이 지구 반대편까지 원거리 통신이 가능하게 하는 이 전파의 대역은 무엇인지 고르시오.

① 중파(MF)
② 단파(HF)
③ 초단파(VHF)
④ 극초단파(UHF)

20 ⚀⚁⚂

백색잡음(White Noise)의 전력밀도 스펙트럼 $G_n(f) = \dfrac{N_0}{2}$[W/Hz]에 대한 설명으로 옳은 것을 고르시오.

① $\tau = 0$ 이외의 어떤 시간에도 상관관계가 없으므로 전력은 0이다.
② 전력은 대역폭에 반비례한다.
③ 전력은 대역폭에 비례한다.
④ 전력은 주파수에 의존하지 않는다.

21 ⚀⚁⚂

IPv4 체제에서 B클래스 주소의 네트워크와 호스트 어드레스 비트 수는 각각 얼마인지 고르시오.

① 7, 24[bit]
② 14, 16[bit]
③ 21, 8[bit]
④ 28, 4[bit]

22 ⚀⚁⚂

다음 중 IPv6에 대한 설명으로 옳지 않은 것을 고르시오.

① 주소의 크기가 128[bit]를 갖는다.
② 16진수법은 콜론을 사용하며 IPv4 주소를 수용한다.
③ 보안 기능수행과 실시간 멀티미디어 처리가 가능하다.
④ 유니캐스트, 멀티캐스트, 브로드캐스트 주소체제를 지원한다.

23 ⚀⚁⚂

라우터가 패킷을 목적지까지 전달하기 위하여 사용하는 라우팅(경로 선택) 프로토콜 중에서 게이트웨이 영역 내부(자율 시스템)의 프로토콜에 해당하지 않는 것을 고르시오.

① RIP   ② BGP
③ OSPF   ④ EIGRP

24 [1][2][3]

다음 중 광섬유의 기본적 성질을 표시하는 광학 파라미터에 해당하지 않는 것을 고르시오.

① 수광각
② 비굴절률차
③ 개구수
④ 비원율

25 [1][2][3]

다음 중 SS(Spectrum Spread)통신 방식에 대한 설명으로 옳은 것을 고르시오.

① SS통신 방식에서 DS-SS 기술은 보안성이 높지만 HIT 잡음이 발생하는데, 이것을 해결하기 위해 에러 정정 부호를 사용한다.
② SS통신 방식은 일정한 신호의 대역을 확산시켜 통신하는 방식이다. 하지만 대역이 확산되기 때문에 간섭이나 잡음의 영향을 많이 받는다.
③ SS통신 방식은 S/N비가 낮은 경우에 통신이 불가하므로 일정 이상의 S/N비를 유지시켜야 한다.
④ SS통신 방식은 보안에 강하고 재밍에 대한 영향을 받지 않지만, 광대역 전송로가 필요하고 주파수 이용효율이 나쁘다.

2019.06.22. 시행
공개경쟁채용
필기시험

2019 군무원 1차 기출(복원)

모바일 OMR

🔍 해설편 088p

01 ①②③

일정 기간 내에서 4계절(봄, 여름, 가을, 겨울)에 비가 내리는 확률을 분석하니 여름은 $\frac{1}{2}$, 겨울은 $\frac{1}{4}$, 봄과 가을은 동일하게 $\frac{1}{8}$로 집계되었을 때, 기간 동안 4계절 비가 내릴 평균일수와 4계절 동일하게 비가 내린다고 가정할 경우의 비가 내릴 평균일수를 서로 비교한 오차일수[bit]로 옳은 것을 고르시오.

① 1일[bit]

② $\frac{1}{2}$일[bit]

③ $\frac{1}{4}$일[bit]

④ $\frac{1}{8}$일[bit]

02 ①②③

전송하고자 하는 5개의 전문(m1, m2, m3, m4, m5)의 발생 확률을 각각 다르게 하여 $P_1 = \frac{1}{2}$, $P_2 = \frac{1}{4}$, $P_3 = \frac{1}{8}$, $P_4 = \frac{1}{16}$, $P_5 = \frac{1}{16}$이라고 할 때, 평균 정보량 H와 허프만 부호의 평균 길이 L을 옳게 구한 것을 고르시오.

① $H = \frac{15}{8}$, $L = \frac{15}{8}$

② $H = \frac{15}{8}$, $L = \frac{14}{5}$

③ $H = \frac{14}{5}$, $L = \frac{15}{8}$

④ $H = \frac{14}{5}$, $L = \frac{14}{5}$

03 ①②③

전체 3[bit]의 데이터를 전송할 때 전송 오류 확률이 $\frac{1}{5}$이라면, 2[bit] 이상 오류가 발생할 확률로 옳은 것을 고르시오.

① 0.008

② 0.04

③ 0.104

④ 0.36

04 ①②③

다음 자기상관함수 $R_X(\tau)$의 특성에 대한 설명으로 옳지 않은 항목을 고르시오.

① 자기상관함수는 Y축에 대칭이다.

② $X = 0$ 이외의 구간에서 시간 간격 폭(τ)이 좁고 급격할수록 상관성이 높아져 효율적이다.

③ 자기상관함수는 주파수 스펙트럼 정보를 갖고 있으므로, 푸리에 변환하여 전력스펙트럼 밀도를 구할 수 있다.

④ $\tau = 0$에서 랜덤변수의 평균전력이 되며, 이는 최대치로 제한되고 τ가 클수록 상관성이 줄어들어 $\tau = \infty$일 때 상관성이 없어짐을 의미한다.

05 ①②③

다음 신호 중에서 비주기 신호에 해당하는 것을 고르시오.

① $2u(t) + \cos\sqrt{2}\,t$

② $3u(t) + e^{-jn\omega t}$

③ $\sin^2 2t$

④ $2u\left(-\frac{t}{2}\right)$

06 □1□2□3

다음 중 푸리에 변환을 수행한 결과로 옳지 않은 것을 고르시오.

① $A rec\left(\dfrac{t}{T}\right) \rightarrow A T \text{sinc}(Tf)$

② $\delta(t+t_0) \rightarrow e^{-j\omega t_0}$

③ $g(at) \rightarrow \dfrac{1}{a}\left[G\left(\dfrac{T}{a}\right) \right]$

④ $u(t) \rightarrow \dfrac{1}{j2\pi f} + \dfrac{1}{2}\delta(f)$

07 □1□2□3

다음과 같은 푸리에 변환쌍 특성에 대한 성질을 옳게 서술한 것을 고르시오.

$$X(t) \leftrightarrow x(-f)$$

① Duality(쌍대) 특성: 어떤 신호에 대한 푸리에 변환쌍에서 시 변수와 주파수 변수의 역할을 서로 바꾸어도 동일한 형태의 푸리에 변환쌍이 얻어진다.

② Symmerty(대칭성) 특성: 실수 기함수 신호의 푸리에 변환 특성을 나타낸다.

③ Frequency Shift(주파수 천이) 특성: 어떤 신호에 대한 변조는 반송파를 기준으로 상대적으로 낮은 신호 주파수와 높은 신호 주파수로 표현된다.

④ 대칭성 특징: 공액복소수 신호의 푸리에 변환은 f 대신 $-f$로 교체하여 구한다.

08 □1□2□3

다음 중 AM과 FM에 대한 설명으로 옳지 않은 것을 고르시오.

① S/N비, 외부혼신, 왜곡 측면에서는 FM이 우세한 특성을 갖는다.

② 회로구성, 전력소모(효율 η), 대역폭 측면에서는 AM(DSB−TC)가 더 우세한 특성을 갖는다.

③ VSB는 DSB의 큰 대역폭 문제와 SSB의 동기 검파의 필요, 동기 검출의 어려움 등의 문제를 해결하기 위해 각각의 장점을 취합한 방식이다.

④ AM은 선형변조, FM은 비선형 변조방식이고 약전계 통신에는 AM이, 강전계 통신에는 FM이 우세한 특성을 갖는다.

09 □1□2□3

AM검파 시에 반송파를 함께 보내는 AM방식은 정보를 갖지 않는 반송파용 전력낭비가 발생하지만 대신에 반송파의 진폭을 복원하는 검파가 용이하다. 반면에 No−carrier AM방식은 수신기의 국부 발진기를 반송파의 주파수와 위상에 동기시키는 기술을 필요로 하는 복잡한 검파 방식을 사용하게 된다. 이 내용을 활용하여 다음 AM검파에 대한 설명 중 옳지 못한 내용을 고르시오.

① DSB−SC를 검파할 때는 PLL방식, 코스타즈방식, 사인 제곱법소자를 이용하는 방식 등을 사용한다.

② DSB−TC, VSB는 구성이 간단한 포락선 검파도 사용할 수 있다.

③ 동기검파는 수신기에서 반송파의 진폭이 아니라, 반송파의 주파수와 위상에 의존하여 검파를 행하는 방식이다.

④ SSB는 수신기에 동기 조정 회로를 갖고 있어서, 동기 검파와 포락선 검파를 모두 사용한다.

10 ①②③

음성의 부호화 방법인 PCM과 Voice Coding(보코딩)에 대한 설명으로 옳지 않은 것을 고르시오.

① 파형부호화인 PCM은 Sampler – Quantizer – Coding 단계로 파형 모양을 재생한다.

② 보코딩(Voice Coding)은 음성의 3~4개 공명 주파수(포만트)를 추출해서 부호화하는 음원 부호화 방식이다.

③ 저전송률인 PCM은 일반전화 등에, 고전송률인 보코딩은 이동전화, VoIP 등에 응용된다.

④ 채널 Voice Coding은 20[ms]마다 신호를 Sampling 하여 그 진폭, 유/무성음, Pitch를 검출하여 전송하는 방식이다.

11 ①②③

PCM의 Nyquist Rate에 관한 설명으로 옳지 않은 것을 고르시오.

① Nyquist Rate를 만족하여 부호화를 할 경우, 원신호가 복원된다.

② Nyquist Rate를 만족하여 부호화를 할 경우, 엘리어싱 현상을 제거할 수 있다.

③ 원신호의 주파수 스펙트럼이 제한되지 않는 경우의 엘리어싱 현상은 고주파 영역에서보다 저주파 영역에서 더 심하게 발생한다.

④ 원신호 복원 시 사용되는 불완전한 여파기의 특성으로 인한 엘리어싱 현상은 표본화율을 높임으로 해결할 수 있다.

12 ①②③

정현파 신호를 PCM을 이용하여 양자화할 때, 신호 대 양자화 잡음 전력비[Sq/N]를 적어도 40[dB] 이상이 되도록 하려면 최소한 몇 [bit]로 양자화를 해야 하는지 고르시오.

① 5[bit]　　　　　　② 6[bit]

③ 7[bit]　　　　　　④ 8[bit]

13 ①②③

10[kHz]로 제한된 음성 12개의 채널이 SSB로 다중화되어 있을 때, 이 다중화된 신호를 ISI(Inter Sysmbol Interference) 간섭 없이 PCM 전송하고자 할 때 소요되는 최소한의 대역폭[kHz]을 고르시오.

① 120　　　　　　② 240

③ 360　　　　　　④ 480

14 ①②③

다음 여러 가지 라인코딩 방식들의 스펙트럼 밀도(PSD) 특성 비교식 중에 잘못된 것을 고르시오.

① Unipolar NRZ: $\dfrac{Tb}{4}\mathrm{sinc}^2(fTb) + \dfrac{1}{4}\delta(f)$

② Poar RZ: $\dfrac{Tb}{4}\mathrm{sinc}^2\left(\dfrac{\pi fTb}{2}\right)$

③ AMI: $\dfrac{Tb}{4}\mathrm{sinc}^2\left(\dfrac{fTb}{2}\right)\sin^2(\pi fTb)$

④ Manchester: $Tb\,\mathrm{sinc}^2\left(\dfrac{fTb}{2}\right)\sin^2\left(\dfrac{\pi fTb}{2}\right)$

15 ①②③

다음 변조 방식 중에서 오류확률이 낮은 순서대로 나열된 것을 고르시오.

① QAM – DPSK – FSK – ASK

② FSK – QAM – DPSK – ASK

③ DPSK – QAM – FSK – ASK

④ QAM – FSK – DPSK – ASK

16 ☐1☐2☐3

최소 주파수 편이비를 0.5가 되게 하는 CPFSK(연속위상 FSK)인 MSK변조에 대한 설명으로 틀린 것을 고르시오.

① QPSK, OQPSK방식 등에서 급격한 위상의 변화로 인한 진폭 변화에 대해서 대역 외 스펙트럼이 발생되는 문제점을 해결하기 위한 방안으로 고안되었다.

② MSK는 최소의 주파수 차이를 가지며, 위상의 연속성을 유지시키는 변조방식이다.

③ 비트(0, 1)의 각 펄스의 위상값은 동일하므로 이전 펄스에 영향을 받는다.

④ 통과대역 내 신호의 비선형 왜곡으로 고조파 부엽(Side Lobe)을 발생하는 문제점을 갖는다.

17 ☐1☐2☐3

다음 중 CDMA에 사용되는 확산 PN코드에 대한 설명으로 틀린 것을 고르시오.

① 시퀀스의 한 주기가 $T = (2^m - 1)$을 갖는 최장부호이다. (m비트 순환레지스터의 경우)

② 이동통신 기지국의 이동 간에 아주 짧지만 일시적으로 통화가 끊기는 현상이 발생한다.

③ 이 코드의 한 주기 내에 0의 개수가 1의 개수보다 1만큼 작다.

④ 자기상관성이 매우 높고, 상호상관 특성은 매우 낮은 직교성 코드이다.

18 ☐1☐2☐3

다음 중 CDMA와 OFDM 통신기술에 대한 설명으로 잘못된 항목을 고르시오.

① OFDM 방식은 무선 LAN인 802.11a, 802.11ac, 802.11n 등에서 사용한다.

② OFDM 방식은 이동통신 환경의 다중 경로 페이딩에 강한 특성을 갖는다.

③ CDMA 방식은 시간을 나누어서 사용하므로, 서로 직교성 부호를 사용해서 전파의 간섭, 페이딩 현상 등에 강한 특성을 갖는다.

④ OFDM 방식은 넓은 주기에 걸쳐 저속 Data의 다중 채널로 정보를 전송한다.

19 ☐1☐2☐3

다음 중 UWB 통신기술에 대한 설명으로 틀린 항목을 고르시오.

① 스펙트럼 전력 밀도가 현저히 낮아, 저전력이므로 사용 거리에 제한이 없다.

② 극히 짧은 펄스를 이용해 초광대역에 걸쳐 신호를 확산하므로 협대역의 외부 간섭에 강하다.

③ 광대역 주파수 특성이 우수한 특수 안테나를 사용해야 하므로, 안테나 이득을 크게 키울 수 없다.

④ 무변조 방식이므로 반송파 발진기, 선형증폭기, IF도 사용하지 않아 제품의 크기가 작다.

20 ☐1☐2☐3

다음 중 OFDM 통신기술에 대한 특징으로 가장 옳은 것을 고르시오.

① PAPR비가 낮아 소비전력이 작다.

② 멀티 캐리어에 의한 데이터의 직렬 처리로 고속 데이터 전송이 가능하다.

③ 주파수 선택적 페이딩 현상에 강하다.

④ 전송로상에서의 비선형 특성, 상호변조 현상, 주파수 오차 등에 강인한 특성이 있다.

21 1 2 3

다단 증폭 시스템에서 첫 번째 증폭단의 이득은 20[dB], 잡음지수는 5이고, 두 번째 증폭단의 이득은 10[dB], 잡음지수는 21일 때, 이 시스템의 전체 잡음지수를 구하시오.

① 15.2
② 7
③ 5.2
④ 5

22 1 2 3

통신 시스템 등에서 그 시스템의 진폭, 응답, 증폭기의 잡음, 대역폭, 임펄스 응답, S/N(신호 검출)비 등 시스템 측정 시에 유용하게 사용되는 랜덤신호를 고르시오.

① 가우시안 유색잡음
② 불규칙한 고주파 신호
③ 가우시안 백색잡음
④ 임펄스성 랜덤신호

23 1 2 3

전송매체상에서 전파에 대한 설명 중 옳지 못한 항목을 고르시오. (단, v : 전파속도, ε_s : 비유전율, μ_s : 비투자율, n : 굴절률, λ : 사용파장, f : 사용주파수)

① 전송매체의 비유전율 ε_s 가 증가할수록 사용전파의 파장 λ 는 증가한다.
② 전송매체의 비유전율 ε_s 와 비투자율 μ_s 가 클수록 전파속도는 감소한다.
③ 굴절률 $n = \sqrt{\varepsilon_s \mu_s}$ 관계이다.
④ 전파속도 $v = \dfrac{c}{n}$ 관계이다. (이때 c는 광속)

24 1 2 3

AM진폭변조 송신기에서 변조지수가 100[%]일 때 출력이 300[W]라면, 70[%] 변조일 경우의 출력 전력으로 옳은 것을 고르시오.

① 354[W]
② 249[W]
③ 216[W]
④ 531[W]

25 1 2 3

다음은 안테나 성능을 나타내는 주요 파라미터에 대한 설명이다. 안테나의 주요 파라미터와 그 설명으로 옳지 않은 것을 고르시오.

① 입력 $VSWR$: 전송선로에서 부하 쪽으로 진행하는 전압파와 부하 쪽에서 반사되어 나오는 전압파의 합에서 발생하는 전압 정재파 진폭의 최댓값과 최솟값의 비율
② 입력 임피던스 : 안테나와 연결된 송신기 또는 수신기와 안테나의 임피던스로 $Z_{in} = R_{in} + jX_{in}$ 으로 주어진다. 이때 실수 부분 R_{in} 은 안테나 저항, 즉 방사저항이고, 허수 부분 X_{in} 은 안테나 근거리장 영역에 축적되는 전력으로 안테나 공진이 일어날 때 발생한다.
③ 안테나 대역폭 : 안테나는 주파수의 변화에 따라 여러 특성들이 영향을 받기 때문에 대역폭에 유일한 정의는 존재하지 않으며, 일반적으로는 방사 패턴 대역폭과 임피던스 대역폭으로 정의한다.
④ 방사 패턴 : 안테나에서 방사되는 전력은 거리 및 각도와 관련한 함수로 나타낸다. 각도 변화에 따른 전력밀도의 패턴, 필드 세기의 패턴을 그리면 방사 패턴이 된다.

2018.08.11. 시행
공개경쟁채용
필기시험

2018 군무원 기출(복원)

모바일 OMR

🔍 해설편 106p

01 1 2 3

채널대역폭이 4.5[kHz]이고 신호 대 잡음비(S/N)가 33 [dB]일 때, 채널용량[bps]은 얼마인지 고르시오.

① 14,850　　　　　② 45,000

③ 49,500　　　　　④ 68,000

02 1 2 3

32진 QAM을 사용하여 신호 속도 35,000[bps]를 전송할 때 변조속도[baud]는 얼마인지 고르시오.

① 2,048　　　　　② 3,500

③ 7,000　　　　　④ 8,750

03 1 2 3

심볼 간 간섭이 없는 나이퀴스트 채널에서, 주어진 대역이 B[Hz]일 때 심볼 간에 조금도 겹치지 않고 간섭(ISI) 없이 전송할 수 있는 최대 정보량 C[bps]는 얼마인지 고르시오.

① $C = B$

② $C = 2B$

③ $C = 3B$

④ $C = 4B$

04 1 2 3

직접확산통신방식에서 중요한 파라미터인 처리이득(Processing Gain)의 정의로 옳은 것을 고르시오.

① $\dfrac{확산\ 대역폭}{신호\ 대역폭}$

② $\dfrac{확산\ 대역폭}{채널\ 대역폭}$

③ $\dfrac{확산\ 대역폭}{변조\ 대역폭}$

④ $\dfrac{확산\ 대역폭}{잡음\ 대역폭}$

05 1 2 3

RFID 통신기술 사용에 대한 설명으로 옳은 것을 고르시오.

① 전파를 이용하여 정보를 인식하는 비접촉형의 자동 인식기술로써 물류관리, 교통카드 등에 쓰이는 무선 단거리 통신기술이다.

② 광을 이용하여 정보를 인식하는 비접촉형의 자동 인식기술로써 식품, 동물, 사물 등 다양한 개체의 정보 관리 등에 쓰이는 무선 단거리 통신기술이다.

③ 송·수신기를 센서와 결합하여, 대규모 센서 네트워크를 구성할 수 있게 해주는 무선 단거리 통신기술이다.

④ 초단파 펄스를 이용하여 약 10[m] 거리에서 수백 [Mbps] 이상의 고속 전송을 하는 저전력 단거리 무선통신 기술이다.

06 ①②③

주파수 공용 통신시스템(TRS)에 대한 설명으로 가장 적절하지 않은 항목을 고르시오.

① 다수 이용자가 복수의 무선 통신채널은 일정 제어하여 공동으로 이용하는 통신방식이다.
② 통화 시간을 제한하며, 일체통신, 개별 통신도 가능하다.
③ 서비스 구역이 1~5[km] 정도이고, 고속 통신이 가능하다.
④ 통화 대기 시간이 거의 없다.

07 ①②③

FM수신기의 스켈치(Squelch) 회로의 기능으로 옳은 설명을 고르시오.

① 도래하는 전파를 증폭한다.
② 도래하는 전파의 잡음을 제거한다.
③ 도래하는 전파의 신호 대 잡음비를 개선한다.
④ 잡음 전력이 수준 이상으로 커졌을 때 증폭기의 기능을 정지시킨다.

08 ①②③

슈퍼헤테로다인 수신기의 특징으로 틀린 것을 고르시오.

① 선택도가 개선될 수 있다.
② 안정도가 좋은 수신기이다.
③ 감도를 향상시킬 수 있다.
④ 영상주파수를 제거할 수 있다.

09 ①②③

다음 중 반드시 동기검파를 행해야 하는 것이 아닌 방식을 고르시오.

① FM-PLL
② DSB-LC
③ DSB-SC
④ AM-SSB

10 ①②③

무선 송신기의 구성 요소에 대한 설명으로 틀린 것을 고르시오.

① 송신안테나는 급전선을 통해 공급되는 전자파 신호를 전기적인 신호로 변환시키는 부분이다.
② 전력 증폭기는 안테나에 고주파 전력을 공급하는 회로로써, 스퓨리어스 방사가 적고 자기발진, 기생발진이 없는 안정된 증폭이 되어야 한다.
③ 변조부는 변조신호를 반송파에 실어 변조를 행하는 회로로써, 변조 특성을 고려하여 왜곡, 직선성, 잡음 등에 주의하여야 한다.
④ 국부 발진부는 반송파 고주파 신호를 만들기 위한 회로로써, 발진부 출력을 주파수 체배기 회로에 입력시켜 비선형 증폭(C급 증폭)에 의해 높은 반송파 주파수가 발생된다.

11 ☐1☐2☐3

교류신호 $S(t) = 2\cos(6.28 \times 50,000t)$[V]의 파장 λ 는 몇 [km]인지 고르시오.

① 0.3   ② 0.6

③ 3   ④ 6

12 ☐1☐2☐3

비정현파 신호

$$f(t) = \frac{4}{\pi}\left(\cos\omega_c t + \frac{1}{3}\cos 3\omega_c t + \frac{1}{5}\cos 5\omega_c t\right)[\text{A}] \text{의}$$

제2고조파의 진폭[A]을 고르시오.

① 0   ② 0.33

③ $\dfrac{4}{3}$ ④ $\dfrac{4}{5}$

13 ☐1☐2☐3

다음 중 SONET/SDH에 관한 설명으로 옳지 않은 것을 고르시오.

① B-ISDN을 구현하기 위한 광케이블을 사용한 전송표준이다.

② 기본 전송속도(STS-1)인 51.84[Mbps]의 정수배 속도를 갖는다.

③ 비동기식 디지털 다중화 전송방식이다.

④ 기본 전송속도가 155.52[Mbps]를 갖는 경쟁 기술인 유럽방식의 SDH도 있다.

14 ☐1☐2☐3

어떤 전송 시스템에서 입력 측, 출력 측의 각각의 S/N비를 X[dB], Y[dB]라고 할 때 $\dfrac{Y}{X}$[dB]의 크기를 옳게 나타낸 항목을 고르시오.

① $X - Y$ ② $Y - X$

③ $\dfrac{X}{Y}$ ④ $\dfrac{Y}{X}$

15 ☐1☐2☐3

OSCF 프로토콜에 대한 설명으로 옳지 않은 것을 고르시오.

① 거리벡터(hop 수)를 이용하는 최적의 경로 설정 프로토콜이다.

② 동일한 자율 시스템 내의 라우터 간에 사용된다.

③ 최적의 경로를 계산하기 위해서 Dijkstra's 알고리즘을 이용한다.

④ 멀티캐스팅이 지원 가능하고, 대규모 네트워크에 주로 사용된다.

16 ①②③

다음 중 IPv6에서 높은 대역폭과 큰 버퍼 크기, 긴 처리시간 등이 요구되는 오디오, 비디오 등의 VOD 시스템에 지연 없이 실시간 처리가 되도록 하여 QoS를 보장하게 하는 기능에 해당하는 것을 고르시오.

① Traffic Class
② Flow Label
③ Hop Limit
④ Payload Length

17 ①②③

가상사설망(VPN) 중에 비용이 많이 드는 단점이 있으나, 기업 내부와 사용자들 사이에 네트워크 보안 유지 등을 위해서 별도의 구성을 위한 전용성을 사용하는 형태를 고르시오.

① Fire Wall 기반 VPN
② 서버 기반 VPN
③ 전용 시스템 VPN
④ 라우터 기반 VPN

18 ①②③

무선 LAN의 IEEE 802.11ax 표준에 대한 설명으로 옳지 않은 것을 고르시오.

① 향상된 Up-link Multi-User MIMO 기술을 지원한다.
② 여러 Access Point에 의한 Up-Down OFDMA를 지원하여 QoS를 보장한다.
③ 1,024QAM 방식에 의한 최대 9.6[Gbps]를 지원한다.
④ 4개의 공간 스트림을 통한 고속 및 높은 스펙트럼 효율성을 갖는 고효율 무선랜(HEW)이라는 차세대 Wi-Fi 표준 기술이다.

19 ①②③

시간 영역의 신호 $f(t - t_0)$에 대한 푸리에 변환을 고르시오.

① $F(f) \cdot e^{-j2\pi f t_0}$
② $F(f) \cdot e^{j2\pi f t_0}$
③ $F(f - f_0)$
④ $F(f + f_0)$

20 ①②③

네트워크 공격은 주로 정보보안 3대 요소(기밀성, 무결성, 가용성)를 훼손하는 공격으로 나타난다. 다음 네트워크 공격유형 중에서 공격 방법과 해당 방법의 OSI 계층 그리고 침해 요소를 짝 지은 것으로 잘못된 것을 고르시오.

① Sniffing – Switch Jamming – Data Link 계층 – 기밀성 침해
② Denial of Service(Dos) – Land Attack – Data Link 계층 – 기밀성, 가용성 침해
③ Denial of Service(Dos) – SYN Flooding – Network 계층 – 가용성 침해
④ Spoofing – ARP Spoofing – Network 계층 – 무결성 침해

21 ☐1 ☐2 ☐3

데이터 전송방식 중에 통신로가 많고 보낼 데이터가 많을 때 합당한 방식을 고르시오.

① 직렬 전송
② 병렬 전송
③ 교환 전송
④ 혼합형 동기식 전송

22 ☐1 ☐2 ☐3

다음 중 CDMA 시스템 채널용량에 대한 주요 파라미터와 가장 관련이 적은 것을 고르시오.

① 인접 Cell 사용자의 부하
② 음성 활성화 비율
③ 주파수 재사용 효율
④ 낮은 호손율

23 ☐1 ☐2 ☐3

다음 중 NMS(Network Management System)의 기능으로 옳지 않은 내용을 고르시오.

① 장애관리, 구성관리, 계정관리, 성능관리, 보안관리의 기능이 있다.
② IPMS 프로토콜을 통해 네트워크 사용 현황을 모니터링하는 역할을 한다.
③ 전반적인 네트워크 장비들을 확인하며 주로 라우터, 스위치 같은 장비를 모니터링한다.
④ 하부의 서브네트워크를 담당하는 EMS(Element Manage-ment System)를 관리한다.

24 ☐1 ☐2 ☐3

RC 이상 발진 회로의 발진 주파수를 구하는 식을 고르시오.

① $f_0 = \dfrac{1}{2\pi \sqrt{6}\, CR}$

② $f_0 = \dfrac{1}{2\pi \sqrt{6CR}}$

③ $f_0 = \dfrac{1}{4\pi \sqrt{6}\, CR}$

④ $f_0 = \dfrac{\sqrt{6}}{2\pi CR}$

25 ☐1 ☐2 ☐3

다음은 광섬유에 대한 설명이다. 옳지 않은 것을 고르시오.

① 규격화 주파수란 광섬유가 단일모드인지 다중모드인지 판단하는 척도로서 V number라고 불린다.
② 광섬유의 모드에는 SMF와 MFF가 있는데, 고속 대용량 전송에는 MFF가 사용된다.
③ 광섬유는 유도 및 잡음 누화 현상이 없다는 장점이 있지만, 중계기에 전원을 공급하기 위한 급전선이 필요하다는 단점이 있다.
④ 광섬유는 분산특성이 나타나는데, 단일 모드에서 발생하는 분산은 모드 내 분산이다(색분산).

우리가 해야할 일은 끊임없이 호기심을 갖고
새로운 생각을 시험해보고 새로운 인상을 받는 것이다.

- 월터 페이터

SD에듀의
면접 도서 시리즈
라인업

군무원 면접

지방직 공무원 면접
(교육행정직)

소방공무원 면접

국가직 공무원1 면접

국가직 공무원2 면접
(행정직)

국가직 공무원2 면접
(기술직)

※ 도서의 이미지 및 구성은 변경될 수 있습니다.

2024

기출이 답이다

[공·군무원 채용 대비]

- ☑ 최신 출제경향에 기반한 핵심이론 수록
- ☑ 2023년 9급 공·군무원 최신 기출문제 수록
- ☑ 최근 6개년 12회분 기출문제 수록
- ☑ 핵심을 파악하는 실속있는 해설 수록
- ☑ 공사·공단 채용 대비 가능

합격의 모든 것!

공·군무원

통신공학

한권으로 끝내기

정답 및 해설

6 개년 기출

SD에듀
(주)시대고시기획

해설편

목 차

2022 지방직 정답 및 해설

🔍 문제편 148p

01

정답 ①

간략풀이

AM은 반송파의 진폭에 신호를 실어 보내는 방식으로, AM된 신호 $x_{AM}(t) = A[1 + \cos(2\pi f_m t)]\cos(2\pi f_c t)$ 에서
반송파 $f_c = A\cos(2\pi f_c t)$ 에 신호파 $f_m = \cos(2\pi f_m t)$ 가 실려 있는 상태이다. 따라서 포락선 검파를 한다면, $A[1 + \cos(2\pi f_m t)]$의
신호가 검파되게 된다.

상세풀이

진폭 변조된 신호 $x_{AM}(t) = E_c\left[1 + \dfrac{E_s}{E_c}cos(2\pi f_s t)\right]\cos(2\pi f_c t)$ 를 해석하면,

반송파 $f_c = E_c\cos(2\pi f_c t)$ 의 진폭에 신호파 $f_s = E_s\cos(2\pi f_s t)$ 가 실려 있는 형태이다. 여기서 $\dfrac{E_s}{E_c}$ 를 변조도라고 하며, 변조도가
1이 넘으면 과변조라고 한다.

진폭변조의 전송효율 $\eta = \dfrac{측파대\ 전력}{공급\ 전력} = \dfrac{P_C\left(\dfrac{m^2}{2}\right)}{P_C\left(1 + \dfrac{m^2}{2}\right)} = \dfrac{m^2}{2 + m^2}$ 으로 변조도가 최대일 때 $\dfrac{1}{3}$ 로 낮은 편이다. 낮은 이유는 반송파의

전력소모가 크기 때문이다. 반송파의 전력이 크기 때문에 효율이 떨어지지만, 동조와 복조회로의 구성이 간단해지고 검파(포락선)가 용이해
진다는 장점이 있다.

02

정답 ①

간략풀이

해밍거리는 송신된 부호와 수신된 부호 사이에 다른 비트의 개수이다. 따라서 가장 작은 비트의 차이를 가진 부호는 ① 0001011로 해밍거
리가 2로 최소이다.

03

정답 ③

상세풀이

신호대 잡음비 $\dfrac{S}{N}$ 는 수신 전력과 잡음 전력의 비율이므로, 수신 전력과 잡음 전력을 각각 구하여 비를 구한다.

1. 송신 전력과 전송 경로 손실의 단위를 일치시켜 안테나 수신 전력을 구한다.
   (1) 송신 전력 P_t[kW]을 [dB]로 바꾼다.

   10[kW] $= 10 \times 10^3 = 10^4$이고, 이를 [dB]로 바꾸기 위해 상용로그 $10\log_{10}P_t$를 취하면 $10\log_{10}10^4 = 40\log_{10}10 = 40$[dB]
   (2) 수신 전력[dB]은 송신 전력[dB]과 전송 경로 손실[dB]을 더하여 구한다.

   수신 전력[dB] $= 40$[dB] $+ (-100)$[dB] $= (-60)$[dB]이고, 이를 [W]로 바꾸면

   수신 전력[dB] $= 10\log10_{10}P_r$ 이므로, $-6 \times 10\log_{10}10 = (10\log_{10}10)^{-6}$ $\therefore$ 수신 전력 $P_r = 10^{-6}$[W]

2. 주파수 대역폭[Hz]와 잡음 전력 스펙트럼 밀도[W/Hz] 곱하여 잡음 전력을 구한다.

  잡음 전력[W]=주파수 대역폭[Hz]×잡음 전력 스펙트럼 밀도[W/Hz]

  잡음 전력[W]=$(10 \times 10^6) \times 10^{-15} = 10^{-8}$[W] ($\because$ 10MHz=10×10^6)

3. 신호 대 잡음 전력비 $\dfrac{S}{N}$에 수신 전력과 잡음 전력을 대응시킨다.

$$\frac{S}{N} = \frac{\text{수신 전력}}{\text{잡음 전력}} = \frac{10^{-6}}{10^{-8}} = 10^{-6} \times 10^8 = 100$$

04
정답 ②

간략풀이

샤논의 채널용량에 따라 $C = 250 \cdot 10^3 \log_2\left(1 + \dfrac{62}{2}\right) \rightarrow 1,250$[Kbps]가 된다.

상세풀이

채널용량은 오류 없이 통신할 수 있는 최고의 전송률로, 샤논이 정리한 채널용량은 통신에서 잡음과 신호 전력, 대역폭과 채널용량의 관계를 나타낸다. 식으로 나타내면 $C = BW \log_2\left(1 + \dfrac{S}{N}\right)$이다.

샤논의 채널용량은 잡음이 없거나 신호전력이 크면 대역폭의 제한 없이 채널용량을 무한으로 크게 할 수 있지만, 잡음이 존재하거나 신호가 작다면 대역폭을 무한정 증가시켜도 채널용량을 크게 할 수 없다는 것을 의미한다.

05
정답 ③

간략풀이

잡음지수 $F = \dfrac{\dfrac{S_i}{N_i}}{\dfrac{S_o}{N_o}} = \dfrac{\dfrac{100}{1}}{\dfrac{200}{4}} = 2$

상세풀이

잡음지수(NF)란, 어떤 시스템에서 신호가 지나면서 잡음이 얼마나 발생하느냐를 나타내는 지표이다. 시스템 전체의 잡음지수는

$NF = 10 \log\left[NF_1 + \dfrac{NF_2 - 1}{G_1} + \dfrac{NF_3 - 1}{G_1 G_2} + \cdots \right]$으로 나타내며, 전체 잡음지수는 첫 번째 단의 잡음지수에 영향을 많이 받는다.

06
정답 ①

상세풀이

메시지 신호 $f(t)$에 대한 FM 피변조파 일반식과 $x_{FM}(t)$ 식을 비교하여 각 성분의 값을 알 수 있다.

• 메시지 신호 $f(t) = A_m \cos 2\pi f_m t$일 때, FM 피변조파 일반식을 구한다.

  FM 피변조파 일반식=$v_{FM}(t) = A_c \cos 2\pi\left[f_c t + K_f \displaystyle\int_0^t f(\tau)d\tau \right]$이고, 이때 $f(t) = A_m \cos 2\pi f_m t$라 하면 다음과 같다.

$$v_{FM}(t) = A_c \cos 2\pi\left[f_c t + K_f \int_0^t f(\tau)d\tau \right] = A_c \cos 2\pi\left[f_c t + A_m K_f \int_0^t \cos 2\pi f_m \tau d\tau \right]$$

이를 적분하여 표현하면,

$$v_{FM}(t) = A_c \cos 2\pi \left[f_c t + A_m \cdot K_f \int_0^t \cos 2\pi f_m \tau d\tau \right] = A_c \cos \left(2\pi f_c t + 2\pi A_m K_f \cdot \frac{1}{2\pi f_m} \sin 2\pi f_m t \right) \text{이다.}$$

이를 정리하면,

$$v_{FM}(t) = A_c \cos \left(2\pi f_c t + \frac{A_m \cdot K_f}{f_m} \sin 2\pi f_m t \right) \text{이고, 이때 } \frac{A_m \cdot K_f}{f_m} = \beta_f \text{ FM 변조 지수라 하면,}$$

$$v_{FM}(t) = A_c \cos \left(2\pi f_c t + \beta_f \sin 2\pi f_m t \right) \text{로 간단히 할 수 있다.}$$

• 피변조파 일반식 $v_{FM}(t)$와 $x_{FM}(t)$를 비교하여 각 성분의 값을 구한다.

$$v_{FM}(t) = A_c \cos \left(2\pi f_c t + \beta_f \sin 2\pi f_m t \right)$$

여기서, A_c: 반송파의 진폭(크기)

$\quad\quad f_c$: 반송파의 주파수

$\quad\quad A_m$: 변조 신호의 진폭(크기)

$\quad\quad f_m$: 변조 신호 주파수

$\quad\quad K_f$: 주파수 감도 계수

$\quad\quad \beta_f$: FM 변조 지수 $\left(\dfrac{A_m \cdot K_f}{f_m} \right)$

이를 통해 피변조파 일반식 $v_{FM}(t)$과 $x_{FM}(t)$의 각 성분을 비교해 보면,

$$x_{FM}(t) = 10\cos \left\{ 2\pi \left[(91.9 \times 10^6)t + 16\sin \left(2\pi (4 \times 10^3)t \right) \right] \right\} \text{에서}$$

② A_c: 반송파의 진폭(크기) $= 10$

③ f_c: 반송파의 주파수 $= 91.9 \times 10^6 = 91.9 [\text{MHz}]$

④ f_m: 변조 신호 주파수 $= 4 \times 10^3 = 4 [\text{kHz}]$

① β_f: FM 변조지수 $\left(\dfrac{A_m \cdot K_f}{f_m} \right)$를 알기 위해 $x_{FM}(t)$의 괄호를 간단히 하면

$$x_{FM}(t) = 10\cos \left[2\pi (91.9 \times 10^6)t + 2\pi \cdot 16\sin \left(2\pi (4 \times 10^3)t \right) \right] \text{이므로, 변조지수 } \beta_f = 2\pi \times 16 = 32\pi \text{이다.}$$

07

간략풀이

표본화를 진행할 때 신호 주파수보다 2배 이상으로 표본화해야 왜곡 없이 표본화할 수 있다. 따라서 표본화 주파수는 $2f_s = 8[\text{kHz}]$에서 1.5배로 표본화하고 8비트로 부호화했기 때문에, 최소 전송률 $C = 8[\text{kHz}] \times 1.5 \times 8 = 96[\text{Kbps}]$이다.

상세풀이

The 알아보기 PCM 변환 과정

1. 표본화: 샤논의 표본화 정리에 따르면, 주파수 대역 f_s일 때 왜곡 없이 표본화하여 본 신호를 복원하려면 초당 $2f_s$ 이상으로 샘플링해야 한다.
2. 양자화: 표본화 된 신호를 일정한 진폭의 값으로 대응시켜 계단으로 변화시키는 과정이다.
3. 부호화: 양자화 된 신호들을 디지털 형식으로 변환(A/D변환)하는 과정이다.

08

간략풀이

푸리에 변환 특성 중 주파수 천이 특성으로 인해 $X(f-f_c)+X(f+f_c)$로 나타나게 된다.

상세풀이

• 주파수 천이 특성: 푸리에 변환 중 시간영역에서 지수함수의 곱셈은 주파수영역에서는 주파수의 이동(천이)으로 나타나게 된다.

$$F[e^{\pm 2\pi f_0 t}x(t)]=\int_{-\infty}^{\infty}e^{\pm 2\pi f_0 t}x(t)e^{-j2\pi ft}=\int_{-\infty}^{\infty}x(t)e^{-j2\pi(f\mp f_0)t}=X(f\mp f_0)$$

• 문제에서 주어진 $y(t)=x(t)[e^{j2\pi f_c t}+e^{-j2\pi f_c t}]$를 푸리에 변환하면

$$y(t)=x(t)e^{j2\pi f_c t}+x(t)e^{-j2\pi f_c t}\ \xrightarrow{F}\ \int_{-\infty}^{\infty}x(t)e^{-j2\pi(f-f_c)t}+\int_{-\infty}^{\infty}x(t)e^{-j2\pi(f+f_c)t}=X(f-f_c)+X(f+f_c)$$

09

간략풀이

펄스파의 푸리에 변환쌍은 싱크함수이기 때문에, 펄스파형이 양의 영역에 있을 때와 음의 영역에 있을 때는 반전이 되기 때문에 직류성분의 크기는 0이 된다.

상세풀이

펄스파의 푸리에 변환

$$F[\Pi(\frac{t}{\tau})]=\int_{-\frac{\tau}{2}}^{\frac{\tau}{2}}\exp(-j2\pi ft)dt$$

$$=\frac{\exp(-j2\pi ft)}{-j2\pi f}=\frac{\sin(\pi f\tau)}{\pi f}=\tau\,\mathrm{sinc}(f\tau)$$

펄스파의 푸리에 변환한 결과는 싱크함수가 나타나는데 특징으로는 $f=\dfrac{1}{\tau}$에서 처음 0과 교차한다. 또한 펄스파의 폭이 좁을수록 주파수영역의 스펙트럼이 넓어진다.

10

간략풀이

④ 수신된 부호어에서 최소 해밍거리 미만일 때 항상 오류 발생 여부를 정확히 판정할 수 있다.

상세풀이

① 부호율이란, 실제 비트에서 정보를 담고 있는 비트가 얼마인가를 나타내는 정보로 $\dfrac{\text{실제 정보 비트 길이}}{\text{부호화된 부호어 길이}}$로 나타낸다. 따라서 $\dfrac{k}{n}$가 된다.

② 조직적인 부호화(Systematic Coding)란, 정보심볼과 오류검출용 심볼이 서로 분리된 형태를 갖는 부호를 말한다. 해밍 부호는 전형적인 Systematic Coding으로 자리에 따라 정보와 오류검출비트의 구분이 이루어진다.

③ 해밍코드에서 오류검출능력은 최소 해밍거리에서 한 개 적다. 따라서 (7, 4) 해밍코드에서는 오류검출능력은 2개이고, 오류정정능력은

오류정정 $\leq\dfrac{\text{최소 해밍거리}-1}{2}$이므로 1개가 된다.

11

간략풀이

16-QAM은 심벌당 4비트를 전송한다. 따라서, 총 16[Mbits]인 파일을 초당 4[Mbits]로 전송을 하는 것과 같기 때문에 4초면 전송이 가능하다.

12

상세풀이

$x(t)$의 자기상관함수를 구하면 다음과 같다.

$R_x(\tau) = \dfrac{4}{T} \displaystyle\int_{-\frac{T_0}{2}}^{\frac{T_0}{2}} \sin(\omega_0 t + \theta) \sin(\omega_0(t-\tau) + \theta) dt$ 에서 합차공식을 이용하여 나타내면

$R_x(\tau) = \dfrac{4}{2T} \displaystyle\int_{-\frac{T_0}{2}}^{\frac{T_0}{2}} \cos(2\omega_0 t - \omega_0 \tau + 2\theta) - \cos(\omega_0 \tau) dt$ 에서 $\cos(2\omega_0 t - \omega_0 \tau + 2\theta)$ 를 적분하면 0이 되기 때문에

$R_x(\tau) = \dfrac{4}{T} \displaystyle\int_{-\frac{T_0}{2}}^{\frac{T_0}{2}} \cos(\omega_0 \tau) dt = 2\cos(\omega_0 \tau)$ 가 된다.

13

간략풀이

전달함수에서 입력신호와 시스템 특성을 컨벌루션하면 출력값을 알 수 있다.

$y(t) = x(t) * h(t) = \displaystyle\int_{-\infty}^{\infty} x(\tau)h(t-\tau)d\tau = \int_{-\infty}^{\infty} 2x(-\tau)d\tau = 4t$

상세풀이

일반적인 입력신호와 전달함수의 컨벌루션의 결과에 대입하여 출력값을 알 수 있다.

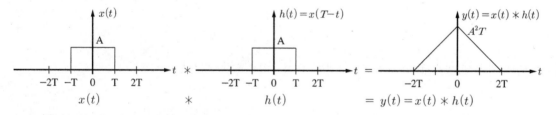

위와 같이 입력신호 $x(t)$와 전달함수 $h(t) = x(T-t)$를 도식화하면 다음과 같다.

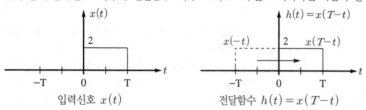

입력신호 $x(t)$와 전달함수 $h(t) = x(T-t)$를 컨벌루션한 $y(t)$는 다음과 같다.

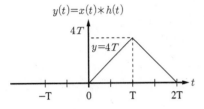

$$y(t) = x(t) * h(t)$$

이때 t의 범위가 $0 \leq t < T$이므로 해당하는 범위의 기울기를 구하여 출력값을 구한다.

$$y(t) = x(t) * h(t)$$

기울기 $y = \dfrac{4T}{T}t = 4t$, $\quad \therefore$ $0 \leq t < T$에서 정합필터의 출력값은 $4t$이다.

14

간략풀이

④ OFDM은 FFT방식을 사용하여 복조하지만 주파수에 오차가 생기면 직교성이 유지되지 않아 복조하기 까다롭다. OFDM방식은 주파수의 직교성으로 FDM보다 높은 효율을 갖고 있지만 주파수의 오차에 민감하다는 단점이 있다.

상세풀이

① OFDM은 FDM과 비교하여 주파수의 직교성으로 같은 주파수 범위에서 더 많은 채널을 사용할 수 있다.

② PAPR란 Peak to Average Power Ratio로 평균전력과 최대전력의 비율을 나타내는 것으로, PAPR가 높으면 증폭기에서 Peak신호까지 증폭을 시켜야 하기 때문에 선형증폭이 어렵다는 단점이 있다. OFDM은 많은 부반송파를 사용하기 때문에 전력을 올리면 부반송파의 전력들도 같이 커져서 동위상으로 더해져 최대전력이 평균전력보다 매우 크게 나타난다.

③ OFDM은 앞선 심볼과 겹치는 부분에 가드 인터벌을 주어서 ISI 간섭을 줄인다. 그리고 가드 인터벌에 심볼의 뒷부분을 복사하여 앞부분에 붙여 넣어 ISI와 ICI를 둘 다 제거하는데, 이것을 Cyclic Prefix라고 한다.

[Cyclic Prefix]

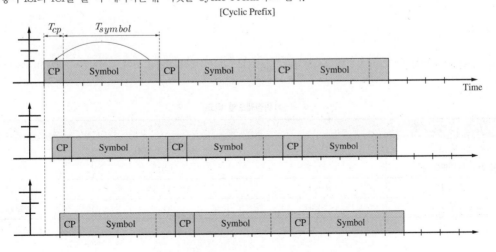

15
정답 ③

간략풀이

③ FDMA 또는 TDMA에서는 주파수 효율이 낮기 때문에 주파수 재사용 기술이 필수적으로 필요하다.

상세풀이

① 주파수 사용 계수란, 전체 주파수 대역을 몇 개의 셀로 나누어 줄 수 있는가를 나타내는 파라미터이다. 예를 들면 모든 셀이 같은 주파수를 사용하고 있으면 1, 모든 셀이 다른 주파수를 사용하고 있으면 0, 7개의 셀이 7개의 주파수를 사용한다면 주파수 사용 계수는 $\frac{1}{7}$이 된다.

② 주파수 재사용 계수가 커진다면 같은 주파수 대역 안에 더 많은 주파수 채널을 재사용 가능한 것이기 때문에 사용 가능한 통화용량은 증가한다.

④ CDMA에서는 동일 주파수를 코드로 분할하여 채널을 구분하기 때문에 주파수 재사용 계수는 1이다.

16
정답 ②

간략풀이

② $H(X|Y)$는 $H(X)$를 시행했을 때 $H(Y)$가 일어날 확률로, $H(X) > H(X|Y)$가 된다.

상세풀이

① $H(X, Y)$는 결합사건으로 $H(X) + H(Y|X)$ 또는 $H(Y) + H(X|Y)$가 된다.

③ 모든 엔트로피는 0에서 1 사이의 값을 가진다.

④ $H(X)$와 $H(Y)$가 독립사건이라면 $I(X;Y) = 0$이므로 $H(X, Y) = H(X) + H(Y)$가 된다.

17
정답 ④

간략풀이

성상도에서 에너지는 거리의 제곱이다.

상세풀이

$$\frac{2 \times 4 + (1 + \sqrt{3})^2 \times 4}{8} = \frac{24 + 8\sqrt{3}}{8} = 3 + \sqrt{3}$$

18
정답 ①

간략풀이

위성통신은 광역성·광대역성과 같이 장점도 존재하지만, 위성과의 거리가 멀어 거리에 따라 지연시간이 발생한다는 단점이 있다.

상세풀이

[위성궤도별 비교]

특징	저궤도(LEO)	중궤도(MEO)	정지궤도(GEO)
위성고도[km]	160~2,000	2,000~36,000	36,000
평균통신지연율[ms]	25	140	500
공전주기[분]	88~127	127~1,440	1,440(24시간)
위성무게[kg]	150	700	3,500

19

정답 ①

간략풀이

① 샤논의 정리는 어떤 채널에서 오류 없이 메시지를 전송할 수 있는 전송률의 한계를 표현한다. 즉, 정보 전송률은 채널용량보다는 작아야 한다($R < C$, R＝정보 전송률, C＝채널용량).

상세풀이

② $C = Wlog_2\left(1 + \dfrac{S}{N}\right)$에서 신호 대 잡음비가 증가하면 채널용량도 증가하는 것을 알 수 있다.

③ $C = Wlog_2\left(1 + \dfrac{S}{N}\right)$에서 대역폭과 신호 대 잡음비로 채널용량을 추정할 수 있다.

④ $C = Wlog_2\left(1 + \dfrac{S}{N}\right)$에서 같은 채널용량일 때 채널 대역폭을 증가시키면 신호 대 잡음비는 감소한다.

20

정답 ④

간략풀이

④ 신호 성상도로 나타난 변조방식은 8-PSK이다. 8-PSK의 비트 수는 $N = \log_2 M$으로 3개의 비트로 변조를 하고 2진 PSK는 1개의 비트로 변조를 하기 때문에 대역폭은 절반이 아닌 $\dfrac{1}{3}$이다.

상세풀이

① 8개의 신호가 위상(각도)에 따라 변조되어 있으므로 8-PSK신호이다.

② 인접심볼 간의 차이가 1인 것으로 보아 그레이 부호화가 적용되어 있는 것을 알 수 있다.

③ 심볼의 에너지는 성상도에서 비트와 거리의 제곱과 같다. 따라서 직교위상의 제곱과 동위상의 제곱을 더하면 에너지를 구할 수 있다.

2022 군무원 정답 및 해설

🔍 문제편 153p

01

정답 ①

간략풀이

- a의 라인 부호화 방식은 극성이 2개 존재하고 0으로 복귀하지 않는 Polar NRZ방식이다.
- b와 c는 0전압으로 복귀하는 RZ방식이지만 b는 극성이 한 개, c는 2개 존재하므로 각각 Unipolar RZ, Polar RZ방식이다.
- d는 극성 2개와 0을 사용하여 1과 -1을 번갈아 가면서 사용하는 Bipolar RZ(AMI)방식이다.

상세풀이

> **The 알아보기   기저대역 전송의 부호 종류**
>
> - **단극성 부호(Unipolar)**: 펄스의 전압 극성이 1개만 존재하는 부호로 한 개의 펄스신호에서 0 전압으로 복귀 여부에 따라 RZ와 NRZ방식으로 나뉜다.
> - **복극성 부호(Polar)**: 단극성 부호는 극성을 한 개만 사용하지만 복극성 부호는 음과 양의 1을 사용하며 단극성 부호보다 잡음에 강하여 저속 전송의 표준으로 사용된다.
> - **맨체스터 부호(Biphase)**: 맨체스터 부호는 한 개의 펄스 구간에 반은 양의 전압을, 반은 음의 전압을 유지하고 0과 1의 구분은 양의 전압과 음의 전압의 순서에 따라 구분하는 방식이다. 맨체스터 부호는 평균값이 0이기 때문에 직류성분이 존재하지 않으며, 수신 측에서 동기 타이밍을 쉽게 찾을 수 있다는 장점이 있다.
> - **양극성 부호(Bipolar)**: 양극성 부호는 0과 음과 양의 1을 교대로 사용하면서 부호화하는 방식이다. 즉, 1의 신호에서는 1과 -1을 번갈가면서 사용하고 0의 신호에서는 0으로 부호화한다. AMI코드라고 부르기도 하며, 맨체스터 코드와 비슷하게 직류성분이 거의 없고 에러 검출과 타이밍 회복이 용이하다는 특징이 있다. 단점으로는 0의 연속되는 상황이 발생하면 동기 타이밍을 맞추기 어려워지는데, 단점을 극복하기 위해서 연속적으로 0이 발생하면 약속되어 있는 패턴을 어겨 0의 연속을 알려 주는 기법을 사용한다(B6ZS, B3ZS, HDB3).

02

정답 ②

간략풀이

② 진폭변조에서 변조지수는 1보다 크면 과변조로 왜곡이 발생하여 다수의 고조파가 발생한다.

상세풀이

① AM의 변조지수는 반송파를 얼마만큼 변화시키며 피변조파의 신호를 담아낼 수 있는 정도를 말한다. 따라서 다음과 같은 식으로 나타낼 수 있다.

$$\mu = \frac{DSB\text{신호의 최대 진폭}}{\text{반송파 신호의 진폭}} = \frac{\max|m(t)|}{A_C}$$

③ AM은 반송파의 전송 여부에 따라 단측파대(SSB)통신, 잔류측파대(VSB)통신 등으로 나누어지는데, 그중 반송파를 포함해서 전송하는 AM은 반송파의 전력손실로 최대전력효율이 $\frac{1}{3} = 33.3[\%]$로 낮지만 반송파를 사용함으로 인해 수신기에서 포락선 검파를 사용할 수 있어 수신이 용이해지고 송·수신 장치가 간단해진다는 장점이 있다.

④ AM에서 전송 효율은 $\dfrac{측파대\ 전력}{공급\ 전력} = \dfrac{P_C\left(\dfrac{m^2}{2}\right)}{P_C\left(1+\dfrac{m^2}{2}\right)} = \dfrac{m^2}{2+m^2}$ 로 표현한다($P_C =$ 반송파 전력, $m =$ 변조지수).

03
정답 ②

간략풀이
각변조 방식은 정보신호에 따라 반송파의 각이 변하는 방식이기 때문에 진폭의 변화는 없다.

상세풀이
주파수 변조(FM)는 정보신호에 따라 반송파의 주파수를 변화시키는 변조방식이고, 위상 변조(PM)은 정보신호에 따라 반송파의 위상을 변화시키는 방식이다. 주파수 변조와 위상 변조는 서로 유사해서 전치보상회로를 통해 상호 변환이 가능하다. 즉, 신호를 적분하여 위상 변조를 시키면 주파수 변조된 신호가 나오게 되고, 신호를 미분하여 주파수 변조를 시키면 위상 변조된 신호가 나오게 된다. 이렇게 적분과 미분을 통해 상호 변환된 방식을 간접FM, 간접PM이라고 한다.

04
정답 ③

간략풀이
③ 동기식 ASK/FSK와 비동기식 ASK/FSK의 오류확률은 각각 $Q\left(\sqrt{\dfrac{E_b}{N_o}}\right)$, $\dfrac{1}{2}e^{-\frac{E_b}{2N_o}}$ 으로 다르다.

상세풀이
① 동기식 ASK와 FSK는 비트오류확률은 $Q\left(\sqrt{\dfrac{E_b}{N_o}}\right)$ 로 같다.

② 디지털 변조의 오율이 높은 순서는 ASK > FSK > DPSK > PSK > QAM이다.

④ DPSK는 차동PSK라고도 불리며 BPSK와는 달리 데이터가 0일 때에는 전의 위상과 비교하여 반전시켜 전송하고 데이터가 1일 때에는 전과 같은 위상을 그대로 보내는 방식이다. 따라서 복조 시에도 앞의 데이터의 위상을 알고 있으면 현재 데이터의 위상과 비교하여 복조가 가능하다.

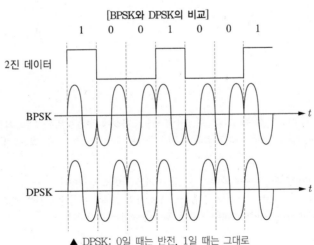

▲ DPSK: 0일 때는 반전, 1일 때는 그대로

05

간략풀이

OFDM의 스펙트럼 효율은 사용하는 주파수나 수신기의 성능 등에 따라 달라진다.

상세풀이

OFDM은 기존의 FDM에서 2개의 신호가 서로 직교, 즉 두 벡터 신호가 직각이고 내적의 합이 0이면 서로 다른 신호로 구분할 수 있는 특성을 이용하여 주파수 효율을 늘린 다중화방식이다.

The 알아보기 OFDM 장단점

- OFDM 장점
  - 주파수 효율성이 높다.
  - 다중경로 페이딩에 강하다.
  - 도플러 효과에 강하다.
  - 협대역 간섭에 강하다.
  - 고속 전송구현이 가능하다.
  - 복잡한 등화기가 필요하지 않고, 임펄스 잡음에 강하다.
- OFDM 단점
  - 위상잡음 및 송신과 수신단의 반송파 주파수 오프셋에 민감하다.
  - 큰 PAPR 값을 갖는다.
  - 프레임 동기와 심볼 동기에 민감하다.

06

간략풀이

AM신호의 전력의 성분비는 $P_C : P_U : P_L = 1 : \dfrac{m^2}{4} : \dfrac{m^2}{4}$ (m =변조지수)이다.

따라서 문제에 주어진 신호의 반송파의 진폭은 200, 신호파의 진폭은 20이므로 변조지수 $m = \dfrac{E_s}{E_C} = \dfrac{20}{200} = 0.1$이 된다.

성분비에 변조지수를 대입하면 $1 : \dfrac{m^2}{4} : \dfrac{m^2}{4} = 1 : 0025 : 0.0025$이다.

07

간략풀이

③ 기저대역 전송은 디지털화된 정보나 데이터를 그대로 보내거나 전송로 특성에 알맞은 부호로 부호화시켜 전송하는 방식이다. PPM은 펄스의 진폭과 폭은 일정하고, 입력신호에 따라 펄스의 위치에 차이를 두어 전송하는 방식으로 기저대역 변조방식이다.

상세풀이

① PM은 위상 변조로 신호의 크기에 따라 반송파의 위상을 변화시키는 각변조 방식이다.
② QAM은 직교 진폭 변조 방식으로 디지털 신호 0과 1에 따라 반송파의 진폭과 위상을 동시에 변조시키는 방식이다.
④ FSK는 디지털 신호 0과 1에 따라 반송파의 주파수 차이를 두어 전송하는 방식이다.

08

간략풀이

슈퍼헤테로다인 방식에서는 신호 이득의 대부분을 RF 영역이 아닌 IF 영역에서 얻어진다.

상세풀이

> **The 알아보기** 잡음지수(NF)
>
> 잡음지수란, 어떤 시스템에서 신호가 지나면서 잡음이 얼마나 발생하느냐를 나타내는 지표이다. 시스템 전체의 잡음지수는
>
> $NF = 10\log\left[NF_1 + \dfrac{NF_2 - 1}{G_1} + \dfrac{NF_3 - 1}{G_1 G_2} + \cdots \right]$ 으로 나타내며 전체 잡음지수는 첫 번째 단의 잡음지수에 영향을 많이 받는다.

09

간략풀이

TDMA란, 시분할 다원접속으로 사용 가능한 시간대역을 나누어 여러 사용자가 자신에게 할당된 시간에 정보를 전송하여 통신하는 다중화 방식이다. 따라서 시분할 다원접속은 서로 다른 시간대에 동작하기 때문에 신호의 간섭이 없다.

상세풀이

• SS통신 방식은 보안에 강하고 재밍에 대한 영향을 받지 않지만, 광대역 전송로가 필요하고 주파수 이용효율이 나쁘다. 즉, SS통신 방식은 신호를 확산시켜 보내고 수신할 때에는 확산된 신호를 다시 본래의 대역으로 복귀시키면서 중간에서 발생한 잡음·전파방해·간섭에 강하고 도청이 쉽지 않다. 하지만 확산시키기 위해 넓은 주파수 대역이 필요하고 그로 인해 주파수 이용효율이 낮다.

• FDMA는 주파수 분할 다원접속으로 전체 사용가능한 주파수 채널에서 일정 대역을 나누어 사용자가 자신만의 대역을 가지고 다원 접속하는 방식이다. 구현이 간단하고 하드웨어가 단순하며 동기가 필요 없다는 장점이 있지만, 간섭이 크고 주파수 효율이 낮아 많은 가입자의 다원접속이 어렵다는 단점이 있다.

10

간략풀이

슈퍼헤테로다인 수신기는 감도·선택도·안정도가 우수하다는 장점이 있지만, 특유의 혼신(영상 주파수)이 발생하고 RF 안에 IF를 꺼낸 후 복조를 하기 때문에 수신기 구조가 복잡해진다는 단점이 있다.

11

간략풀이

샤논의 채널용량에서 채널용량 $C = B\log_2\left(1 + \dfrac{S}{N}\right)$ 으로 나타낸다.

따라서, $4 \times 10^4 = 10^4 \log_2\left(1 + \dfrac{S}{N}\right) \Rightarrow \log_2\left(1 + \dfrac{S}{N}\right) = 4 \Rightarrow \dfrac{S}{N} = 15$ 이다.

12

간략풀이

AM에서 평균전력(출력)은 $P_M = P_C \left[1 + \dfrac{(m_a)^2}{2} \right]$ 으로 나타낼 수 있다.

이를 이용하여 60[%] 변조 시 출력이 118[W]의 값을 통해 반송파의 전력을 구하면,

$118 = P_C \left[1 + \dfrac{(0.6)^2}{2} \right] \Rightarrow 118 = P_C (1.18) \Rightarrow P_C = 100[\text{W}]$ 이 된다.

따라서 문제에서 구해야 하는 변조지수가 1일 때의 전력을 구하면, $P_M = 100 \left(1 + \dfrac{1}{2} \right) = 150[\text{W}]$ 이다.

상세풀이

> **The 알아보기** AM(Amplitude Modulation)
>
> AM에서는 반송파의 진폭과 신호파의 진폭의 비율, 즉 변조지수로 전송효율이 결정된다.
>
> 전송효율 $\eta = \dfrac{\text{측파대 전력}}{\text{공급 전력}} = \dfrac{P_C \left(\dfrac{m^2}{2} \right)}{P_C \left(1 + \dfrac{m^2}{2} \right)} = \dfrac{m^2}{2 + m^2}$
>
> 따라서 변조도가 1일 때 최대효율은 $\dfrac{1}{3}$ 이 되는데, 그 이유는 반송파의 전력에 많은 전력이 할당되기 때문이다. 하지만 반송파의 전력이 크기 때문에 검파하기 용이하여 수신기의 구조가 간단해진다는 장점이 있다.
> AM 반송파의 전력 효율을 높이기 위해서 양쪽 측파대가 아닌 한쪽 측파대만 사용하는 단측파대(SSB)방식과 SSB의 장점과 DSB–LC의 장점을 모두 가진 잔류측파대(VSB)방식이 있다.

13

상세풀이

반송파를 $e_c(t) = E_c \sin \omega_c t (\omega_c = 2\pi f_c)$, 신호파를 $e_s(t) = E_s \sin \omega_s t (\omega_s = 2\pi f_s)$ 라고 했을 때, 반송파의 위상은 다음과 같다.

$$\begin{aligned} \omega_{FM} &= \omega_c + k_f \cdot e_s(t) \\ &= \omega_c + k_f \cdot E_s \cos \omega_s t \\ &= \omega_c + \Delta \omega \cos \omega_s t \end{aligned}$$

위상을 주파수로 표현하면 $\left(\theta = \displaystyle\int \omega \cdot dt \right)$

$$\begin{aligned} \theta_{FM} &= \int \omega_{FM} \cdot dt \\ &= \omega_c t + \frac{k_f \cdot E_s}{\omega_s} \cdot \sin \omega_s t \\ &= \omega_c t + \frac{\Delta \omega}{\omega_s} \cdot \sin \omega_s t \\ &= \omega_c t + \frac{\Delta f}{f_s} \cdot \sin \omega_s t \left[\frac{\Delta f}{f_s} = m_f (\text{변조지수}) \right]. \end{aligned}$$

따라서 주파수 변조된 신호를 나타내면 $e_{FM} = E_c \sin(\omega_c t + m_f \sin \omega_s t)$ 이므로,
FM 변조된 신호의 위상에 신호파의 신호가 적분되어 나타난 것을 볼 수 있다.
∴ FM의 순시 위상은 변조신호의 적분값에 비례한다.

14 · 기출이 답이다 해설편

14

간략풀이

AGWN의 전력 스펙트럼 밀도는 $\frac{N_0}{2}$의 값을 가진다. 따라서 모든 주파수 범위에서 일정하게 나타난다(주파수에 의존하지 않는다).

상세풀이

AGWN은 모든 주파수 범위에서 일정한 전력 밀도를 가지고 있고 자기상관함수가 $\frac{N_0}{2}\delta(r)$이므로 자기 자신을 나타내는 $r=0$ 이외의 어떤 신호와도 상관관계가 없기 때문에, 전압의 값이 측정되어도 다음 신호와는 전혀 연관이 없어 예측이 불가능하다. 대역폭이 무한대일 때 전력이 무한대이지만, 대역폭을 제한한다면 일정한 전력을 가져서 통신시스템 설계에 많이 이용되고 있다.

The 알아보기 AGWN의 특징

- 평균값이 0이다.
- 전 주파수 범위에서 전력 밀도 스펙트럼이 일정하다$\left(\frac{N_0}{2}\right)$.
- 통계적 성질이 시간에 따라 변하지 않는다.
- 평균전력이 무한대이므로 실현 불가능하다.

15

간략풀이

③ 슈퍼헤테로다인 방식을 사용하면 수신기 선택도가 우수해진다.

The 알아보기 슈퍼헤테로다인 수신기의 장점과 단점

- 장점
  - 중간주파수로 변환 증폭하므로 감도와 선택도가 좋다.
  - 필요한 대역폭을 얻을 수 있으며 대역폭의 변화가 없어 수신감도와 선택도가 일정하다.
  - 수신 주파수에 따른 변화가 없다.
- 단점
  - 영상 주파수에 의한 혼신을 받기 쉽다.
  - 다른 방식보다 전력소모가 많고, 면적이 증가한다.
  - 회로가 복잡하고 조정이 어렵다.

상세풀이

선택도란, 희망신호와 그 외에 다른 신호를 분리해내는 능력을 말하며 동조회로와 증폭회로 주파수 특성에 따라 결정된다. 결국 선택도란 원하는 주파수 대역을 정확하게 골라내는 의미이며 이는 주파수를 선택하는 필터 즉, 공진회로의 Q와 직접적으로 관련이 있다.

공진에서의 Q(Quality Factor)는 주파수 선택 특성 품질을 의미하며, 공진주파수 전력보다 3dB 전력만큼 양쪽으로 떨어지는 지점의 주파수 폭, 즉 3dB 대역폭으로 나눈 것이 바로 Q값이다.

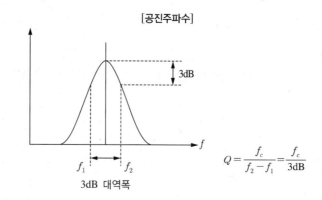

[공진주파수]

$$Q = \frac{f_c}{f_2 - f_1} = \frac{f_c}{3dB}$$

3dB 대역폭

Q값이 높고, 선택도가 뾰족하면 다른 주파수 성분을 제외하는 데 용이하여 민감도가 높아진다. Q값이 낮고, 선택도가 평평하면 다른 주파수 성분도 함께 선택된다.

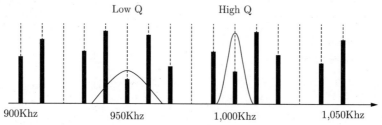

▲ High Q: 높은 선택도를 가지며 선택도가 예리하여 다른 주파수 성분을 제거할 수 있다.
▲ Low Q: 낮은 선택도를 가지며 선택도가 넓어 다른 주파수 성분이 인입될 수 있다.

이때, 위의 식 $Q = \dfrac{f_c}{f_2 - f_1}$ 에서 Q값을 결정하는 요소에는 대역폭과 중심주파수 크기가 영향을 주는 것임을 알 수 있다. 중심주파수가 높고, 대역폭($f_2 - f_1$)이 작을수록 선택도가 좋다. 그러나 수신된 RF고주파에서 채널을 선택하는 것은 매우 어려운데, 고주파 영역에서는 3[dB] 대역폭이 저주파 영역에 비해 넓기 때문에, 수신 받은 고주파 주파수를 대역통과여파기(BPF)를 통해 선택하기 위해서는 필터를 여러 개 연결하여 차수를 높여 굉장히 샤프하면서 대역폭은 넓은 특성의 필터로 만들어야 한다. 때문에 필터의 크기나 가격, 성능 면에서 부담이 된다.

[1%에 해당하는 대역폭 크기]

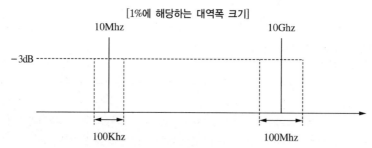

이러한 이유로 수신된 RF고주파를 중간주파수 영역으로 바꿔주는 중간주파수(IF)를 사용하여 변환한 후, 검파하는 방식을 사용한다. 대표적으로 슈퍼헤테로다인 수신기는 이러한 원리를 이용하여 수신된 신호를 원래 반송파 주파수보다 더 편리하게 처리할 수 있는 고정된 중간주파수로 변환하여 채널을 선택하는 라디오 수신기 방식이다.
① 리미터회로는 신호의 진폭을 미리 정한 레벨로 제한하기 위해 사용하는 회로이다.
② 대역통과여파기(BPF)의 Q를 높여야 선택도가 좋아진다.
④ 중간주파수 증폭 단수를 줄여서 낮출 경우 보다 낮은 Q값의 필터로 채널 선택을 할 수 있으므로 선택도를 높일 수 있을 것 같으나, 영상 주파수가 RF 근처에 발생하여 인입되므로 완벽하게 제거하기 어려워진다. 결국 중간주파수 증폭 단수를 낮추는 것보다 높이는 것이 다른 신호와 영상주파수로부터 떨어뜨려 선택도를 높일 수 있다.

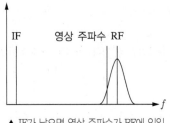

▲ IF가 낮으면 영상 주파수가 RF에 인입
되어 BPF로 필터링하기 어렵다.

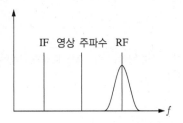

▲ IF가 높으면 영상 주파수가 RF에 인입
되지 않아 BPF로 필터링하기 쉽다.

16

정답 ④

간략풀이

전송부호가 가져야 하는 조건에는 DC 성분이 포함되면 안 된다. 전송할 때 전송선로에서 직류성분을 통과시키지 못하는 선로가 존재하므로 직류성분이 포함되면 안 된다(평균값이 0).

상세풀이

The 알아보기 전송부호가 가져야 할 조건

- 타이밍 정보가 충분히 포함되어야 한다.
- DC 성분이 포함되지 않아야 한다.
- 전송 도중에 발생하는 에러의 검출과 교정이 가능해야 한다.
- 전송부호의 코딩 효율이 양호해야 한다.
- 누화, ISI 간섭, 왜곡, 타이밍 지터와 같은 각종 장애에 강한 전송특성을 가져야 한다.

17

정답 ①

간략풀이

전송속도는 $S = n \cdot B$이므로 변조속도를 먼저 구하면 $B = \dfrac{1}{\text{최단 펄스의 시간 길이}}$이고, 여기에 채널 수만큼 곱하면

$B = \dfrac{20}{10 \cdot 10^{-6}} = 2 \cdot 10^6 \text{[baud]}$가 된다. 또한 문제에서 32-QAM 변조방식을 사용했기 때문에 비트 수는 $n = \log_2 32 = 5$이므로

전송속도는 $S = 2 \cdot 10^6 \cdot 5 = 10 \text{[Mbps]}$가 된다.

상세풀이

The 알아보기

- 전송속도: 전송속도는 1초 동안 전송할 수 있는 비트 수를 말한다.

  $S = n \cdot B = \dfrac{n}{T}$

- 변조속도: 변조속도는 1초에 수행한 변조의 횟수를 말한다.

  $B = \dfrac{1}{\text{최단 펄스의 시간 길이}} = \dfrac{1}{T}$

18

간략풀이

표본화를 진행할 때 신호 주파수보다 2배 이상으로 표본화해야 왜곡 없이 표본화할 수 있다. 따라서 왜곡 없이 표본화하려면 20,000개 이상의 표본을 추출해야 한다.

상세풀이

The 알아보기 PCM 변환 과정

1. 표본화: 샤논의 표본화 정리에 따르면, 주파수 대역 f_s일 때 왜곡 없이 표본화하여 본 신호를 복원하려면 초당 $2f_s$ 이상으로 샘플링 해야 한다.
2. 양자화: 표본화된 신호를 일정한 진폭의 값으로 대응시켜 계단으로 변화시키는 과정이다.
   1) 양자화 계단 수 $= M = 2^n$
      양자화 계단의 수가 늘어나게 되면 계단 수에 맞게 비트 수가 늘어나게 된다.
   2) 양자화 잡음

      양자화 잡음은 양자화 계단 전압의 크기에 비례하는데 식으로 나타내면 $N = \dfrac{S^2}{12}$ 이 된다($S =$양자화 계단전압의 크기).

   3) 양자화 S/N비 $= \dfrac{S}{N} = 6n + 1.8[\mathrm{dB}]$

      양자화 S/N비는 6[dB] 법칙이라고도 하는데, 양자화 비트 수를 1씩 증가시킬수록 6[dB]가 증가하기 때문이다.
   ※ 양자화 잡음을 감소시키는 방법은 단순하게 계단의 수를 증가시키는 방법이 있지만, 사용할 수 있는 비트의 수가 제한되어 있기 때문에 한정적이다. 따라서 양자화 계단의 크기를 큰 신호에는 크게, 작은 신호에는 작게 대응시켜 양자화하는 비선형 양자화 방식과 선형 양자화 방식을 사용하지만, 비선형 양자화와 같은 효과를 내는 압신기를 사용하는 방법도 존재한다.
3. 부호화: 인접부호 간 최소 1비트의 차이를 두는 그레이 코드를 이용하여 부호화한다.

19

간략풀이

디지털 변조방식 중 오율 특성이 가장 좋은 방식은 QAM이다.

상세풀이

The 알아보기 디지털 변조방식별 비트 오류 확률

같은 n진 변조방식을 사용한다고 할 때 성능을 나열하면 다음과 같다.
ASK → FSK → DPSK → PSK → QAM

20

간략풀이

변조를 하면 원하는 주파수로 변경하는 과정에서 송신기나 수신기가 복잡해져 비용이 많이 든다.

상세풀이

> **The 알아보기** 변조의 필요성
>
> - 장거리통신이 가능하다.
> - 안테나 크기를 줄일 수 있다.
> - 다중통신을 할 수 있다.
> - 잡음 및 간섭을 줄여 양질의 통신이 가능하다.
> - 전송과정의 손실을 줄일 수 있다(중계통신).

21

간략풀이

$\sin$의 푸리에 변환 특성 중 주파수 천이 특성으로 인해 $\frac{1}{2j}\left[X(f+f_0)-X(f-f_0)\right]$로 나타나게 된다.

상세풀이

$f(t)=\sin(2\pi f_0 t)$ 푸리에 변환

- Euler 정리를 이용하여 푸리에 변환을 하면 다음과 같다. $\left(\sin 2\pi ft=\dfrac{e^{i2\pi ft}-e^{-i2\pi ft}}{2j}\right)$

$$F\left[\sin 2\pi f_0 t\right]=F\left[\frac{e^{i2\pi f_0 t}-e^{-i2\pi f_0 t}}{2j}\right]=\frac{1}{2j}\left[F(e^{i2\pi f_0 t})-F(e^{-i2\pi f_0 t})\right]=\frac{1}{2j}\left[\delta(f-f_0)-\delta(f+f_0)\right]$$

- 시간영역의 지수함수의 곱셈은 주파수 영역의 천이가 발생하기 때문에 $x(t)\sin(2\pi ft)$의 변환은

$$F[x(t)\sin(2\pi ft)]=F\left[\frac{e^{i2\pi f_0 t}x(t)-e^{-i2\pi f_0 t}x(t)}{2j}\right]=\frac{1}{2j}F\left[e^{i2\pi f_0 t}x(t)-e^{-i2\pi f_0 t}\right]=\frac{1}{2j}\left[X(f-f_0)-X(f+f_0)\right]$$

따라서 가장 형태가 유사한 ③ $\frac{1}{2}\left[X(f+f_0)-X(f-f_0)\right]$이 답이 된다.

22

간략풀이

양자화 잡음을 줄이기 위해서는 양자화 계단을 늘려야 하는데, 양자화 계단을 늘리게 되면 비트수가 늘어나게 된다(양자화 계단 $=M=2^n$).

상세풀이

> **The 알아보기** 양자화 잡음을 줄이는 방법
>
> - 양자화 계단을 늘림: 양자화 계단을 늘려 입력된 신호에 대응되는 값을 늘리는 방법이다. 하지만 계단을 늘리게 되면 필요한 비트의 수가 늘어나게 되는데 비트의 수를 무한정 늘릴 수 없기 때문에 한정적이다.
> - 비선형 양자화 수행: 비선형 양자화는 양자화 계단을 입력값에 따라 다르게 설정하는 방법이다. 입력값이 작을 때에는 작은 양자화 계단을 적용하고, 입력값이 커지면 그에 따라 큰 양자화 계단을 적용하는 방식으로 잡음을 줄이는 방식이다.
> - 압신기: 압신기는 기존의 선형 양자화를 사용하지만 비선형 양자화와 같은 효과를 만드는 장치로 양자화 계단에 변화를 주는 것이 아닌 입력값에 압축과 신장을 사용하여 양자화 잡음을 줄이는 방법이다.

23

간략풀이

총괄 잡음지수 $= F_1 + \dfrac{F_2 - 1}{G_1} = 3 + \dfrac{16 - 1}{100} = 3.15$

상세풀이

종속 연결된 다단 시스템에서는 잡음지수의 공식은 다음과 같다.

$$F = F_1 + \frac{F_2 - 1}{G_1} + \frac{F_3 - 1}{G_1 G_2} + \cdots$$

공식을 살펴보면 잡음지수에 가장 영향을 많이 미치는 것은 가장 처음 증폭하는 단의 잡음지수이다. 따라서 수신기를 설계할 때에는 가장 첫 단의 잡음지수를 작게 하면 시스템 전체의 잡음지수를 줄일 수 있다.

24

간략풀이

② UWB는 반송파 없이 디지털 신호를 [nsec] 단위로 짧은 펄스 자체를 송신하여 통신하는 방식으로 IF 증폭신호처리가 필요 없다.

상세풀이

① 신호를 확산하는 SS-DS방식과 유사하게 초단파펄스를 이용해 3.1~10.6[GHz]의 넓은 주파수 대역을 사용하여 소비전력이 적고 방해전파에 영향을 적게 받는다는 특징이 있다.
③ 반송파에 실어 보내는 기존의 통신방식이 아니라 펄스 자체를 송신하는 방식이기 때문에 단거리통신은 가능하지만 거리가 멀어지면 통신이 어렵다는 단점이 있다.
④ UWB는 임펄스 무선통신방식으로 임펄스 신호가 주파수에서 넓은 영역을 차지한다는 것을 이용한 통신방식으로 저전력·저비용의 장점이 있으나 거리가 멀어지면 통신이 어렵다는 단점이 있다.

25

간략풀이

④ OFDMA는 직교 부호가 아닌 직교 주파수를 사용하여 다중화한다.

상세풀이

① OFDMA는 역 고속 푸리에 변환(IFFT)작업을 통해 많은 부반송파 성분이 추가되기 때문에 시간 영역에서 높은 피크 값을 가지게 될 수 있다. PAPR란 Peak to Average Power Ratio로 평균전력과 최대전력의 비율을 나타내는 것으로, PAPR가 높으면 증폭기에서 Peak 신호까지 증폭을 시켜야 하기 때문에 선형증폭이 어렵다는 단점이 있다. OFDM은 많은 부반송파를 사용하기 때문에 전력을 올리면 부반송파의 전력들도 같이 커져 동위상으로 더해져 최대전력이 평균전력보다 매우 크게 나타난다. 또한 PAPR가 높으면 증폭기의 설계가 어려워지고 경제성이 떨어진다는 단점이 있다.
② OFDMA는 직교주파수 즉, 상관성이 없는 주파수를 부반송파로 사용하여 직렬 고속데이터를 병렬 저속신호로 전송하여 고속통신이 가능하게 하는 통신방식이다.
③ CDMA 방식에 비해 인접 셀 간의 간섭 영향이 많아 셀 간 간섭조정 절차가 필요하다.

2021.06.05. 시행
공개경쟁채용
필기시험

2021 서울시 정답 및 해설

🔍 문제편 159p

01

정답 ④

간략풀이

반송파 주파수를 DSB-SC 변조했을 때 변조된 신호의 대역폭은

$BW = (f_c + f_s) - (f_c - f_s) = 2f_s$로 신호파의 2배이다.

상세풀이

신호파를 $e_s(t) = E_s \cos \omega_s t$, 반송파를 $e_c(t) = E_c \cos \omega_c t$라고 했을 때 피변조파를 식으로 나타내면

$e_{AM} = (E_c + E_s \cos \omega_s t) \sin_c t = E_c \sin \omega_c t + E_s \cos \omega_s t \sin \omega_c t$

$\qquad = E_c \sin \omega_c t + \dfrac{E_s}{2} \sin(\omega_c + \omega_s) + \dfrac{E_s}{2} \sin(\omega_c - \omega_s)$

$\qquad = E_c \sin \omega_c t + \dfrac{E_s}{2} \sin 2\pi(f_c + f_s) + \dfrac{E_s}{2} \sin 2\pi(f_c - f_s)$

식을 해석하면 반송파의 위아래로 신호파만큼의 대역폭이 생성되는 것을 알 수 있다.

따라서 변조된 신호의 대역폭은 신호파의 2배인 $2W$가 된다.

02

정답 ③

간략풀이

나이퀴스트율을 만족하는 표본화 주파수는 $f_s = 2f_m = 80[\text{kHz}]$이다.

따라서 주기의 값은 $T = \dfrac{1}{f} = \dfrac{1}{80 \times 10^3} = 12.5[\mu s]$이다.

03

정답 ②

간략풀이

오일러 공식을 이용하여 복소 신호 $x(t)$를 복소 지수 푸리에 급수로 나타낼 수 있다.

> **The 알아보기** 오일러 공식과 역 오일러 공식
>
> • 오일러 공식: $e^{j\theta} = \cos\theta + j\sin\theta$
> • 역 오일러 공식
>   - $\cos\theta = \dfrac{e^{j\theta} + e^{-j\theta}}{2}$
>   - $\sin\theta = \dfrac{e^{j\theta} - e^{-j\theta}}{2j}$

상세풀이

첫째, 복소 신호 $x(t)$를 정리한 후 오일러 공식을 적용하여 복소 지수로 표현한다.

$$x(t) = 3\cos(\omega_0 t) + 3j\sin(\omega_0 t) + 2\cos(2\omega_0 t)$$
$$= 3\{\cos(\omega_0 t) + j\sin(\omega_0 t)\} + 2\cos(2\omega_0 t)$$

오일러 공식으로 정리하면

$$x(t) = 3e^{j\omega_0 t} + 2\cos(2\omega_0 t) \ (\because \text{ 오일러 공식에서 } \cos\omega_0 t + j\sin\omega_0 t = e^{j\omega_0 t})$$

둘째, 복소 신호 $x(t)$에 역 오일러 공식을 적용하여 복소 지수로 표현한다.

$$x(t) = 3e^{j\omega_0 t} + 2\left(\frac{e^{j2\omega_0 t} + e^{-j2\omega_0 t}}{2}\right)$$

$$= 3e^{j\omega_0 t} + e^{j2\omega_0 t} + e^{-j2\omega_0 t} \ \left(\because \text{ 역 오일러 공식에서 } \cos 2\omega_0 t = \frac{e^{j2\omega_0 t} + e^{-j2\omega_0 t}}{2}\right)$$

따라서 복소 신호 $x(t)$를 $\sum_{n=-\infty}^{\infty} c_n e^{jn\omega_0 t}$ 형태의 복소 지수 푸리에 급수로 나타내면 최소 3개의 항의 합으로 표현할 수 있다.

04 　　　　　　　　　　　　　　　　　　　　　　　　　　　　　　　　　　　정답 ①

간략풀이

각변조는 위상 혹은 주파수에 정보를 전송하는 변조 방식이다.

• 기본형: $s(t) = A_c\cos(2\pi f_c t + \phi(t))$

• 순시 위상: $\theta(t) = 2\pi f_c t + \phi(t)$

• 순시 주파수: $f_i(t) = \dfrac{1}{2\pi}\dfrac{d}{dt}\theta(t) = f_c$

상세풀이

문제에서 각변조된 신호가 $s(t) = 10\cos(100\pi t + 20\pi\sin 5t)$일 때

순시 위상이 $\theta(t) = 100\pi t + 20\pi\sin 5t$이므로

순시 주파수 $f_i(t) = \dfrac{1}{2\pi}\dfrac{d\phi(t)}{dt}$를 구하면

$$f_i(t) = \frac{1}{2\pi}\frac{d\phi(t)}{dt} = \frac{1}{2\pi}\frac{d}{dt}(100\pi t + 20\pi\sin 5t) \text{ 이고, 이를 정리하면}$$

$$f_i(t) = \frac{1}{2\pi}(100\pi + 100\pi\cos 5t) = 50 + 50\cos 5t$$

따라서 순시 주파수는 $50 + 50\cos 5t$이다.

05 　　　　　　　　　　　　　　　　　　　　　　　　　　　　　　　　　　　정답 ③

간략풀이

샤논의 채널용량에 따라 $36,000[\text{bps}] = B\log_2\left(1 + \dfrac{504}{8}\right)$의 식을 정리하면 $B = 6,000[\text{Hz}]$이다.

상세풀이

채널용량이란 신뢰성 있게 전달할 수 있는 최대 정보량을 말한다.

채널용량을 표현하는 식을 나타내면 $C = W\log_2\left(1 + \dfrac{S}{N}\right)$이다.

식을 통해 정보 전송률의 한계는 가용 대역폭(W)과 수신 신호전력(S), 잡음전력(N)에 따라 결정된다는 것을 알 수 있다.

따라서 문제에서 주어진 값들을 대입해 보면

$36,000[\text{bps}] = B\log_2\left(1 + \dfrac{504}{8}\right)$, $36,000 = B\log_2 64$이므로 $B = 6,000[\text{Hz}]$이다.

06

간략풀이

QPSK는 하나의 심볼에 2개의 비트가 전송되는 방식이다. 00 01 10 11의 신호를 90°의 위상 차이로 전송한다. BPSK는 하나의 심볼에 1개의 비트가 전송되므로 심볼 오류 확률은 QPSK가 높지만 비트 오류 확률은 같다.

상세풀이

① QPSK와 BPSK는 PSK(위상 편이 변조)방식이다.

③ QPSK는 2개의 BPSK를 선형으로 합성하여 직병렬 변환기를 통해 2비트를 90° 위상 차이로 보낸다. 따라서 대역폭 효율은 QPSK가 더 좋다.

④ QPSK와 BPSK는 디지털 변조 방식이므로 디지털 신호를 변조한다. 따라서 NRZ 신호를 변조한다.

07

간략풀이

전송속도(비트 전송률)는 $r_b = f_s \times M$(양자화 비트 수)이다.

문제에서 주어진 샘플링 주기를 주파수로 변환하면 $f = \dfrac{1}{0.001} = 1,000[\text{Hz}]$이므로 식에 대입하면 다음과 같다.

$16 = 2^4$이므로 $r_b = 1,000 \times 4 = 4,000[\text{bps}] \Rightarrow 4[\text{Kbps}]$

08

간략풀이

델타변조는 실제 신호의 크기를 설정해 놓은 예측기의 값의 크기와 비교하여 1비트 양자화하는 방식이다. 1비트 양자화를 하기 때문에 속도가 빠르지만 오버샘플링해야 한다.

09

간략풀이

$x_1(t) = 2\sin(4\pi t + 30°)$의 신호에서 $\omega = 4\pi$이므로 주파수의 값은 $\omega = 2\pi f \Rightarrow f = \dfrac{4\pi}{2\pi} = 2[\text{Hz}]$이다.

상세풀이

① 주기 함수는 임의의 시간 t에서 $x(t) = x(t + T)$가 성립해야 한다. x_1과 x_2는 sin함수이므로 주기 함수이다.

② $x_1(t) = 2\sin(4\pi t + 30°)$의 신호에서 위상은 30°만큼 빠르고, $x_2 = 2\sin(2\pi t - 60°)$에서 위상은 60°만큼 뒤처진다.

④ 주기는 $T = \dfrac{1}{f}$이므로 $x_2 = 2\sin(2\pi t - 60°)$에서 주파수를 구하면 $f = \dfrac{\omega}{2\pi} = \dfrac{2\pi}{2\pi} = 1[\text{Hz}]$이다. 따라서 주기는 1이다.

10

간략풀이

부호화 방식 A는 복극성 NRZ 방식으로 1은 양의 전압, 0은 음의 전압을 전송하는 방식이다. 부호화 방식 B는 RZ(Return Zero) 맨체스터 부호로 비트가 1일 경우 반은 양의 전압, 나머지 반은 음의 전압을 사용하고, 0일 경우에는 그 반대를 사용하는 부호이다. 따라서 부호화 방식 B의 주기는 A의 주기의 $\frac{1}{2}$ 이므로 주파수 점유율이 2배이다.

상세풀이

① 부호화 방식 A는 1과 0의 신호마다 각각 양의 전압과 음의 전압을 전송하므로 평균값을 내면 0이 되지 않는다. 따라서 직류 성분의 값이 존재한다.

② 부호화 방식 A는 양과 음의 전압 모두를 사용하고 영미복귀 방식을 사용하는 복극성 NRZ 코드이다.

④ 맨체스터 부호는 매 비트마다 펄스의 변화가 있기 때문에 수신 측에서 동기타이밍을 찾기 편해 동기화에 유리하다.

11

정답 ①

간략풀이

약어	대역명	주파수 대역	파장
LF	장파	30~300[kHz]	10~1[km]
MF	중파	300~3,000[kHz]	1,000~100[m]
HF	단파	3~30[MHz]	100~10[m]
VHF	초단파	30~300[MHz]	10~1[m]
UHF	극초단파	300~3,000[MHz]	1~0.1[m]
SHF	센티미터파	3~30[GHz]	10~1[cm]
EHF	밀리파	30~300[GHz]	10~1[mm]
THF	서브밀리파	300~3,000[GHz]	1~0.1[mm]

파장은 주파수에 반비례한다. $\lambda = \frac{C}{f}$ (C: 전파의 속도)

12

정답 ④

간략풀이

$x(t) = 25 + \sum_{n=1}^{\infty} \frac{13.5}{n}[1 - (-1)^n]\cos n\omega_0 t$ 에서 3차와 5차 고조파를 각각 구하면 다음과 같다.

3차 고조파에서 $x(t) = 25 + \frac{13.5}{3}[1 - (-1)^3]\cos 3\omega_0 t = 25 + 9\cos 3\omega_0 t$ 이므로 진폭은 9이다.

5차 고조파에서 $x(t) = 25 + \frac{13.5}{5}[1 - (-1)^5]\cos 3\omega_0 t = 25 + 5.4\cos 5\omega_0 t$ 이므로 진폭은 5.4이다.

따라서 진폭의 값의 합은 $9 + 5.4 = 14.4$이다.

24 · 기출이 답이다 해설편

13

간략풀이

OFDM은 직교 주파수를 이용해 채널의 간섭을 줄여 대역폭을 효율적으로 사용하는 방식이다.

상세풀이

① OFDM은 직교 주파수, 즉 상관성이 없는 주파수를 부반송파로 변조시켜 직렬 고속 데이터를 병렬 저속 신호로 전송하여 고속 통신을 가능하게 하는 통신 방식이다.

③ OFDM은 앞선 심볼과 겹치는 부분에 가드 인터벌을 주어서 ISI 간섭을 줄인다. 그리고 가드 인터벌에 심볼의 뒷부분을 복사하여 앞부분에 붙여 넣어 ISI와 ICI를 둘 다 제거하는데, 이것을 Cyclic Prefix라고 한다.

[Cyclic Prefix]

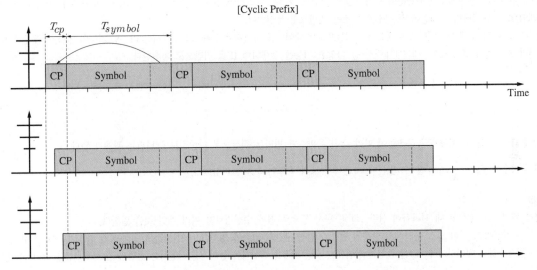

④ PAPR란 'Peak to Average Power Ratio'의 약자로 평균전력과 최대전력의 비율을 나타내는 것이다. PAPR가 높으면 증폭기에서 Peak 신호까지 증폭을 시켜야 하기 때문에 선형증폭이 어렵다는 단점이 있다. OFDM은 많은 부반송파를 사용하기 때문에 전력을 올리면 부반송파의 전력들도 같이 커지게 되어 동위상으로 더해지면 최대전력이 평균전력보다 매우 크게 나타난다.

14

간략풀이

3[dB]의 대역폭은 주파수 응답 $H(f)$의 크기가 $\dfrac{1}{\sqrt{2}}$ 이 될 때의 대역폭이다.

따라서 $H(f) = \dfrac{1}{1+j(0.5f)} = \dfrac{1}{\sqrt{2}}$ 이 되는 f의 값을 구한다.

$H(f) = \dfrac{1}{1+j(0.5 \times 2)} = \dfrac{1}{\sqrt{1+j}} = \dfrac{1}{\sqrt{1^2+1^2}} = \dfrac{1}{\sqrt{2}}$ 이므로 $f = 2$이다.

15

간략풀이

④ 세션 계층이 아닌, 4계층인 전송 계층에 대한 설명이다.

세션 계층은 5계층에 해당하며 단말 또는 프로세스 간의 연결인 세션의 설정, 유지, 관리, 복구 등의 기능을 수행한다. 또한 통신할 때 반이중, 전이중 통신을 결정하며 통신이 종료된 후 적절한 시간을 수신 측에 알려주어 세션을 끊는 종료 기능도 있다.

상세풀이

① 물리 계층은 1계층으로, 기본 통신 단위는 비트이다. 주로 기계적·전기적인 특성을 이용하여 통신하고 데이터를 전송한다. 별다른 제어는 하지 않고 전기적인 신호 데이터만 전송한다.

② 데이터링크 계층은 2계층에 해당하며 물리 계층의 오류의 흐름을 관리하여 정보의 전달을 할 수 있도록 도와준다. 기본 통신 단위는 프레임으로, 데이터링크 계층에서는 MAC 주소를 기반으로 통신한다.

③ 네트워크 계층은 3계층에 해당하며 대표적인 기능으로는 데이터를 목적지까지 빠르게 전달하는 라우팅 기능이 있다. 라우팅 기능뿐만 아니라 흐름제어, 오류제어, 세그멘테이션 등 다양한 기능을 수행하며 IP를 기반으로 통신한다.

16

간략풀이

도플러 효과는 통신 시 이동체의 움직임에 따라 수신 주파수가 변하는 현상으로 다중경로 채널과는 관계가 없다.

도플러 주파수는 $f_d = \dfrac{v}{\lambda}$ 로 구할 수 있는데, v는 이동체의 속도이고 λ는 파장이다.

상세풀이

다중경로 채널이란 통신할 때 전파들이 산란, 회절, 반사 등으로 전파 수신경로가 여러 개인 것을 말한다.

① 심볼 간 간섭(ISI)은 한 펄스 구간에서 발생된 펄스가 인접 구간의 펄스에 영향을 미치는 것으로 심볼 간 간섭(ISI)이 일어나는 주된 원인은 다중경로 페이딩이다. ISI를 줄이는 방법에는 채널 왜곡을 보상하는 등화기를 사용하는 방법과 긴 보호구간을 삽입하는 방법이 있다.

② 시간 지연확산은 시간적으로 펄스의 파형이 늘어지는 것을 말하는데 주된 원인은 다중경로 페이딩에 있다. 각각 다른 경로로 들어온 신호들이 서로 수신 시간에 영향을 주어 합쳐져서 발생한다.

③ 주파수 선택적 페이딩은 어떤 특정 주파수 대역에서만 선택적으로 나타나는 페이딩 현상을 말한다. 선택적 페이딩은 상관 대역폭이 신호 주파수 대역보다 좁은 경우에 나타나는데 다중경로 채널과 밀접한 관련이 있다.

17

간략풀이

CDMA는 코드분할 다원 접속으로 여러 사용자가 시간과 주파수를 공유하면서 코드를 가지고 신호를 보내고 꺼내어 접속하는 방식이다. FDMA와 TDMA가 결합된 방식이며 코드를 사용하기 때문에 비밀이 보장되고 큰 용량(FDMA의 10~20배)을 확보할 수 있다는 장점이 있다. 그러나 전력 제어가 되지 않으면 수신전력이 큰 다른 신호의 간섭을 받아 통신하기 어렵고, 넓은 대역폭이 필요하다는 단점이 있다.

상세풀이

① TDMA는 시분할 다원 접속으로 사용 가능한 시간대역을 나누어 여러 사용자가 자신에게 할당된 시간에 정보를 전송하여 통신하는 다중화 방식이다. 간섭이 적고 큰 용량(FDMA의 3~6배)을 확보 가능하다는 장점이 있지만, 하드웨어가 복잡하고 ISI를 극복하기 위한 등화기가 필요하다는 단점이 있다.

② FDMA는 주파수 분할 다원 접속으로 전체 사용 가능한 주파수 채널에서 일정 대역을 나누어 사용자가 자신만의 대역을 가지고 다원 접속하는 방식이다. 구현이 간단하고 하드웨어가 단순하며 동기가 필요 없다는 장점이 있지만 간섭이 크고 주파수 효율이 낮아 많은 가입자의 다원 접속이 어렵다는 단점이 있다.

④ OFDMA는 기존의 FDMA에서 직교 주파수를 사용하여 다원 접속하는 가입자를 늘리고 고속 데이터를 전송할 수 있어 4세대 이동통신에 사용되는 기술이다.

18

간략풀이

DSB-SC 변조는 반송파 신호에서 위아래로 상하측파대가 만들어지며, 그 신호의 스펙트럼은 거울 형상처럼 반대쪽에 같은 스펙트럼이 나타난다.

상세풀이

DSB-SC 변조한 신호를 식으로 표현하면 다음과 같다.

$$m(t) \times (반송파) = 4\cos 10\pi t \times rt \cos 400\pi t = 4 \times \frac{1}{2}[\cos 2\pi(f_c - f_m) + \cos 2\pi(f_c + f_m)]$$

$2[\cos 2\pi(200 - 5) + \cos 2\pi(200 + 5)] = 2[\cos 2\pi(195) + \cos 2\pi(205)]$로 반송파 $200[\text{Hz}]$ 위아래로 신호파의 주파수 $5[\text{Hz}]$만큼 상하측파대가 형성된다.

이 신호를 스펙트럼을 알기 위해 푸리에 변환하면

$$2[F(\cos 2\pi 195t) + F(\cos 2\pi 205t)] = 2\left[\frac{1}{2}\{\delta(f + 195) + \delta(f - 195)\} + \frac{1}{2}\{\delta(f + 205) + \delta(f - 205)\}\right]$$

신호를 해석하면 스펙트럼 영역에서 -205, -195, 195, 205에서 델타 함수의 값을 갖는 것을 알 수 있다.

19

정답 ④

간략풀이

주어진 신호를 컨벌루션 연산을 하면 다음과 같다.

$$x(t) * h(t) = \int_{-\infty}^{\infty} x(\tau)h(t - \tau)$$

$t = 0$일 때, $\int_{-\infty}^{\infty} x(\tau)h(-\tau) = 0$

$t = 1$일 때, $\int_{-\infty}^{\infty} x(\tau)h(1 - \tau) = 0$

$t = 2$일 때, $\int_{-\infty}^{\infty} x(\tau)h(2 - \tau) = 0$

$t = 3$일 때, $\int_{-\infty}^{\infty} x(\tau)h(3 - \tau) = 0$

$t = 4$일 때, $\int_{-\infty}^{\infty} x(\tau)h(4 - \tau) = 1$

$t = 5$일 때, $\int_{-\infty}^{\infty} x(\tau)h(5 - \tau) = 0$

따라서 $x(t) * h(t)$의 값은 $t = 4$일 때 최대가 된다.

간략풀이

문제에서 주어진 성상도는 16진 QAM의 성상도이다. QAM은 같은 진수의 PSK와 대역폭 효율은 같지만 오율과 잡음에서 더 우수하다.

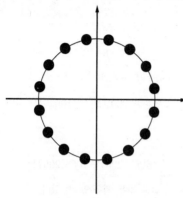

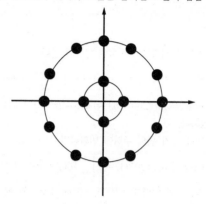

▲ 16진 PSK(1진폭, 4위상)
　간격이 좁아서 오류 확률이 높다.
　⇨ $\left(\dfrac{2\pi}{16}\right)$

▲ 16진 QAM(2진폭, 4위상)
　간격이 넓어서 오류 확률이 낮다.
　⇨ $\left(8\text{PSK}+2\text{ASK},\ \dfrac{2\pi}{8}\right)$

상세풀이

② QAM은 PSK와는 달리 진폭과 위상을 같이 변조하는 방식이다.

③ 주어진 성상도는 16진 QAM의 성상도이다.

④ 16진 QAM의 심볼당 비트 수 N은 $16 = 2^N$에서 4비트이다.

2021 군무원 정답 및 해설

🔍 문제편 164p

01
정답 ②

간략풀이
정합필터는 동기검파에 사용되는 회로이며 동기검파 방식으로 회로 구성이 복잡하다는 단점이 있다.

상세풀이
① 입력신호 $s(t)$를 시간축상에서 반전($-t$)시킨 후, 시간 지연(T)시킨 것이 임펄스 응답 $h(t)$이다.
③ 디지털 통신 시스템에서는 펄스의 파형이나 크기보다 펄스의 존재 유무를 정확하게 판별하는 것이 중요한데, 펄스의 존재 유무를 결정하는 순간에 신호 대 잡음의 크기 비율을 최대가 되게 하는 것이 정합필터 또는 상관기이다.
- 정합필터: 입력신호의 파형마다 적용되어 정합시키는 필터

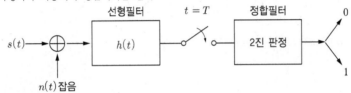

- 상관기: 앞선 신호와 수신되는 신호와의 상관값을 적용하여 계산(곱셈 및 적분)을 수행

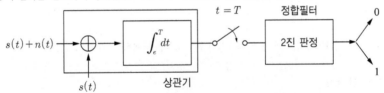

펄스 존재를 판별하는 표본화 시점에서 정합필터와 상관기는 동일한 출력값을 발생시키기 때문에 비트판정이 같다.
따라서 상관기와 정합필터는 동일한 기능을 구현한다고 할 수 있다.
④ 정합필터는 신호의 전송 과정에서 신호는 강조하고 잡음은 억제시켜 신호 대 잡음비를 증대시키는 회로이다.

02
정답 ①

간략풀이
위성통신은 긴 전파 지연시간이 존재하지만 대역폭이 넓어 광대역 통신을 구현하기 쉽다.
위성통신의 단점으로는 전파 지연시간의 발생, 태양잡음, 통신보안에 취약함 등이 있고, 장점으로는 광대역성(넓은 대역폭을 사용함), 용이성(간단한 장비로 도서 산악 등 어디서나 통신 가능), 경제성(거리에 관계없이 동일한 통신비용) 등이 있다.

상세풀이
② 광섬유는 구리 도체 케이블보다 손실이 적어서 중계 간격을 넓게 할 수 있다. 또한 잡음과 누화 현상에 강하고 전자 유도 현상의 방해를 받지 않음으로 전송로의 품질이 좋다는 장점이 있다. 하지만 접속이 어렵고 중계기에 전원을 공급해야 한다는 단점이 존재한다.
③ 무선채널은 전파가 한정되어 있고 신호가 전달되는 거리에 영향을 많이 받는다.
④ UTP는 'Unshielded Twisted Pair Cable'의 준말로, 가격이 싸고 유연하여 설치가 쉬운 장점이 있다. UTP 케이블은 카테고리에 따라 전송속도와 쓰임새가 달라지는데 표로 정리하면 다음과 같다.

[UTP 케이블의 종류]

등급	전송속도	용도
Category1	낮음	일반 전화회선
Category2	4[Mbps]	음성통신 및 낮은 속도의 데이터 전송
Category3	10[Mbps]	전화시스템의 표준 케이블
Category4	16[Mbps]	Token-Ring과 10Base-t
Category5	100[Mbps]	100Base-T와 10Base-T(고속)
Category6	1[Gbps]	Gigabit 이더넷 등에 사용

03 정답 ③

간략풀이

선형 시불변 시스템(LTI)의 출력은 시스템의 임펄스 반응과 입력의 컨벌루션이다.

$$y[n] = x[n] * h[n] = h[n] * x[n] = \sum_{k=-\infty}^{\infty} x[k] \cdot h[n-k] = \sum_{k=-\infty}^{\infty} h[n-k] \cdot x[k]$$

$$y(t) = x(t) * h(t) = h(t) * x(t) = \int_{-\infty}^{\infty} x(\tau)h(t-\tau)d\tau = \int_{-\infty}^{\infty} h(t-\tau)x(\tau)d\tau$$

04 정답 ③

간략풀이

FM 변조 회로에서는 고주파 대역에서 잡음이 높아지는 삼각잡음 특성을 극복하기 위해 프리엠퍼시스 회로를 사용한다.

The 알아보기 FM의 잡음 특성

(a) AM 그래프

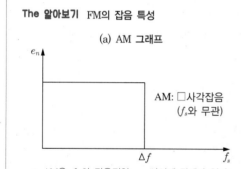

AM: □사각잡음
(f_s와 무관)

▲ AM은 f_s와 잡음전압 e_n 사이에 관계가 없다.

(b) FM 그래프

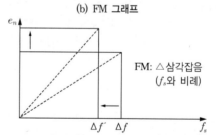

FM: △삼각잡음
(f_s와 비례)

▲ FM은 높은 주파수에서 잡음이 더 많다. 따라서 진폭을 높이고 주파수를 낮춰 잡음전압 e_n을 줄인다. 이를 광대역 개선이라고 한다.

AM의 잡음 특성은 (a)의 AM 그래프와 같이 모든 주파수 대역에서 무관하게 일정한 사각잡음이 나타난다. 반면에 FM의 잡음 특성은 (b)의 FM 그래프와 같이 주파수에 비례해서 잡음이 강해지는 삼각잡음 특성이 나타나는데 그것을 보상하기 위해 변조 시에는 미분기를 사용하여 신호의 고역을 강조하는 프리엠퍼시스 회로를 사용하고, 수신 시에는 강조된 고역 신호를 다시 억압하는 디엠퍼시스 회로를 사용한다.

05

간략풀이

비트율[bps] = $4,000$[baud] $\times 3$

상세풀이

비트율과 보오율의 관계는 다음과 같다. B[baud] $= \dfrac{(\text{데이터 신호 속도})}{(\text{단위신호당 비트 수})}$

8진 psk 신호이기 때문에 단위신호당 비트 수는 $2^3 = 8$에서 3개이다. 따라서 식을 정리하면

데이터 신호 속도(비트율) $= 4,000$[baud] $\times 3$[bit] $= 12,000$[bps]가 된다.

06

간략풀이

위상고정회로는 위상을 검출하여 저역통과필터(루프필터)로 위상 차이를 전압으로 만들어 전압제어발진기에서 위상 차이만큼 벌어진
전압을 보상하여 위상을 고정시킨다.

상세풀이

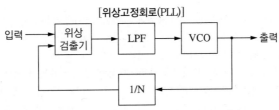

[위상고정회로(PLL)]

위상고정회로(PLL)는 위상변동을 줄여 가며 입력 주파수 및 위상에 동기시키는 회로이다.

위상검출기(위상 비교기)가 들어온 신호를 비교하여 저역통과필터(루프필터)로 보내준다. 필터는 위상의 차이를 DC레벨의 차이로 만들어
전압제어발진기(VCO)에 입력하여 위상의 차이를 줄인다.

위상고정회로(PLL)는 FM 송·수신기에 자주 사용되는데 수신기에서는 위상고정회로에서 DC레벨의 차이를 통해 복조한다.

07

간략풀이

$10\log 200$[mW] $= 10\log 10^2 + 10\log 2 = 23$[mW]

상세풀이

23[dBm]을 mW로 환산하면 $10\log_{10}x = 23$[dBm]으로 표현할 수 있고, 이때 x[mW]의 값을 구하면 된다.

$\log_{10}x = \dfrac{23}{10} = 2.3$에서 $\log_{10}x = 2 + 0.3 = \log_{10}A + \log_{10}B$라 하면

$\log_{10}A = 2$에서 $A = 10^2$

$\log_{10}2 = 0.3$에서 $\log_{10}B = 0.3$이므로 $B = 2$

$\log_{10}x = \log_{10}A + \log_{10}B = \log_{10}AB = \log_{10}100 \times 2$

$\therefore x = 200$[mW]

The 알아보기 [dB]와 [dBm]

- [dB]: 어떤 값의 차이를 log로 나타낸 상대적 단위의 종류이다. 예를 들어 1,000[W]는 10[W]의 값의 100배이고, 이 100배를 [dB]로 표현하면 $10\log_{10}\dfrac{1,000}{10} = 20[\text{dB}]$이다.

- [dBm]: 절대값으로 [mW] 단위의 신호 전력을 [dB] 단위로 환산한 값이다.

  예 $1[\text{mW}] = 10\log_{10}1 = 10 \times 0 = 0[\text{dBm}]$

  $10[\text{mW}] = 10\log_{10}10 = 10 \times 1 = 10[\text{dBm}]$

  $100[\text{mW}] = 10\log_{10}100 = 10 \times 2 = 20[\text{dBm}]$

  $1,000[\text{mW}] = 10\log_{10}1,000 = 10 \times 3 = 30[\text{dBm}]$

08 정답 ③

간략풀이

숨겨진 터미널 문제를 해결하기 위해 CSMA/CA에서 핸드셰이크 프레임(RTS, CTS)을 사용한다. 이 중 CTS 프레임은 숨겨진 터미널에서 충돌을 막는 역할을 한다. 한편 CSMA/CA는 핸드셰이크 유무에 따라 기본형과 확장형으로 나뉘고, 따라서 핸드셰이크가 적용된 확장형 CSMA/CA 방식으로 숨겨진 터미널 문제를 해결할 수 있다.

- 기본형 CSMA/CA: 초기 형태의 CSMA/CA로 핸드셰이킹을 사용하지 않아 숨은 터미널 문제를 발생시킨다.
- 확장형 CSMA/CA: 숨겨진 터미널 문제를 해결하기 위해 핸드셰이킹을 적용하여 충돌이 발생하면 대기시간을 재설정한다.

상세풀이

The 알아보기 숨겨진 터미널 문제

에드혹 네트워크에서 노드들의 전송 범위가 각기 다르기 때문에 실제 존재하는 노드가 보이지 않아 전송의 충돌이 일어나는데, 서로 보이지 않는 노드를 숨겨진 터미널이라 한다.

[숨겨진 터미널 문제]

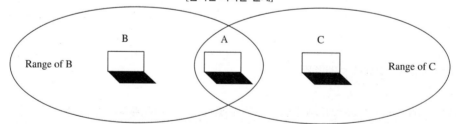

위 그림을 보면 B는 A에 데이터를 전송할 수 있고, C도 A에 데이터를 보낼 수 있는 상태이다. 이때 C는 B의 범위 밖에 있으므로 B의 데이터 전송은 C에 도달하지 않는다. 따라서 C는 A가 사용되지 않고 있다고 생각하여 데이터를 보내게 되고, 이미 B가 A에 보낸 데이터와 충돌이 발생한다. 이와 같은 문제를 해결하기 위해 CSMA/CA에서 핸드셰이크 프레임(RTS, CTS)을 사용하여 충돌을 막는다.

① 숨겨진 터미널 문제는 RTS와 CTS를 이용하여 핸드셰이킹함으로써 해결이 가능하다.

  B가 A에게 RTS를 송신하면 A는 전송 받을 준비가 되었다는 CTS를 B와 C에 전송한다.

  C는 A가 전송한 CTS를 수신한 후 A의 접근을 제어한다.

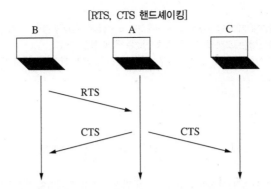

[RTS, CTS 핸드셰이킹]

② 에드혹 네트워크에서 노드들의 전송 범위가 각기 다르기 때문에 상대방의 신호를 감지할 수 없는 단말 간에 문제가 발생한다.
④ 숨겨진 터미널 문제는 무선랜의 에드혹 모드에서 발생한다.

09
정답 ②

간략풀이

TDM-24는 채널당 8[bit]를 사용하고 24채널로 전송하므로 프레임 길이는
$24CH \times 8[\text{bit}] + 1$(동기화 채널) $= 193[\text{bit}]$가 되고, 데이터율은 $193[\text{bit}] \times 8k[\text{kHz}]$(표본화 주파수) $= 1,544,000[\text{bps}]$가 된다.

상세풀이

PCM신호를 TDM하여 전송할 때는 두 가지 방법을 사용한다.

- PCM/TDM-24
  - 북미에서 사용하는 방식으로 24개의 채널을 사용하여 프레임 길이는 동기화 비트 1[bit]가 추가된
    $24CH \times 8[\text{bit}] + 1$(동기화 채널) $= 193[\text{bit}]$이다.
  - 정보전송량은 한 채널의 비트 수와 표본화 주파수의 곱으로 $8[\text{bit}] \times 8[\text{kHz}] = 64[\text{Kbps}]$이다.
  - 펄스 전송속도는 $193[\text{bit}] \times 8k[\text{kHz}]$(표본화 주파수) $= 1,544,000[\text{bps}]$이다.
- PCM/TDM-32
  - 유럽에서 사용하는 방식으로 32개의 채널을 사용하여 프레임 길이는 $32CH \times 8[\text{bit}] = 256[\text{bit}]$이다.
  - 정보전송량은 한 채널의 비트 수와 표본화 주파수의 곱으로 $8[\text{bit}] \times 8[\text{kHz}] = 64[\text{Kbps}]$이다.
  - 펄스 전송속도는 $256[\text{bit}] \times 8k[\text{kHz}]$(표본화 주파수) $= 2,048,000[\text{bps}]$이다.

10
정답 ①

간략풀이

나이퀴스트율로 채집을 하면 원래의 신호에 근사한 결과를 얻을 수 있다.
신호 채집속도를 증가시켜 나이퀴스트율보다 더 많이 채집을 해도 원래의 신호에 근사한 결과를 얻을 수는 있으나 불필요하다.

The 알아보기 양자화 잡음 개선 방안

- 비선형 양자화 활용: 특정 입력 신호레벨에서 스텝 간격을 조밀하게 하여 양자화 잡음을 줄인다.
- 양자화 스텝 수를 증가: 양자화 비트 수가 1개 증가할 때마다 신호 대 양자화 잡음비는 6[dB], 즉 4배씩 좋아지는 것을 알 수 있다.

  이때 신호 대 양자화 잡음비는 $\dfrac{S}{N_q} = 6n + 1.8$($n$은 양자화 비트 수)이다.

- 압신기 활용(압축과 신장): 선형 양자화기와 압신기를 함께 이용하면 비선형 양자화기만큼의 효과를 얻을 수 있다.
  - 압축: 양자화하기 전 낮은 입력 신호는 크게 하고, 큰 입력 신호는 작게 하는 것이다.
  - 신장: 수신 측에서 압축된 수신 신호 중 커진 신호는 작게, 작아진 신호는 크게 하여 원신호를 복원하는 것이다.

11 　　　　　　　　　　　　　　　　　　　　　　　　　　　　　　　정답 ③

간략풀이

ASK변조는 진폭 편이 변조 방식으로 디지털 신호의 값인 1과 0에 따라 진폭을 달리하여 통신하는 방식이다.

가장 간단한 변조 방식으로 진폭의 변화와 잡음에 매우 민감하여 잘 사용하지 않는 변조 방식이다.

ASK에서 반송파 주파수를 고정하고 크기만 변화시키게 되면 비트 전송률과 대역폭의 변화는 없다.

상세풀이

① QAM은 ASK와 PSK를 합친 변조 방식으로 신호의 0과 1에 따라 반송파의 진폭과 위상을 동시에 변조시킨다. QAM은 높은 데이터 전송률, 높은 대역폭 효율, 낮은 오율, 복조의 용이성 때문에 주로 사용하는 변조 방식이다.

② ASK는 신호가 진폭에 실리기 때문에 잡음과 진폭에 변화에 매우 민감하다는 단점이 있고, 오류확률이 높아 저속 데이터 전송에 사용된다. DPSK는 기존의 차동PSK로 PSK와는 달리 신호를 전송할 때 인접 신호의 위상차만 전송한다. 전에 전송한 신호와 위상이 같으면 0, 다르면 1을 전송한다. 따라서 DPSK는 ASK보다 오류확률이 낮기 때문에 성능이 좋다고 할 수 있다.

④ M진 QAM은 M진 PSK와 전송량과 주파수 사용량이 같지만 오류확률에서 강점을 보인다. QAM과 PSK의 성상도를 보면 PSK의 신호 간의 간격이 좁아 오류 발생이 높고 QAM은 상대적으로 오류확률이 낮다.

12 　　　　　　　　　　　　　　　　　　　　　　　　　　　　　　　정답 ④

간략풀이

802.11 프로토콜의 변조 방식은 DS-SS, FH-SS 방식을 사용한다.

상세풀이

802.11은 초기 버전으로 최고 속도가 2[Mbps]인 무선네트워크 기술이다. 초기에는 적외선 신호나 2.4[GHz]인 ISM대역을 사용하였으며 유선랜과는 다르게 충돌회피 방식은 CSMA/CA 기술을 사용하였다. 무선랜에서는 일대다의 연결을 하기 때문에 AP(Access Point) 기반의 통신을 하는데 주로 메쉬형이 사용된다. 무선랜 기술 표준을 보면 다음과 같다.

[무선랜 기술 표준]

프로토콜	주파수 [GHz]	대역폭[MHz]	변조 방식	실내도달거리[m]	실외도달거리[m]	데이터전송 스크림[Mbit/s]
802.11	2.4	20	FH-SS DS-SS	20	100	1, 2
802.11a	5	20	OFDM	35	120	6~54
	3.7					
802.11b	2.4	20	DS-SS	35	140	5.5, 11
802.11g	2.4	20	OFDM DS-SS	38	140	6~54
802.11n	2.4/5	20	OFDM	70	250	7.2~72.2
		40				15~600

13

간략풀이

② TCP는 연결 지향 서비스이다.

상세풀이

① HTTP는 6~7계층인 응용, 프리젠테이션 계층에서 동작하며 인터넷상에서 웹서버와 클라이언트 브라우저 간의 문서를 전송하기 위해 사용되는 프로토콜이다.

② TCP는 연결 지향형 서비스로 양 종단 시스템 사이의 오류를 감지하여 신뢰성 있는 통신을 제공하는 프로토콜이다. '연결 설정 → 데이터 전송 → 연결해제'의 3단계로 동작하고, CHECKSUM 방식으로 오류제어를 하며 슬라이딩 윈도우 방식으로 흐름제어를 실시한다.

③ 네트워크 계층은 네트워크 간의 연결설정과 해제를 담당한다. 종단 간의 논리적 링크를 구성하는 데 스위칭과 라우팅이라는 2가지 방식을 사용한다.

④ 물리 계층은 전기적, 물리적, 기능적 특성을 규정하는 계층으로 노드에서 노드로 프레임을 전송한다.

14

정답 ④

간략풀이

ARQ는 검출 후 재전송 방식, FEC는 전진에러정정 방식으로 모두 오류를 제어하는 방식이다.

The 알아보기 ARQ와 FEC

- ARQ: 검출 후 재전송 방식으로 통신에 착오가 발생한 경우 수신 측은 송신 측에 에러의 발생을 알리고 송신 측에서는 에러가 발생한 블록을 재전송하는 방식이다.
  - 정지조회: 송신 측에서 한 개의 블록을 전송한 뒤 수신 측에서 ACK, NAK 신호를 수신할 때까지 기다렸다가 다음 블록을 보내는 방식이다.
  - 연속적 ARQ
    ⅰ) 반송 N 블록: 오류가 발생하면 그 블록으로 되돌아가 그 이후의 블록을 모두 재전송하는 방식이다.
    ⅱ) 선별 재전송 ARQ: 오류가 발생하면 송신 측에서 오류가 발생한 블록만 재전송하는 방식으로 원래의 순서로 재조립해야 한다.
  - 적응적 ARQ: 데이터의 오류 발생률이 높으면 블록의 길이를 작게 하고 낮으면 크게 만들어 전송하는 방식으로 복잡하다는 단점이 있다.
- FEC: ARQ와는 달리 에러정정 기능코드를 사용하여 별도의 역채널이 필요하지 않은 방식이다.
  - 블록코드: 선형 코드라고도 불리며 대표적으로 순회코드가 있다. 순회코드의 종류에는 해밍코드, CRC코드, BCH코드 등이 있다.
  - 비블록코드: 비선형 코드라고도 불리며 컨벌루션 부호화를 사용한다. 블록코드와 차이점은 메모리가 필요하다는 것이다. 비터비코드, 터보코드가 이에 해당된다.

15

정답 ②

간략풀이

멀티모드 케이블은 많은 신호를 한꺼번에 보내기 때문에 싱글모드 케이블보다 전송거리가 짧다.

상세풀이

① 광케이블은 광섬유에 입사되는 광신호를 광섬유 내부로 반사시켜 전파하는 전반사 성질을 이용한다.

③ 광케이블의 내의 굴절률은 클래드보다 코어의 굴절률이 항상 크다.

④ 광케이블은 고주파 신호를 사용하기 때문에 대역폭이 넓어 광대역 통신이 가능하고, 누화 및 손실이 없기 때문에 장거리 통신이 가능하다. 하지만 중계기에 전원이 필요하여 급전선이 필요하다는 단점이 있다.

16

간략풀이

- FM 방송: 87.5~108.0[MHz]
- 지상파 디지털 TV: 470~698[MHz]
- 무선랜: 2.4[GHz], 5[GHz]

17

간략풀이

어떤 신호 $x(t)$의 시간 천이 $x(t-t_0)$은 푸리에 변환하면 주파수 영역에서 $e^{-2\pi f t_0}$이 된다.

상세풀이

- 푸리에 변환의 성질 중 시간 천이

$$x(t-t_0) \overset{F}{\longleftrightarrow} e^{-j2\pi f t_0} X(f)$$

증명 $F[x(t-t_0)] = \int_{-\infty}^{\infty} x(t-t_0) e^{-j2\pi f t} dt$ (이때 $t-t_0 = \tau$로 치환하면 $t = \tau + t_0$이 되고, $dt = d\tau$로 바뀜)

$$= \int_{-\infty}^{\infty} x(\tau) e^{-j2\pi f(\tau+t_0)} d\tau$$

$$= \int_{-\infty}^{\infty} x(\tau) e^{-j2\pi f\tau} e^{-j2\pi f t_0} d\tau$$

$$= e^{-j2\pi f t_0} \int_{-\infty}^{\infty} x(\tau) e^{-j2\pi f\tau} d\tau$$

$$= e^{-j2\pi f t_0} X(f)$$

- 푸리에 변환의 성질 중 주파수 천이

$$e^{\pm j2\pi f_0 t} x(t) \overset{F}{\longleftrightarrow} X(f \mp f_0)$$

증명 $F[e^{\pm j2\pi f_0 t} x(t)] = \int_{-\infty}^{\infty} x(t) e^{\pm j2\pi f_0 t} e^{-j2\pi f t} dt$

$$= \int_{-\infty}^{\infty} x(t) e^{-j2\pi (f \mp f_0)t} dt$$

$$= X(f \mp f_0)$$

18

간략풀이

SNR=39[dB]를 신호 대 잡음비의 크기로 나타낸 샤논의 채널용량 공식 $C = B\log_2\left(1 + \dfrac{S}{N}\right)$에 대입한다.

상세풀이

먼저 신호 대 잡음비(SNR)가 데시벨로 표현된 것을 전력 크기의 비율로 바꿔야 한다.

• SNR를 신호전력과 잡음전력의 크기로 나타내면 $\text{SNR} = \dfrac{P_s}{P_n}$

• SNR를 데시벨로 표현하면

  $\text{SNR[dB]} = 10\log_{10}\dfrac{P_s}{P_n}$ 이므로 39[dB]에 로그를 취하여 표현하면

  $39\text{[dB]} = 39\log_{10}10 = 3.9 \times 10\log_{10}10 = 10\log_{10}10^{3.9}$ 이 된다.

  따라서 39[dB]의 $\text{SNR} = \dfrac{P_s}{P_n} = 10^{3.9}$이고, 이를 샤논의 채널용량 $C = B\log_2\left(1 + \dfrac{S}{N}\right)$에 대입한다.

  주파수 대역폭 $B = 3\text{[kHz]}$이므로 대입하면 샤논의 채널용량 $C = 3{,}000\log_2(1 + 10^{3.9})$ 이다.

19

간략풀이

4[kHz]의 대역폭을 갖는 음성신호의 표본화 주파수는 나이퀴스트 표본화율 $2f_s$에 따라 8[kHz]이고, 주기는 주파수의 역수이기 때문에

음성신호의 표본화 주파수의 주기는 $\dfrac{1}{8{,}000}$ 이다.

20

간략풀이

GPS위성 전송은 DSSS(Direct Sequence Spread Spectrum) 방식인 DS-CDMA를 사용한다. DS-CDMA 방식은 QPSK 등 주파수 대역 효율이 높은 변조 방식을 사용할 수 있어 제한된 통신 대역폭을 사용하는 위성 전송에 유리하다. 반면에 FH-CDMA는 넓은 대역으로 확산하는 방식으로 주로 통신용량 문제 때문에 상용통신에서는 DS-CDMA만큼 광범위하게 활용되고 있지 않다.

상세풀이

② 사용자는 GPS위성으로부터 신호를 수신하여 안테나의 위치와 속도 및 시각을 판단할 수 있다.

③ 3기 이상의 위성에서 오는 신호를 삼각측량 방식으로 계산하여 위치를 파악한다.

④ GPS는 MEO위성으로 고도 20,000~35,786[km]에 위치한다. L밴드를 사용하며 기준이 되는 주파수는 10.23[MHz]이고, 반송파는 기준 주파수의 154배인 1.57542[GHz](L1), 민간인을 위한 반송파는 120배인 1.2276[GHz](L2)이다.

The 알아보기 GPS 측정 원리

지구 궤도를 돌고 있는 GPS위성들은 현재 위치와 시간이 담긴 전파신호를 지상으로 쏘아 주고, 지상에 있는 수신기는 GPS신호를 받아 전파가 도달하기까지 걸린 시간을 계산하여 자신의 현재 위치를 파악하게 된다. 이때 경도와 위도, 높이를 동시에 파악하기 위해서는 최소 3개의 위성신호가 필요하며, 위성 간 시간 오차를 제거하기 위한 신호용 위성을 포함하면 4개의 위성이 사용된다.

21

간략풀이

나이퀴스트 전송률로 계산하면 $2,000,000 = 2\,W\log_2 4 \Rightarrow W = 500,000$[Hz]

상세풀이

나이퀴스트 전송률은 무잡음 채널에서 전송할 수 있는 최대의 정보전송률을 나타내고, 식으로 표현하면

$C = 2\,W\log_2 M$이다. (C=채널용량, W=대역폭, M=한 번에 보내는 비트 수)

따라서 주어진 값을 식에 대입하면 대역폭은 500,000[Hz]가 된다.

22

간략풀이

스타형은 중앙에 통신제어장치(허브, 스위치)를 두고 다른 노드를 연결하는 방식으로 고장의 발견과 수리가 간편하고, 구현하기 편하다는 장점이 있다. 하지만 통신회선이 많이 필요하고 중앙통신제어장치의 고장 시 네트워크가 마비된다는 단점이 있다.

The 알아보기   네트워크 토폴로지

- 버스 토폴로지: 버스라 불리는 공유 통신 경로를 통해 연결된 클라이언트의 집합을 가리키는 네트워크 구조이다. 한 스테이션이 신호를 전송할 때 그 신호들은 단일 전송 구간을 따라 양방향으로 이동한다. 모든 신호는 전체 네트워크에서 양방향으로 전파되고, 네트워크상의 모든 장치는 같은 신호를 받게 된다. 클라이언트에 설치된 소프트웨어는 각 클라이언트가 본인에게 지정된 메시지만 수신할 수 있도록 한다.
  - 장점: 공통 연결선으로 컴퓨터를 연결하여 가장 적은 양의 케이블을 사용하므로 비용이 적게 든다. 따라서 서로 가까운 거리의 장치들을 연결할 때 적절한 방식이다.
  - 단점: 장애 발견과 관리가 어렵다. 하나의 장애가 전체 네트워크에 영향을 줄 수 있다.
- 스타 토폴로지: 이더넷 LAN에서 가장 널리 사용되는 물리적 토폴로지이다. 중앙의 연결 지점에 허브, 스위치, 라우터 같은 장비가 배치되며, 모든 케이블링 세그먼트가 이 중앙 지점으로 모인다. 네트워크의 각 장비는 자체 케이블에 의해 중앙 장비로 연결된다. 각 장비가 자체 선에 의해 중앙 장비로 연결되기 때문에 특정 케이블에 문제가 있을 경우에 해당 장비만 영향을 받고 네트워크의 나머지 부분은 정상적으로 작동한다.
  - 장점: 장애 발견이 쉬우며 네트워크의 관리가 쉽다. 또한, 하나의 장애가 다른 네트워크 장비에 영향을 주지 않는다.
  - 단점: 허브가 고장 났을 때 전체 네트워크에 충돌이 일어난다. 많은 양의 케이블을 사용하므로 설치 비용이 비싸다.
- 링 토폴로지: 각각의 노드가 양 옆의 두 노드와 연결하여 전체적으로 고리와 같이 하나의 연속된 길을 통해 통신을 하는 망 구성 방식이다. 데이터는 노드에서 노드로 이동하게 되며 각각의 노드는 고리 모양의 길을 통해 패킷을 처리한다. 링 토폴로지는 어떤 두 노드 간에 오직 하나의 길을 제공하기 때문에 링 네트워크는 단 하나의 연결 오류만으로도 전체의 연결이 끊기게 된다.
  - 장점: 네트워크의 부하가 심한 경우에 버스 토폴로지보다 성능이 우수하고, 컴퓨터 간의 연결을 관리하기 위한 네트워크 서버가 불필요하다.
  - 단점: 하나의 동작 오류나 포트의 불량은 전체 망의 문제를 일으키며, 장치들을 옮길 때나 변경 시 네트워크에 영향을 미친다.
- 메쉬 토폴로지: 모든 메쉬 노드들이 네트워크 내의 데이터 분산에 협업하는 토폴로지이다.
  - 장점: 장애에 가장 강하고 안전하다. 목적지까지 여러 개의 경로가 존재하기 때문에 한 곳에 장애가 생겨도 다른 경로를 통해 데이터를 전송할 수 있다.
  - 단점: 여러 토폴로지 중 설치 비용이 가장 비싸고, 네트워크 관리가 힘들다.
- 트리 토폴로지: 임의의 두 노드 사이에 하나의 패스밖에 없는 네트워크이다. 상단 중앙의 노드를 중심으로 모든 노드들이 직접 연결되어 중앙의 노드에서 다른 노드들을 제어한다.
  - 장점: 제어가 간단하고, 관리가 용이하며 네트워크 확장이 쉽다. 또한 하나의 중앙전송제어장치에 더 많은 장비를 연결할 수 있으며, 각 장비 간의 데이터 전송거리를 증가시킬 수 있다.
  - 단점: 네트워크 장애 발생이 가능하며 상위에 트래픽이 집중되어 병목현상이 발생할 수 있다. 상위 전송제어장치가 다운되면 하위 네트워크에 장애가 발생할 수 있다.

23

간략풀이

IP주소는 A, B, C라고 하는 클래스로 분류하여 고정길이의 주소할당을 한다. 따라서 클래스 C의 경우에 256개의 가입자에게 주소할당이 가능하나, 만일 256에 미치지 못하는 가입자가 주소를 요구할 때에도 클래스 C 주소범위를 모두 할당할 수 밖에 없으므로 이는 주소의 낭비를 초래한다. 이를 해결하기 위해 등장한 Classless Adressing은 IPv4 체계에서 IPv6 체계로 넘어가기 위해 중간 해결책으로 등장한 주소지정 개념으로 IP주소 체계가 통상적으로 클래스 형태로 A, B, C로 구분되는 데 반해서, 클래스 구분 없이 비트(bit) 단위로 주소를 부여하는 체계를 말한다.

상세풀이

① 다중회선 속도 병합기술(MAT; Multi Amalgamation Technology): 다중 인터넷 회선을 각각 터널링 하여 터널의 대역폭을 병합하는 기술로 초고속 회선의 속도 한계를 해결할 수 있다.

② 주소 결정 프로토콜(ARP; Address Resolution Protocol): 네트워크상에서 IP주소를 물리적 네트워크 주소로 대응시키기 위해 사용하는 프로토콜이다.

④ 동적 호스트 구성 프로토콜(DHCP; Dynamic Host Configuration Protocol): 유무선 IP 환경에서 단말의 IP주소, 서브넷 마스크(Subnet Mask), 디폴트 게이트웨이(Default Gateway), IP주소, DNS서버 IP주소, 임대기간(Lease Time) 등의 다양한 네트워크 정보를 DHCP서버가 PC와 같은 이용자 단말에 자동으로 할당해 주는 프로토콜이다. IP주소를 재사용하여 효율을 높이는 역할을 하지만 IPv4의 전체 주소 사용률을 높이는 것이 아닌, 회사와 같이 한정된 IP주소를 갖는 곳에서 제한된 수량의 IP주소를 재사용하고, 임대하면서 IP 사용률을 높이는 역할을 한다.

24

간략풀이

오류율은 $0.6 \times 0.1 + 0.4 \times 0.2 = 0.14$이다.

상세풀이

전송시스템에서 각각의 확률을 따져 보면 다음과 같다.

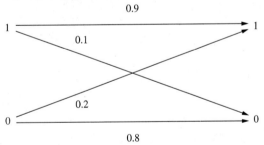

$P(1$송신$/1$수신$) = 0.9$

$P(1$송신$/0$수신$) = 0.1$

$P(0$송신$/0$수신$) = 0.8$

$P(0$송신$/1$수신$) = 0.2$

오류율은 1이 송신되었을 때 0이 수신될 확률과 0이 송신되었을 때 1이 수신될 확률의 합이다. 따라서

$P(1$송신$) \times P(1$송신$/0$수신$) = 0.6 \times 0.1 = 0.06$, $P(0$송신$) \times P(0$송신$/1$수신$) = 0.4 \times 0.2 = 0.08$이므로 확률을 더하면 0.14가 된다.

간략풀이

- ASK: 0과 1에 따라 반송파 진폭을 변조시키는 방식이다.
- FSK: 디지털 신호인 1과 0에 따라 주파수를 변화시키는 변조 방식이다.

상세풀이

- AM: 신호를 반송파의 진폭에 담는 아날로그 변조 방식이다.
- PAM: 펄스 진폭 변조로 펄스의 주기와 폭은 일정하지만 신호에 크기에 따라 진폭을 변화시키는 펄스 변조 방식이다.
- FM: 신호의 크기에 따라 반송파의 주파수를 변조시키는 아날로그 변조 방식이다.

2020 서울시 정답 및 해설

Q 문제편 168p

01

정답 ①

간략풀이

전송되는 신호에 따라서 주파수 스펙트럼의 모양이 변하지 않는 변조 방식을 선형 변조 방식이라고 한다. 따라서 진폭 변조는 선형 변조 방식이지만 주파수 변조와 위상 변조는 신호에 따라 위상과 주파수가 변하기 때문에 비선형 변조 방식이다.

상세풀이

② 주파수 변조 방식은 신호의 세기에 따라 반송파의 주파수가 변하는 변조 방식이다.

③ 위상 변조 방식은 신호의 세기에 따라 반송파의 위상이 변하는 변조 방식이다.

④ FM에서는 생성되는 측파대의 수가 무한해서 필요한 대역폭도 무한대이지만, 신호전력의 98%만 전송하면 신호의 일그러짐은 허용할 수 있는 범위이기 때문에 $B = 2(f_s + \Delta f)$의 대역폭만 사용한다(카슨의 법칙). 따라서 대역폭을 넓게 할수록 좋은 잡음 특성을 가질 수 있다.

02

정답 ①

간략풀이

먼저 $m(t)$의 신호를 DSB-SC 변조시키면 다음과 같다.

$$V_{DSB-SC}(t) = m(t) \cdot A_c \cos 2\pi f_c t$$

이때 $m(t)$와 $A_c \cos 2\pi f_c t$를 푸리에 변환하면

$$F[m(t)] = M(f)$$

$$F[A_c \cos 2\pi f_c t] = \frac{1}{2} A_c [\delta(f - f_c) + \delta(f + f_c)] \text{ 이다.}$$

따라서 $V_{DSB-SC}(t) = m(t) \cdot A_c \cos 2\pi f_c t$를 푸리에 변환하면

$$F[m(t) \cdot A_c \cos 2\pi f_c t] = M(f) * \frac{1}{2} A_c [\delta(f - f_c) + \delta(f + f_c)] \text{ 가 된다.}$$

이를 시간 영역에서의 곱은 주파수 영역에서의 컨벌루션임을 이용하여 전개하면

$$F[m(t) \cdot A_c \cos 2\pi f_c t] = \frac{A_c}{2} [M(f - f_c) + M(f + f_c)] \text{ 이다.}$$

03

정답 ③

간략풀이

두 신호를 그래프로 표현하면 다음과 같다.

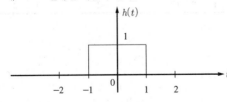 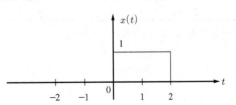

두 신호의 컨벌루션 연산을 도식적으로 표현하면 다음과 같다.

$$h(t) * x(t) = \int_{-\infty}^{\infty} h(\tau)x(t-\tau)d\tau$$

$t = -1$일 때

t	$x(\tau)$	$h(t-\tau)$	$x(\tau)h(t-\tau)$
-1			

$t = 0$일 때

t	$x(\tau)$	$h(t-\tau)$	$x(\tau)h(t-\tau)$
0			

$t = 1$일 때

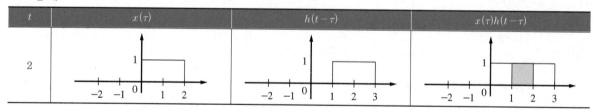

t	$x(\tau)$	$h(t-\tau)$	$x(\tau)h(t-\tau)$
1			

$t = 2$일 때

t	$x(\tau)$	$h(t-\tau)$	$x(\tau)h(t-\tau)$
2			

$t = 3$일 때

t	$x(\tau)$	$h(t-\tau)$	$x(\tau)h(t-\tau)$
3			

따라서 위 도식을 통해 $y(1) = 2$임을 알 수 있다.

$y(-1) = 0$

$y(0) = 1$

$y(1) = 2$

$y(2) = 1$

$y(3) = 0$

또한 $y(t) = h(t) * x(t)$의 결과를 그래프로 그리면 다음과 같다.

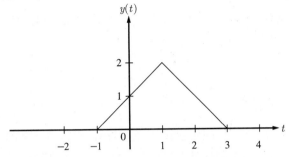

04

간략풀이

만약 두 랜덤 변수가 독립적이라면 두 랜덤 변수의 곱은 $E[XY] = E[X]E[Y]$로 나타낼 수 있다. 문제에서는 두 랜덤 변수가 독립이라 주어지지 않았으므로 ②가 가장 옳지 않다.

상세풀이

The 알아보기

기댓값의 성질

a, b가 임의의 상수이고, X, Y가 확률 변수일 때

- $E(a) = a$
- $E(bX) = bE(X)$
- $E(a+bX) = a + bE(X)$
- $E(X+Y) = E(X) + E(Y)$
- $E(aX+bY) = aE(X) + bE(Y)$

분산의 성질

- a, b가 임의의 상수이고, X, Y가 확률 변수일 때
  - $V(X) = E[(X-\mu)^2] = E[X^2] - \mu^2$
  - $V(aX+b) = a^2 V(X)$
- X, Y의 공분산이 존재할 때
  - $V[X+Y] = V(X) + V(Y) + 2Cov(X, Y)$
  - $V[X-Y] = V(X) + V(Y) - 2Cov(X, Y)$
  - $V[aX+bY] = a^2 V(X) + b^2 V(Y) + 2abCov(X, Y)$
    이때 X, Y가 독립이라면 $Cov(X, Y) = 0$이다.

---

① 두 랜덤 변수(확률 변수)의 합의 기댓값은 각각의 랜덤 변수의 기댓값을 더한 것과 같다.

③ X가 항상 양의 값을 가지면 $E[X]$는 0보다 크거나 같다.

④ $E[(X - E[X])(Y - E[Y])] = E[XY - E[Y]X - E[X]Y + E[X]E[Y]]$이고,

정리하면 $E[XY] - E[Y]E[X] - E[X]E[Y] + E[X]E[Y] = E[XY] - E[X]E[Y]$

따라서 $E[(X - E[X])(Y - E[Y])] = E[XY] - E[X]E[Y]$이다.

05

간략풀이

디지털 변조 없이 디지털 파형만을 사용하는 기저대역 전송에 대한 설명이다. 디지털 통신 시스템은 디지털 변조를 하지 않는 기저대역 전송, 디지털 변조를 하는 반송대역 전송으로 나눌 수 있다.

06

간략풀이

통신대역이 상관대역보다 작을 때 주파수적으로 정적이고 균일한 특성을 가진다. 반대로 통신대역이 상관대역보다 크면 주파수 선택적 페이딩이 발생할 수 있고, 심볼 간 간섭이 존재할 가능성이 있다. 이를 주파수 선택적 채널이라 한다.

상세풀이

① Coherence Time과 Doppler Spread는 반비례 관계이다.
- 상관시간(Coherence Time): 시간적으로 정적이고, 균일한 특성을 보이는 채널 시간 구간으로 채널 임펄스 응답이 변하지 않는 시간 구간이다.
- 도플러 확산(Doppler Spread): 이동체의 이동 등에 의해 통신 채널이 시간에 따른 변화를 겪게 되고, 이로 인해 수신 신호가 주파수 축상으로 넓게 늘어지며 확산되는 현상이다.
② Delay Spread는 가장 짧은 지연 시간과 가장 긴 지연 시간 간의 차이로 정의된다.
- 지연확산(Delay Spread): 수신 전파가 다중경로 환경에서 각각 다른 경로를 거치면서 첫 번째 수신 전파와 그 다음 반사되어 지연된 수신 전파로 인해 시간축 상에서 파형이 늘어지는 현상이다.
- 지연확산의 크기: 교외지역 약 $8[\mu s]$, 도심 약 $2{\sim}3[\mu s]$, 실내 약 $0.1{\sim}0.2[\mu s]$ 정도이다.
④ Coherence Bandwidth와 Delay Spread는 반비례 관계이다.
- 상관대역폭(Coherence Bandwidth): 주파수적으로 채널이 정적이고, 균일한 특성을 보이는 대역폭이다.
- 지연확산(Delay Spread): 시간 지연으로 인해 주파수 선택적 채널이 발생하고, 이로 인해 주파수 선택적 페이딩이 발생할 가능성이 있다.

07

간략풀이

문제에서 주어진 함수를 그려 보면 다음과 같다.

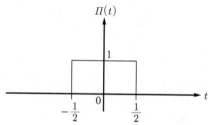

$\Pi(t)$ 함수는 진폭과 펄스폭이 1인 구형파 신호 $\Pi(t) = 1 \cdot rect\left(\dfrac{t}{1}\right)$ 인 것을 알 수 있다.

푸리에 변환쌍을 이용하여 변환하면 $1 \cdot rect\left(\dfrac{t}{1}\right) \overset{F}{\longleftrightarrow} 1 \cdot sinc(f \cdot 1)$ 이 된다.

$sinc(f)$ 는 $f = \dfrac{1}{\tau}$ 에서 가장 먼저 0에 교차하고 다음은 $f = \dfrac{2}{\tau}$ 가 된다.

따라서 $H(f) = 0$ 이 되는 최소 주파수의 값은 $\dfrac{1}{\tau} = \dfrac{1}{1} = 1$ 이 된다.

08

간략풀이

대역폭 효율은 같은 대역에서 더 많은 비트를 전송하는 변조 방식이 가장 크다.

상세풀이

① 16진 QAM은 진폭과 위상에 비트를 담아 전송하는 방식으로 1개의 심볼에 $16 = 2^N (N=4)$비트를 전송한다.

② QPSK는 1개의 심볼에 2비트를 전송하는 PSK 방식이다. 00 01 10 11 4개의 비트를 90° 간격으로 보낸다.

③ OOK는 2진 ASK의 일종으로 반송파의 신호를 on/off시키며 0과 1을 구분한다.

④ BPSK는 2진 PSK로 1개의 심볼에 1비트를 전송하며 신호 간의 위상 차이는 QPSK의 반인 180°이다.

09

간략풀이

분산의 성질에 따라 $Var(Y) = Var(aX+b) = a^2 Var(X)$이다. 따라서 $a < -1$일 때 Y의 분산은 X의 분산보다 크다.

상세풀이

① Y의 분산 $Var(Y) = a^2 Var(X)$에서 $|a| = 1$이면 $Var(Y) = 1^2 \cdot Var(X)$가 되어 서로 같다.

③ 상관계수란 공분산, 즉 두 개의 확률 변수에서 서로의 변수가 어떤 관계가 있는지 알고 싶을 때 변수들의 평균과 분산의 평균값으로 관계를 파악하는 데 서로의 단위를 맞추기 위해 상관계수를 구하게 된다. 상관계수는 다음과 같은 성질을 지닌다.

   상관계수의 성질
- 상관계수의 절댓값은 1 이하이다.
- 확률 변수 X, Y가 독립이면 상관계수는 0이다.
- X, Y가 선형적 관계이면 상관계수는 1 또는 −1이다.

   따라서 문제에서 주어진 변수 X, Y의 관계가 $Y = aX + b(a \neq 0)$이므로 상관계수는 1 또는 −1이 된다.

④ $E[Y] = E[aX+b] = aE[X] + b$에서 $a > 1$일지라도 $0 < E[X] < 1$이라면 Y의 평균이 X의 평균보다 작을 수 있다.

10

간략풀이

TRF 수신기는 필터와 증폭기만 주로 쓰이는 가장 초기의 수신기이다. TRF 수신기는 RF 신호만 이용하기 때문에 저주파에서는 선택도가 좋지만 고주파로 올라갈수록 대역필터를 구현하기 어려워 선택도가 떨어진다. 하지만 슈퍼헤테로다인 수신기에 발생하는 영상 주파수(수신 주파수의 정수배로 존재하는 고주파)에 영향을 받는 혼신이 존재하지 않는다.

상세풀이

[선택도와 주파수 간섭 문제]

특성	IF가 높을 때	IF가 낮을 때
선택도	보다 높은 Q값의 BPF로 채널을 선택해야 하므로 선택도가 나쁘다.	Q값이 낮은 BPF로 채널 선택을 할 수 있으므로 선택도가 좋다.
민감도	잡신호를 제거하기 쉬워 민감도가 좋아진다.	잡신호 제거가 어려워 민감도가 나빠진다.
영상 주파수	영상 주파수가 RF 신호와 멀리 떨어짐으로써 제거하기 쉽다.	영상 주파수가 RF 근처에 발생하므로 완벽히 제거하기 어렵다.

② 슈퍼헤테로다인 수신기는 AM뿐만 아니라 다양한 방식에서 사용이 가능하다.

③ 슈퍼헤테로다인 수신기는 고정되어 있는 중간주파수를 사용하기 때문에 중심 주파수가 고정되어 있는 통과필터를 통하여 원하는 채널의 신호를 만들어낸다.

④ 선택도와 주파수 간섭 문제는 서로 반대의 특성을 갖고 있어 선택도와 주파수 간섭 문제를 동시에 해결하기 위해 Double Conversion 방식을 사용한다.

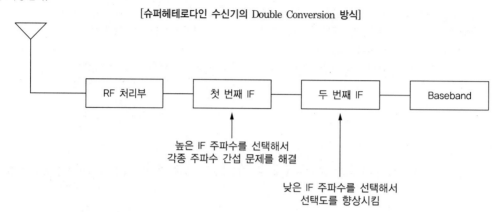

[슈퍼헤테로다인 수신기의 Double Conversion 방식]

Double Conversion 방식은 앞선 그림과 같이 첫 번째 IF에서 주파수를 높게 처리하여 주파수 간섭 문제를 해결하고, 두 번째 IF에서는 주파수를 낮게 변환하여 채널을 선택함으로 선택도 문제를 해결하는 방식이다. 따라서 주파수 변환 과정에서 원하지 않는 채널의 스펙트럼이 IF 대역을 간섭하는 현상을 방지할 수 있다.

11
정답 ①

간략풀이

시스템에 유한한 크기의 입력을 가했을 때 출력이 무한한 크기로 발산하지 않으면 그 시스템은 '안정하다'고 한다.

상세풀이

② 시스템이 시간에 따라 변하는 경우 시변 시스템이라고 하며, 그렇지 않은 경우는 시불변 시스템이라고 한다. 즉, 시스템이 동작하는 시점에 상관없이 입출력 관계가 변하지 않는 시스템이 시불변 시스템이다. 시불변 시스템을 식으로 나타내면 다음과 같다.

$x(t)$의 입력에 대한 출력을 $y(t) = T(x(t))$라고 할 때, 일정한 시간 t_0만큼 지연시켜 출력하면

$y(t-t_0) = T(x(t-t_0))$이 성립한다.

③ 시스템의 출력이 현재와 과거의 입력, 과거의 출력에 의해서 결정되는 시스템을 인과 시스템이라고 한다. 현재 출력이 현재, 과거의 입력뿐만 아니라 미래의 입력에도 영향을 받는 시스템이다. 비인과 시스템은 미래에 들어올 입력을 알고 현재의 출력을 발생시키는 시스템이기 때문에 구현이 불가능하다.

④ 선형 시스템은 중첩의 정리를 만족하는 시스템이다. 중첩의 정리란 시스템의 입출력 관계에서 여러 신호가 합쳐질 때, 전체 결과가 개별로 입력된 신호들의 출력의 합과 같은 것을 말한다.

12
정답 ④

간략풀이

전력 스펙트럼 밀도의 단위는 [Watt/Hz]로 1[Hz] 내에 들어 있는 전력을 의미한다. 따라서 전력 스펙트럼 밀도 $S_{xx}(f)$는 음수의 값이 존재하지 않으며 항상 0보다 크거나 같다.

① 위너–힌친 정리로 자기상관함수를 푸리에 변환하면 스펙트럼 밀도를 구할 수 있다.

$x(t)$의 전력 스펙트럼 밀도를 $S_{xx}(f)$, 자기상관함수를 $R_{xx}(\tau)$라 할 때, 식은 다음과 같다.

$$S_{xx}(f) = \int_{-\infty}^{\infty} R_{xx}(\tau)^{-j2\pi f\tau} d\tau$$

② 신호 $x(t)$는 실재하는 신호이기 때문에 실수값을 갖는다. 전력 스펙트럼 밀도의 성질을 통해 $x(t)$ 또는 $X(t)$가 실수 함수이면 전력 스펙트럼 밀도도 실수 함수임을 알 수 있다.

③ 전력 스펙트럼 밀도의 성질에서 우함수임을 알 수 있다.

The 알아보기

1차 정상 과정과 2차 및 광의의 정상 과정

- 1차 정상 과정: 1차 밀도 함수가 시간을 이동해도 변하지 않을 때를 말한다. 이는 $f_x(x_1;t_1) = f_x(x_1;t_1 + \Delta)$의 모든 t_1, Δ가 시간과 무관함을 의미하며, $E[X(t)] = X$로 모든 Process의 평균이 일정하다는 의미이다.

- 2차 및 광의의 정상 과정: 모든 t_1, t_2, Δ에 대해 다음 식을 만족하는 경우이다. 이는 $f_x(x_1, x_2;t_1, t_2) = f_x(x_1, x_2;t_1 + \Delta, t_2 + \Delta)$의 t_1, t_2, Δ가 시간과 무관함을 의미하며, 자기상관함수 $R_{xx}(t_1, t_2) = E[X(t_1, t_2)] = R_{xx}(|t_1 - t_2|)$의 식을 만족하는 경우를 말한다. 이 식을 통해 2차 정상 과정은 1차 정상 과정을 포함하는 것을 알 수 있다. 광의의 정상 과정은 1차 정상 과정과 2차 정상 과정을 만족하는 랜덤 과정을 말한다.

전력 스펙트럼 밀도의 수학적 성질

- 양의 함수: $S_{xx}(f) = 0$ 또는 $S_{xx}(f) \geq 0$이다.
- 우함수: $S_{xx}(-f) = S_{xx}(f)$ 또는 $S_{xx}(f) = S_{xx}(-f)$이다.
- $x(t)$ 또는 $X(t)$가 실수 함수이면 전력 스펙트럼 밀도도 실수 함수이다.
- 주파수 전체의 전력 스펙트럼 밀도를 적분하면 평균전력이 된다.

$$\int_{-\infty}^{\infty} S_{xx}(f)df = P_{avg}$$

13

정답 ④

간략풀이

안테나 다중화로 얻을 수 있는 최대 다이버시티 이득은 송신 안테나 수와 수신 안테나 수의 곱이다.

14

정답 ②

간략풀이

복소평면에서 반지름이 A인 원 위에 등간격으로 심볼을 놓은 M진 PSK의 페이저도를 통해 두 심볼 간 최소 거리를 알 수 있다.

(a) M진 PSK의 페이저도

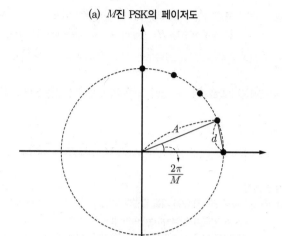

그림 (a)에서 심볼 간 최소 거리 d를 구하기 위해 삼각형을 추출하여 두 변의 길이가 각각 A인 이등변삼각형으로 만든다.

(b) 심볼 거리 d를 밑변으로 하는 이등변삼각형

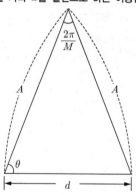

삼각형 내각의 크기의 합은 $180°$이고, 이등변삼각형은 밑각이 같음을 이용해 그림 (b)의 θ를 구한다.

$180° = \dfrac{2\pi}{M} + 2\theta$, 즉 $\pi = \dfrac{2\pi}{M} + 2\theta$를 θ에 대하여 정리하면

$\theta = \dfrac{\pi - \dfrac{2\pi}{M}}{2} = \dfrac{\pi}{2} - \dfrac{\pi}{M}$가 된다.

심볼 거리 d를 구하기 위해 그림 (b)에서 심볼 거리 d의 $\dfrac{1}{2}$배인 x를 밑변으로 하는 직각삼각형을 만든다.

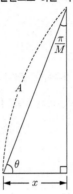

(c) x를 밑변으로 하는 직각삼각형

그림 (c)에서 심볼 거리 $d = 2x$이며, 위에서 구한 θ를 통해 $\cos\theta = \dfrac{x}{A}$ 식을 세워 x를 구한다.

$\cos\theta = \cos\left(\dfrac{\pi}{2} - \dfrac{\pi}{M}\right) = \dfrac{x}{A}$ 가 되고, x에 관하여 정리하면

$x = A\cos\left(\dfrac{\pi}{2} - \dfrac{\pi}{M}\right)$ 가 된다.

위에서 구한 x에 삼각함수 공식 $\cos(x-y) = \cos x \cos y + \sin x \sin y$를 적용하면

$x = A\cos\left(\dfrac{\pi}{2} - \dfrac{\pi}{M}\right) = A\left(\cos\dfrac{\pi}{2}\cos\dfrac{\pi}{M} + \sin\dfrac{\pi}{2}\sin\dfrac{\pi}{M}\right)$

이때 $\sin\dfrac{\pi}{2} = 1$, $\cos\dfrac{\pi}{2} = 0$을 대입하면

$x = A\left(0 + \sin\dfrac{\pi}{M}\right) = A\left(\sin\dfrac{\pi}{M}\right)$이고, 이를 보기에 맞게 식을 변형한다.

위 x에 삼각함수 공식 $\cos^2 x + \sin^2 x = 1$을 적용하면

$x = A\left(\sin\dfrac{\pi}{M}\right) = A\left(\sqrt{1 - \cos^2\dfrac{\pi}{M}}\right)$ 가 된다.

한편, $\cos^2\dfrac{\pi}{M}$는 삼각함수의 반각 공식에 의해 $\dfrac{1 + \cos\dfrac{2\pi}{M}}{2}$ 가 되고 이를 대입하면

$x = A\left(\sin\dfrac{\pi}{M}\right) = A\sqrt{1 - \cos^2\dfrac{\pi}{M}} = A\sqrt{1 - \dfrac{1 + \cos\dfrac{2\pi}{M}}{2}}$ 이 된다. 이를 정리하면

$x = A\sqrt{1 - \dfrac{1 + \cos\dfrac{2\pi}{M}}{2}} = A\sqrt{\dfrac{2 - 1 - \cos\dfrac{2\pi}{M}}{2}} = A\sqrt{\dfrac{1 - \cos\dfrac{2\pi}{M}}{2}} = A\dfrac{\sqrt{1 - \cos\dfrac{2\pi}{M}}}{\sqrt{2}}$ 이 된다.

위에서 심볼 거리 $d = 2x$이므로

$d = 2x = 2 \times A\dfrac{\sqrt{1 - \cos\dfrac{2\pi}{M}}}{\sqrt{2}} = \sqrt{2}\,A\sqrt{1 - \cos\dfrac{2\pi}{M}}$

간략풀이

ㄱ. $P(A) = \dfrac{7}{8}$ 는 참이다.

$P(A)$는 3개의 동전 중 최소한 1개가 앞면이 나오는 경우이다. $P(A)$의 모든 사건은 총 8개이고 이 중 사건 A가 일어날 확률은 모든 면이 뒷면이 나오는 사건을 제외한 모든 사건이다. 따라서 $P(A) = 1 - \dfrac{1}{8} = \dfrac{7}{8}$ 이다.

ㄹ. $P(A|B) = \dfrac{1}{2}$ 은 참이다.

$P(A|B) = \dfrac{P(A \cap B)}{P(B)}$ 이고 $P(A \cap B)$는 모두 앞면이 나올 확률인 $\dfrac{1}{8}$ 이므로

$P(A|B) = \dfrac{P(A \cap B)}{P(B)} = \dfrac{\dfrac{1}{8}}{\dfrac{1}{4}} = \dfrac{4}{8} = \dfrac{1}{2}$ 이다.

상세풀이

ㄴ. $P(B) = \dfrac{1}{8}$ 는 거짓이다.

$P(B)$는 동전을 3번을 던져서 모두 같은 면이 나올 확률로, 모두 앞면과 뒷면이 나올 경우는 2가지이므로 $P(B) = \dfrac{2}{8} = \dfrac{1}{4}$ 이다.

ㄷ. $P(A)$와 $P(B)$는 독립이 아니므로 거짓이다.

독립은 서로의 사건에 영향이 없는 것으로 $P(A|B) = P(A)$를 만족해야 한다.

$P(A|B) = \dfrac{P(A \cap B)}{P(B)}$ 이고 $P(A \cap B)$는 모두 앞면이 나올 확률인 $\dfrac{1}{8}$ 이므로 대입하면

$P(A|B) = P(A) = \dfrac{\dfrac{1}{8}}{\dfrac{1}{4}} = \dfrac{7}{8} \Rightarrow \dfrac{4}{8} \neq \dfrac{7}{8}$ 이다.

간략풀이

최소 해밍거리는 서로 다른 부호어들 간의 해밍거리 중에서 가장 작은 거리를 말한다.

상세풀이

해밍거리란 같은 비트 수를 가진 부호 사이에서 서로 대응되는 비트의 값이 다른 개수를 해밍거리라고 한다. 문제에서 주어진 모든 부호의 해밍거리를 보면 다음과 같다.

$d(00000, 10100) = 2$, $d(00000, 01111) = 4$, $d(00000, 11011) = 4$,
$d(10100, 01111) = 4$, $d(10100, 11011) = 4$, $d(01111, 11011) = 2$
따라서 최소 해밍거리는 2이다.

17
정답 ④

간략풀이

CDMA는 사용자가 주파수와 시간을 공유하면서 코드의 구분으로 다중화하는 방식이다.

상세풀이

① CDMA는 사용자마다 의사잡음(PN) 부호를 사용하여 하나의 셀에 다중의 사용자가 접속할 수 있도록 하는 기술이다. 이때 사용되는 PN 부호는 백색잡음으로 볼 수 있는 스펙트럼을 갖기 때문에 의사잡음 부호라고 불린다. 즉, 각각의 사용자의 신호를 PN 부호화하여 확산하면 가우시안 잡음과 유사한 성질을 갖게 된다.

② 소프트 핸드오프는 이동하면서 통화할 때 기지국과 기지국 사이의 이동 시에 통화의 끊김 현상이 없는 핸드오프 방식이다. 핸드오프 방식은 복수의 기지국이 같은 주파수 대역을 쓸 때만 가능하다. 따라서 CDMA는 주파수와 시간을 공유하면서 통신하기 때문에 소프트 핸드오프가 가능하다.

③ CDMA는 주파수와 시간을 공유하면서 통신하고, 코드의 구분으로 다중화한다.

18
정답 ③

간략풀이

SHF는 센티미터파로 파장이 1~10cm로 매우 짧고 주파수가 3~30[GHz]로 매우 높은 전파대역으로 위성통신, 레이더 등에 사용된다.

상세풀이

① VLF는 초장파로 주파수 대역이 3~30[KHz]이다. 대역이 낮고 파장이 길기 때문에 주로 수중음향통신에 사용된다.

② HF는 단파로 3~30[MHz]의 전파 대역을 가지고 주로 전리층에 반사되어 원거리 통신이 가능하여 주로 국제방송 등에 사용된다.

④ EHF는 밀리미터파로 30~300[GHz]의 높은 주파수 대역이다. 주파수가 높아 광대역 통신이 가능하고 지향성이 좋아 가시거리 내 통신을 하며, 강우나 눈, 구름에 감쇠가 크다는 특성이 있다.

19
정답 ①

간략풀이

IPv4만을 지원하는 라우터와 IPv6를 지원하는 라우터는 공존할 수 있으며 IPv6이 등장함에 따라 터널링, 듀얼 스택, 주소 및 헤더를 변환하는 기술로 대응한다.

상세풀이

① IPv4의 부족한 IP를 충당하기 위해 IPv6가 등장했다고 해서 모든 시스템을 단번에 IPv6로 전환할 수 없으므로 IPv4에서 IPv6로 전환하는 기술이 등장했다.

• 터널링

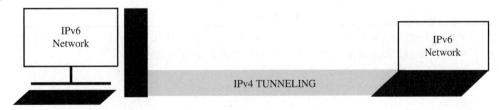

위 그림과 같이 기존의 IPv6에서 다른 IPv6로 지나가는 가상의 통로를 만들고 통로를 지나가기 위해 패킷을 IPv4로 캡슐화하여 전송한다. 이때 통로를 통과한 패킷은 디캡슐화 되어 IPv6 패킷으로 정상 통신을 하는 방식이다.

• 듀얼 스택

| APPLICATION(L7) |
| PRESENTATION(L6) |
| SESSION(L5) |
| TRANSPORT(L4) |
| NETWORK(L3)
IPv4/IPv6 |
| DATA LINK |
| PHYSICAL |

모든 호스트에서 IPv4, IPv6를 모두 대응할 수 있도록 2가지를 지원하는 방식으로, 가장 안정적인 방법이다.

• 주소 및 헤더 변환 방식

IPv4 주소를 IPv6로 변환하거나 반대로 IPv6의 주소를 IPv4의 주소로 변환하여 통신하는 방식이다. IPv6로의 주소 변환 초기에는 IPv6의 사용자들은 IPv4의 접속을 위해 헤더를 IPv4로 변환하여 통신하며 IPv6로의 주소 변환이 완료될 시기에는 IPv4의 사용자들이 IPv6로 헤더를 변환하여 통신이 가능하다.

② IPv6는 128비트(16바이트), IPv4는 32비트(4바이트) 주소 체계를 사용하여 IPv4보다 4배나 많은 정보를 수용할 수 있고, IPv4의 주소 공간은 약 43억 개인데 반해 IPv6의 주소 공간은 거의 무한대에 가까워 IPv6의 주소 공간이 더 넓다.

(표1) IPv4와 IPv6의 차이점

구분	IPv4	IPv6
주소 길이	32비트	128비트
표시 방법	8비트씩 4부분으로 10진수로 표시 예 202.32.64.21	16비트씩 8부분으로 16진수로 표시 예 2001:0230:avcd:ffff:0000:0000:ffff:1111
주소 개수	약 43억 개	거의 무한대
주소 할당	A, B, C, D 등 클래스 단위	네트워크 규모 및 단말기 단위

③ IPv4의 헤더는 20바이트이고, IPv6의 헤더는 40바이트로 IPv6의 헤더의 크기가 더 크지만 IPv6의 헤더는 (표2)에서 알 수 있듯이 IPv4의 헤더의 불필요한 필드를 제거하여 헤더 포맷이 단순해졌다.

(표2) IPv4와 IPv6의 헤더 비교

Version	IHL	Type of Service	Total Length
Identification	Flags	Fragment Offset	
Time to Live	Protocol	Header Checksum	
Source Address			
Destination Address			
Options		Padding	

Version	Traffic Class		Flow Lable
Payload Length	Next Header	Hop Limit	
Source Address			
Destination Address			

④ (표2)에서 보듯 IPv4의 헤더에는 없었던 Traffic Class와 Flow Label 2개의 필드를 IPv6의 헤더에 추가하여 서비스에 따라 네트워크 대역폭이나 처리율을 조절함으로써 효율적으로 네트워크 자원을 사용할 수 있게 되었다.

간략풀이

정보량의 평균을 엔트로피라고 하며, $\sum_{i=1}^{M} P_i \log \dfrac{1}{P_i}$ 로 구할 수 있다.

상세풀이

엔트로피를 계산하면 다음과 같다.

$$H = 0.19\log\frac{1}{0.19} + 0.55\log\frac{1}{0.55} + 0.26\log\frac{1}{0.26}$$

$$= 0.19(-\log 0.19) + 0.55(-\log 0.55) + 0.26(-\log 0.26)$$

$$= 0.19 \times 2.39 + 0.55 \times 0.86 + 0.26 \times 1.94$$

$$= 0.4541 + 0.473 + 0.5044$$

$$= 1.4315 \fallingdotseq 1.432 [\text{bits/source output}]$$

2020 군무원 정답 및 해설

문제편 172p

01 정답 ③

간략풀이

비트율＝표본화 주파수(f_s)×양자화 비트 수이다.

표본화 주파수(f_s)는 $f_s \geq 2f_m$(샤논의 표본화 정리)의 값을 가지기 때문에 $f_s \geq 2 \times 20,000$[Hz]이다.

따라서 비트율은 40[kHz]×8이므로 320[Kbps]이다.

02 정답 ①

간략풀이

스타형 구조에 대한 설명이다. 중앙에 있는 정보 단말 장치에 모두 연결된 구조로 항상 중앙 정보 단말 장치를 통해서만 연결이 가능하다.

• 장점: 노드 추가가 쉽고 에러 탐지가 용이하며(관리제어 용이), 노드에 장애가 발생해도 네트워크는 사용 가능하다.
• 단점: 중앙제어장치에 오류가 발생하면 전체 네트워크를 사용할 수 없다. 설치비용이 고가이고, 노드가 증가하면 네트워크 복잡도가 올라간다.

상세풀이

② 버스형 구조: 중앙의 통신회선 하나에 여러 개의 단말 장치가 연결된 다중점 연결 형태 구조로 LAN에서 주로 사용한다.
  • 장점: 설치비용이 적고 신뢰성이 우수하며 노드 추가가 쉽다.
  • 단점: 전송되는 데이터가 많으면 병목현상이 발생한다. 연결점이 하나이기 때문에 연결된 통신장치 중 하나에 장애 발생 시에 전체 네트워크에 영향을 받는다.
③ 링형 구조: 데이터 흐름이 한 방향으로 흘러가며, 네트워크상 장치들은 리피터 역할을 한다. 토큰링에서 사용하는 방식이다.
  • 장점: 노드 수가 증가되어도 데이터 손실이 없고, 충돌이 발생하지 않는다.
  • 단점: 네트워크 구성의 변경이 어렵고, 링 내 한 개의 노드 손상 시 전체 네트워크가 손상된다.
④ 메쉬형 구조: 모든 노드들이 연결된 형태로 오류에 강하며 한 통신회선에 에러가 발생해도 통신이 가능하다.
  • 장점: 완벽하게 이중화가 되어 있기 때문에 장애 발생 시에도 네트워크 사용이 가능하며, 많은 양의 데이터를 송·수신할 수 있다.
  • 단점: 네트워크 구축비용이 고가이고 운영비용 또한 고가이다.

03 정답 ③

상세풀이

입력이 [1 0 1 1 0]이고, 이때 출력에 영향을 주는 구속장 $k=3$이므로 메시지 다항식 $m(x)$는 $2^3-1=7$의 메시지 길이를 갖는다.

• 메시지 다항식: $m(x)=1+0x+x^2+x^3+0x^4+0x^5+0x^6=1+x^2+x^3$
• 생성 다항식: $G_1(x)=1$
$$G_2(x)=1+x^2$$
$$G_3(x)=1+x+x^2$$

이를 통해 출력을 구한다.

- 출력: $V_1(x) = m(x) \cdot G_1(x)$

　　　$V_2(x) = m(x) \cdot G_2(x)$

　　　$V_3(x) = m(x) \cdot G_3(x)$

㉠　$V_1(x) = (1+x^2+x^3) \cdot 1 = 1+x^2+x^3$

㉡　$V_2(x) = (1+x^2+x^3) \cdot (1+x^2) = 1+x^2+x^3+x^2+x^4+x^5$

　　$V_2(x) = (1+x^2+x^3) \cdot (1+x^2) = 1+(x^2+x^2)+x^3+x^4+x^5$

　　$V_2(x) = (1+x^2+x^3) \cdot (1+x^2) = 1+0x+0x^2+x^3+x^4+x^5$

㉢　$V_3(x) = (1+x^2+x^3) \cdot (1+x+x^2) = 1+x^2+x^3+x+x^3+x^4+x^2+x^4+x^5$

　　$V_3(x) = (1+x^2+x^3) \cdot (1+x+x^2) = 1+x+(x^2+x^2)+(x^3+x^3)+(x^4+x^4)+x^5$

　　$V_3(x) = (1+x^2+x^3) \cdot (1+x+x^2) = 1+x+0x^2+0x^3+0x^4+x^5$

㉠~㉢을 종합하여 출력 $V(x)$를 만든다.

$V_1(x) = 1+0+\ x^2+x^3+0\ \ +0\ \ +0$

$V_2(x) = 1+0+0\ \ +x^3+x^4+x^5+0$

$V_3(x) = 1+x+0\ \ +0\ \ +0\ +x^5+0$

　　　　↓　↓　↓　↓　↓　↓　↓

$V(x) = 111\ \ 001\ 100\ \ 110\ \ 010\ \ 011\ \ 000$

※ 이때 출력 $V(x)$는 최초 7개의 메시지 길이가 3배 커져 21개의 메시지 길이의 출력이 나옴을 알 수 있다.

04
정답 ①

간략풀이

프로토콜의 요소에는 3가지가 있다.
- 구문(Systax): 데이터의 사양, 부호화 방법, 전기적 신호의 전압레벨 등에 대해 정의한다.
- 의미(Semantics): 오류제어, 동기제어, 흐름제어 등의 각종 제어절차에 관한 제어정보에 대해 정의한다.
- 타이밍(Timing): 송·수신 간 혹은 양단의 통신시스템과 망 사이의 통신속도 및 순서 등에 대해 정의한다.

05
정답 ④

간략풀이

④ 흐름제어는 송신 측과 수신 측의 데이터 처리 속도 차이를 해결하기 위한 TCP 프로토콜의 기법이다.

상세풀이

① 시퀀싱: 프로토콜의 기본요소 중 하나로 데이터 단위(패킷이나 세그먼트)의 통신을 할 때 전송순서를 명시한다. 만약 전송 시 오류가 발생할 경우 해당 데이터가 무엇인지 구분할 수 있으며 전체적인 흐름제어를 할 때에도 사용한다.

② 연결제어: 데이터를 전송할 때에는 연결/비연결 두 가지 방식을 사용한다.
- 연결형 방식: TCP가 사용되며, 연결 후 지속적인 통신이 일어나고 수신 측과 응답을 주고받기 때문에 순서가 보장된다.
- 비연결 방식: UDP가 사용되며, 수신 측의 응답을 받지 않고 송신 측에서 일방적으로 데이터를 전송한다.

06 정답 ①

간략풀이

최소 전파지연시간은 $T_d = \dfrac{2h}{c} = \dfrac{2 \times 35,786 \times 10^3}{3 \times 10^8} \fallingdotseq 0.238[\text{s}] = 238[\text{ms}]$

최대 전파지연시간은 $T_d = \dfrac{2}{c}(h+R)\cos 17.4° = \dfrac{2 \times (35,786 + 6,378) \times 10^3}{3 \times 10^8} \times \cos 17.4° \fallingdotseq 0.268[\text{s}] = 268[\text{ms}]$이다.

상세풀이

전송지연시간을 구하는 공식은 $T_d = \dfrac{l}{c} = \dfrac{2}{c}(h+R) \times \dfrac{\sin\beta}{\cos\theta}$ 이다.

위 공식에 따라 정지궤도 위성에서 최소 전파지연시간은 지구 표면에서 위성까지의 각이 직각

이 될 때 위성과의 거리가 최소가 되므로 $T_d = \dfrac{2h}{c}$ 가 성립한다.

최대 전파지연시간은 지구 표면에서 위성까지의 각도가 최대가 될 때 위성과의 거리가 최대가

되므로 지구 표면에서 $\dfrac{\sin\beta}{\cos\theta} = \cos 17.4°$ 값을 가질 때 최대거리가 된다.

따라서 $\dfrac{2}{c}(h+R)\cos 17.4°$ 의 공식이 성립한다.

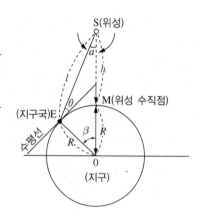

07

간략풀이

② 비동기식 TDM 기법은 시간 슬롯을 데이터 전송을 하고자 하는 부채널에만 데이터 통신의 기회를 허용한다. 이러한 동적 할당 기법을 사용하여 대역폭의 낭비를 최소화한다.

상세풀이

비동기식 시분할 다중화(Asynchronous TDM)는 통계적(Statistical) 시분할 다중화 방식 또는 지능형(Intelligent) 다중화 방식이라고도 한다. 동기식 시분할 다중화의 단점을 보완한 기술로써, 동적으로 대역폭을 각각의 부채널에 할당한다.

> **The 알아보기   비동기식 TDM의 특징**
>
> • 사용자의 요구에 따라 타임 슬롯을 동적으로 할당하여 데이터를 전송하는 다중화 방식이다.
> • 각 채널 할당 시간이 공백인 경우(Idle Time) 다음 차례에 의한 연속 전송이 가능하여 전송 전달 시간을 빠르게 하는 방식이다.
> • 실제로 전송할 데이터가 있는 단말장치에만 타임 슬롯을 할당함으로써 전송 효율을 높일 수 있다.
> • 다중화 회선의 데이터 전송률을 회선에 접속된 스테이션들의 전송률의 합보다 작게 할 수 있다.
> • 같은 속도일 경우 동기 시분할 방식에 비해 많은 스테이션(터미널)을 수용할 수 있다.
> • 흐름제어, 오류제어 등의 기능이 있다.
> • 데이터를 잠시 저장할 버퍼와 주소 제어 회로 등이 별도로 필요하다.
> • 제어 회로가 복잡하다.
> • 지능 다중화기, 통계적 시분할 다중화기라고도 불린다.

① 비동기식 TDM은 사용하지 않고 남는 시간에 전송할 데이터를 동적으로 할당하는데, 그것을 임시로 저장할 버퍼와 주소 제어 회로 등이 필요하다.
③ 해당 계층의 프로토콜의 흐름제어, 오류제어 기법에 따라 송·수신 측 간의 데이터를 효율적으로 전송하고, 혼잡이 발생할 경우 대처한다. 따라서 프로토콜의 흐름제어 기법에 의존적이다.
④ 동일한 시간에 많은 양의 데이터를 전송할 수 있으므로 데이터 트래픽 발생 비율이 크고, 이로 인해 전송지연 및 성능저하를 야기한다.

08

간략풀이

차동 맨체스터(Differential Manchester)는 맨체스터방식과 같이 비트 중간에 전압이 바뀌는 방식이다.

• 비트가 0인 경우: 이전 패턴 유지
• 비트가 1인 경우: 패턴이 반대로 바뀜

상세풀이

① RZ(Return to Zero)방식: 매 비트를 전송할 때 0[V]로 계속 돌아가는 방식

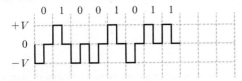

• 0[V]가 동기화 신호로 작용한다.
• 각 비트시간을 반으로 나누어 처음 절반은 전송할 비트값을 나타내는 전압값이 되고, 다음 절반은 0[V]로 돌아가기 때문에 동기화에 유리하다.

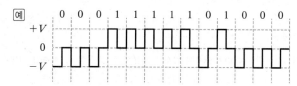

② Bipolar AMI방식: 입력신호의 0은 0레벨로, 1은 $+V$, $-V$가 교대로 나타나는 방식

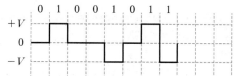

- 파형의 평균값이 0이며 직류성분이 포함되지 않는다.
- 부호에러의 검출이 가능하다.
- 0부호의 연속을 억압하는 기능이 없어 동기화에 어려움이 있다.

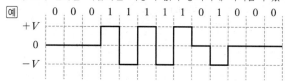

③ 맨체스터(Manchester)방식: IEEE 802.3 이더넷(Ethernet)에서 사용되는 방식

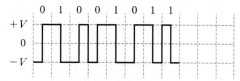

- 비트 중간에 전압이 바뀐다.
- 비트가 0인 경우 전압이 $-V$에서 $+V$로 변한다($+V$에서 $-V$로의 변화도 성립).
- 비트가 1인 경우 전압이 $+V$에서 $-V$로 변한다($-V$에서 $+V$로의 변화도 성립).

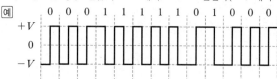

④ 차동 맨체스터(Differential Manchester)방식: IEEE 802.5 토큰 패싱 링(Token Passing Ring)에서 사용되는 방식

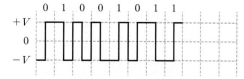

- 비트가 0인 경우 이전 패턴이 유지된다.
- 비트가 1인 경우는 패턴이 반대로 바뀐다.
- 다음 비트가 0이면 비트 간 경계에 전압 변화가 있지만, 다음 비트가 1이면 비트 간 경계에 전압 변화가 일어나지 않는다. 따라서 하나의 비트만으로는 비트값이 0인지 1인지 알 수 없고, 연속적인 신호가 있어야 비트값을 알 수 있다.

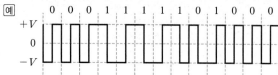

간략풀이

③ 단말기가 아닌 기지국에 의한 Closed Loop Power Control이 가능하다.

상세풀이

IS-95A, B의 문제점을 보완하고 보다 발전된 방식인 IS-2000에 대한 내용이다.

IS-2000은 기존의 IS-95A, B와 호환이 가능하면서도 역방향 CDMA 채널에 Enhanced Access Channel, Common Control Channel, Traffic Channel 등을 추가하여 전송속도를 증대시키고, 정보비트 당 손실전력을 감소시키는 등 성능 개선을 이루었다.

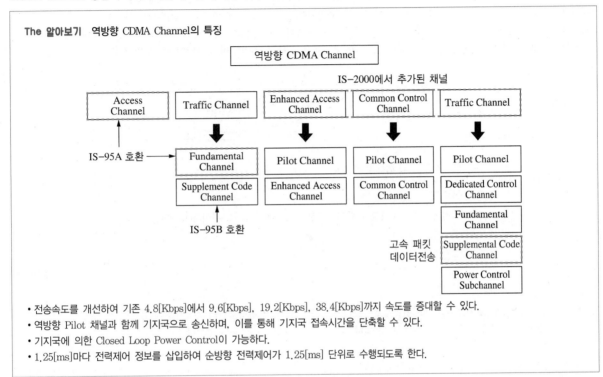

The 알아보기 **역방향 CDMA Channel의 특징**

- 전송속도를 개선하여 기존 4.8[Kbps]에서 9.6[Kbps], 19.2[Kbps], 38.4[Kbps]까지 속도를 증대할 수 있다.
- 역방향 Pilot 채널과 함께 기지국으로 송신하며, 이를 통해 기지국 접속시간을 단축할 수 있다.
- 기지국에 의한 Closed Loop Power Control이 가능하다.
- 1.25[ms]마다 전력제어 정보를 삽입하여 순방향 전력제어가 1.25[ms] 단위로 수행되도록 한다.

간략풀이

수신된 메시지이므로 비트자리를 반대로 표기하고, 별도의 조건이 주어지지 않았을 때는 짝수 패리티로 계산한다.

비트자리	12	11	10	9	8	7	6	5	4	3	2	1
수신코드	1	0	1	0	0	0	0	1	1	0	0	0

C_0은 1, 3, 5, 7, 9, 11비트를 점검한다. 총 1개의 1이 있으므로 ERROR → 1

C_1은 2, 3, 6, 7, 10, 11비트를 점검한다. 총 1개의 1이 있으므로 ERROR → 1

C_2는 4, 5, 6, 7, 12비트를 점검한다. 총 3개의 1이 있으므로 ERROR → 1

C_3은 8, 9, 10, 11, 12비트를 점검한다. 총 2개의 1이 있으므로 NO ERROR → 0

$C_3 C_2 C_1 C_0 = 0111_2 = 2^3 \times 0 + 2^2 \times 1 + 2^1 \times 1 + 2^0 \times 1 = 7$, 즉 7번 비트가 오류비트이므로 수정한다.

따라서 ③ 101001011000이다.

11

간략풀이

PCM과정의 순서는 '표본화 → 양자화 → 부호화' 순이다.

상세풀이

PCM 변환과정은 표본화 → 양자화 → 부호화로 진행된다.

• 표본화는 하나의 신호를 일정한 간격으로 잘라서 샘플링시키는 과정이다. 샘플링을 할 때 표본화 주파수가 충분하지 않으면 엘리어싱이 발생하는데, 표본화 주파수는 샤논의 표본화 정리를 따라 $f_s \geq 2f_m$의 조건을 충족하면 엘리어싱이 발생하지 않는다.

• 양자화는 표본화시킨 진폭을 이산적인 신호로 변환시키는 과정이다. 즉, 신호를 계단화시켜 디지털화시키는 것이다. 양자화를 할 때 양자화 잡음이 발생하는데, 여기에는 과부화잡음과 그래뮬러잡음이 있다. 각각 신호에 비해 계단이 작거나 클 때 발생하는데, 과부화잡음은 신호가 계단에 비해 클 때 발생하는 잡음이고, 그래뮬러잡음은 신호의 크기에 비해 계단이 클 때 발생한다.

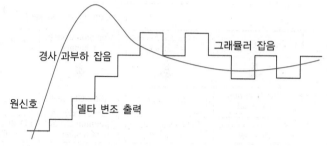

• 부호화는 표본화된 PAM펄스의 진폭크기를 0, 1로 표시되는 2진부호로 변환하는 조작이다(A/D변환).

12

간략풀이

② 전송계층은 OSI-7 계층에서 4계층이다. 전송계층은 보내고자 하는 데이터의 용량, 속도, 목적지를 처리한다. 송·수신 간의 양종점(종단) 간에 균일한 데이터 전송을 하고 확인할 수 있다. 대표적으로 TCP, UDP 등이 속한다.

상세풀이

① 데이터링크 계층은 2계층에 속하며 프레임 단위의 전송을 한다. 노드-노드 간의 전송을 하며 물리계층에서 발생한 오류 검출 및 회복기능을 할 수 있다.

③ 물리계층은 1계층에 속하며 물리적 전기적 신호를 전송하는 계층이다. 케이블 종류 핀 전압 등 물리적인 것을 규정하는 계층이다.

④ 응용계층은 7계층으로 마지막 계층이다. 사용자가 네트워크에 접근할 수 있도록 인터페이스를 제공하는 계층이며, 사용하는 응용프로그램이 응용계층에서 동작한다.

13

간략풀이

• 반송파(Carrier) 통신: 변조를 통하여 신호의 주파수 대역을 옮겨서 전송하는 방식
• 기저대역(Baseband) 통신: 반송파를 이용하여 변조하지 않는 방식

신호를 변조하는 방식에는 여러 방식이 있는데, 이를 표로 정리하면 다음과 같다.

Analog Modulation 대역통과변조(Passband)	Pulse Modulation 기저대역변조(Baseband)	Digital Modulation 대역통과변조(Passband)	
AM	PAM	ASK	QAM
PM	PPM	PSK	
FM	PWM(PDM)	FSK	–

기저대역 전송방식은 펄스 파형, 디지털 데이터 신호를 반송파를 사용하지 않고 전송하는 방식이다. ②의 PAM은 펄스 형태로 별도의 반송파를 사용하지 않고 전송한다.

14

간략풀이

④ AM은 FM에 비해 회절성이 좋다. AM은 HF대역에서 많이 사용하는 변조방식이다.

HF대역은 파장의 회절성을 이용해 전리층과 지표에 반사되어 중계기 없이도 지구 반대편까지 전파할 수 있는 특징이 있다.

상세풀이

FM은 외부잡음, 페이딩, 간섭 등에 강한 변조방식으로 S/N비가 높고 충실도가 높다는 장점을 가지고 있다. 또한 C급 전력증폭으로 효율이 높은 변조방식을 사용함으로써 전력 효율이 우수하다. 하지만 주파수 대역이 증대되어 VHF 이상의 대역에서만 사용 가능하고 구성이 복잡하며, 특히 약전계 통신에서 잡음이 강해 스켈치회로를 사용한다는 특징을 가지고 있다.

15

간략풀이

고속 데이터 전송을 위해 사용되는 신호가 높은 주파수 대역으로 올라감에 따라 전송 선로들 사이에서 상호 결합(Coupling)에 의해 선로 간의 간섭현상인 누화(Crosstalk)가 발생한다.

상세풀이

The 알아보기 누화(Crosstalk)

• 누화잡음은 신호를 지연시키거나 시스템의 오작동을 유발하여 신호 무결성에 큰 영향을 미치게 된다.
• 누화의 원인인 전송 선로 간의 결합현상(Coupling)은 유도성 결합과 용량성 결합으로 구분된다.
• 누화는 송신단으로 진행되는 Near-end 누화와 수신단으로 진행하는 Far-end 누화로 나뉜다.
• 누화를 줄이는 방법
 − 인접한 선로 간격을 전송선로 폭의 3배 이상 떨어뜨리는 방법(3W Rule)
 − 두 선로 사이에 가드 트레이스(Guard Trace)를 배치하는 방법
 − 두 선로 간에 위상 속도의 차이를 발생시키는 방법
 − 계단 형태의 전송손로를 적용하는 방법
---

① 위상잡음(PLL과 발진기의 성능지표): 주파수 영역에서 주파수 안정성을 나타내는 지표로 단위는 [dBc/Hz]이다. 주로 이상적이지 못한 발진기에서 나타나며, 보통의 잡음에 더해지거나 인접 신호의 하향 주파수 변환을 초래하는 영향을 미친다.
• 원인: 열잡음과 플리커 잡음이 주요 원인이다.
• 측정: 중심 주파수(Carrier, 반송파)로부터 일정한 오프셋(Offset)별 잡음 성분의 비이다.

② 주파수 편이(주파수 변조의 정도, 측파대 상태 평가 지수): 주파수 변조에서 변조입력 신호가 가해졌을 때 진폭에 비례하여 피변조파의 주파수가 중심 주파수(Carrier, 반송파)에서 벗어나는 양을 말한다.

변조지수 $M_f = \dfrac{\Delta f_0}{f_s}$ (Δf_0: 주파수 편이, f_s: 신호파 주파수)

④ 심볼 간 간섭(Inter-Symbol Interference): 전송되는 디지털 심볼 신호가 수신기에서 각 비트에 할당된 타임슬롯을 벗어나 인접 슬롯으로 들어가 복원 과정에서 착오를 판정할 때 간섭을 주는 현상이다.
- 원인: 선로특성에 의한 잡음, 전송로 잡음, 불완전한 필터, 좁은 선로 대역폭 등이 있다.
- 측정: Eye Pattern을 활용하여 측정한다.
- 대책: 선로 대역폭 확장, 선형 필터 및 등화기(Equlization) 사용, 재생중계기 사용 등이 있다.

16
정답 ②

간략풀이

$\cos\left(2\pi f_0 t\right)$를 푸리에 변환하면 $\dfrac{1}{2}\left[\delta(f-f_0)+\delta(f+f_0)\right]$가 된다.

이를 주파수 천이 성질을 이용하여 대입하면, $x(t)\cos\left(2\pi f_0 t\right)=\dfrac{1}{2}\left[X(f-f_0)+X(f+f_0)\right]$이다.

17
정답 ③

간략풀이

③ 이상적인 채널에서 N이 0인 경우를 무잡음 채널이라 하며, 이때 C는 ∞가 된다.

상세풀이

① 채널 코딩을 통해 오류를 감소할 수 있는 S/N의 한계는 -1.5917[dB]이다.

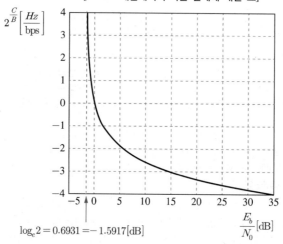

[AWGN 채널에서의 샤논 한계에 대한 표]

$\log_e 2 = 0.6931 = -1.5917$[dB]

위 표의 AWGN 채널에서 $\dfrac{E_b}{N_0}$의 값이 화살표가 가리키는 임계값 -1.5917[dB] 이하이면 요구되는 대역폭 B는 ∞가 된다. 따라서 아무리 대역폭을 늘려도 오류를 감소시킬 수 없으며 이 한계는 임계값인 약 -1.6[dB]이다.

② 채널용량 C는 채널을 통해 전달할 수 있는 최대의 정보량을 뜻하고 이는 채널을 통해 전송되는 상호정보량의 한계를 의미한다. 따라서 채널용량 $C = \max I(X;Y)$가 된다.

③ 샤논의 채널용량 $C = B\log_2\left(1 + \dfrac{S}{N}\right)$에서 잡음 N이 0이면 $C = \infty$가 되고, 이 경우 무잡음 채널이라 한다.

④ 샤논의 채널용량 $C = B\log_2\left(1 + \dfrac{S}{N}\right)$에서 대역폭 $B = \infty$일 때를 살펴보면,

$$\lim_{B \to \infty} C = \lim_{B \to \infty} B\log_2\left(1 + \frac{S}{N_0 B}\right) = \lim_{B \to \infty} \log_2\left(1 + \frac{S}{N_0 B}\right)^B$$

$$= \lim_{B \to \infty} \frac{S}{N_0} \log_2\left(1 + \frac{S}{N_0 B}\right)^{\frac{N_0 B}{S}} = \frac{S}{N_0} \lim_{x \to \infty} \log_2\left(1 + \frac{1}{x}\right)^x \quad (\text{이때 } \lim_{x \to \infty} \log_2\left(1 + \frac{1}{x}\right)^x = \log_2 e)$$

$$= \frac{S}{N_0} \log_2 e \simeq 1.44\left(\frac{S}{N_0}\right)$$

따라서 샤논의 채널용량 $C = B\log_2\left(1 + \dfrac{S}{N}\right)$에서 대역폭 $B = \infty$이면 $C = \dfrac{S}{N_0}\log_2 e \simeq 1.44\left(\dfrac{S}{N_0}\right)$가 되고, 이 경우 무왜곡 채널이라고 한다.

18

간략풀이

오류율은 보낸 신호와 다른 신호가 도착했을 확률이다. 따라서 다음 2진 시스템에서의 오류율은 1을 전송했을 때 0이 수신될 확률, 0을 전송했을 때 1이 수신될 확률의 합이다. 이를 계산해보면 다음과 같다.

P_1 송신 | 0 수신 $= 0.1$, P_0 송신 | 1 수신 $= 0.2$이므로 각각의 오류율을 계산해보면 $0.6 \times 0.1 = 0.06$, $0.4 \times 0.2 = 0.08$이다. 따라서 오류율은 0.14이다.

19

간략풀이

① 양자화 S/N비 공식은 $S/N_q = 6n + 1.8[\text{dB}]$이다. 여기서, n은 양자화 비트 수이다. 따라서 비트 수를 낮추면 잡음이 더 커지게 된다.

상세풀이

② 송신 측에 압축기, 수신 측에 신장기를 사용한다. 압축기를 사용하게 되면 선형 양자화를 하지만 비선형 양자화를 하는 것과 같은 효과를 줄 수 있다.

③ 입력 진폭을 높인다. 낮게 들어온 신호의 진폭을 높이게 되면 양자화 계단에 비해 작던 신호가 커지기 때문에 양자화 잡음이 줄어들게 된다.

④ 비선형 양자화를 사용한다. 비선형 양자화란 양자화 계단의 크기를 작은 곳에는 작게, 큰 곳에는 크게 적용하는 방식으로 양자화 잡음을 줄일 수 있는 방식이다. 하지만 매우 복잡하다는 단점이 있다.

간략풀이

④ 고성능을 요하는 시스템에는 다중모드파이버(MMF)보다는 단일모드파이버(SMF)를 사용하는 게 적절하다.

The 알아보기 SMF와 MMF의 차이

종류	구조	특징
SMF	• 굴절률 차이가 작은 Core, Cladding • 직경: Cladding이 Core 대비 상대적으로 큼 • 광원: Laser	• 단일 모드 전송으로 입사각 차이가 없음 • 장거리 전송 • 빠른 속도
MMF	• 굴절률 차이가 큰 Core, Cladding • 직경: Core, Cladding 비교적 유사 • Mode A, B, C: Order 차이 구분 • 광원: Laser, LED	• 다중모드의 신호 분산 • 단거리

상세풀이

① 전자기 간섭이 높은 곳에서는 광섬유 케이블을 사용한다. 광섬유 케이블의 특징은 전송 손실이 극히 적고 외부의 유도장애나 잡음의 영향을 거의 받지 않는다.

② 주파수가 300[MHz]의 전파를 수신하는 $\frac{1}{4}$ 파장 다이폴 안테나는 25[cm]이다. 300[MHz]의 파장은 다음과 같다.

$$\lambda = \frac{c}{f} = \frac{3 \times 10^8}{300 \times 10^6} = 1$$

즉, 파장이 1[m]이기 때문에 $\frac{1}{4}$ 파장 다이폴 안테나는 25[cm]이다.

③ CATV는 동축케이블이나 광섬유 케이블을 통해 광대역을 전송할 수 있는 전송매체를 통하여 영상, 음성 등의 정보를 사용자에게 전송하는 시스템이다. 따라서 CATV 시스템은 망측에 coaxial 케이블(동축)을 사용한다.

간략풀이

FM과 PM은 서로 유사하므로, 적당한 회로(전치보상회로)를 통해 상호변환시킬 수 있다. 즉, 등가(간접)변조 회로이다.

• 간접FM＝전치보상회로(적분기)＋PM
• 간접PM＝전치보상회로(미분기)＋FM

상세풀이

FM과 PM은 유사하여 상호변환시킬 수 있다. FM을 얻는 직접FM과 간접FM방식의 특징을 비교하여 각종 회로들의 역할을 알 수 있다.

The 알아보기 직ㆍ간접FM변조의 특징

• 직접FM변조의 특징
  - 종류: LC발진기, 수정발진기
  - FM변조가 비교적 간단
  - 주파수 안정화 회로(AFC)가 필요
  - 중심주파수(반송파)의 안정도가 나쁨
  - 발진주파수를 높게 조절하여 체배단수를 절약할 수 있음

- 간접FM변조의 특징
  - 종류: 벡터합성법(Amstrong방식), 가변 리액턴스 방식, Serrasoid방식
  - 장치가 복잡함
  - 주파수 안정화 회로(AFC)가 불필요
  - 전치보상기가 필요
  - 수정발진기를 사용하여 주파수 안정도가 좋음
  - 큰 주파수 편이를 얻기 어려우므로 주파수 체배기가 필요

① 디엠퍼시스 회로: FM은 신호의 주파수가 높을수록 잡음이 커지는 삼각잡음 특성이 있다. 이를 보상하는 방법으로 변복조 시에 미분기와 적분기를 사용한다.
  - 프리엠퍼시스(Pre-emphasis): 변조 시 미분기(HPF)를 사용하여 신호의 고역을 강조
  - 디엠퍼시스(de-emphasis): 복조 시 적분기(LPF)를 사용하여 신호의 고역을 억압

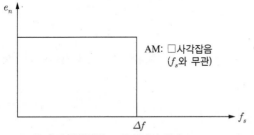

▲ AM은 f_s와 잡음전압 e_n이 관계가 없다.

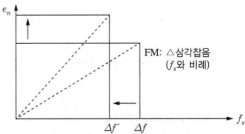

▲ FM은 높은 주파수에서 잡음이 더 많다. 따라서 진폭을 높이고 주파수를 낮춰 잡음전압 e_n을 줄인다. 이를 광대역 개선이라고 한다.

② 주파수 안정화 회로(AFC, 자동주파수 제어회로): 간접FM방식은 수정발진기를 사용하여 주파수 발진이 매우 안정적인 특징이 있으므로 주파수 안정화 회로가 필요 없다. 직접FM방식은 LC발진기를 사용하여 반송파 안정도가 비교적 떨어진다. 따라서 정확한 주파수 발진을 위해 주파수 안정화 회로를 사용한다. 주파수 안정화(AFC)회로는 자동주파수 조절장치로 직접FM 변조기에서 발진주파수를 안정시키는 데 사용된다.

③ 순시편이 제어회로(IDC): PM에서 송신전력 주파수 확산을 일정 이하로 제한하는 회로이다. PM의 주파수 편이량은 FM의 편이량보다 신호주파수만큼 더 크게 나타난다. 즉, PM에서는 주파수 편이량이 일정 이상 넘지 않게 하는 것이 중요한데, 변조된 신호를 일정 진폭 이하로 제한하여 과변조를 방지하는 회로이다.

The 알아보기 FM · PM변복조기의 구성

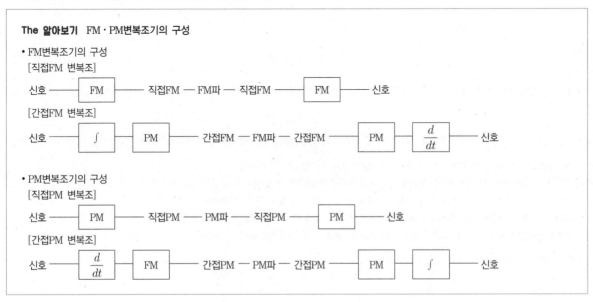

22

간략풀이

샘플링 주파수는 최고 주파수의 2배이다(나이퀴스트 정리).

따라서 5[kHz]×2=10[kHz]이다.

상세풀이

샘플링 주파수는 표본화할 때 신호를 1초에 몇 번 샘플링하는가를 나타내는 수치이다. 샘플링 주파수가 충분하지 않을 때에는 엘리어싱이라는 현상이 발생한다. 이런 엘리어싱 현상을 발생하지 않게 하고 원래의 정보를 재생할 수 있도록 하는 주파수가 나이퀴스트 주파수이다. 나이퀴스트 주파수는 $f_s = 2f_m$ 이다. 여기서, f_m 은 신호가 가지는 최고 주파수이다. 문제에 주어진 신호에서 가장 높은 주파수는 5[kHz]이기 때문에 답은 ① 10[kHz]가 된다.

23

간략풀이

③ S/N, SNR는 잡음의 신호에 대한 영향을 정량적으로 나타낸 척도로써, 신호가 수신 측에 도착하여 나타난 신호전력 대 잡음전력 간의 비율이다.

The 알아보기   통신시스템 성능 척도

- 아날로그 통신시스템: SNR는 신호전력 및 잡음전력과의 관계를 정량적으로 표현
- 디지털 통신시스템: $[E_b/N_0]$는 오류확률에 대한 수치를 나타냄

상세풀이

①・②・④의 통신방식은 전달범위가 유한한 원신호를 변조방식을 통해 장거리에 전달하는 것이 가능하거나, 기존 방식보다 전력소모를 낮춰 효율을 높이거나, 잡음을 줄이는 등의 여러 영역에서 통신 시스템의 성능을 높이는 방식들이다.

① SS방식: 광대역 통신방식

② SSB, DSB : 아날로그 통신방식

④ 4진 PSK, QAM효율: 디지털 통신방식

24

간략풀이

② 다이폴 안테나는 가장 기본이 되는 안테나이며, 다이폴 안테나를 여럿 사용하면 수신전력이 높아질 수 있다.

상세풀이

① 안테나의 실효고가 클수록 수신 또는 방사되는 전계강도 및 유기전압이 커져 결국 수신전력이 높아진다. 실효고 $h_e = \dfrac{\lambda}{\pi}$ (λ : 파장)이므로 실효고와 파장은 비례하며, 실효고가 클수록 파장을 더 잘 수신할 수 있다.

③ 잘 설계된 MIMO 시스템은 커버 범위와 신뢰성을 동시에 향상시킬 수 있다. 무선 LAN으로 잘 설계된 MIMO 시스템은 MIMO 시스템 적용 전보다 유효 커버리지를 최대 8배를 증대시키고, 최대 6배 높은 유효 처리속도를 제공할 수 있다.

④ 무지향성 안테나를 사용하면 신호전력이 높아져 미약한 신호의 방송도 수신할 수 있지만, 잡음전력도 높아져 S/N비 개선효과가 없다. 이때 지향성 안테나를 사용하면 고잡음 지역에서도 잡음을 매우 효과적으로 개선하여 수신할 수 있다.

간략풀이

② VPN은 공용선을 사용하여 터널링을 통해 마치 사설망처럼 대역을 공유할 수 있는 방법이다. VPN은 공용선을 이용하여 터널링, 키 관리, 암호화, 인증 등의 기술을 이용하여 마치 전용회선의 네트워크처럼 보안성, 신뢰성을 확장시키는 기술이다.

상세풀이

① 방화벽을 패킷필터링으로 구현이 가능하다.

- 방화벽: 외부 네트워크로부터 내부 시스템을 보호해주는 벽과 같은 역할을 한다. 방화벽에는 여러 가지 방식이 있지만 가장 널리 사용되는 방식은 패킷 필터 방식이다.
- 패킷 필터 방식: 내부와 외부 네트워크 경계에서 패킷의 IP주소와 포트번호 등을 조건으로 통신을 허가, 거부하는 방식이다.

③ 공인인증서는 공개키 방식을 사용한다.

- 공개키 방식: 비대칭 암호키라고도 하며 암호화와 복호화에 사용하는 키가 서로 다른 암호화 방식을 의미한다.
- 공개키와 개인키로 이루어진 비대칭형 암호화, 복호화 방식
  - A공개키를 이용하여 암호화된 데이터는 A개인키로만 복호화가 가능하다.
  - A개인키를 이용하여 암호화된 데이터는 A공개키로만 복호화가 가능하다.

④ 통신보안에서 암호 전송방식으로 대칭키와 비대칭키를 사용할 수 있으며, 혼합하여 사용하기도 한다.

2019 서울시 정답 및 해설

🔍 문제편 177p

01 정답 ①

간략풀이

임펄스 함수는 $t=0$에서 폭이 0이고 무한대의 크기를 가지며, 그 외의 크기가 0이고 전체 면적의 크기가 1인 함수이다. 식으로 표현하면 다음과 같다.

$\delta(0) = \infty (t=0)$

$\delta(t) = 0(|t| > 0)$

$\int_{-\infty}^{\infty} \delta(t)dt = 1$

상세풀이

임펄스 함수는 다음과 같은 성질을 지니고 있다.

• 우함수 특성

  $\delta(t) = \delta(-t)$

• 샘플링 특성: 어떤 함수에 임펄스 함수를 곱한 뒤 적분하면 임펄스 함수가 0이 되는 점의 값만 나오게 된다.

$\int_{-\infty}^{\infty} x(t)\delta(t-t_o) = x(t_o)$

$x(t)\delta(t) = x(0)\delta(t)$

$x(t)\delta(t-t_0) = x(t_0)\delta(t-t_0)$

02 정답 ②

간략풀이

푸리에 변환은 각각 푸리에 변환쌍을 가지고 있다. 푸리에 변환쌍은 $\Lambda\left(\dfrac{t}{\tau}\right) \Leftrightarrow \tau \text{sinc}^2(f\tau)$ 이므로 변환하면

$AT\left(\dfrac{t}{T}\right) \xrightarrow{F} AT\text{sinc}^2(Tf)$가 된다. $AT\text{sinc}^2(Tf) = AT\left(\dfrac{\sin\pi Tf}{\pi Tf}\right)$에서 $f = \dfrac{1}{T}$에서 가장 처음으로 0이 된다.

03 정답 ③

간략풀이

30[dBm]를 전력으로 변환하면 10^3[mW]가 된다.

수신된 신호는 거리의 제곱에 반비례하므로 거리의 제곱으로 나누면 0.1[mW]가 된다.

상세풀이

먼저 신호의 전력을 계산하면 다음과 같다.

$$30[\text{dBm}] = 10\log\frac{P}{1[\text{mW}]} \Rightarrow 3[\text{dBm}] = \log\frac{P}{1[\text{mW}]} \Rightarrow 10^{3[\text{dBm}]} = \frac{P}{1[\text{mW}]} \Rightarrow P = 1,000[\text{mW}]$$

수신된 전력은 거리의 제곱에 반비례하므로 거리의 제곱으로 나누면 다음과 같다.

$$\frac{1,000[\text{mW}]}{(100)^2} = 0.1[\text{mW}]$$

04 정답 ②

간략풀이

UTP는 TCP와 함께 4계층(전송 계층)에서 동작하는 프로토콜로 각 호스트 사이에 데이터 전송을 담당하고 있는 프로토콜이다. 그중 UDP는 비연결형 서비스를 지원하고 TCP와 비교했을 때 신뢰성과 안정성은 없지만 가상회선이 필요 없고 유연하다는 특징이 있다. UDP는 8[bite]의 헤더에 발신지의 포트번호, 수신지의 포트번호, 패킷의 전체 길이, 패킷 전체의 체크섬을 각각 16[bit]씩 담아 전송한다.

상세풀이

① IP는 인터넷 프로토콜로 TCP/IP 모델의 인터넷 계층에서 사용되며 패킷을 네트워크나 호스트로 전송하는 기능을 가지고 있다.
③ ARP는 IP주소를 물리계층에 맞는 MAC 주소로 바꾸어 주는 프로토콜이다. 반대로 물리 계층에 있는 MAC 주소를 IP주소로 변환하는 프로토콜은 RARP이다.
④ FTP는 파일 전송 프로토콜로 전송 계층에서 TCP를 사용하는 클라이언트-서버 모델을 가지고 있다. 21번 포트로 통신하며 제어 명령을 송수신하는 PI 프로세스와 데이터를 송수신하는 DTP로 구성되어 있다.

05 정답 ②

간략풀이

허프만 부호는 확률이 높은 정보를 낮은 비트로 할당하는 방식이다.

상세풀이

각각의 변수를 허프만 부호화하면 다음과 같다.

변수		비트		
A	$\frac{1}{2}$	1비트	1비트	1비트
B	$\frac{1}{3}$	1비트	2비트	2비트
C	$\frac{3}{24}$		2비트	3비트
D	$\frac{1}{24}$			3비트

부호화한 결과를 보면 A는 1비트, B는 2비트, C와 D는 각각 3비트로 부호화하였다.
평균 길이를 계산하면

$$H = 1\cdot\frac{1}{2} + 2\cdot\frac{1}{3} + 3\cdot\frac{3}{24} + 3\cdot\frac{1}{24} = \frac{40}{24}$$

간략풀이

해밍거리는 같은 길이를 가진 2개의 문자열에서 같은 위치에 있지만 다른 문자의 개수를 말한다.

상세풀이

메시지 벡터를 생성 행렬에 곱하여 부호어를 추출하면 다음과 같다.

$$m_1 = [1\,0\,0\,0]\begin{bmatrix} 1\,0\,0\,0\,1\,0\,1 \\ 0\,1\,0\,0\,1\,1\,1 \\ 0\,0\,1\,0\,1\,1\,0 \\ 0\,0\,0\,1\,0\,1\,1 \end{bmatrix} = [1\,0\,0\,0\,1\,0\,1]$$

$$m_2 = [0\,0\,0\,1]\begin{bmatrix} 1\,0\,0\,0\,1\,0\,1 \\ 0\,1\,0\,0\,1\,1\,1 \\ 0\,0\,1\,0\,1\,1\,0 \\ 0\,0\,0\,1\,0\,1\,1 \end{bmatrix} = [0\,0\,0\,1\,0\,1\,1]$$

이때 m_1과 m_2의 해밍거리를 구하면 $m_1 = [1\,0\,0\,0\,1\,0\,1]$
$$m_2 = [0\,0\,0\,1\,0\,1\,1]$$
$$\quad\quad\quad 1\quad\quad 2\,3\,4$$

서로 다른 비트 수가 해밍거리이므로 해밍거리 $d = 4$가 된다.

간략풀이

AM 방식은 반송파에 신호파만큼 더한 주파수와 반송파에서 신호파를 뺀 만큼의 대역폭이 필요하다.
$$B = (f_c + f_s) - (f_c - f_s) = 2f_s$$

상세풀이

① AM 피변조파를 식으로 나타내면 다음과 같다.
$$e_{AM}(t) = E_c(1 + m_a\cos\omega_s t)\sin\omega_c t$$
해석하면 전송하고자 하는 기저대역(신호파)의 메시지 신호의 진폭에 따라 피변조파의 진폭이 변화하는 것을 알 수 있다.

② FM 피변조파를 식으로 나타내면 다음과 같다.
$$e_{FM} = E_c\sin(\omega_c t + m_f\sin\omega_s t)$$
해석하면 피변조파의 진폭에는 신호가 담기지 않고 주파수에 신호가 포함되어 있다.

③ FM의 대역폭은 다음과 같다.
$$BW = 2(f_s + \Delta f)$$
따라서 대역폭은 기저대역 신호의 대역폭의 영향을 받는다.

간략풀이

OFDMA 방식은 가입자마다 서로 다른 주파수 대역을 사용한다. FDMA와 비슷한 방식이지만 직교성을 갖는 많은 부반송파를 사용하여 정보를 병렬 전송하여 고속의 데이터를 전송할 수 있는 방식이다.

상세풀이

• TDMA 방식: 같은 주파수를 사용하면서 시간을 여러 구간으로 나누어 각 사용자가 할당된 시간에 주파수를 사용하는 형식이다. TDMA의 특징은 FDMA에 비해 주파수 효율이 3배 높지만 ISI 잡음을 극복하기 위한 등화기가 필요하고 수신기가 복잡한 단점이 있다.

- FDMA 방식: 주어진 주파수 대역 안에서 사용자들에게 서로 다른 주파수를 부여하여 여러 채널로 분할하여 사용하는 방식이다. 가장 간단한 방식으로 구현이 간단하지만 채널 간 간섭이 생길 수 있으므로 보호대역을 사용한다. 또한 주파수 효율에 한계가 있기 때문에 사용자 수가 제한된다.
- CDMA 방식: 각각의 사용자가 서로 다른 코드를 부여받아 주파수와 시간을 공유하면서 다원접속을 하는 방식이다. 수용용량이 FDMA의 30배로 매우 높으며, 코드를 사용하여 통신하기 때문에 보안성이 강하다. 또한 주파수를 공유하기 때문에 소프트 핸드오버가 가능하다. 하지만 전력제어가 필수적으로 필요하다.

09

정답 ④

간략풀이

나이퀴스트 채널용량에 따라 채널에 잡음이 존재하지 않을 때의 채널용량은 다음과 같다.

$$C = 2W \cdot \log_2 M \,(\log_2 M = \text{한 번에 전송하는 비트 수})$$

문제에서 주어진 값을 대입하면 $\log_2 M = \dfrac{1 \times 10^6}{2 \times 100 \times 10^3} = 5$, 즉 $2^5 = 32$가 된다.

10

정답 ③

간략풀이

허프만 코딩은 모든 문자의 발생 확률이 같을 경우에는 평균 비트 수가 최대가 된다.

상세풀이

① 허프만 코딩은 문자의 확률에 따라 비트 수를 다르게 코딩하는 방식이다.
② 허프만 코딩은 문자의 확률에 따라 비트 수를 다르게 코딩하므로 사전에 문자들의 발생 확률을 알아야 한다.
④ 허프만 코딩을 하는 경우, 서로 다른 문자가 동일한 비트 수를 가지는 코드로 인코딩되는 경우도 있다. 확률이 높은 문자부터 차례로 낮은 비트를 할당하다 보면 마지막 길이가 긴 2개의 문자는 같은 확률을 가지게 된다.

허프만 코딩 예시

$X = \left\{ \dfrac{1}{2}, \dfrac{1}{4}, \dfrac{1}{8}, \dfrac{1}{8} \right\}$ 을 허프만 코딩으로 하게 되면 다음과 같다.

	변수	비트		
A	$\dfrac{1}{2}$	1비트	1비트	1비트(1)
B	$\dfrac{1}{4}$	1비트	2비트	2비트(00)
C	$\dfrac{1}{8}$		2비트	3비트(010)
D	$\dfrac{1}{8}$			3비트(011)

11

간략풀이

지연 확산이란 무선전파의 다중경로상에서 각각 다른 경로를 거쳐 온 전파들이 합쳐 수신되는 현상이다. 무선채널에서 채널 특성이 균일한 일관성 대역폭을 가진다면 다중경로로 전파되어 온 신호들이 수신점에서 겹치지 않지만, 일관성 대역폭이 아닌 각 채널마다 서로 다른 특성이 나타난다면 전파된 신호가 균일하게 들어오지 않고 감쇠의 정도가 다르게 들어오면서 지연 확산을 일으키게 된다.

상세풀이

② 도플러 확산: 이동통신에서 단말이 이동할 때 단말의 이동속도에 따라 주파수가 천이되면서 높아지거나 낮아지는 현상이다.
③ 일관성 시간: 시간적으로 균일한 특성을 보이는 채널 시간구간을 말한다.
④ 경로 손실: 전파가 자유공간을 이동하면서 전력이 감쇠되는 현상을 말한다.

12

간략풀이

LTE의 하향링크는 OFDM 방식을 사용하고, 상향링크에서는 OFDM을 변형시킨 DFTS-OFDM을 사용한다.

상세풀이

DFTS-OFDM은 SC-FDMA로도 불리며 OFDM의 단점인 높은 PAPR를 완화하기 위해 사용하는 방식이다. PAPR란 평균전력 대비 최대전력이다. OFDM에서 많은 직교 주파수 채널을 사용하게 되면 전력을 높일 때 많은 부반송파들도 같은 위상으로 더해지면서 높은 최대전력이 형성되는데 그것으로 인해 PAPR가 높게 나타난다. PAPR가 높으면 설계가 어려워지고 선형성을 유지하기가 어렵다. SD-FDMA는 주파수 영역에서 하나로 묶여 단일반송파처럼 보이게 하는 FDMA에 기반한 다중접속 방식이다. 따라서 OFDM에서 발생하는 높은 PAPR를 억제할 수 있다.

13

간략풀이

IMT-2020은 5세대 이동통신의 표준으로 성능요구사항 8가지를 선정하고, IMT-2020 기반의 응용서비스를 3개의 시나리오로 분류하였다.

성능요구사항	응용서비스 시나리오
• 최고 전송 속도: 20[Gbps] • 사용자 체감 전송 속도: 100[Mbps] • 주파수 효율: IMT-Advanced의 3배 • 이동속도: 500[Km/h] • 전송 지연시간: 1[ms] • 1km^{2}당 단말 연결 밀도: 100만 개 • 네트워크 에너지 효율: IMT-Advanced의 100배 • 1m^{2}당 트래픽 용량: 10[Mbps]	• 초광대역 이동통신(eMBB; enhanced Mobile Broadband) • 초고신뢰 저지연통신(URLLC; Ultra-Reliable and Low Latency Communications) • 대규모 사물통신(mMTC; massive Machine Type Communications)

14

간략풀이

FM 신호 수신기 중 주파수 변별기는 미분기와 포락선 검파기로 구성되고, 포락선 검파기는 수신신호를 정류하고 LPF를 통하게 하여 음성신호의 포락선을 재생하는 장치이다. 결국 미분기와 저대역통과필터가 연결된 것과 같다.

15

간략풀이

백색잡음은 모든 주파수 대역에서 같은 전력밀도를 가지고 있다.

상세풀이

모든 주파수 범위에서 일정한 크기를 가지는 잡음으로 모든 색깔의 빛을 더하면 백색광이 되기 때문에 백색잡음이라고 불린다. 백색잡음은 모든 주파수 범위에서 $\dfrac{N_0}{2}$로 일정한 전력밀도를 가지고 있으나 대역폭이 무한대이기 때문에 평균전력은 무한대이다. 따라서 실현 불가능한 신호이다.

백색잡음의 자기상관 함수는 전력밀도 스펙트럼의 역 푸리에 변환을 통해서 얻을 수 있는데 백색잡음의 전력밀도 스펙트럼은 $G_{NN}(\tau) = \dfrac{N_0}{2}$이고, 이것을 푸리에 역변환하면 $\dfrac{N_0}{2}\delta(\tau)$가 나오게 된다.

16

정답 ①

간략풀이

TCP의 혼잡 회피 상태에서는 처음에 패킷을 1씩 보내고, 이것이 문제없이 도착하면 윈도우 크기를 1씩 증가시켜 가면서 전송한다.

상세풀이

② TCP의 혼잡 제어 알고리즘은 Slow start로 패킷 윈도우 사이즈를 2배씩 지수적으로 증가시키다가 패킷 전송에 실패하거나 일정 시간 동안 ACK를 받지 못하면 혼잡 상태로 인식하여 패킷을 보내는 속도를 절반으로 줄이는 것이다. 이때 이미 수신한 ACK와 동일한 번호의 ACK가 3번 이상 수신되는 경우에도 혼잡 상태로 간주한다.

③ • 타임아웃 상황: 전혀 전송되지 않은 것으로 간주하고, 심각한 혼잡 상황으로 인식한다.
    • 3개의 중복 ACK 상황: 다른 패킷은 잘 도착했으므로 조금 혼잡한 상황으로 인식한다.

④ Slow Start는 TCP 연결이 시작한 이후 데이터의 첫 번째 손실이 발생하기 전까지 전송속도를 지수적으로 증가시킨다.

17

정답 ③

간략풀이

IP주소 뒤의 숫자 28은 네트워크 주소를 나타내는 1의 개수이다.

따라서 197.213.45.235의 2진수와 11111111.11111111.11111111.11110000을 AND 연산하면 네트워크 주소를 얻을 수 있다.

• IP주소   11000101.11010101.00101101.11101011
• 네트워크   11111111.11111111.11111111.11110000
• 네트워크 주소   11000101.11010101.00101101.1110xxxx

10진수로 변환하면 197.213.45.224/28이 된다.

18

간략풀이

주어진 부호화 방식은 양극성 부호이다. 양극성 부호는 한 비트의 점유율이 100%이므로 0과 1이 같은 확률로 전송될 때 단극 NRZ와 소요 대역폭은 같다.

상세풀이

0은 0[V]에 대응시키고, 1은 양과 음의 펄스를 번갈아 가면서 변환하는 펄스 구성을 양극성 부호라고 한다. 양극성 부호에서 연속적으로 0을 전송하게 되면 신호를 추출하기 어려우므로 0이 반복되면 특수 패턴을 사용한다. 예 BNZS, HDBN

> **The 알아보기** 양극성 부호의 특징
>
> - 양과 음의 펄스를 번갈아 가면서 사용하기 때문에 직류 성분이 거의 없다.
> - 에러 검출이 용이하다.
> - 타이밍 회복이 용이하다.
> - 0을 억제하는 기능이 없어 수신기 타이밍 추출이 어렵다.

19

간략풀이

Walsh 부호는 CDMA 시스템에서 모든 사용자들이 동일한 주파수 대역을 사용하기 때문에 순방향 채널상에서 상호 간섭을 피하기 위해 기지국이 사용하는 코드이다.

> **The 알아보기** Walsh 부호
>
> - 대역 확산을 위해 신호에 곱해지는 코드의 일종으로 동기식 CDMA(IS-95, IS-2000)의 하향링크에서 사용된다.
> - 정해진 코드표를 통해 생성된다.
> - 코드가 직교성을 가지므로 코드 간의 상호 상관성이 없다.
> - CDMA에서 모든 사용자들이 동일한 주파수 대역을 사용하므로(주파수 재사용 계수=1) 순향 채널에서 상호 간섭을 피하고(채널 부호 간 상관성=0), 사용자 채널을 구분하기 위해 사용한다.
> - Walsh 부호의 생성 방법 중 Hadamard Matrix는 첫 열(행)은 0이고, 첫 열(행)을 제외한 각 열(행)에서 같은 비트와 다른 비트의 수가 같다.
> - Walsh 부호의 생성 방법 중 대칭성을 이용한 생성 방법은 코드 트리에서 위쪽으로 분기할 때는 상위코드를 그대로 두 번 반복하고, 아래쪽으로 분기할 때는 상위코드를 한 번은 반복하고 한 번은 반전하여 확장한다.

간략풀이

가상회선망(VC)은 데이터를 전송하기 전에 미리 논리적 연결이 된다. 하지만 패킷마다 물리적으로 다른 경로로 전송될 수 있기 때문에 패킷마다 지연시간이 다를 수 있다.

상세풀이

The 알아보기 데이터그램 패킷 교환방식과 가상회선 패킷 교환방식

- 데이터그램 패킷 교환 방식: 데이터를 전송하기 전에 논리적 연결이 설정되지 않으며 패킷이 독립적으로 전송되는 방식이다. 패킷을 수신한 라우터는 최적의 경로를 선택하여 패킷을 전송하는데 하나의 메시지에서 분할된 여러 패킷은 아래 그림과 같이 서로 다른 경로로 전송될 수 있다. 즉 송신 측에서 전송한 순서와 수신 측에 도착한 순서가 다를 수 있다.

[데이터그램 패킷 교환 방식]

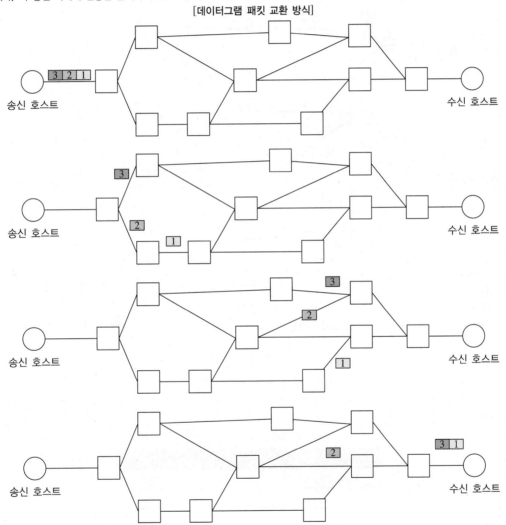

- 가상회선망(VC): 아래 그림과 같이 어떤 패킷이 전송되기 전에 송신 측과 수신 측 사이에 미리 논리적인 경로가 성립(연결지향형)되는 전송 방식이다. 각 패킷에는 가상회선 식별자(VCI)가 포함되어 전송된 순서대로 도착하게 된다. 하지만 패킷들이 물리적으로 전송되는 경로는 바뀔 수 있으므로 각 패킷의 지연시간은 서로 다를 수 있다.

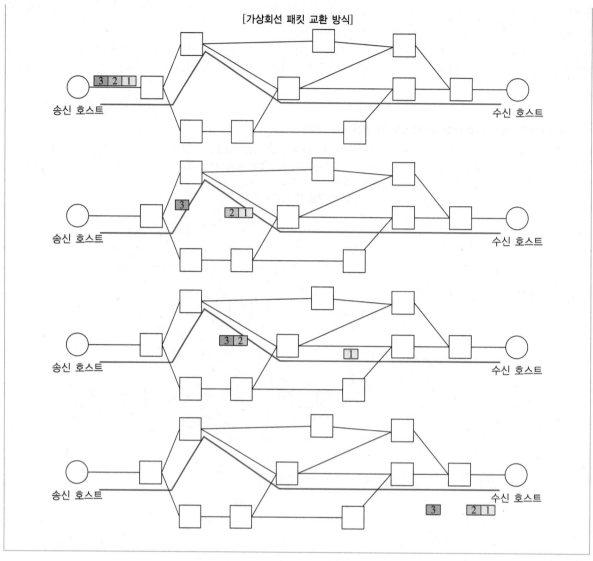

[가상회선 패킷 교환 방식]

② 가상회선망은 패킷이 이동할 때 가상회선 식별자(VCI)를 사용한다. 각 교환기에서 식별자를 통해 경로를 판단하고 포트로 전송하는데, 교환기를 지날 때마다 다른 VCI를 갖게 된다. 예를 들어 다음 표에서 1번 포트에 VCI 14 프레임이 들어오면 교환기는 1번 포트의 VCI 14를 VCI 22 프레임으로 바꾸어 3번 포트로 내보낸다.

[가상회선 식별자 테이블]

Incoming		Outgoing	
Port	VCI	Port	VCI
1	14	3	22
1	77	2	41

③ 가상회선망에서는 각 패킷에 가상회선 식별자(VCI)가 포함되어 전송된 순서대로 도착하게 된다.

④ 가상회선망은 패킷이 이동할 때 IP주소 대신 가상회선 식별자(VCI)를 사용하여 라우팅한다. 즉, 각 교환기에서 식별자를 통해 경로를 판단하고 포트로 전송하는 것이다.

2019.12.21. 시행
공개경쟁채용
필기시험

2019 군무원 2차 정답 및 해설

문제편 181p

01
정답 ④

간략풀이

④ PPM(펄스 위치변조)

①·②·③ 아날로그 AM변조에서 사용되는 변조방식이다. 즉, AM이란 신호의 크기에 따라 진폭을 변조시켜 통신하는 방식이다. 하지만 PPM(펄스 위치변조)은 신호를 펄스화시키면서 신호의 크기에 따라 펄스의 시간적 위치를 변경하여 통신하는 방식이다.

상세풀이

① DSB-SC은 양측파대 억압 반송파 방식이다. 설명하면 기존에 사용하는 AM변조에서 반송파를 뺀 변조 방식이다. AM과 비교하면 다음과 같다.

구분	AM	DSB-SC
전력	–	반송파 전력만큼 이득
대역폭	양측파대를 전송하기 때문에 동일함	
수신방식	포락선 검파	포락선 검파를 사용×(동기복조방식)

② SSB 방식은 단측파대 통신으로 상측파대나 하측파대 어느 한쪽만을 전송하는 방식이다. 대역폭을 절반으로 사용하기 때문에 주파수 이용효율이 높은 통신방식이다. AM과 비교하면 다음과 같다.

구분	AM	SSB
평균전력	$P_{AM} = P_C\left\{1 + \dfrac{m^2}{2}\right\}$	$P_{SSB} = P_C\dfrac{m^2}{4}$
대역폭	$2f_s$	f_s
비화성 통신	불가능	가능
특징		수신기 구성 복잡, 발진주파수 안정 필요

③ VSB 방식은 잔류측파대 통신으로 한쪽 측파대의 대부분과 다른 쪽 측파대의 일부를 같이 전송하는 방식이다. 이런 방식을 사용하면 직류성분에 가까운 저주파 신호를 잡음에서 보호할 수 있다. 주로 TV의 영상신호를 변조할 때 사용된다.

02
정답 ①

간략풀이

① AM(진폭변조)이란 신호의 크기에 따라 반송파의 진폭이 변화하는 통신방식이다. 문제에서 주어진 변조 방식은 진폭편이변조(ASK)이다. ASK는 디지털 통신방식 중에 하나로 디지털 신호에 대해 AM을 하는 변조 방식이다. ASK는 반송파를 ON시키거나 OFF시키는 것으로 OOK(On-Off-Keying) 방식을 기본으로 사용한다. ASK는 구성이 간단하지만 이부 잡음이나 간섭에 약해 자주 사용하지 않는 통신방식이다. 따라서 문제에서 주어진 변조방식인 ASK는 AM을 하는 통신방식이기 때문에 답은 AM이다.

② PM(위상변조): 신호의 크기에 따라 반송파의 위상을 변조시키는 방식이다. PM과 FM은 변조방식은 다르지만 결국 유사한 방식으로 통신하게 된다. FM과 PM은 각각 회로에 전치보상회로를 통해 상호변환하여 통신할 수 있는데 그것을 각각 간접FM, 간접PM이라고 한다.

③ FM(주파수변조): 신호의 크기에 따라 반송파의 주파수를 변조시키는 방식이다. FM은 다른 변조방식들과는 다른 잡음특성이 나타난다. 주파수가 높을수록 잡음이 커지는 특성이 나타나는데, 그것을 줄이기 위해 변조 시에는 고주파 신호를 강조하는 프리엠퍼시스 회로를 사용하고, 복조 시에는 강조된 신호를 억압시키는 디엠퍼시스 회로를 걸쳐 복조하게 된다. 또한 강전계 통신에서는 SNR가 AM보다 월등하게 좋지만, 9[dB] 이하 약전계 통신에서는 잡음이 강하게 나타난다.

④ PM(펄스변조): 펄스를 반송파로 사용하여 연속적인 신호의 진폭에 따라 펄스의 진폭, 폭, 위치, 펄스 수 등을 주기적으로 변화시키면서 통신하는 방식이다. 즉, 연속된 신호가 아닌 반송파를 통해 0과 1을 전송하며 통신하는 방식이다.

03   정답 ③

간략풀이

PLL회로란 위상고정루프 회로로써 입력신호와 출력신호의 위상의 차이를 검출하고 출력신호와 입력신호의 위상을 같게 만들어주는 회로이다. 위상비교기(PC)에서 입력신호의 위상차를 검사하고, 저역통과필터(LPF)가 위상 차이를 DC(전압)레벨로 변환시켜준다. 그러면 전압제어발진기(VCO)가 DC레벨의 변화를 위상의 차이로 변환하여 일정한 위상으로 만들어준다.

상세풀이

PLL회로는 위상의 제어, 주파수 가변, 주파수 안정화, 동기화, 발진기의 안정 등 여러 가지 기능을 한다. 이런 기능을 바탕으로 진폭변조(AM)된 신호에서 동기복조방식의 안정된 주파수를 추출할 때 사용하며, 주파수 변조(FM)된 신호를 복조할 때 베이스밴드의 안정된 신호를 추출할 때 사용한다.

04   정답 ③

간략풀이

③ 수신 측에 프리엠퍼시스 회로를 사용한다. 프리엠퍼시스 회로는 FM의 높은 신호 주파수에서는 잡음이 커지는 삼각잡음 특성을 극복하기 위해 신호의 고역 주파수에서 미리 신호를 강조하여 변조시키기 위해 사용하는 회로이다. 변조지수와는 상관이 없다.

상세풀이

FM의 변조지수는 다음의 식과 같다.

$$m_f = \frac{\Delta f}{f_s}$$

변조지수는 주파수 편이량에 비례하고 신호 주파수에 반비례한다. 따라서 ② 최대 주파수 편이비를 크게 하고, ④ 낮은 변조신호 주파수를 사용하면 변조지수는 커진다.

FM에서 주파수 대역폭(BW)은 $BW = 2(f_s + \Delta f) = 2f_s(1 + m_f)$의 관계를 가진다. 따라서 ① 주파수의 대역폭을 크게 하면 m_f의 값도 커지기 때문에 변조지수가 높아진다.

05

간략풀이

③ 선택도: 희망 신호 이외의 신호를 어느 정도 분리할 수 있는가 하는 분리능력을 나타낸다.

상세풀이

① 충실도: 전파된 통신 내용을 수신했을 때 본래의 신호를 어느 정도 정확하게 재생시키는가 하는 능력을 나타낸다.

② 감도: 미약한 전파를 어느 정도까지 수신할 수 있는가 하는 정도를 표시한다.

④ 안정도: 일정 진폭, 일정 주파수의 신호 입력을 가했을 때 재조정을 하지 않고 장시간에 걸쳐 일정한 출력을 얻을 수 있는가의 능력을 나타낸다.

06

간략풀이

증폭기의 전압이득은 $20\log V_g$가 된다. 따라서 $20\log 100 = 20\log 10^2 = 40[\mathrm{dB}]$가 된다.

상세풀이

전압과 전력의 이득을 구분하는 식을 혼동하는 경우가 많다. 전력의 이득은 $10\log P$이다. 전압의 이득을 유도해보면

$$10\log P = 10\log \frac{\dfrac{V_o^2}{R}}{\dfrac{V_i^2}{R}}$$ 이 된다. 여기서 저항은 공통으로 보기 때문에 약분되어 $10\log \dfrac{V_o^2}{V_i^2} = 10\log \left(\dfrac{V_o}{V_i}\right)^2 = 20\log \dfrac{V_o}{V_i}$ 가 된다.

07

간략풀이

② FM(주파수변조)에서는 삼각잡음 특성이 나타나는데 그것을 해결하기 위해 프리엠퍼시스, 디엠퍼시스 회로를 사용한다. 삼각잡음 특성이란, FM에서 높은 주파수일수록 잡음이 높게 나타나는 현상으로, 그것을 억제하기 위해 신호를 미리 강조시켜 변조하고, 복조할 때는 강조된 신호를 낮춰 복조하는 방식을 사용한다.

08

간략풀이

③ Noncoherent(비동기) 방식으로 신호를 검출할 수 없다. QAM의 검파 방식은 동기검파(동기직교검파) 방식이다.

상세풀이

① 진폭과 위상이 변화하는 변조방식이다. QAM은 직교진폭변조 방식으로 반송파의 진폭과 위상을 동시에 변화시키는 변조방식이다.

② 2차원 벡터공간에 신호를 나타낼 수 있다. 신호를 다음과 같이 표현할 수 있다.

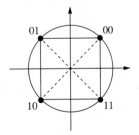

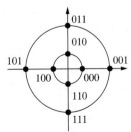

(a) 4진 QAM(1진폭, 4위상)　　(b) 8진 QAM(2진폭, 4위상)

④ 16QAM은 16PSK보다 동일한 평균 전력에 대해 비트오류 확률이 낮다. N진 QAM은 N진 PSK보다 신호점 간의 거리가 멀기 때문에 비트오율이 낮다. 다음의 성상도를 보면 이해하기 쉽다.

[16진 PSK와 16진 QAM의 차이점]

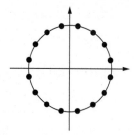

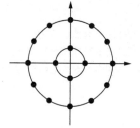

(a) 16진 PSK(1진폭, 4위상)
간격이 좁아서 에러율이 높음$\left(\dfrac{2\pi}{16}\right)$

(b) 16진 QAM(2진폭, 4위상)
간격이 넓음$\left(8\text{PSK}+2\text{ASK}, \dfrac{2\pi}{8}\right)$

09
정답 ②

간략풀이

변조속도(심볼율)는 1초에 수행한 변조 횟수로서 $B=\dfrac{\text{데이터 신호 속도[bps]}}{\text{단위신호당 비트 수}}$이다.

따라서 $\dfrac{9{,}600[\text{bps}]}{2}=4{,}800[\text{baud}]$가 된다.

10
정답 ③

간략풀이

데이터 전송률(데이터 신호 속도)은 B(변조속도)$\times N$(비트 수)으로 나타낼 수 있다.

문제에 주어진 조건에서 256개의 변조된 신호가 변조속도의 값이 되는 것이고 16진 PSK로 전송하기 때문에 비트 수는 $N=\log_2 16=4$이다. 따라서 한 채널의 데이터 전송률은 $256\times 4=1{,}024[\text{bps}]$가 된다.

100개의 채널을 운용하는 경우 데이터 전송률에서 채널 수만큼 많은 정보를 전송하기 때문에

$1{,}024\times 100=102{,}400[\text{bps}]=102.4[\text{Kbps}]$가 된다.

11
정답 ③

간략풀이

③ 채널용량에서 S/N비가 0에 가까우면 넓은 대역폭을 사용한다 해도 높은 채널용량을 얻을 수 없다. 채널용량은 $C=B\log_2\left(1+\dfrac{S}{N}\right)$

의 값을 가지기 때문에 S/N비가 0에 가까우면 높은 C의 값을 얻을 수 없다.

상세풀이

① 전송 정보율을 R_b, 채널용량을 C라 할 때, $R_b > C$인 경우는 에러가 존재하게 되고, $R_b < C$인 경우에는 적절한 코딩을 하면 오류를 최소화시킬 수 있다.

② 채널용량은 가용 대역폭, 수신 신호전력, 잡음 전력의 3개의 파라미터를 가진다.

④ 디지털통신에서 E_b / N_0가 샤논의 한계 이하의 경우에는 우수한 채널 코딩을 해도 에러가 발생한다. 샤논의 채널용량에는 한계가 존재한다. $E_b / N_0 = 0.963$(또는 $-1.59[\text{dB}]$) 이하가 되면 아무리 우수한 채널코딩을 사용해도 오류가 발생하므로 최소한의 E_b / N_0 값을 유지시켜야 한다.

12

간략풀이

평균 정보량(엔트로피)을 구하는 방법은 $H = \sum_{i=1}^{N} P_i \log_2 \left(\frac{1}{P_i} \right)$ 이다.

$$\therefore H = \frac{1}{2} \log_2 2 + \frac{1}{4} \log_2 4 + \frac{1}{8} \log_2 8 + \frac{1}{16} \log_2 16 = \frac{1}{2} + \frac{1}{2} + \frac{3}{8} + \frac{1}{4} = 1.625$$

상세풀이

평균 정보량이란 각 전문당 포함되어 있는 정보량들을 평균한 값이다. 어떤 메시지가 발생할 확률이 1에 가까울수록 가지고 있는 정보는 감소하고, 발생 가능성이 낮은 메시지일수록 더 많은 정보를 가지고 있게 된다. 이런 개념을 바탕으로 평균 정보량을 이해하면 편리하다.

따라서 평균 정보량은 $H = \sum_{i=1}^{N} P_i \log_2 \left(\frac{1}{P_i} \right)$ 로 정의한다.

13

간략풀이

이상적인 필터의 이론적 대역폭을 W_o 라 하고, W_o 를 넘는 추가대역폭을 f_Δ 라고 할 때,

Roll-off Factor $r = \frac{f_\Delta}{W_o}$ 이다. 이를 초과대역폭 f_Δ 로 정리하면 $f_\Delta = rW_o$ 이다.

상승 여현 필터의 대역폭 $W = W_o + f_\Delta$ 이고 정리된 f_Δ 값을 대입하면 $W = (1+r)W_o$ 가 된다.

상세풀이

ISI를 최소화하기 위해 이상적인 필터를 사용하면 좋지만 현실적으로 불가능하다. 따라서 상승 여현 필터를 사용하여 LPF를 설계한다.

[이상적인 필터를 통한 이론적 최소 대역폭 W_o]

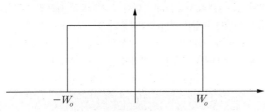

[여현 상승 필터(Raised Cosine Filter)]

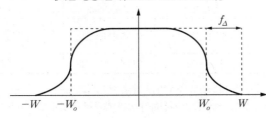

W: 전체 대역폭
f_Δ: W_o 를 넘는 초과 대역폭
$\therefore$ 전체 대역폭 $W = W_o + f_\Delta$

• Roll−off Factor

$$r = \frac{\text{초과 대역폭}}{\text{이론적인 최소 대역폭}} = \frac{f_\Delta}{W_o} \quad (\text{이때 } r = 0 \text{이면 최소 대역폭이 됨})$$

f_Δ 로 정리하면, $f_\Delta = rW_o$

따라서 상승 여현 Roll−off 대역폭 $W = (1+r)W_o$ 가 된다.

14

간략풀이

④ HARQ는 FEC와 ARQ 방식을 결합하여 서로의 약점을 보완하기 위해 사용하는 방식이다. 즉, 채널부호의 부담을 줄이는 에러정정 기능을 위해 부가정보를 전송해야 할 때 적절히 가변하여 전송하는 방법이다. HARQ에서는 부가정보의 양이 줄어들어 효율은 증대하지만 복잡해진다. 또한 HARQ는 ARQ와는 다르게 에러검출은 데이터링크 계층(LLC)에서 실행하지만 정정된 신호를 보낼 때는 물리계층으로 보낸다.

상세풀이

① FEC는 Feedback 경로를 필요로 하지 않는 개방 루프 오류 정정방식이다. FEC는 잉여비트들을 추가해서 에러검출뿐만 아니라 에러정정까지의 기능을 포함하기 때문에 연속적인 전송이 가능하고 역채널이 필요 없다는 장점을 가지고 있다. 하지만 코딩방식이 복잡하고 에러정정을 위해 여분의 비트를 사용하기 때문에 대역이 낭비된다는 단점을 가지고 있다.

② ARQ는 Feedback을 기반으로 하는 페루프 오류 정정방식이다. ARQ는 에러검출 부호를 사용하여 수신 측에서 에러를 발견하면 송신 측에 알리고 에러가 생긴 블록을 재전송해주는 방식이다. 매우 단순한 방식이지만 속도가 느리고 역채널이 필요하다는 단점이 존재한다.

③ ARQ는 에러 검출수행 및 에러발생 시 송신기로 데이터 재전송 요청을 데이터링크 계층(LLC)을 통해 프레임으로 전송하고, 재전송할 때에도 데이터링크 계층으로 보내기 때문에 FEC보다 느리다. FEC는 물리계층에서 수신한 데이터를 에러검출 및 정정하여 데이터링크 계층으로 보내고, HARQ는 데이터링크 계층에서 에러를 검출한 뒤 정정된 신호를 물리계층으로 전송한다.

15

간략풀이

③ 유선 LAN에서는 CDMA/CD를 사용하지만 무선 LAN에서는 충돌로 인한 네트워크 성능 저하를 막기 위해서 CDMA/CA를 사용한다. CDMA/CA 방식은 통신하기 전 일정한 대기시간을 가지고 충돌을 회피한다.

상세풀이

① 주로 무선전파와 적외선을 이용하며, 적외선은 AP장치 없이 네트워크를 구축할 수 있다. 무선 LAN은 주로 무선전파와 적외선을 사용하여 네트워크를 구성하는 방식이다. 적외선을 사용하는 경우에는 AP(Access Point) 없이 주로 애드혹 네트워크 구축에 사용되며, 빛의 특성상 짧은 도달거리와 전파에 비해 회절이 약해 장애물에 취약한 특성을 지녀 가전제품의 원격제어장치 등에 많이 사용된다. 전파를 사용하는 방식은 도달거리가 길고 회절을 통해 장애물을 넘을 수 있지만, 복잡한 구성을 가진다는 단점이 있다.

② 기술표준은 IEEE 802.11로 규정하고, 802.11a, g, n은 보통 OFDM을 사용하는 방식이다. 무선 LAN의 기술표준을 나타내면 다음의 표와 같다.

프로토콜	802.11	802.11a	802.11b	802.11g	802.11n
표준화 시기	1997	1999	1999	2003	2009
주파수 대역	2.4[GHz]	5/3.7[GHz]	2.4[GHz]	2.4[GHz]	2.4/5[GHz]
데이터 전송	1, 2[Mbit/s]	6~54[Mbit/s]	5.5, 11[Mbit/s]	6~54[Mbit/s]	7.2~72.2[Mbit/s](20MHz), 15~600[Mbit/s](40MHz)
변조방식	SS(DS, FH)	OFDM	SS-DS	OFDM, SS-DS	OFDM

④ 무선 LAN은 케이블을 필요로 하지 않으므로 이동이 자유롭고 네트워크 구축비용 절감, 네트워크 유지 및 보수에 용이하다는 등의 장점이 있다. 반면, 전파를 사용하는 다른 기기의 간섭을 받고, 케이블을 사용하지 않기 때문에 유선 LAN에 비해 속도가 느리며, 숨겨진 터미널 현상이 발생한다는 단점이 있다.

간략풀이

① WPAN은 독립적인 IP를 가지지 않는다.

상세풀이

② WPAN은 초고속 개인용 무선 네트워크로 10[m] 이내의 단거리에서 무선서비스를 제공하는 시스템이다. 근거리에서 다양한 장비들을 무선으로 연결시켜 네트워크를 형성해 기존의 장비들을 통합하여 사용할 수 있다. WPAN은 무선 LAN보다 간단하고 저전력, 저가의 특성을 가진다.

③ IEEE 802는 근거리 통신망(LAN)에 대한 표준을 말한다. IEEE 802 표준 LAN 프로토콜 참조모델인 OSI 기본 참조모델의 계층화 개념을 바탕으로 하는데, 주로 OSI 하위 2계층인 물리 계층과 데이터링크 계층까지 표준화하였다.

④ WPAN은 사용 용도에 따라 지그비, 블루투스, UWB가 있다. 각각의 기술을 비교하면 다음과 같다.

구분	블루투스	UWB	Zigbee
목적	케이블 대체	군사용, 상업용	기기의 제어 및 관리
주파수	2.4[GHz]	3.1[GHz], 7.2[GHz]	2.4[GHz]
대역폭	80[MHz]	500[MHz] 이상	80[MHz]
전송속도	0.8~1[Mbps]	500[Mbps]~1[Gbps]	20~200[Kbps]
전송거리	10[m]	150[m]	7[m]
기술표준	802.15.1	802.15.3	802.15.4

간략풀이

② MIMO 기술은 서로 다른 정보를 다수의 송·수신 안테나로 전송하기 때문에 대역폭은 같지만 고속의 전송을 하게 해주는 기술이다. 따라서 동일한 정보를 다수의 송·수신 안테나를 사용하여 전송률을 높인다는 것은 틀린 설명이다.

상세풀이

① 무선통신 시 다중경로 페이딩 현상을 극복하기 위해서 사용한다. 다중경로 페이딩이란 전파를 송신하게 되면서 경로 상에 여러 가지 장애물에 의해 다수의 경로를 통하여 수신 측에 도달할 때 진폭과 위상이 달라진 상태로 도착하게 되는데, 이런 경우에 생기는 페이딩 현상을 말한다. 방지책으로는 다이버시티, 등화기가 있다. MIMO 기술은 공간 다이버시티를 이용하는 기술이기 때문에 다중경로 페이딩 극복이 가능하다.

③ 공간 다이버시티 효과를 이용하여 공간 다중화 구현이 가능하다. 공간 다이버시티란 여러 개의 수신 안테나를 공간상으로 이격시켜 여러 개의 수신된 신호들을 해석하여 페이딩을 극복시킬 수 있는 방식이다. MIMO 기술은 여러 개의 송·수신 안테나를 사용하여 공간 다이버시티 효과를 이용하며 서로 다른 안테나의 수만큼 용량을 증가시키는 공간 다중화를 구현한다.

④ 주파수 재사용 효과를 가진다. 주파수 재사용이란 한정된 주파수 대역 내에서 안테나 편파 특성을 이용하여 같은 주파수를 중복 사용하는 방법이다. MIMO 기술은 여러 개의 안테나를 이용하여 서로 다른 정보를 여러 개의 안테나로 송·수신하기 때문에 대역폭은 늘지 않고 전송 속도만 늘어난다. 따라서 주파수 재사용 효과를 가진다고 할 수 있다.

간략풀이

④ 핸드오프에 의한 채널 할당과 해제는 이동 교환국의 역할이다.

상세풀이

① 무선 자원관리: 교환국, 기지국에서 모두 기능한다.
  • 기지국에서는 수신된 주파수 대역필터링과 높고 낮은 주파수를 변환하는 역할을 한다.
  • 교환국에서는 주파수 사용, 재사용에 대한 관리를 통해 채널용량 관리를 한다.

② 무선 중계 및 IP 할당: 기지국은 이동국과 무선전송기능을 할 때 무선중계의 역할을 하며, 교환국과는 광통신으로 이뤄지므로 IP 할당 등 적합한 신호변환을 통해 유선전송의 역할을 한다.

③ 단말기 통화채널 지정: 기지국은 단말기의 위치를 확인하여 통화채널을 지정하고 감시하는 역할을 한다.

The 알아보기 이동통신 시스템의 구성요소

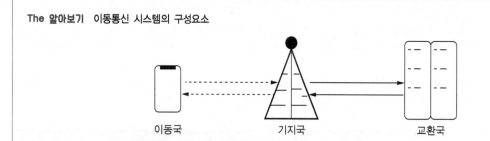

- 이동국(MS; Mobile Station)
  - 이동가입자의 단말기
  - 기지국과 무선채널을 통해 통신
  - 제어장치, 무선송·수신장치, 안테나장치로 구성
- 기지국(BS; Base Station)
  - 이동국과 이동교환국 사이에 위치
  - 이동국과 무선전송, 교환국과의 유선전송에 적합하도록 신호 변환
  - 이동국의 신호강도를 측정하여 이동상황 파악
  - 제어장치, 무선송·수신장치, 전원장치, 단말장치로 구성
  - 이동국의 통화채널 및 관리, 주파수 관리(수신된 주파수 대역필터링, 주파수 변환)
- 이동전화교환국(MSC; Mobile Switching Center)
  - 공중교환전화망과 이동통신망 간 인터페이스 역할
  - 핸드오프, 로밍, 각 기지국에 할당된 채널관리, 통제
  - 요금계산, 이동국 감시, 신호처리
  - 이동국의 출력제어, 무선 자원관리

19
정답 ②

간략풀이

② 단파(HF)는 3~30[MHz]의 주파수 대역으로써 전리층(F층)에 반사되어 다시 지표에 반사되는 전리층파를 사용하여 소전력으로 원거리 통신을 할 수 있는 주파수 대역이다. 소전력으로 원거리 통신이 가능하기 때문에 선박통신 등에 사용되며 공전 잡음의 방해가 적다. 하지만 혼신에 영향이 크고 페이딩, 에코, 산란, 자기람 등의 영향을 받아 불안정하다.

상세풀이

① 중파(MF)는 300[kHz]~3[MHz]의 주파수 대역이다. 주간에는 D층에 의해 감쇠가 심해 지표파에만 의존하여 통신한다. 협대역 통신에 적합하며 외부 잡음에 대한 방해가 많다.

③ 초단파(VHF)는 30~300[MHz]의 주파수 대역이다. 초단파대 이상의 전파는 파장이 매우 짧고 직진성이 강해 직접파와 대지반사파로 통신한다. 초단파는 직진성이 강하지만 극초단파에 비해 회절성을 가지고 있어서 산악이나 고층건물 등에도 사용할 수 있다. 주로 해상, 항공 단거리 통신, 텔레비전 방송, 라디오 방송 등에 사용된다.

④ 극초단파(UHF)는 300[MHz]~3[GHz]의 대역을 말한다. 주로 300[MHz]~3[GHz](UHF+SHF)의 대역을 마이크로파라고 하며, 다음과 같은 특성을 가진다. 마이크로파는 성질이 빛에 가까워 예리한 지향성, 직진성, 반사성을 가지며, 지구는 둥글기 때문에 두 지점이 멀어서 보이지 않으면 통신이 불가능하여 가시거리 통신이라고도 한다. 장점으로는 안정된 전파특성을 가지고 외부 잡음의 영향이 적으며, 예민한 지향성과 고이득 안테나를 쉽게 얻을 수 있다. 하지만 기상상태(특히 11[GHz])에 영향을 받고 보안에 취약하며, 유지보수가 힘들다는 단점이 있다.

20

간략풀이

④ 백색잡음은 전 주파수대에 걸쳐 전력 밀도 스펙트럼이 일정하다. 즉, 전력은 주파수에 의존하지 않는다.

상세풀이

백색잡음은 모든 주파수 범위에 걸쳐 일정한 크기를 가진다. 백색이라는 명칭은 모든 주파수 성분을 골고루 가지고 있어 모든 색깔의 빛이 다 모이면 백색이 되기 때문에 백색잡음이라고 불린다. 백색잡음은 평균값이 0이고, 전 주파수대에 걸쳐 전력밀도 스펙트럼이 일정하며(주파수에 의존하지 않음), 정상적 랜덤과정이다(상관함수가 시간에 무관).

21

간략풀이

IPv4 체계에서 B클래스는 다음과 같은 형식을 가진다.

1	0	네트워크 식별(14비트)	호스트 식별(16비트)

따라서 B클래스는 $2^{14} = 16,384$개의 네트워크와 $2^{16} = 65,536$개의 호스트를 가질 수 있다.

상세풀이

IPv4 체계에서 A B C D클래스는 다음과 같다.

A	1		네트워크 식별(7비트)		호스트 식별(24비트)	
B	1	0	네트워크 식별(14비트)		호스트 식별(16비트)	
C	1	1	0	네트워크 식별(21비트)	호스트 식별(8비트)	
D	1	1	1	0	멀티캐스트 그룹 식별(28비트)	

또한 클래스별 IP를 살펴보면 다음과 같다.

클래스	네트워크	호스트	주소 범위
A	$2^7 = 128$개	$2^{24} = 16,777,216$개	0.0.0.0~127.255.255.255
B	$2^{14} = 16,384$개	$2^{16} = 65,536$개	128.0.0.0~191.255.255.255
C	$2^{21} = 2,097,152$개	$2^8 = 256$개	192.0.0.0~223.255.255.255
D	$2^{28} = 268,435,456$개		224.0.0.0~239.255.255.255
E	$2^{27} = 134,217,728$개		240.0.0.0~247.255.255.255

22

간략풀이

④ IPv6 체계에서는 유니캐스트, 멀티캐스트, 애니캐스트 주소를 사용한다.

- 유니캐스트: 단일 송신자와 단일 수신자 간의 통신으로 단일 인터페이스를 지정한다.
- 애니캐스트: 단일 송신자로부터 수신자 그룹 안에서 가장 가까운 노드로 연결시키는 라우팅 방식이다. IPv6만이 가지고 있는 주소체계로서, IPv6 주소를 가진 대상으로만 목적지 주소를 사용한다.
- 멀티캐스트: 하나 이상의 송신자들이 특정한 하나 이상의 수신자들에게 데이터를 전송하는 방식이다.

상세풀이

① 주소의 크기가 128비트를 가지며, 이는 IPv6의 가장 큰 특징이다. IPv4의 주소 크기는 32비트지만 IPv6는 128비트의 주소 크기를 가지기 때문에 무한개에 가까운 인터넷 주소를 제공한다.

② IPv6는 16진수법으로 주소를 표기한다. 즉, 128비트를 8구간으로 나누어 4자리마다 콜론을 사용하는 방식이다. IPv6는 주소 앞에 Version을 담당하는 4[bit]를 할당하여 IPv4를 수용할 수 있도록 만들었다.
③ 보안 기능수행과 실시간 멀티미디어 처리가 가능하다. IPv6는 패킷의 특성을 패킷 헤더에 부가하여 패킷이 실시간으로 안정적인 처리가 될 수 있도록 개선하였고, IP패킷 자체에 보안 기능을 두고 사용자에 대한 인증기능을 추가하여 보안성을 높였다.

23 정답 ②

간략풀이
② BGP는 외부라우팅 시스템이다. BGP는 자율시스템과 자율시스템 사이에 경로설정을 위해 사용되는 프로토콜이다.
①·③·④ 일반적으로 자율시스템 내부에서 사용하는 라우팅 프로토콜을 IGP라고 하는데, 그 안에 RIP, OSPF 등이 속한다.

상세풀이
① RIP: 거리벡터를 사용하는 가장 대표적인 프로토콜이다. 거리벡터는 각 호스트까지의 거리(홉수)를 모아놓은 정보이며, 이러한 정보를 바탕으로 경로 테이블을 작성하여 송신을 한다. RIP는 각 호스트가 자신의 경로 테이블을 일정 시간마다 다른 호스트로 전송한다. 각 호스트는 수신받은 테이블을 자신의 테이블과 비교하여 거리가 더 짧은 곳으로 경로를 수정한다. RIP는 이렇게 테이블을 각 노드로 전송하기 때문에 트래픽이 발생하며, 거리벡터만을 사용하기 때문에 최적화된 경로설정이 어렵다.
③ OSPF: 자율시스템 내에서 통신량을 줄이기 위해서 ARER를 설정해 모든 노드가 네트워크 구조에 대한 정보를 저장하고 그 정보를 토대로 최단 경로를 계산하는 링크상태 방식을 사용한다. 링크상태 방식은 영역 내의 모든 노드에 정보를 전달하는 플러딩 기법을 사용해 RIP보다 트래픽을 적게 차지한다. 또한 링크방식은 지연시간, 처리율, 신뢰도 등을 바탕으로 경로설정을 하므로 최적화된 경로 설정이 가능하다.
④ EIGRP: CISCO에서 만든 디스턴스 벡터 라우팅 프로토콜이며 IGP로 많이 사용한다. EIGRP는 메트릭 값이 다른 다수 개의 경로를 동시에 사용한다(RIP, OSPF는 메트릭 값이 동일한 최적의 경로만을 사용). 다수 개의 경로를 동시에 사용하기 때문에 여분의 대역폭을 사용 가능하다. 하지만 대규모 네트워크에서는 설계에 신경 쓰지 않으면 네트워크가 불안정해진다는 단점이 있다.

24 정답 ④

간략풀이
④ 비원율은 광섬유의 구조 파라미터에 해당한다. 구조 파라미터에는 외경, 비원율, 편심율이 있다.

광섬유의 구조 파라미터
- 외경: 광섬유의 굵기를 나타낸다. 광섬유의 기계적인 강도와 접속 특성을 평가할 때도 중요한 파라미터이다.
- 비원율: 코어 및 클래드가 얼마나 원형을 잘 유지하는가를 나타내는 파라미터이다. 광섬유의 최소 외접원의 직경과 최대 내접원의 직경의 차를 표준 직경으로 나눈 값이다.
- 편심율: 코어 및 클래드가 얼마나 같은 중심을 유지하는가를 나타내는 파라미터이다. 코어 및 클래드의 편심 간격을 코어 표준 직경으로 나눈 값이다.

상세풀이
① 수광각: 광이 코어 내에서 전반사되어 전파되기 위한 최대 입사각이다.
$\theta_{MAX} = \sin^{-1}\sqrt{n_1^2 - n_2^2}$ 로 표현한다.
② 비굴절률 차: 코어와 클래드 간의 굴절률 차를 말한다.
$\Delta = \dfrac{n_1 - n_2}{n_1}$ [%]로 나타내며 보통 0.01 이하의 값을 가진다.
③ 개구수: 광섬유가 광을 모을 수 있는 능력이거나 광의 입사각 조건을 의미한다.
$NA = \sin\theta_{max} = \sqrt{n_1^2 - n_2^2} \simeq 2\sqrt{\Delta}$ 로 값을 구한다.

간략풀이

④ SS통신 방식은 신호를 확산시켜 보내고 수신할 때에는 확산된 신호를 다시 본래의 대역으로 복귀시키면서 중간에서 발생한 잡음, 전파방해, 간섭에 강하고 도청이 쉽지 않다. 하지만 확산시키기 위해 넓은 주파수 대역이 필요하고 그로 인해 주파수 이용효율이 낮다는 단점이 있다.

상세풀이

① HIT 잡음은 FH(Frequency Hopping)방식에서 발생하는 잡음으로서 주파수를 도약하면서 둘 이상의 사용자가 같은 주파수를 사용하게 될 때 발생하는 잡음이다. FH방식은 반송파 여러 개를 사용해 일정한 주기마다 바꾸어가면서 신호를 전송하며 대역을 확산시키는 방식이다. 수신기에서 동기를 포착하는 시간이 짧고 주파수를 다양하게 사용하기 때문에 원근단 간섭이 적게 발생한다는 장점이 있지만, HIT 간섭이 발생하고 가입자 용량이 적으며 회로가 복잡하다는 단점이 있다.

② SS통신 방식은 대역이 확산되기 때문에 간섭이나 잡음의 영향을 많이 받지 않는다. 대역을 확산시켜 송신하고, 수신할 때는 다시 원래의 대역으로 돌아오면서 중간에서 받은 간섭과 잡음은 확산되어 줄어들게 되며, 꺼내고자 하는 신호는 강조되어 잡음과 간섭의 영향이 적다.

③ SS통신 방식은 S/N비가 낮은 경우에도 통신이 가능하므로 위성 통신, 위성 방송, 이동 통신에 적합하다.

2019 군무원 1차 정답 및 해설

Q 문제편 186p

01
정답 ③

간략풀이

확률이 다른 경우의 평균 길이와 확률이 동일하고 허프만 코딩을 적용한 경우를 구하여 비교한다.

㉠ 평균 정보량=엔트로피 $H(X) = \sum_{i=1}^{4} P_i \times I_i$ ($\sum_{i=1}^{n}$ 확률×정보량)

㉡ 정보량 $I_i = \log_2 \dfrac{1}{P_i}$

㉢ 평균 길이 $L = \sum_{i=1}^{n} P_i \times L_i$ ($L_i = \log_2 \dfrac{1}{M}$, 이때 $M = \dfrac{1}{n}$ 이고, n은 확률 개수)

㉣ 허프만 코딩의 길이 H는 확률이 동일할 경우 코딩 길이 L과 $H \le L$의 관계에 있다.

상세풀이

$P_1 = \dfrac{1}{2}$, $P_2 = \dfrac{1}{4}$, $P_3 = \dfrac{1}{8}$, $P_4 = \dfrac{1}{8}$ 이라고 할 때,

㉠ 확률을 적용한 평균 길이 L_1을 구한다.

$L_1 = H(X) = \sum_{i=1}^{4} P_i I_i = \sum_{i=1}^{4} P \times \log_2 \dfrac{1}{P_i}$

$H(X) = \dfrac{1}{2}\log_2 2 + \dfrac{1}{4}\log_2 4 + \dfrac{1}{8}\log_2 8 + \dfrac{1}{8}\log_2 8 = \dfrac{1}{2} + \dfrac{1}{2} + \dfrac{3}{8} + \dfrac{3}{8} = \dfrac{14}{8} = \dfrac{7}{4}$ 일[bit]

$\therefore L_1 = H(X) = \dfrac{7}{4}$ 일[bit]

㉡ 확률 길이를 모두 똑같이 적용한 평균 길이 L_2를 구한다.

$L_2 = \sum_{i=1}^{n} P_i \times L_i$ (이때 $L_i = \log_2 \dfrac{1}{M}$ 이고, $M = \dfrac{1}{n}$ 이므로 $M = \dfrac{1}{4}$)

$= \sum_{i=1}^{4} P_i \times \log_2 4$ (확률 $P_i = \dfrac{1}{4}$)

$= \dfrac{1}{4} \times 2 + \dfrac{1}{4} \times 2 + \dfrac{1}{4} \times 2 + \dfrac{1}{4} \times 2$

$= \dfrac{1}{4} \times 2 \times 4 = 2$ 일[bit]

㉢ 오차를 구한다.

$L_2 - L_1$ 이므로 $2 - \dfrac{7}{4} = \dfrac{8}{4} - \dfrac{7}{4} = \dfrac{1}{4}$

$\therefore \dfrac{1}{4}$ 일[bit]

간략풀이

먼저 평균 정보량 H를 구하고 허프만 코딩을 적용하여 비트를 구한 후 해당 비트로 평균 길이 L을 구한다.

㉠ 평균 정보량 = 엔트로피 $H = \sum_{i=1}^{4} P_i \times I_i$ ($\sum_{i=1}^{n}$ 확률 × 정보량), 정보량 $I_i = \log_2 \dfrac{1}{P_i}$

㉡ 평균 길이 $L = \sum_{i=1}^{n} P_i \times L_i \times n$ ($L_i = \log_2 \dfrac{1}{M}$, 이때 $M = \dfrac{1}{n}$ 이고, n은 확률 개수)

㉢ 허프만 부호의 평균 길이 $L = \sum_{i=1}^{n} P_i \times L_i$ ($L_i =$ 허프만 코딩 비트)

㉣ 허프만 코딩 비트 L_i

확률	허프만 코딩				코딩	코딩 bit	L_i
$\dfrac{1}{2}$	0				0	1	L_1
$\dfrac{1}{4}$	1	10			10	2	L_2
$\dfrac{1}{8}$		11	110		110	3	L_3
$\dfrac{1}{16}$			111	1110	1110	4	L_4
$\dfrac{1}{16}$				1111	1111	4	L_5

상세풀이

확률이 $P_1 = \dfrac{1}{2}$, $P_2 = \dfrac{1}{4}$, $P_3 = \dfrac{1}{8}$, $P_4 = \dfrac{1}{16}$, $P_5 = \dfrac{1}{16}$ 일 때,

㉠ 평균 정보량 H를 구한다.

$$평균 정보량 \; H = \sum_{i=1}^{5} P_i \times I_i = \frac{1}{2}\log_2 2 + \frac{1}{4}\log_2 4 + \frac{1}{8}\log_2 8 + \left(\frac{1}{16}\log_2 16\right) \times 2$$

$$= \frac{1}{2} + \frac{1}{2} + \frac{3}{8} + \frac{1}{2}$$

$$= \frac{3}{2} + \frac{3}{8} = \frac{15}{8}$$

$$\therefore H = \frac{15}{8}$$

㉡ 허프만 부호의 평균 길이 L을 구한다.

$$허프만 부호의 평균 길이 \; L = \sum_{i=1}^{5} P_i \times L_i = P_1 L_1 + P_2 L_2 + P_3 L_3 + P_4 L_4 + P_5 L_5$$

$$= \left(\frac{1}{2} \times 1\right) + \left(\frac{1}{4} \times 2\right) + \left(\frac{1}{8} \times 3\right) + \left(\frac{1}{16} \times 4\right) \times 2 = \frac{15}{8}$$

$$\therefore L = \frac{15}{8}$$

㉢ 평균 정보량 H = 허프만 부호의 평균 길이 L이므로 이상적으로 코딩되었음을 알 수 있다.

간략풀이

확률(2진 확률 반복으로 베르누이 시행 사건), 이항분포를 사용하여 발생확률을 구한다. 전체 3[bit] 중 2[bit]가 오류날 확률과 3[bit]가 오류날 확률을 더하여 2[bit] 이상 오류날 확률을 구한다(2[bit] 이상이 오류날 확률=2[bit] 오류확률+3[bit] 오류확률).

베르누이 시행 사건 $P_N(K) = \binom{N}{K} P^K \times (1-P)^{N-K}$ 이다 $\left(\text{이때 } \binom{N}{K} = C_K^N = \dfrac{N!}{K!(N-K)!}\right)$.

상세풀이

㉠ 2[bit]가 오류날 확률을 구한다.

$$
\begin{aligned}
P_{e2}(2) &= \binom{3}{2} \times \left(\frac{1}{5}\right)^2 \times \left(\frac{4}{5}\right)^{3-2} = \frac{N!}{K!(N-K)!} \times \left(\frac{1}{5}\right)^2 \times \left(\frac{4}{5}\right)^1 \\
&= \frac{3!}{2!(3-2)!} \times \left(\frac{1}{5}\right)^2 \times \left(\frac{4}{5}\right)^1 \\
&= \frac{3 \times 2 \times 1}{2 \times 1 \times 1} \times \left(\frac{1}{5^2}\right) \times \left(\frac{4}{5}\right)^1 \\
&= 3 \times \left(\frac{4}{5^3}\right) = \frac{12}{5^3}
\end{aligned}
$$

㉡ 3[bit]가 오류날 확률을 구한다.

$$
\begin{aligned}
P_{e3}(3) &= \binom{3}{3} \times \left(\frac{1}{5}\right)^3 \times \left(\frac{4}{5}\right)^{3-3} = \frac{N!}{K!(N-K)!} \times \left(\frac{1}{5}\right)^3 \times \left(\frac{4}{5}\right)^0 \\
&= \frac{3!}{3!(3-3)!} \times \left(\frac{1}{5}\right)^3 \times \left(\frac{4}{5}\right)^0 \\
&= \frac{3 \times 2 \times 1}{3 \times 2 \times 1 \times 1} \times \left(\frac{1}{5}\right)^3 \times 1 \quad (\because 0! = 1) \\
&= \frac{1}{5^3}
\end{aligned}
$$

㉢ 2[bit] 이상이 오류날 확률=2[bit] 오류확률+3[bit] 오류확률을 구한다.

$$
\begin{aligned}
P_{e2} + P_{e3} &= \binom{3}{2} \times \left(\frac{1}{5}\right)^2 \times \left(\frac{4}{5}\right)^1 + \binom{3}{3} \times \left(\frac{1}{5}\right)^3 \times \left(\frac{4}{5}\right)^0 \\
&= \frac{12}{5^3} + \frac{1}{5^3} = \frac{13}{125} = \frac{13 \times 8}{125 \times 8} = \frac{104}{1,000} = 0.104 \text{가 된다.}
\end{aligned}
$$

간략풀이

② 자기상관함수는 시간간격 폭(τ)이 0일 때 자기상관성이 뛰어나며 평균값이 일정하여 효율적이다.

The 알아보기   자기상관함수의 특징

자기상관함수는 어떤 랜덤과정 $x(t)$의 t_1 및 t_2에서의 랜덤과정 $x(t_1)$, $x(t_2)$ 사이의 상관(평균)을 구하는 것으로 다음의 특징을 갖는다.

- 랜덤과정 $X(t_1)$, $X(t_2)$ 사이의 상관(평균) $R_{XX}(\tau) = R_X(\tau) = R_X(t_2 - t_1) = E[X_1(t_1) \cdot X_2(t_2)] = E[X_1 X_2]$

- 자기상관함수의 시간평균 $R_{XX}(\tau) = \lim_{T \to \infty} \frac{1}{T} \int_{-\frac{T}{2}}^{\frac{T}{2}} x(t) \cdot x(t+\tau) dt$

- $\tau = 0$일 때 평균전력 P_a가 되며

  평균전력 $R_{XX}(0) = R_X(0) = R_X(t_2 - t_1 = 0) = E[X_1(t_1) \cdot X_2(t_2)] = E[X_1^2] = P_a$

- $\tau = 0$일 때 최대값을 갖으며, 따라서 자기상관함수는 $R_X(0) \geq R_X(\tau)$가 된다.

- 자기상관함수를 푸리에 변환하면 전력스펙트럼밀도 S_x가 된다.

  $F[R_X(\tau)] = S_x$ ($x(t)$의 전력스펙트럼밀도)

- 전력스펙트럼밀도 S_x를 적분하면 평균전력 P_a가 되고 $R_{XX}(0)$와 같다.

  평균전력 $R_{XX}(0) = R_X(0) = \int S_x\, dx = P_a$

- 자기상관함수는 우함수이다. $x(t) = x(-t)$

상세풀이

① 자기상관함수는 $x(t) = x(-t)$로 우함수이고 우함수는 Y축 대칭이다.

② $X = 0$ 이외의 구간에서 시간 간격의 폭(τ)이 좁을 때, 진폭의 변화가 크면 상관성이 낮고 비효율적이다.

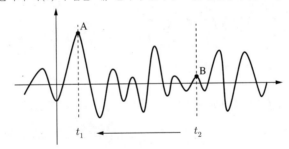

이 그래프에서 $\tau = t_2 - t_1$의 간격이 좁아질수록 $\tau \cong 0$이 되고, 이때 진폭 A와 B의 차이가 크면 상관성이 떨어지고 평균값이 일정하지 않아 효율이 낮음을 알 수 있다.

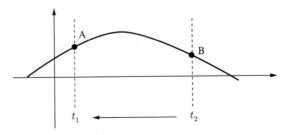

이 그래프에서 $\tau = t_2 - t_1$의 간격이 좁아질수록 $\tau \cong 0$이 되고, 이때 진폭 A와 B의 차이가 작으면 상관성이 높고 평균값이 일정하여 효율이 높아짐을 알 수 있다.

③ 자기상관함수를 푸리에 변환하면 전력스펙트럼 밀도를 구할 수 있다.

④ $R_X(0)$에서 평균전력이 최대치가 된다. $\tau = 0$일 때 자기상관성이 가장 크고, $\tau = \infty$이면 자기상관성이 없다.

The 알아보기   **자기상관함수와 상호상관함수**

- 자기상관함수: 신호 하나를 t_1, t_2의 다른 시간에서 평균내어 상관성을 표현할 때 사용한다. $\tau = t_2 - t_1 = 0$일 때 자기상관성이 가장 뛰어나다.

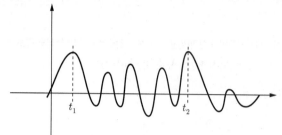

i) 에너지신호: $R_{XX}(\tau) = \int_{-\infty}^{\infty} x(t) \cdot x(t+\tau)dt$

ii) 전력신호: $R_{XX}(\tau) = \lim_{T \to \infty} \frac{1}{T} \int_{-\frac{T}{2}}^{\frac{T}{2}} x(t) \cdot x(t+\tau)dt$

- 상호상관함수: 두 신호를 같은 시간으로 비교하여 두 신호 사이의 유사성을 표현할 때 사용한다.

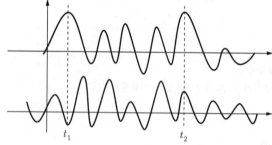

i) 에너지신호: $R_{XY}(\tau) = \int_{-\infty}^{\infty} x(t) \cdot y(t+\tau)dt$

ii) 전력신호: $R_{XY}(\tau) = \lim_{T \to \infty} \frac{1}{T} \int_{-\frac{T}{2}}^{\frac{T}{2}} x(t) \cdot y(t+\tau)dt$

05

간략풀이

The Unit Step Function은 $t > 0$일 때 값이 일정하게 정의되는 함수이다. 해당 함수는 $-t > 0$일 때 정의되며 주기성이 없이 값이 일정하다.

상세풀이

① $2u(t) + \cos \sqrt{2}\,t$는 다음과 같이 주기성을 가진다.

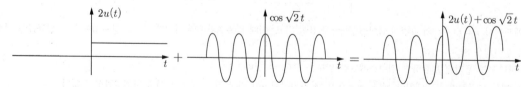

② $3u(t) + e^{-jn\omega t}$에서 오일러 정리로 변환하면 $3u(t) + \cos\omega t - j\sin\omega t$가 되어 주기성을 가진다.

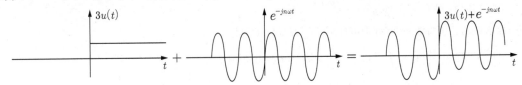

③ $\sin^2 2t$을 변환하면 $\dfrac{1-\cos 4t}{2} = \dfrac{1}{2} + \left(-\dfrac{\cos 4t}{2}\right)$가 되어 주기성을 가진다.

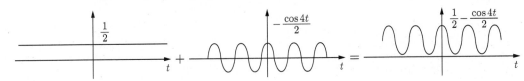

④ $2u\left(-\dfrac{t}{2}\right)$

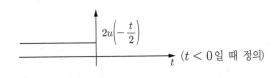

$(t < 0$일 때 정의$)$

06

간략풀이

② 푸리에 변환의 시간 천이 성질을 이용하여 답을 구한다. 푸리에 변환의 시간 천이에서 위상의 변화는 주파수의 변화에 선형적이다.

따라서 $\delta(t+t_0) \rightarrow e^{j\omega t_0}$가 된다.

상세풀이

㉠ 푸리에 변환 시간 천이는 다음과 같이 나타낼 수 있다.

$g(t) \Leftrightarrow G(f)$일 때, $g(t-t_0) \Leftrightarrow G(f) \cdot e^{-j2\pi f t_0}$

증명 $F[g(t-t_0)]$을 푸리에 변환하여 $\displaystyle\int_{-\infty}^{\infty} g(t-t_0) \cdot e^{-j2\pi ft} dt = G(f) \cdot e^{-j2\pi f t_0}$임을 구한다.

먼저 $F[g(t-t_0)] = \displaystyle\int_{-\infty}^{\infty} g(t-t_0) \cdot e^{-j2\pi ft} dt$로 식을 세운다.

이때 $t-t_0 = \tau$라 하면 $t = t_0 + \tau$이고 $dt = d\tau$가 된다. 위 식에 각각 대입하면

$F[g(t-t_0)] = \displaystyle\int_{-\infty}^{\infty} g(\tau) \cdot e^{-j2\pi f(t_0 + \tau)} d\tau$

$= \displaystyle\int_{-\infty}^{\infty} g(\tau) \cdot e^{-j2\pi f t_0} \cdot e^{-j2\pi f\tau} d\tau$

위 식은 $F[g(t-t_0)] = e^{-j2\pi f t_0} \cdot \displaystyle\int_{-\infty}^{\infty} g(\tau) \cdot e^{-j2\pi f\tau} d\tau$로 바꿀 수 있다.

여기서 푸리에 변환으로 $\displaystyle\int_{-\infty}^{\infty} g(\tau) \cdot e^{-j2\pi f\tau} d\tau = G(f)$가 되고, 이를 대입하면

$F[g(t-t_0)] = e^{-j2\pi f t_0} \cdot G(f)$가 된다.

이를 통해 시간 영역에서 $-t_0$만큼의 이동은 주파수 영역에서 $e^{-j2\pi f t_0}$만큼 곱한 형태로 나타남을 알 수 있다.

ⓛ 푸리에 변환 주파수 천이는 다음과 같이 나타낼 수 있다.

$g(t) \Leftrightarrow G(f)$일 때, $G(f - f_c) \Leftrightarrow g(t) \cdot e^{j2\pi f_c t}$

증명 $G(f - f_c)$를 푸리에 역변환하여 $g(t) \cdot e^{j2\pi ft} df$ 임을 구한다.

먼저 $F^{-1}[G(f - f_c)] = \int_{-\infty}^{\infty} G(f - f_c) \cdot e^{j2\pi ft} df$ 로 식을 세운다.

이때 $f - f_c = \tau$라 하면 $f = f_c + \tau$이고 $df = d\tau$가 된다. 위 식에 각각 대입하면

$$F^{-1}[G(f - f_c)] = x \int_{-\infty}^{\infty} G(\tau) \cdot e^{j2\pi(f_c + \tau)t} d\tau$$

$$= \int_{-\infty}^{\infty} G(\tau) \cdot e^{j2\pi f_c t} \cdot e^{j2\pi \tau t} d\tau$$

위 식은 $F^{-1}[G(f - f_c)] = e^{j2\pi f_c t} \cdot \int_{-\infty}^{\infty} G(\tau) \cdot e^{j2\pi \tau t} d\tau$로 바꿀 수 있다.

여기서 역푸리에 변환으로 $\int_{-\infty}^{\infty} G(\tau) \cdot e^{j2\pi \tau t} d\tau = g(t)$가 되고, 이를 대입하면

$$F^{-1}[G(f - f_c)] = e^{j2\pi f_c t} \cdot g(t)$$가 된다.

이를 통해 주파수 영역에서 $-f_c$만큼의 이동은 시간 영역에서 $e^{j2\pi f_c t}$만큼 곱한 형태로 나타남을 알 수 있다.

① $Arect\left(\dfrac{t}{T}\right) \to AT\text{sinc}(Tf)$는 푸리에 변환 시간 척도 변환을 통해 $A \to AT$, $\dfrac{t}{T} \to Tf$의 값으로 변하였고, $rect(t)$ 함수는 푸리에 변환하면 $\text{sinc}(f)$ 함수가 된다.

The 알아보기 푸리에 변환의 척도변환

• 시간 척도 변환

$$f(at) \to \frac{1}{|a|} F\left(\frac{1}{a} \cdot f\right)$$

• 주파수 척도 변환

$$\frac{1}{a} f\left(\frac{1}{a} \cdot t\right) \leftarrow F(af)$$

---

③ $g(at) \to \dfrac{1}{a}\left[G\left(\dfrac{T}{a}\right)\right]$ 앞의 ①과 마찬가지로 푸리에 변환의 시간 척도 변환된 값이다.

④ $u(t) = \dfrac{1}{2}[1 + sgn(t)]$이고, $sgn(t)$ 함수를 푸리에 변환하면 $\dfrac{1}{j\pi f}$이 된다.

이를 푸리에 변환하면,

$$F[u(t)] = F\left[\frac{1}{2} + \frac{1}{2} sgn(t)\right]$$

$$= \frac{1}{2} \cdot \delta(f) + \frac{1}{2} \cdot \frac{1}{j\pi f}$$

$$= \frac{1}{2} \cdot \delta(f) + \frac{1}{2j\pi f} \text{이 된다.}$$

07

간략풀이

① 만약 $g(t) \Leftrightarrow G(f)$ 라면 푸리에 변환의 쌍대 특성은 $g(-f) \Leftrightarrow G(t)$ 가 나타난다.

상세풀이

주파수 영역에서 역푸리에 변환하여 시간 영역으로 변환하면서 변수 t, f를 교체하며 알아본다.

$$F^{-1}[G(f)] = \int_{-\infty}^{\infty} G(f) \cdot e^{j2\pi ft} df = g(t) \text{ (이 식에서 변수 } t \text{를 } -t \text{로 교체한다.)}$$

$$= \int_{-\infty}^{\infty} G(f) \cdot e^{-j2\pi ft} df = g(-t) \text{ (} \because \text{ 시간의 천이에서 위상은 주파수에 선형적)}$$

이때 좌변의 f와 우변의 t를 교체하면 다음의 식을 얻을 수 있다.

$$\int_{-\infty}^{\infty} G(t) \cdot e^{-j2\pi ft} dt = g(-f)$$

위 식 $\int_{-\infty}^{\infty} G(t) \cdot e^{-j2\pi ft} dt$는 푸리에 변환하면 $G(t)$가 되므로 $g(-f) \Leftrightarrow G(t)$임을 알 수 있다.

이를 통해 푸리에 변환쌍에서 시간 변수 t와 주파수 f의 역할을 바꾸어도 동일한 형태의 푸리에 변환쌍이 만들어지는 것을 알 수 있다.

08

간략풀이

② AM보다 FM의 효율이 더 좋다.

상세풀이

① S/N비, 외부혼신, 왜곡 측면에서 FM은 우세한 특성을 갖는다.

② 회로구성, 대역폭 측면에서 AM이 회로구성도 간단하고, 대역폭도 좁아 우세하다. 그러나 전력소모(효율 η)의 측면에서는 FM이 더 우세하다.

• AM의 대역폭 $= 2f_s$, FM의 대역폭 $= 2f_s(1+m_f)$

• AM의 효율 $= \dfrac{PC\left(\dfrac{m^2}{2}\right)}{PC\left(1+\dfrac{m^2}{2}\right)} = \dfrac{m^2}{2+m^2}$

이때 변조 100[%]의 경우 $m=1$이며 AM변조 효율은 $\dfrac{1}{3}$이 된다.

• FM의 효율은 C급 증폭기를 사용하여 변조 효율이 높은 특징이 있다.

③ VSB는 DSB의 대역폭 문제와 SSB의 검파, 동기 검출의 어려움을 해결한 방식이다.

④ AM은 선형변조이고, FM은 고조파가 많아 여러 측파대가 존재하는 비선형 방식이다.

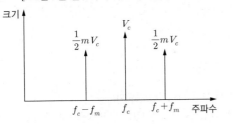

[AM변조된 신호의 주파수 영역상의 표현]

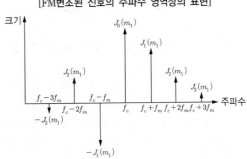

[FM변조된 신호의 주파수 영역상의 표현]

강전계 통신에서는 FM이 잡음신호를 무시하는 성질이 있어 감도가 양호하지만, 약전계 통신에서는 AM보다 훨씬 큰 잡음이 존재한다. 따라서 강전계에서는 FM이, 약전계에서는 AM이 우세한 특징이 있다.

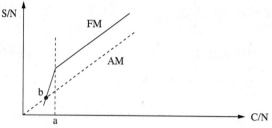

그림을 보면 a를 지나면서 FM의 S/N비가 크게 감소하기 시작하고 b점부터 AM보다 S/N비가 떨어짐을 알 수 있다.

09
정답 ④

간략풀이

Carrier 방식은 비동기검파가 가능하고, No-carrier 방식은 동기검파가 필요하다. Carrier 방식에는 DSB-TC, VSB가, No-carrier 방식에는 DSB-SC, SSB 등이 있다. SSB는 No-carrier 방식을 사용하며 동기검파 방식을 사용해야 한다. 포락선 검파는 비동기검파로 SSB검파에 부적절하다.

상세풀이

① DSB-SC 방식은 동기검파, PLL 방식, 코스타즈 방식, 사인 제곱법소자를 이용하여 신호를 복조한다.

> **The 알아보기 DSB-SC 방식**
>
> • PLL: 위상이 틀어지면 위상을 맞춰주는 회로
> • Costas loop: 동기검파블록으로 발진기회로와 변복조mixer회로가 내장되어 있는 회로
> • 사인 제곱법: AM변조신호 $[1+m(t)] \cdot \sin\omega_c t$ 에서 신호 $m(t)$ 를 복조하기 위해 $\sin\omega_c t$ 를 또 곱하는 방법
>
> **증명** $[1+m(t)] \cdot \sin\omega_c t \cdot \sin\omega_c t = [1+m(t)] \cdot \sin\omega_c^2 t$ (이때 $\sin\omega_c^2 t = \dfrac{1-\cos 2\omega_c t}{2}$ 대입)
>
> $= [1+m(t)] \cdot \left(\dfrac{1-\cos 2\omega_c t}{2} \right)$ 가 된다. 이를 LPF로 $m(t)$ 를 복조한다.

② DSB-TC, VSB는 Carrier 방식으로 복조회로 구성이 간단하고 비동기검파인 포락선 검파도 사용할 수 있다.
③ No-carrier 방식은 동기검파, 동기 조정 회로, PLL 회로가 필요하다. 이때 PLL 회로는 반송파 주파수와 위상을 복조하고 이를 유지하는 역할을 한다. 따라서 동기검파는 반송파의 진폭이 아니라 반송파의 주파수와 위상에 의존하여 검파하는 방식이다.
④ SSB는 복조를 위한 동기 반송파 회로, 동기 조정 회로가 있는 동기검파만 가능하다.

10
정답 ③

간략풀이

③ 일반전화는 고전송률을 사용하고, 이동전화, VoIP는 저전송률을 사용한다.

상세풀이

음성부호화 방법에는 파형부호화, 음원부호화, 혼합부호화 방식이 있다.
• 파형부호화: 음성을 일정한 주기로 표본화, 양자화, 부호화하는 방식으로 PCM이 대표적인 예이다.

  1채널(1CH)＝8,000(표본화)×8[bit](양자화)로 부호화되며 1채널(1CH)은 64[Kbps]로 되어 있다. 일반적으로 16[Kbps] 이하에서는 음질 저하가 심한 것이 단점이다. PCM, ADM, ADPCM의 방법이 있고, 유선전화와 전화국과 전화국 사이에 사용된다.

- 음원부호화: 보이스코딩(보코딩)이라고 하며 사람의 목소리 생성 모델을 근거로 포만트와 유성음 및 무성음 유무를 전송하여 원래의 목소리를 복원하는 방법이다. 저속으로 음성을 전달하기 위해 사용되며, 음성의 특성에서 3~4개의 공명주파수(포만트)를 추출한다.

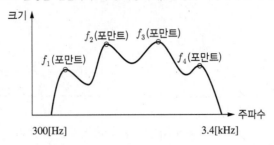

사람의 목소리에는 3~4개의 포만트가 있는데, 2개는 모음의 성질을 결정하고 나머지는 음색을 결정한다. 제1포만트는 200~800[Hz]에서, 제2포만트는 500~2,500[Hz]에서 형성된다.

- 혼합부호화: 파형부호화 방식과 보코딩의 장점을 결합시킨 방식이다. 보코딩의 방식으로 음성을 분석하고, 이를 양자화 및 표본화를 하여 전송하는 방법이다. 8[Kbps] 정도의 전송률에도 우수한 음질을 보인다.

① 파형부호화는 전체 파형을 표본화(Sampler) – 양자화(Quantizer) – 부호화(Coding)의 3단계로 파형 모양을 재현한다.

② 보코딩은 3~4개의 포만트로 부호화하는 음원 부호화 방식이다.

③ PCM은 보코딩보다 고전송률인 일반전화에 사용된다(64[Kbps] 사용). 보코딩은 PCM보다 저전송률인 이동전화, VoIP 등에 사용된다(4.8[Kbps] 사용).

④ 채널 Voice Coding은 20[ms]마다 신호를 추출하여 그 진폭과 유성음, 무성음을 검출하여 전송하는 방식이다.

11 정답 ③

간략풀이

③ 스펙트럼이 제한되지 않은 경우 엘리어싱 현상은 고주파 영역에서 더 심하다.

상세풀이

① Nyquist율을 만족시켜 표본화하면 원신호를 복원할 수 있다.

② Nyquist율을 만족시켜 표본화하면 엘리어싱 현상을 제거할 수 있다.

③ 음성소스 신호는 300~4[kHz]로 제한되어 있는데 만약 원신호의 주파수 스펙트럼이 제한되지 않는다면 고주파, 고조파가 인입될 수 있게 된다. 인입된 주파수 스펙트럼을 표본화하면 엘리어싱이 발생할 수 있다. 따라서 스펙트럼이 제한되지 않으면 고주파, 고조파의 영역이 더 증가하여 해당 부분에서 엘리어싱 현상이 더 심하게 발생한다.

④ 불완전한 여파기의 특성으로 인한 엘리어싱은 표본화율을 높임으로 해결할 수 있다.

The 알아보기   원신호를 표본화하는 방법

- 원신호를 표본화하는 방법에는 나이퀴스트와 샤논의 방법이 있다.
  - Nyquist의 샘플링 주파수
    $f_s = 2f_m$ (이때 음성주파수 f_m은 음성주파수 중 가장 높은 주파수)
  - 샤논의 샘플링 주파수
    $f_s > 2f_m$ (이때 음성주파수 f_m은 음성주파수 중 가장 높은 주파수)

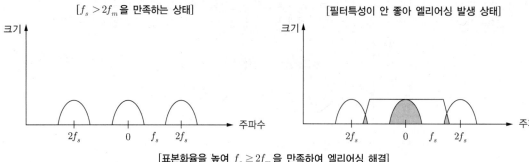

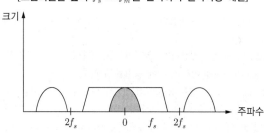

- 엘리어싱은 위의 조건들을 만족하지 않을 때 주파수 영역에서 표본화가 겹치는 현상이다.
  - 음성소스 신호에 고주파, 고조파가 혼입되어 표본화되면 엘리어싱이 발생할 수 있다.
  - 필터특성이 좋지 않을 때도 엘리어싱이 발생할 수 있다.
  - 엘리어싱은 표본화율을 높게 하여 해결할 수 있다.

12 정답 ③

간략풀이

정현파 신호를 PCM으로 양자화할 때의 S/N비를 구하는 것이다.

양자화 잡음비 $\dfrac{S}{N} = 6n + 1.8$을 이용한다.

상세풀이

PCM 양자화 시 전력비[Sq/N]가 적어도 40[dB]이 되는 값을 구한다.

$6n + 1.8 \geq 40$

$6n \geq 38.2$

$\therefore n \geq 6.366 \cdots$

결국 양자화 비트 n은 최소 7[bit]가 되어야 한다.

13 정답 ①

간략풀이

'ISI 간섭 없이'라는 언급이 있으므로 Nyquist 심볼률을 통해 대역폭을 구한다.

상세풀이

- 나이퀴스트의 ISI 간섭 없이 전송 가능한 최소 대역폭을 구한다.

  나이퀴스트 대역폭 $B = \dfrac{R_s}{2} = \dfrac{1}{2T_s}$ (이때 R_s는 전송 심볼률, T_s는 나이퀴스트 표본화 주기)

위 식에서 나이퀴스트 전송 심볼률 $R_s = 2B$가 됨을 알 수 있다.

또한, 채널용량 C는 심볼 또는 비트전송률의 한계를 결정하는 요소로써 $C = R_s \times$ 채널 수 $= 2B \times$ 채널 수이다.

이때 채널이 1개인 경우, $C = R_s = 2B$가 된다.

- 이 문제에서 채널용량 $C = R_s \times$ 채널이며, 이는 채널용량 $C =$ 표본화 주파수 $f_s \times$ 채널로 바꿀 수 있다(이때 표본화 주파수 $f_s = 2f_m$ 이며 f_m은 대역 제한된 원신호 주파수이다).

  ㉠ 채널용량 C를 구한다.

  채널용량 $C = f_s \times$ 채널 $= 2f_m \times$ 채널 $= 2 \times 10[\text{kHz}] \times 12 = 240[\text{kHz}]$

  ㉡ 채널용량 C로부터 대역폭 B를 구한다.

  대역폭 $B = \dfrac{C}{2} = \dfrac{240}{2}[\text{kHz}] = 120[\text{kHz}]$

  최소한의 대역폭은 120[kHz]가 된다.

14

간략풀이

여러 가지 라인코딩 방식의 스펙트럼 특성을 비교하여 답을 찾는다. $\sin$ 함수를 sinc 함수로 변경하는 과정에서 π 변수가 사라지는 것에 유의하여 스펙트럼 특정식을 찾는다.

상세풀이

$\text{sinc}(t)$와 $\sin(t)$, $sa(t)$의 관계를 비교해보자.

$\text{sinc}(t) = \dfrac{\sin(\pi t)}{(\pi t)}$

$sa(t) = \dfrac{\sin(t)}{(t)}$

이처럼 $\text{sinc}(t)$의 변수에는 π 변수가 없는 것을 알 수 있다.

The 알아보기　여러 가지 라인코딩 방식의 스펙트럼 특성 비교

종류	스펙트럼 밀도(PSD)	주대역폭	직류성분
Polar NRZ	$Tb\,\text{sinc}^2(fT_b)$	$\dfrac{1}{T_b}$	×
Unipolar NRZ	$\dfrac{Tb}{4}\text{sinc}^2(fTb) + \dfrac{1}{4}\delta(f)$	$\dfrac{1}{T_b}$	×
Polar RZ	$\dfrac{Tb}{4}\text{sinc}^2\left(\dfrac{fTb}{2}\right)$	$\dfrac{2}{T_b}$	×
Unipolar RZ	$\dfrac{Tb}{16}\text{sinc}^2\left(\dfrac{fTb}{2}\right) + \dfrac{1}{16}\displaystyle\sum_{n=-\infty}^{\infty}\text{sinc}^2\left(\dfrac{n}{2}\right)\delta\left(f - \dfrac{n}{T_b}\right)$	$\dfrac{2}{T_b}$	×
Bipolar RZ (AMI)	$\dfrac{Tb}{4}\text{sinc}^2\left(\dfrac{fTb}{2}\right)\sin^2(\pi fTb)$	$\dfrac{1}{T_b}$	○
Manchester	$Tb\,\text{sinc}^2\left(\dfrac{fTb}{2}\right)\sin^2\left(\dfrac{\pi fTb}{2}\right)$	$\dfrac{2}{T_b}$	○

15

간략풀이

일반적으로 동기검파를 사용할 때 오율이 작아진다. 디지털 변조의 오율이 작은 순서는 QAM＜PSK＜DPSK＜FSK＜ASK이다.

상세풀이

특성	ASK	동기FSK	비동기FSK	PSK	DPSK	16QAM
오류확률	$Q\left(\sqrt{\dfrac{2E_b}{N_0}}\right)$	$Q\left(\sqrt{\dfrac{E_b}{N_0}}\right)$	$\dfrac{1}{2}e^{-\frac{E_b}{2N_0}}$	$Q\left(\sqrt{\dfrac{2E_b}{N_0}}\right)$	$\dfrac{1}{2}e^{-\frac{E_b}{N_0}}$	$\dfrac{3}{4}Q\left(\sqrt{\dfrac{4E_b}{5N_0}}\right)$
심볼당 전송[bit]	1[bit]	1[bit]	1[bit]	1[bit]	1[bit]	4[bit]
복조법	동기검파 비동기검파	동기검파	비동기검파	동기검파	비동기검파	동기검파

16

정답 ④

간략풀이

CPFSK의 특징으로 답을 찾는다. CPFSK는 FSK방식의 위상의 불연속성을 해결하기 위한 방법이다. CPFSK방식 중 주파수 편이비가 0.5로 가장 작은 방식이 MSK방식이다. BPSK보다 주엽(Main Lobe)의 폭은 넓지만 부엽(Side Lobe)은 좁다(이는 GMSK방식으로 보완할 수 있음). 연속된 위상을 갖는 정포락선(Constant Envelope) 변조 방식이다.

상세풀이

FSK변조 시 두 개의 주파수로 인한 위상 불연속을 해결하기 위해 CPFSK를 사용하며 다음의 과정이 있다.

㉠ 펄스정형 수행: 여러 변조에 앞서 기저대역 신호에 펄스정형을 수행하는데 CPFSK(MSK)는 구형파 대신 정현파를 사용한다.

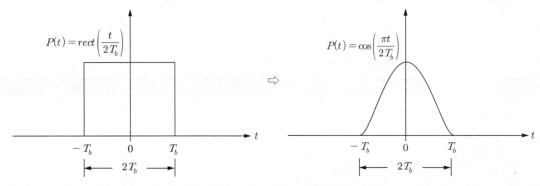

[펄스폭이 $2T_b$인 구형파 기저대역 펄스파형]

$$P(t) = rect\left(\frac{t}{2T_b}\right)$$

[펄스폭이 $2T_b$인 MSK 기저대역 펄스파형]

$$P(t) = \cos\left(\frac{\pi t}{2T_b}\right)$$

정현파 펄스는 구형파 펄스에 비해 크기 변화가 완만하다. 따라서 정현파 펄스 파형은 구형파 펄스 파형보다 주엽이 1.5배 증가하지만 고조파가 왜곡이 많이 감소하여 부엽의 크기는 대폭 감소한다.

ⓛ FSK변조시 발생하는 위상불연속을 최소주파수 편이로 해결한다.

[f₁, f₂의 다른 주파수로 위상불연속 발생(FSK변조)]   **[최소주파수 편이로 위상불연속을 해결(CPFSK)]**

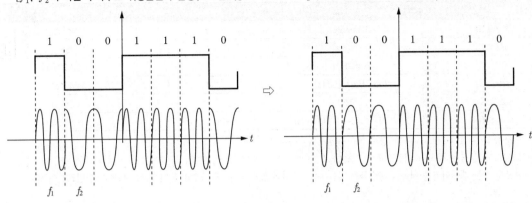

① QPSK, OQPSK, FSK방식의 변조에서 위상의 급격한 변화는 대역 외 스펙트럼(고조파)이 발생하게 하고, 이를 해결하기 위한 방안으로 CPFSK변조가 고안되었다.
② CPFSK변조 중 주파수 편이비가 가장 작은 방식이 MSK이며 위상의 연속성을 유지하는 변조방식이다.
③ 비트(0, 1)의 주파수인 f_1, f_2의 위상이 동일해졌고, 동일한 위상을 갖는 것은 이전 펄스의 위상을 참고하는 것이므로 이전 펄스의 영향을 받는다고 할 수 있다.
④ CPFSK변조 과정에서 기저대역의 정현파 펄스 정형으로 통과대역 내 신호의 비선형 왜곡을 해결할 수 있고 이를 통해 고조파가 다수 섞인 부엽(Side Lobe)을 제거할 수 있다.

17

정답 ②

간략풀이

② 일시적으로 통화가 끊기는 현상은 Hard Handoff 방식에서 발생한다.
- Soft Handoff : 인접 기지국 2개의 채널을 동시에 운영하며, 종국에는 1개의 채널을 서서히 끊는 방식
- Hard Handoff : 현재 통화 중인 채널을 끊고 곧바로 다른 채널로 연결하는 방식

상세풀이

① PN코드의 한 주기는 $T = (2^m - 1)$이며 PN코드를 통해 메시지를 확산시킨다.
② 기지국 이동 간에 CDMA는 Soft Handoff 방식을 사용하고, FDMA, TDMA는 Hard Handoff 방식을 사용한다.
③ PN코드의 균형적인 특성으로 한 주기에서 1의 개수가 0의 개수보다 1만큼 더 많다.
④ PN코드는 직교성 코드로서 자기상관성이 매우 높고, 상호상관성은 매우 낮은 코드이다.

18

정답 ③

간략풀이

시간을 나누어서 사용하는 방식은 TDMA이다.
- OFDM 방식 : 고속의 데이터열을 여러 개의 부채널로 동시에 나란히 전송하는 방식
- CDMA 방식 : 이동통신에서 코드를 이용하여 다중접속하는 방식

상세풀이

① IEEE 802.11 네트워크 표준은 다음과 같다.

프로토콜	주파수	MIMO	변조
802.11a	3.7[GHz]/5[GHz]	1	OFDM
802.11b	2.4[GHz]	1	DSSS
802.11g	2.4[GHz]	1	OFDM/DSSS
802.11n	2.4[GHz]/5[GHz]	4	OFDM
802.11ac	5[GHz]	8	OFDM
802.11ad	2.4[GHz]/5[GHz]/60[GHz]	Beamforming	OFDM

② OFDM은 이동통신 환경에 강하며 다중 경로 페이딩에 강한 특성이 있다.

③ CDMA는 직교코드 분할을 통하여 다중접속이 가능하고, 전파의 간섭에 강하며 페이딩 채널에서 높은 신뢰도의 통신이 가능하다.

④ 고속의 전송률을 갖는 데이터열을 저속의 전송률을 갖는 여러 데이터 열로 나눈 후 다수의 부반송파를 사용하여 변조하여 넓은 주기를 갖는 특징이 있다.

19 　　　　　　　　　　　　　　　　　　　　　　　　　　　　　　정답 ①

간략풀이

① 초광대역(UWB; Ultra-WideBand)은 반송파와 변조의 유무와 상관없이 근거리 고속통신이 가능하다. 소비전력이 적고 방해전파에 강하지만, 거리가 길어지면 속도가 매우 저하되어 사용거리에 제한이 있다.

상세풀이

① UWB 기술은 3.1~10.6[GHz]대의 주파수 대역을 사용하면서 10[m]~1[km]의 전송거리를 사용하며, 초당 100~500[Mbps]의 속도로 전송이 가능한 무선통신 기술이다.

② 대역 확산을 하기 위한 방법으로 임펄스 신호를 이용하며, 이를 통해 장애물이 많은 장소에서도 페이딩에 강하다.

③ UWB 안테나의 경우 소형, 경량화 문제를 해결해야 하며, 초광대역 특성 및 주파수에 일정한 방사패턴을 구현해야 하는 여러 요구사항을 가지고 있어 안테나의 규격을 제정하고 이득을 키우는 것에 제한이 많다.

④ UWB는 일반 통신과 달리 반송파 신호 없이 직접 통신하는 Baseband 통신 방식으로 회로구조가 간단하게 구현된다. 반송파가 없으므로 IF 증폭신호처리가 필요 없다.

20 　　　　　　　　　　　　　　　　　　　　　　　　　　　　　　정답 ③

간략풀이

③ OFDM 방식에서는 멀티 서브캐리어가 매우 작은 대역폭을 갖게 되므로 각 서브캐리어들은 주파수 비선택적 페이딩의 특징을 갖는다. 따라서 주파수 선택적 페이딩 현상에 강한 특징이 있다.

상세풀이

① OFDM은 큰 PAPR를 갖고 있어 전송 순시전력 변동이 많고 소비전력이 크다.

② 멀티 서브캐리어에 의한 데이터의 병렬 처리로 고속 데이터 전송이 가능하다.

④ 멀티 서브캐리어 방식은 전송로의 비선형 환경에서 상호변조에 의한 열화가 발생한다. 이를 방지하기 위해 전력증폭기는 선형영역에서 운용되어야 한다.

21   정답 ③

간략풀이

Friss 전달공식에 의한 종합잡음지수 NF를 통해 잡음지수를 구한다.

$$NF = NF_1 + \frac{NF_2 - 1}{G_1} + \frac{NF_3 - 1}{G_1 G_2} + \cdots + \frac{NF_N - 1}{G_1 G_2 \cdots G_{N-1}}$$

$$NF \cong NF_1$$

상세풀이

다단 증폭 시스템에서 전체 잡음지수를 구하기 위해 이득과 잡음지수를 구한다.

대부분의 경우 전력이득이라 간주하고 이득을 구한다.

- 전력이득 $G_1 = 20[\text{dB}]$은 [dB]로 표현되어 있으므로 실제 증폭이득 A_1을 구한다.

$$G_1 = 20[\text{dB}] = 10\log_{10}A_1$$

$$\therefore A_1 = 100\,\text{배}$$

- 잡음지수 $NF_1 = 5$, $NF_2 = 21$과 A_1을 통해 종합잡음지수를 구한다.

$$NF = NF_1 + \frac{NF_2 - 1}{G_1}$$

$$\therefore NF = 5 + \frac{21 - 1}{100} = 5.2$$

22   정답 ③

간략풀이

보통 자유공간으로 전파되는 전자파는 공기 중에 항상 존재하는 잡음을 고려해야 하는데 이 경우 일반적으로 사용되는 개념이 가우시안 백색잡음이다. 가우시안 백색잡음은 전 주파수 범위에 통계적으로 랜덤분포하는 잡음으로 실험실이나 시뮬레이션 환경, 모의실험 등에 응용되고 있다.

The 알아보기 가우시안 백색잡음의 특징

- 전력밀도 스펙트럼이 전 주파수에 일정하다.
- 신호의 평균전력은 0이다.
- 시간과 무관한 평균전력과 자기상관을 갖는다.
- 통계적 성질이 시간에 따라 변하지 않는 정상적인 확률과정이다.
- 이러한 백색잡음 특성을 활용하여 Shannon-Hartley 통신채널, 정합필터, 표본화 이론 등에서 활용되고 있다.

간략풀이

① 전파속도 $v = \dfrac{1}{\sqrt{\varepsilon_0 \varepsilon_s \mu_0 \mu_s}}$ 에서 비유전율 ε_s 가 증가하면 전파속도 v는 감소한다. 사용파장 $\lambda = \dfrac{v}{f}$ 에서 전파속도 v가 감소하면 사용

전파의 파장 λ는 감소한다.

상세풀이

① 비유전율은 유전율의 비율이다. 기준은 공기이며 공기를 1로 두고 그에 비례하는 값을 비유전율이라 한다.

　전파속도 $v = \dfrac{1}{\sqrt{\varepsilon \mu}} = \dfrac{1}{\sqrt{\varepsilon_0 \varepsilon_s \mu_0 \mu_s}}$ 에서 비유전율 ε_s 가 증가하면 전파속도가 감소하고,

　$\lambda = \dfrac{v}{f}$ 에서 전파속도 v가 감소하면 사용파장 λ도 감소함을 알 수 있다.

② $v = \dfrac{1}{\sqrt{\varepsilon_0 \varepsilon_s \mu_0 \mu_s}}$ 에서 비유전율 ε_s와 비투자율 μ_s가 클수록 전파속도 v와 사용파장 λ가 감소함을 알 수 있다.

③ 굴절율 $n = \sqrt{\varepsilon_s \mu_s}$ 관계이다.

④ 전파속도 $v = \dfrac{c}{\sqrt{\varepsilon_s \mu_s}} = \dfrac{c}{n}$ 관계이다.

The 알아보기　**전송매체상의 전파속도 v에 관한 식 분석**

전파속도 $v = \dfrac{1}{\sqrt{\varepsilon \mu}} = \dfrac{1}{\sqrt{\varepsilon_0 \varepsilon_s \mu_0 \mu_s}}$

이때 광속 $c = \dfrac{1}{\sqrt{\varepsilon_0 \mu_0}} = 3 \times 10^8$ 이므로 이를 적용하면

전파속도 $v = \dfrac{c}{\sqrt{\varepsilon_s \mu_s}}$ 가 되고 $\sqrt{\varepsilon_s \mu_s}$ 는 굴절율 n으로 표시할 수 있으므로, $v = \dfrac{c}{n}$ 가 된다.

이때 진공과 자유공간에서 $\varepsilon_s = 1$, $\mu_s = 1$이므로, 이 경우 $v = c$가 된다.

사용파장 $\lambda = \dfrac{c}{f}$ 에서 $v = c$를 대입하면 $\lambda = \dfrac{v}{f}$ 의 관계도 유추해낼 수 있다.

간략풀이

출력 $P_m = P_c\left(1 + \dfrac{m^2}{2}\right) = 200 \times \left(1 + \dfrac{0.7^2}{2}\right) = 200 \times 1.245 = 249[\text{W}]$

상세풀이

㉠ AM변조에서 피변조파의 전력 P_m을 구한다.

　$P_m = P_c\left(1 + \dfrac{m^2}{2}\right)$ 이고, 변조지수가 100[%]일 때 $m = 1$이므로 대입하면,

　$P_m = P_c\left(1 + \dfrac{1}{2}\right) = \dfrac{3}{2}P_c = 300[\text{W}]$

　위 관계식에서 반송파 전력 P_c를 구한다.

　$P_c = \dfrac{2}{3} \times 300 = 200[\text{W}]$

ⓒ 변조지수가 70[%]일 경우의 출력 P_m을 구한다.

$P_m = P_c\left(1 + \dfrac{m^2}{2}\right)$이고, 변조지수가 70[%]일 때 $m = 0.7$이므로 대입하면,

$\therefore P_m = P_c\left(1 + \dfrac{0.7^2}{2}\right) = 200 \times 1.245 = 249[\text{W}]$

25

간략풀이

입력 임피던스의 허수부는 안테나 공진이 일어나면 사라진다.

상세풀이

안테나 성능을 나타내는 파라미터는 입력 $VSWR$, 입력 임피던스, 대역폭, 방사 패턴, 이득, 효율, 편파 특성 등이 있다.

① 입력 $VSWR$: 전송선로에서 부하쪽으로 진행하는 전압파와 부하쪽에서 반사되어 나오는 전압파의 합에서 발생하는 전압 정재파 진폭의 최댓값과 최솟값의 비율이다. $VSWR = \dfrac{1 + |\Gamma|}{1 - |\Gamma|}$로 표시되며, 반사계수 $|\Gamma| = 0$이 되거나 $VSWR = 1$이면 모든 전력이 안테나로 전송되어 반사 없이 출력되는 것을 의미한다.

② 입력 임피던스: 안테나와 연결된 송신기 또는 수신기와 안테나의 임피던스로 $Z_{in} = R_{in} + jX_{in}$으로 주어진다. 입력 임피던스의 허수 성분인 X_{in}은 안테나 공진이 일어날 때 사라진다. 입력 임피던스 반사계수 $Z_{in} = Z_o\dfrac{1 + \Gamma}{1 - \Gamma}$이다(이때 Z_o는 연결하는 전송선로의 특성 임피던스). 완벽한 정합을 위해서는 입력 임피던스가 Z_o와 같아야 한다.

③ 안테나 대역폭: 일반적으로는 방사 패턴 대역폭과 임피던스 대역폭으로 정의한다.
- 방사 패턴 대역폭: 안테나의 이득, 빔폭, 부엽레벨의 최댓값과 최솟값에 따라 동작 주파수 영역을 결정할 수 있다. 이를 방사 패턴 대역폭이라 한다.
- 임피던스 대역폭: 입력 인피던스가 특정한 기준을 만족하는 주파수 대역이다.

  예 입력전력의 약 11[%]가 반사가 되는 값인 $VSWR \le 2$, $|\Gamma| \le \dfrac{1}{3}$을 만족하는 대역폭

④ 방사 패턴: 안테나에서 방사되는 전력은 거리 및 각도와 관련한 함수로 나타낸다.
- 각도의 변화에 따른 전력밀도의 패턴: $P(\theta, \phi) = |F(\theta, \phi)|^2$
- 필드 세기의 패턴: $|F(\theta, \phi)| = \dfrac{E(\theta, \phi)}{E(\theta, \phi)_{\max}}$

2018.08.11. 시행
공개경쟁채용
필기시험

2018 군무원 정답 및 해설

🔍 문제편 191p

01
정답 ③

간략풀이

샤논의 채널용량 $C=B\log_2\left(1+\dfrac{S}{N}\right)$를 이용하여 채널용량을 구한다.

- 신호 대 잡음비(S/N)가 있으므로 샤논의 방식으로 채널용량을 구한다.

$$C=B\log_2\left(1+\frac{S}{N}\right)$$

이때 대역폭 $B=4,500$, $\dfrac{S}{N}=2,000$을 대입한다.

상세풀이

신호 대 잡음비(S/N)가 33[dB]이므로 [dB]을 전력비로 바꾼다.

$$33[\mathrm{dB}]=10\log_{10}\frac{S}{N}$$

이를 10으로 나누어 정리한다.

$$3.3[\mathrm{dB}]=\log_{10}\frac{S}{N}$$

이를 $\log_{10}\dfrac{S}{N}$을 좌변으로 정리하여 표현한다.

$$\log_{10}\frac{S}{N}=3.3[\mathrm{dB}]=\log_{10}10^3+\log_{10}2=\log_{10}2,000 \text{ (이때 } \log_{10}2=0.3\text{으로 표현)}$$

$$\therefore \frac{S}{N}=2,000$$

신호 대 잡음비(S/N)가 있으므로 샤논의 방식으로 채널용량을 구한다.

$$C=B\log_2\left(1+\frac{S}{N}\right)$$

이때 대역폭 $B=4,500$, $\dfrac{S}{N}=2,000$을 대입한다.

$$C=4,500\log_2(1+2,000)$$

$$C\cong 4,500\log_2(2,000)$$

이를 상용로그화한다.

$$C\cong 4,500\times\frac{\log_{10}2,000}{\log_{10}2}=\frac{\log_{10}10^3+\log_{10}2}{\log_{10}2}$$

$$\cong 4,500\times\frac{3+0.3}{0.3}=4,500\times\frac{3.3}{0.3}=4,500\times 11$$

$$\therefore C\cong 49,500[\mathrm{bps}]$$

02

간략풀이

신호속도$=nB$(이때 $n=\log_2 M$, B=변조속도)로 변조속도를 구한다.

상세풀이

신호속도$=nB$에서 $n=\log_2 32$를 대입한다.

$35{,}000=\log_2 32\times B$

$35{,}000=5\times B$

이때 B를 좌변으로 이동하여 정리한다.

$\therefore B=\dfrac{35{,}000}{5}=7{,}000[\text{baud}]$

03

간략풀이

'ISI 간섭 없이'라는 언급이 있으므로 나이퀴스트 심볼률을 통해 대역폭을 구한다.

상세풀이

나이퀴스트의 ISI 간섭 없이 전송 가능한 최소 대역폭을 구한다.

나이퀴스트 대역폭 $B=\dfrac{R_s}{2}=\dfrac{1}{2T_s}$ (이때 R_s는 전송 심볼률, T_s는 나이퀴스트 표본화 주기)

위 식에서 나이퀴스트 전송 심볼률 $R_s=2B$가 됨을 알 수 있다.

또한, 채널용량 C는 심볼 또는 비트전송률의 한계를 결정하는 요소로써 $C=R_s\times$채널 수$=2B\times$채널 수이다.

이때 채널이 1개인 경우, $C=R_s=2B$가 된다.

$\therefore C=2B$

04

간략풀이

직접확산통신의 처리이득은 신호 대역폭과 확산 대역폭의 비율이다.

상세풀이

직접확산통신의 처리이득$=\dfrac{\text{확산 대역폭}}{\text{신호 대역폭}}$이다.

05

간략풀이

① RFID 통신기술은 마이크로웨이브로 접촉하지 않고 인식하는 기술이다.

상세풀이

② 광을 이용하지 않고, 125[kHz]~2.45[GHz]의 M/W를 사용하여 비접촉하는 통신기술이다.

③ ZigBee는 저전력 송·수신기를 센서와 결합하여 대규모 센서 네트워크를 구성할 수 있는 기술이다.

④ UWB는 약 10~20[m]의 거리에서 480[Mbps] 이상의 대용량 전송이 가능한 저전력 단거리 무선통신 기술이다.

간략풀이

TRS는 반경 20~30[km]에서 하나의 중계국과 여러 개의 가입자를 사용하는 방식이다. 디지털 TRS의 경우 아날로그 방식보다 보안성과 통화 품질이 증대되고, 그룹 통화와 고속 데이터 통신이 가능하다.

상세풀이

① TRS는 다수의 이용자가 복수의 무선채널을 일정한 제어하에 공동으로 이용하는 이동통신 시스템이다.

② TRS는 일반적으로 1개 가입자의 통화량은 많지 않고, 여러 가입자가 동시에 통화하는 경우도 흔치 않다는 실험결과에 근거를 두고 있다. 일반적으로 통신선 점유시간의 40[%]만이 음성전송에 사용되며, 무선채널에서도 동일한 정도의 비효율성을 갖고 있다.

④ TRS는 통화 대기 시간이 매우 짧지만 통화 시 통화채널이 전용되므로 채널이 모두 사용 중인 경우 통화 대기가 발생할 수 있다.

> **The 알아보기** 　주파수 공용 통신시스템(TRS; Trunked Radio Service)
>
> TRS는 크게 공공시스템과 사설시스템으로 나눌 수 있다.
> - 공공시스템은 경찰, 소방, 의료, 철도 등 공공기관에서 연계, 운용되고 있다.
> - 사설시스템은 운송업, 제조판매업, 물류업, 토목건설업, 서비스업 등의 자영업에서 이용되고 있다.
> - TRS는 보안성과 통화 품질이 우수하고, 음성과 데이터통신을 하나의 시스템으로 통합하여 업무용으로 적합하다.
> - 우리나라에는 TRS용 주파수로 800[MHz] 대역과 300[MHz] 대역이 할당되어 있다.

간략풀이

④ FM은 C/N비가 9[dB] 이하에서 S/N비가 급격히 떨어지며 잡음이 커진다.

　스켈치 회로는 잡음전력이 수준 이상으로 커졌을 때 증폭회로를 동작하지 않게 만드는 회로이다.

간략풀이

①·②·③ 슈퍼헤테로다인 방식의 장점에서 선택도, 안정도, 감도가 좋아짐을 알 수 있다.

④ 슈퍼헤테로다인 수신기는 영상 주파수에 의한 혼신을 받는다.

> **The 알아보기**　슈퍼헤테로다인 수신기의 특징
>
> - 장점
>   - 저잡음 RF증폭기를 사용할 수 있고, 낮은 중간주파수를 사용해 고이득 증폭이 가능하여 감도가 양호하다.
>   - 근접 주파수 선택도가 양호하다.
>   - 수신주파수에 의한 대역폭 변화가 없어 수신 감도와 선택도는 거의 일정하다.
>   - 통과대역폭을 변화시킬 수 있고, 필요한 대역폭을 얻을 수 있다.
>   - 수신기 출력의 변동이 적다.
> - 단점
>   - 영상 주파수에 의한 혼신을 받는다. (영상 주파수 $f_{im} = f + 2f_i$, f : 수신주파수, f_i : 중간주파수)
>   - 회로가 복잡하고, 조정이 어렵다.
>   - 주파수 변환 잡음이 생길 수 있다.
>   - 국부 발진기의 주파수 안정도가 나쁘면 전파 발사의 우려가 있다.

- 영상주파수 혼신의 개선책
  - 2중 슈퍼헤테로다인 방식으로 한다.
  - 고주파 증폭단을 증설하고 동조회로의 Q를 크게 한다.
  - 중간주파수를 높게 선정한다.
  - 특정 영상 주파수에 대한 TRAP회로를 입력회로에 넣는다.
  - 고주파 증폭부와 주파수 변환부 설계에 주의한다.
  - 중파방송에서는 주파수 할당을 적당히 한다.

09

정답 ②

간략풀이

② DSB-LC는 반송파를 같이 송신하므로 비동기검파가 가능하다.

상세풀이

- 동기검파: SSB, DSB-SC, PLL
- 비동기검파: DSB-LC, VSB

10

정답 ①

간략풀이

① 수신안테나는 급전선을 통해 공급되는 전자파 신호를 전기적인 신호로 변환시키는 부분이다.

상세풀이

② 스퓨리어스 방사란 필요 주파수 외에서 1개 이상의 주파수 전파의 방사이며 고조파, 저조파, 기생방사, 상호변조 등이 포함된다. 즉, 스퓨리어스 방사가 적을수록 송신기 특성은 좋아진다.

③ 변조부는 변조신호를 반송파에 실어 변조를 행하는 회로이다. 변조 특성은 변조를 수행할 때의 충실성을 말하는데 일그러짐과 잡음에 의해 결정되며, 변조의 직진성, 주파수 특성, 왜율, 신호 대 잡음비로 나타낼 수 있다.

④ 국부 발진부는 발진부 출력을 주파수 체배시켜 높은 반송파를 얻어낸다.

11

정답 ④

간략풀이

$\lambda = \dfrac{c}{f}$를 이용하여 파장의 길이를 계산한다.

상세풀이

$S(t) = 2\cos(\omega_c t + \theta) = 2\cos(6.28 \times 50,000t)$

이때 $\omega_c = 2\pi f_c = 6.28 \times 50,000$이므로 정리하여 f_c를 구한다.

$f_c = \dfrac{6.28 \times 50,000}{2\pi} = 50,000$

이때 $\lambda = \dfrac{c}{f}$를 이용하여 λ_c를 구한다.

$\lambda_c = \dfrac{c}{f_c} = \dfrac{3 \times 10^8}{50,000} = \dfrac{30,000}{5} = 6,000[\text{m}]$

따라서 파장 λ_c는 6[km]이다.

12

간략풀이

ω_c＝기본고조파, $2\omega_c$＝제2고조파, $3\omega_c$＝제3고조파, $5\omega_c$＝제5고조파이다.

이때 신호 $f(t)$는 제2고조파가 없으므로 진폭이 존재하지 않는다.

상세풀이

각 고조파의 진폭을 구해본다.

㉠ 기본고조파의 진폭: $\dfrac{4}{\pi} \times 1 = \dfrac{4}{\pi}$[A]

㉡ 제3고조파의 진폭: $\dfrac{4}{\pi} \times \dfrac{1}{3} = \dfrac{4}{3\pi}$[A]

㉢ 제5고조파의 진폭: $\dfrac{4}{\pi} \times \dfrac{1}{5} = \dfrac{4}{5\pi}$[A]

이때 제2고조파는 존재하지 않으므로 진폭은 0[A]가 된다.

13

간략풀이

③ SONET은 디지털 다중화 방식으로 광케이블을 이용한다.

상세풀이

① SONET/SDH는 광케이블을 사용하며 B-ISDN을 구현하고자 한다.

② SONET의 기본 전송단위는 STS-1이고 51.84[Mbps]의 속도를 갖고 있다.

④ SDH의 기본 전송단위는 STM-1이며 155.52[Mbps]의 속도를 갖는다.

The 알아보기 SONET과 SDH

SONET/SDH는 전세계 장거리 전화망 광케이블 구간에 적용되는 물리계층 표준이다.

• SONET의 특징
- 기본 전송단위 STS-1은 51.84[Mbps]의 속도를 갖는다.
- STS-n의 형식으로 다중화되어 n이 높아질수록 높은 전송속도를 가진다.
- 동기식 시스템으로 설계되어 125[μs]의 타임슬롯으로 끊김없이 전송한다.

• SDH의 특징
- 기본 전송단위 STM-1은 155.52[Mbps]의 속도를 갖는다.
- 계층화 구조의 도입으로 효율적으로 통신망을 운용하고 관리할 수 있다.
- 동기식 시스템으로 설계되어 125[μs]의 타임슬롯으로 끊김없이 전송한다.

14

간략풀이

[dB]의 연산은 로그의 연산을 따르며, 로그의 연산에서 나눗셈은 뺄셈이다.

상세풀이

$\dfrac{Y}{X}$[dB]를 로그로 표현하면 $10\log\dfrac{Y}{X}$이다.

이때 $10\log\dfrac{Y}{X} = 10(\log Y - \log X)$로 나타낼 수 있으며 정리해보면

$$= 10\log Y - 10\log X$$
$$= Y[\text{dB}] - X[\text{dB}]$$

15

간략풀이

① RIP에서 송신자와 수신자 간의 거리는 패킷이 경유하는 라우터의 개수에 해당하는 hop 수로 표시한다.

상세풀이

The 알아보기 라우팅

라우팅은 수많은 경로 중 하나를 선택하여 이동하는 것을 뜻한다.
- 정적 경로설정: 관리자가 네트워크에 대한 경로정보를 직접 지정하여 라우팅하는 방법이다.
  - 장점: 관리자의 라우팅 정보를 참조하므로 라우터 자체의 부담이 적어 속도가 빠르고 안정적이다.
  - 단점: 네트워크 변화가 빈번하면 경로설정을 변경하기 어렵고, 관리자가 설정과 운영지식을 습득해야 한다.
- 동적 경로설정: 라우터 간에 동일한 라우팅 프로토콜을 설정하여 자동으로 라우팅하는 방법이다.
  - 장점: 라우터가 자동으로 라우팅 테이블을 작성하기 때문에 관리자는 초기설정만 하면 된다.
  - 단점: 라우터의 메모리를 정적 경로설정보다 많이 차지한다.
- IGP(Internal Gateway Protocol): 같은 도메인 내에 존재하는 라우터이다. 단일 시스템의 네트워크에서 경로제어 정보 등을 전달하는 데 사용되는 프로토콜로, RIP, IGRP, OSPF 등이 이에 해당한다.
- EGP(Exterior Gateway Protocol): 시스템 사이에 경로설정 정보 등을 교환하기 위해 사용하는 프로토콜로, EGP, BGP 등이 이에 해당한다.

---

② OSCF는 IGP에 해당하며 단일 시스템의 네트워크에서 경로제어 정보 등을 전달하는 데 사용되는 프로토콜이다.
③ OSCF는 Link-State Protocol(Dijkstra's 알고리즘)을 사용하는 Shortest Path First의 알고리즘을 사용한다.
④ 가장 경제적인 경로지정과 복수경로 선정 등의 기능을 제공하여 변화 발생에 관한 정보가 RIP에 비하여 빨리 전파된다.

16

간략풀이

② IPv6는 Flow Label이라는 장치를 통해서 QoS를 지원한다.

상세풀이

QoS란 서비스가 사용하는 인터넷 자원과 특성에 맞춰 데이터를 전송하는 서비스를 말한다. IPv6는 프로토콜 차원에서 QoS를 제공한다. 이는 라우터에서 데이터의 특성에 따라 서비스의 질을 결정할 수 있으므로 좀 더 균형 잡힌 인터넷 환경을 만들 수 있다.

17

간략풀이

③ 전용 시스템 방식은 가상사설망을 전용 하드웨어에 구현하여 클라이언트(사용자)와 내부 네트워크 사이에 보안이 필요한 곳에 독립적으로 가상사설망을 설치하는 것이다.

상세풀이

[VPN의 2가지 분류]

접속방법에 따른 분류	구현방법에 따른 분류
• Intranet 방식 – 본사와 지사 간을 연결한 가상사설망 – LAN to LAN 연결방식 – VPN 라우터나 VPN 침입차단 시스템을 통해 구현하는 방식 • Extranet 방식 – 보안정책이 이질적인 협력업체나 관계기관의 LAN을 연결시키는 B2B 방식 – Intranet 방식에 비하여 보안상의 위협이 큼 • Remote Acess 방식: 본사와 원격지의 허가를 받은 사용자 간을 연결하는 가상사설망 • Mobile to LAN 연결방식 – 이동사용자는 유무선 전화망과 인터넷을 통해 회사 내부 네트워크에 접근 – 이동사용자의 노트북 등에 VPN 클라이언트 소프트웨어가 설치되어 있어야 함 – 신원 도용과 도청을 방지하기 위하여 사용자 인증과 암호화 기능의 강화가 요구	• 전용 시스템 방식 – 기업 내부와 사용자들 사이에 네트워크 보안 유지 등을 위해서 별도의 구성을 위한 전용선을 사용 – LAN to LAN으로 구현되며, 게이트웨이와 암호화 장비가 결합한 형태 – 전용기기를 사용하기 때문에 대역폭의 증가 또는 고속의 통신이 필요한 경우에 적합하며, 쉬운 확장이 장점 – 장비구입에 있어서 고가의 비용을 지불해야 한다는 단점이 존재 • 라우터 방식 – 전송 경로상에 있는 라우터가 가상사설망의 기능을 수행하는 방식으로, 비용이 저렴 – 이 방식에서 터널은 점대점 방식으로 형성되며, 가상사설망의 기능은 터널의 종단에 위치한 라우터의 성능에 의존 – 이 방식은 전용시스템 방식에 비해 비용이 저렴하지만, 전송 경로상의 라우터는 기업 내부에서 통제할 수 없는 경우가 많아 비밀정보의 노출을 막기 힘든 단점이 존재 • 방화벽 방식 – 방화벽에 가상사설망 기능을 추가한 방식 – 이 방식은 트래픽이 집중되는 방화벽에 VPN 기능까지 추가되어 병목현상을 더욱 가중시킬 수 있는 단점이 존재

18

간략풀이

④ Wi-Fi6로 상용화되는 IEEE 802.11ax는 8개의 공간 스트림을 대응하고 있다.

상세풀이

[IEEE 802.11 네트워크 표준]

프로토콜	주파수	MIMO	변조
802.11a	3.7[GHz]/5[GHz]	1	OFDM
802.11b	2.4[GHz]	1	DSSS
802.11g	2.4[GHz]	1	OFDM/DSSS
802.11n	2.4[GHz]/5[GHz]	4	OFDM
802.11ac	5[GHz]	8	OFDM
802.11ad	2.4[GHz]/5[GHz]/60[GHz]	Beamforming	OFDM
802.11ax	2.4[GHz]/5[GHz]/60[GHz]	8	OFDM

Wi-Fi6로 상용화되는 IEEE 802.11ax의 특징
- BBS Coloring: 채널 간섭을 막아 공간사용성을 증가시킴
- MU MIMO, 8Spatial Stream, 9.6[Gbps] 링크속도
- OFDMA
- Beamforming
- 160[MHz] Channel BandWidth: 낮은 대기시간과 전송속도의 개선
- 1,024QAM: Wi-Fi 대비 처리량이 25[%] 개선

19 정답 ①

간략풀이
푸리에 변환의 성질을 이용하여 풀이할 수 있다.

상세풀이
푸리에 변환의 중요한 성질
㉠ 우함수와 기함수의 푸리에 변환

$s(t)$: 우함수 $\Leftrightarrow$ $S(f)$: 우함수

$s(t)$: 기함수 $\Leftrightarrow$ $S(f)$: 기함수

㉡ 시간 천이: $x(t-t_0) \leftrightarrow e^{-j2\pi ft_0}X(f)$

㉢ 주파수 천이: $x(t)e^{j2\pi ft_0} \leftrightarrow X(f-f_0)$

따라서 신호 $f(t-t_0)$를 푸리에 변환하면 $F(f) \cdot e^{-j2\pi ft_0}$가 된다.

20 정답 ②

간략풀이
② Land Attack은 네트워크 패킷의 출발지 IP를 변조하여 공격대상의 자원을 소모시키는 공격이다. IP 프로토콜을 사용하는 계층은 3계층인 Network 계층이다.

상세풀이
① 스위치 재밍(Switch Jamming)은 네트워크 패킷의 수신자를 확인하여 해당 패킷을 적재적소에 보내주는 '스위치 기능을 마비'시키는 공격이다.
- 스위치의 MAC 테이블이 가득차면 네트워크 패킷을 브로드 캐스트하는 특성을 이용한다.
- 수많은 MAC 주소들을 네트워크상에 흘려 스위치의 MAC 테이블을 가득 채운다.
- MAC 테이블이 가득 찬 스위치는 패킷을 모든 매체에 전송하게 된다.
- 공격자는 스위치를 통해 모든 패킷을 염탐하여 주요 정보를 손쉽게 획득할 수 있다.
② 랜드어택(Land Attack)은 주로 데이터 전송의 신뢰성을 보장하기 위해 연결지향적(3-Way Handshaking) 특징을 가지는 서비스에서 발생된다.
- 공격자는 네트워크 패킷의 출발지 IP주소를 공격대상의 IP주소로 변조한다.
- 패킷을 받은 대상은 자기 자신과 일정시간까지 빈 연결(세션)을 맺는다.
- 이 과정이 반복되면 빈 연결이 많아지게 된다.
- 결국 시스템 오버플로우가 발생하여 정상적인 서비스를 제공하지 못하게 된다.
③ SYN Flooding은 TCP 서비스에서 서버와 클라이언트의 연결상태 정보를 임시적으로 저장하는 공간인 'Backlog'를 버퍼 오버플로우시키는 공격이다.
- TCP 통신 시 클라이언트와 서버의 3-Way Handshaking을 이용한다.
- 공격자는 고의로 수많은 SYN 메시지를 전송하면서 ACK 메시지는 전송하지 않는다.

- ACK 메시지를 받지 못한 서버는 일정시간 동안 공격자의 정보를 Backlog에 저장한다.
- SYN 패킷이 많아지면 많아질수록 서버의 Backlog는 가득 차게 된다.
- 결국 진짜 사용해야 하는 사용자의 요청을 받지 못하여 서비스를 제공하지 못하게 된다.
④ ARP 프로토콜은 이름과 주민번호가 함께 기재된 주민등록증처럼 IP주소와 MAC 주소를 매핑시키는 데 사용되는 프로토콜이다. 이러한 ARP 프로토콜의 정보를 변조하는 공격을 'ARP Spoofing'이라고 부른다.
- 공격자가 특정 IP주소와 자신의 MAC 주소로 대응하는 ARP 메시지를 전송한다.
- 각 매체는 잘못된 IP-MAC 테이블을 가지게 된다.
- 공격자는 공격대상의 MAC 주소를 자신의 MAC 주소로 변조하여 모든 패킷을 염탐한다.

The 알아보기 OSI 7 Layer와 네트워크 공격

- OSI 7 Layer
  네트워크는 여러 매체들이 연결되어 통신하는 것을 총칭하는데, 이기종 간의 네트워크 통신의 필요성이 대두되자 국제 표준화 기구(OSI)에서 모든 시스템의 상호 연결을 위한 기초 참조 모델을 만들었다.

계층	특징	주소	프로토콜	장비
Application (7계층)	사용자의 명령을 받으며 일반적으로 응용 서비스를 제공		HTTP FTP DNS	
Presentation (6계층)	데이터 형식, 인코딩, 압축, 암호화 등에 대한 정보 제공		JPEG MPEG SMB	L7 Switch IDS IPS WAF
Session (5계층)	상호 연결(세션)이 필요한 통신에서 연결(세션) 상태 제어		TLS SSH NetBIOS	
Transport (4계층)	목적지에 정보 전송방식 결정 및 전송 에러 관리	Port	TCP UDP	L4 Switch Firewall
Network (3계층)	IP주소를 이용하여 네트워크상의 전송 경로 결정	IP	ICMP IP ARP	L3 Switch Router
Data Link (2계층)	MAC 주소를 이용하여 인접 장비에 정보 전송	MAC	Ethernet PPP	L2 Switch
Physical (1계층)	비트 형태의 신호를 전기적 신호로 변경하여 정보 전송			Hub Repeater

- 네트워크 공격
  네트워크 공격은 주로 정보보안 3대 요소(기밀성, 무결성, 가용성)를 침해하는 공격으로, 크게 Sniffing(훔쳐보기), Spoofing(사기치기), DoS(방해하기)로 나뉜다.
  - Sniffing: 정보는 인가된 대상에게만 제공되어야 한다는 '기밀성'을 훼손하는 것으로, 공격 대상의 모든 네트워크 패킷을 훔쳐보며 정보를 수집하는 공격유형이다.
  - Spoofing: 정보는 변경되거나 삭제되지 않고 정확하고 안전하게 전달되어야 한다는 '무결성'을 훼손하는 것으로, 수신자의 정보를 변조하여 제3자에게 패킷을 전달하거나 패킷에 악의적인 코드를 삽입하는 공격유형이다.
  - Denial of Service(DoS): 정보는 인가된 사용자에게 언제나 제공되어야 한다는 '가용성'을 훼손하는 것으로, 공격대상의 자원을 과도하게 소모시켜 정상적인 서비스를 수행하지 못하도록 마비시키는 공격유형이다.
- 위 3개의 유형은 서로 밀접하게 연관되어 있으며 공격의 목적과 방식에 따라 상호 작용하기도 한다. 예를 들면 공격대상의 정보를 획득(기밀성 훼손)하기 위하여 수신자 정보를 공격자의 정보로 변조(무결성 훼손)하는 등의 공격이 있다.

간략풀이
② 여러 개의 통신회선을 사용하여 데이터를 동시에 전송하는 방식은 병렬 전송이다.

상세풀이
① 직렬 전송: 송·수신기에 하나의 통신회선을 이용하여 순차적으로 전송하기 때문에 전송시간이 많이 걸린다. 그러나 통신회선 비용이 적게 들어 원거리 전송에 많이 사용된다. 직렬 전송은 동기식 전송과 비동기식 전송으로 나뉜다.
- 동기식 전송
  - 동기식 전송은 데이터를 정해진 수만큼의 문자열을 블록 단위로 일시에 전송한다.
  - 블록의 시작과 끝에는 특정한 제어 정보를 넣어 수신 측에서 동기를 맞춘다.
  - 비동기식 전송에 비해 전송 효율이 좋고 신호를 맞추는 과정이 없다.
  - 고속의 데이터 전송에 적합하다.
  - 동기를 맞추기 위해 수신 측에서 비트 계산을 해야 하고, 별도의 기억장치가 필요하다.
- 비동기식 전송
  - 비동기식 전송은 데이터를 문자 단위의 비트 블록 크기로 전송한다.
  - 시작-정지 전송방식이라고도 한다.
  - 시작 비트와 정지 비트를 포함해서 10비트를 전송해야 하므로 전송 효율이 상대적으로 낮다.
  - 통신회로 구조가 간단하여 다루기 쉽고, 비용이 저렴한 편이다.
② 병렬 전송: n개의 비트를 전송하기 위해 n개의 회선을 사용하는 방식이다.
- 병렬 전송의 특징
  - 데이터 비트 하나하나에 대응하는 통신회선이 있다.
  - 직렬 전송에 비해 전송속도가 빠르나 원거리 전송 시에는 통신회선 설치비용이 크다.
  - 컴퓨터와 단말장치 간의 연결 등과 같이 거리가 짧은 연결에 많이 사용된다.
③ 교환 전송: 필요할 때만 단말장치와 단말장치 간의 통신로를 확보하여 통신망 전체의 효율화를 이룩하는 방식이다. 데이터통신용 교환 방식에는 비저장방식인 회선 교환방식과 저장방식인 메시지 교환방식, 패킷 교환방식이 있다.
- 회선 교환방식
  - 통신 시마다 고속, 고품질의 통신경로를 설정하여 데이터를 교환하는 교환방식이다.
  - 시분할 교환기술 또는 디지털 전송기술에 이용된다.
- 메시지 교환방식
  - 교환기가 전체 메시지를 받았다가 이를 적절한 경로를 통해 수신자에게 전달하는 방식이다.
  - 일방적인 단방향 통신에서의 메시지 전달이 주목적이다.
  - 빠른 응답을 요구하는 응용에는 부적합하다.
- 패킷 교환방식
  - 패킷은 데이터를 일정 크기로 분할하고, 각각에 주소를 부가하여 만든 데이터 블록이다.
  - 패킷교환기가 데이터를 주소에 따라 적당한 통신경로를 선택하여 전송하는 방식이다.
④ 혼합형 동기식 전송
- 비동기식 전송의 특성과 동기식 전송의 특성을 혼합한 방식이다.
- 송신 측과 수신 측이 동기 상태를 유지하고 있어야 한다.
- 문자 단위로 정보 전송이 이뤄지고, 시작 비트와 정지 비트가 존재한다.
- 비동기식 전송보다 빠르고, 동기식 전송보다는 느리다.

22

간략풀이

④ 호손율은 발신가능신호 또는 선택신호가 있음에도 자동교환 설비의 내부에서 중계회선이나 설비부족 등의 사유로 회선구성에 실패하는 비율을 말한다.

호손율 $P_1 = \dfrac{\text{채널할당을 받지 못한 단말총 수}}{\text{채널할당을 요구하는 단말총 수}}$ 이므로 채널할당에 따른 단말총 수가 주요 파라미터이다.

상세풀이

① 인접 Cell 사용자의 부하: 신호 대 잡음비를 구하는 위의 식에서 사용 중인 가입자 수가 주요 파라미터로 적용됨을 알 수 있다.

② 음성 활성화 비율: CDMA의 시스템 채널용량을 구하는 식에서 음성 활성화 비율이 주요 파라미터로 적용됨을 알 수 있다.

③ 주파수 재사용 효율: CDMA는 모든 셀에서 동일 주파수 대역을 재사용하여 이론적으로 재사용계수가 1이나, 인접 기지국에 의하여 간섭이 증가하여 각 셀에서의 채널용량이 감소하기 때문에 다중셀에서 주파수 재사용계수가 1.67이고, 이는 CDMA의 시스템 채널용량의 주요 파라미터이다.

The 알아보기 CDMA방식의 채널용량

CDMA방식의 채널용량은 CDMA 시스템에서 신호 대 잡음비를 구하여 다중셀 환경의 채널용량에 대입함으로써 알 수 있다.

• CDMA 시스템에서 신호 대 잡음비

CDMA 시스템에서 신호 대 잡음비 $\dfrac{E_b}{N_0} = \dfrac{\dfrac{S}{R}}{(N-1)\dfrac{S}{W}+\eta} = \dfrac{\dfrac{W}{R}}{(N-1)+\dfrac{\eta W}{S}}$ 로 구할 수 있다.

(이때 S: 신호전력, R: 신호의 전송률, W: 전체 대역폭, N: 사용 중인 가입자 수)

• CDMA 시스템의 채널용량

CDMA시스템은 모든 셀에서 동일 주파수 대역을 재사용할 수 있으므로 CDMA 시스템이 다른 다중접속 방식보다 채널용량이 많다.

채널용량 $= \dfrac{\text{확산이득}}{\text{신호 대 잡음비}} \times \dfrac{1}{\text{음성활동률}} \times \text{섹터화율} \times \dfrac{1}{\text{주파수 재사용계수}}$ 로 구한다.

23

간략풀이

② NMS(Network Management System)는 SNMP 프로토콜을 사용하여 장비를 모니터링한다.
   IPMS는 IP관리 시스템으로 네트워크에 연결되는 엔드포인트(PC)들의 IP사용 현황을 모니터링하고 통제한다.

상세풀이

④ EMS는 통신망 장비를 네트워크를 통해 감시 및 제어를 할 수 있는 시스템으로, 주로 동일 기종의 장비 관리에 주안점을 두고 있다.
   NMS는 각 서브네트워크를 담당하는 다수의 EMS를 관리한다.

The 알아보기 네트워크 관리시스템(NMS; Network Management System)

컴퓨터 네트워크들을 모니터링하고 관리하는 데 사용되는 하드웨어와 소프트웨어의 조합을 총칭한다.

• NMS는 네트워크 구성요소를 관리하며, 매니지드 디바이스(Managed Device)라고도 불린다.
• 디바이스 관리는 고장, 구성, 회계, 성능 및 보안 관리를 포함한다.
• 관리 작업으로 네트워크 인벤토리의 발견, 디바이스 상태 모니터링을 한다.
• 시스템 성능에 영향을 미치는 상태에 대한 경고, 문제의 식별 및 출처의 파악과 함께 가능한 솔루션을 제공하는 역할을 한다.

간략풀이

RC 이상형 발진회로는 R과 C를 3계단형으로 조합시켜 컬렉터측과 베이스측의 총위상 편차가 $180°$가 되게 설계한 것으로 발진 주파수

f_0는 $\dfrac{1}{2\pi\sqrt{6}\,CR}$과 같다.

간략풀이

② 광섬유의 모드에는 SMF와 MFF가 있는데, 고속 대용량 전송에는 SMF가 사용된다.
  • SMF는 Core 내를 전파하는 모드가 한 개만 존재하며, 모드 간 간섭이 없고 고속 대용량 전송이 가능하다는 장점이 있지만, 코어 직경이 작아 제조 및 접속이 어렵다.
  • MMF는 Core 내를 전파하는 모드가 여러 개 존재하며, 제조 및 접속에 유리하고 가격이 저렴하지만, 모드 간 간섭이 일어나고 고속, 대용량 전송이 어렵다는 단점이 있다.

상세풀이

① 규격화 주파수는 광섬유가 단일모드인지 다중모드인지 판단하는 척도로 사용한다. $V = \beta a \sqrt{n_1^2 + n_2^2}$ (β는 위상정수, a는 광섬유 반지름)으로 구하며, $V > 2.405$이면 다중모드 케이블, $V < 2.405$이면 단일모드 케이블이다.

③ 광섬유는 유도 및 잡음 누화 현상이 없고 저손실이며 광대역 사용으로 파장 다중화가 가능하다는 장점이 있지만, 제조 및 가공이 요구되고 접속이 어려우며 분산 현상이 발생하고 중계기에 전원을 공급하기 위한 급전선이 필요하다는 단점이 있다.

④ 광섬유는 두 가지 분산특성이 나타나는데, 모드(간) 분산과 모드 내 분산이다. 모드(간) 분산은 전파 모드에 따라 전송속도가 다르기 때문에 발생하는 분산으로, 언덕형 광섬유를 사용하면 분산을 줄일 수 있다. 주로 다중 모드에서 발생한다. 모드 내 분산은 파장에 따른 속도 차 때문에 발생하는 분산이다. 단일 모드에서만 발생하며, 매질 굴절의 파장 의존성에 따라 발생하는 재료분산, 입사각마다 다른 위상 및 군속도의 파장 의존성에 따라 발생하는 구조분산이 있다.

많이 보고 많이 겪고 많이 공부하는 것은 배움의 세 기둥이다.

– 벤자민 디즈라엘리

교육이란 사람이 학교에서 배운 것을
잊어버린 후에 남은 것을 말한다.

-알버트 아인슈타인-

2024 SD에듀 공·군무원 기출이 답이다
통신공학 6개년 기출문제집 한권으로 끝내기

개정3판1쇄 발행	2024년 02월 20일 (인쇄 2023년 12월 29일)
초 판 발 행	2017년 08월 10일 (인쇄 2021년 06월 11일)
발 행 인	박영일
책 임 편 집	이해욱
편 저	김태욱 · 최태호
편 집 진 행	박종옥 · 정유진
표지디자인	박수영
편집디자인	차성미 · 윤준호
발 행 처	(주)시대고시기획
출 판 등 록	제10-1521호
주 소	서울시 마포구 큰우물로 75 [도화동 538 성지 B/D] 9F
전 화	1600-3600
홈 페 이 지	www.sdedu.co.kr
I S B N	979-11-383-6344-0 (13350)
정 가	27,000원

기출이 답이다

공·군무원 합격은
'기출이 답이다'가
함께합니다.

공 · 군무원

통신공학

6개년 기출

정답 및 해설

군무원 수험생이라면 주목!

2024년 대비 SD에듀가 준비한

2024 군무원

과목별 *기출이 답이다* 시리즈!

국어
군무원 채용 대비

행정법
군무원 채용 대비

행정학
군무원 채용 대비

군수직
군무원 채용 대비

전자공학
군무원·공무원·공사/공단 채용 대비

통신공학
군무원·공무원·공사/공단 채용 대비

합격의 길! 군무원 합격은 역시 기출이 답이다!

※ 도서의 이미지는 변동될 수 있습니다.

SD에듀의
지텔프 최강 라인업

1주일 만에 끝내는
지텔프 문법

10회 만에 끝내는
지텔프 문법 모의고사

답이 보이는 지텔프 독해

스피드 지텔프 레벨2

지텔프 Level.2
실전 모의고사